Bodo Kirchhoff

Der Sommer nach dem Jahrhundertsommer

Die Erzählungen

aus fünfundzwanzig Jahren

Frankfurter Verlagsanstalt

1. Auflage 2005
© Frankfurter Verlagsanstalt GmbH,
Frankfurt am Main 2005
Alle Rechte vorbehalten
Schutzumschlag- und Einbandgestaltung:
Katja Holst, Frankfurt am Main
Herstellung: Thomas Pradel, Frankfurt am Main
Satz: Fotosatz Reinhard Amann, Aichstetten
Druck und Bindung: Clausen & Bosse, Leck
ISBN 3-627-00120-6
1 2 3 4 5 – 09 08 07 06 05

Die Abgründe überdauern die Höhen

(Herman Melville)

I

1978–1980

Grausamkeit des Augenblicks

Rücksichtslos an den Entgegenkommenden vorbei, auf einen Ausgang zu. Der Frankfurter Bahnhof ist ein Kopfbahnhof. Ich weiß nicht, was ich heute schon in dieser Stadt zu suchen habe, es hätte auch die Möglichkeit gegeben, erst morgen in der Früh zu fahren. Etwas drängt mich seit geraumer Zeit. Doch nicht mal die Vorstellung, was es gewesen sein könnte, besteht.

Durch Unterführungssysteme, im Hin- und Rückfluß zahlloser Menschen, deren Tod mich nicht berühren würde, und wieder hinauf auf eine Straße, in der sicher niemand mehr wohnt; vorüber an Spielhallen, Schnellwäschereien, Ausländerscharen, einem Mannschaftswagen und Gebäuden voller Frauen. Nirgends ein Lebensmittelgeschäft – ich habe Lust auf eine Tüte Milch. Hinter den Fenstern statt dessen vielversprechendes Licht oder überhaupt nichts, aufgegebene Räume, nehme ich an, verwaiste Zimmer, schwer zu sagen. Ich biege um die nächste Ecke und betrete das erste Gebäude auf der rechten Seite. Im Treppenhaus und in den Fluren streunende Freier, in den offenstehenden Türen überwiegend Schwarze, andere Rassen sind schwächer vertreten. Ich weiß auch nicht, was ich im einzelnen will, und folge meinem Blick, wohin er fällt.

Die junge Frau ist aus dem Mittelmeerraum, vermutlich. In ihrer Kammer steht eine Liege, und neben der Liege, auf einem Schränkchen, reizt mich etwas von weitem, das ich nicht bezeichnen kann, eine mechanische Lichtorgel? Wieviel, will ich wissen und dazu noch ihren Namen, und sie deutet mit der ganzen Hand Richtung Brustbein, auf sich. Rosalia.

Möglichkeiten gehen mir durch den Kopf, während sie anfängt zu reden, meinen Spielraum verengt. Ihr Sprachschatz ist gering, einige Begriffe für das, was sie bietet, die Zahlen Dreißig und Vierzig, das Hauptwort Gummi und die Verhältniswörter mit und ohne. Ich merke, daß sie mich erreicht hat. Etwas zumindest, das mich durchzieht, und komme mir entblößt vor. Nicht auszudenken, daß sie mit nur einem, noch dazu falsch ausgesprochenen, verstümmelten Wort zur Sprache bringen konnte, was ich unter Umständen wirklich will. Wie heißt das neben deinem Bett, das Bunte da?

Die kleinen Hausaltäre fallen mir ein, die ich im Süden ab und zu gesehen habe, wenn ich in den Armeleutevierteln einen Blick in die offenen Fenster warf, auf Betten, in denen Greisinnen lagen, unterhalb der bunten Lichter. Anregend der Gedanke, daß sie noch fromm ist; aber es könnte sich auch schon erledigt haben.

Du wollen? fragt und löchert sie mich, und ich gehe in die Kammer. Sie schließt die Tür hinter mir, sagt noch einen weiteren Halbsatz, verwendet den Ausdruck schön, und ich greife ihn auf.

Was ist das für ein Ding da neben deinem Bett?

Sie streicht mit den Fingern darüber, sie tippt es an und steigert das Spiel der Farben. Einen Augenblick lang scheint sie sich zu freuen, dann möchte sie Geld. Als sei etwas Bestimmtes vereinbart worden, besteht sie auf Vierzig, und ich reiche ihr zwei Scheine, die sie in einer Schachtel verstaut. Danach zieht sie ihre Wäsche aus, wendet mir dabei den Rücken zu und lenkt mich ab.

Für einige Sekunden, bis eben, mußte ich an etwas anderes denken, an den kommenden Tag. Woher bist du? unterbreche ich die Stille, und sie deutet auf einen Schemel: dort soll ich meine Kleider hinlegen; und während ich das Hemd aufknöpfe, sagt sie Portugal.

Portugal, da bin ich auch schon gewesen, sage ich. Aber das beeindruckt sie nicht. Lisboa? hake ich nach, du aus Lisboa? Und ich betone das Wort, und sie sieht mich an und wiederholt es, leise, wie eine Parole. Denkbar also, daß sie dort schon tätig war, in den Bairros von Lissabon lauern die Frauen neben Gemüse- und Fischverkäufern, in Hauseingängen und Nischen, und heben für den, der einen Blick riskiert, blitzschnell den Rock, um ihr Werkzeug zu zeigen; man mag das beklagen, aber so ist es.

Sie ist nackt, und ich stehe noch immer in Hosen herum, streife mir aber die Schuhe jetzt ab, und sie tritt vor eine Waschgelegenheit. Ihr Körper wirkt jünger als ihr Gesicht und zeigt keine großen Farbunterschiede. Nur um die natürlichen Falten herum ist die Haut dunkel, dort liegen die Gefahrenherde. Ich fürchte mich vor einer Infektion und schaue vorsichtig an ihr entlang – an manchen Stellen treten Muskeln in Erscheinung, Folgen einer gleichförmigen Verrichtung, Feldarbeit vielleicht. Ganz verschiedene Prägungen auf ihrem Körper, Welten zwischen ihren Händen und den Augen: plumpe Finger, vielsagende Art zu schauen. Vergleichbar beschaffen hingegen Schenkel und Brüste; auf beidem noch keine Spur von Geschichte, keine erzwungenen Formen, keine unnatürlichen Eindrücke. Und sicher weiß sie um die Wirkung dieser Bereiche.

Du hast schöne Schenkel, bemerke ich. Das rutscht mir so heraus, und mit einem eigentümlichen A-Laut stimmt sie mir zu. Ich lege meine Hose über den Schemel, die Socken behalte ich an. Lissabon ist eine recht schmutzige Stadt, ich fange an mich zu erinnern. Doch sie bricht es ab, mein Zurückschauen, zum Glück; sie führt mich ans Licht und fängt mit einer Untersuchung an.

Bist du aus Lissabon? Lisboa du zu Hause? Man muß freundlich sein, mit jedem Menschen, ich versuche das, obwohl sie an mir herumdrückt, sich mit dem Zeigefingernagel einen Einblick verschafft. Sie fahndet nach Indizien, ihre Routine beruhigt mich und ängstigt zugleich; es ist die erste Untersuchung dieser Art, der ich unterzogen werde.

Wie lange bist du schon hier? Wie lange in Frankfurt?

Zwei Monat, sagt sie.

Monate, verbessere ich und lege meine Hand auf ihre Schulter. Für Vierzig ist es inbegriffen, sie auch zu berühren. Langsam fahre ich an ihrem Oberarm herab, springe über zur unteren Hälfte der Brust, streife den

Hof um die Warze und gleite weiter bis zum Nabel, wo wir uns plötzlich in der Quere sind. Ich ziehe meine Hand zurück und sehe ihr zu: wie sie mein Haar untersucht, womöglich nach Läusen, aus alter Gewohnheit. Als sie damit fertig ist, beginnt sie mich zu waschen.

Wie alt bist du? Wie alt?

Sie schweigt, und ich sehe ihr abermals zu. Sie benützt gewöhnliche Seife, und ihre Finger sind geschickter, als ich annahm. Falls sie mich reinlegen will, auf ein vorzeitiges Ende spekuliert, hätte sie keine Chance; ich bin ganz woanders, weit entfernt von mir. Ich streichle über ihren Rücken, entlang der Wirbelsäule, bis in die Höhe des Steißbeins und merke, daß ihr schauert. Ich wiederhole den Weg, doch sie entzieht sich kurz vor dem Punkt.

Die Waschung ist gründlich, nicht nur auf bestimmte Stellen konzentriert. Augenblicklich hat sie die Oberhand.

Ich dich auch? frage ich und deute es an. Sie reicht mir die Seife und hockt sich auf den Beckenrand. Ich habe noch nie eine Frau gewaschen, nur zugesehen dabei. Genau verfolgt sie meine Hände, und ich lasse nichts aus, spüle den Schaum dann noch weg, trockne sie überall ab und nenne meinen Namen. Sie spricht ihn nach, ich korrigiere. Beim vierten Mal betont sie ihn richtig, in Verbindung mit einer Geste. Ein seltsames Zeichen, das meinen Namen unterstreicht und mich vorübergehend sprachlos macht; sie weist mir einen Platz auf ihrer Liege an, sie flüstert ein Wort dazu.

Die Liege muß unendlich dreckig sein, anzunehmen, daß sie schon seit Jahren in der Kammer steht. Das Muster aus Rauten ist kaum noch erkennbar. Über die Mitte der Liege ist ein Tuch gebreitet. Auch das Tuch ist nicht mehr frisch. Ich setze mich auf die Kante.

Wie alt bist du?

Sie drückt meinen Oberkörper nach unten, beugt sich über ihre Arbeitsstelle und sagt zwanzig.

In der Decke oberhalb von meinem Kopf ist ein Loch. Sicher hing dort mal eine Lampe, wenn nicht ein Lüster. Die Kammer ist im nachhinein entstanden, durch Unterteilung eines großen Raumes in mehrere Verschläge. Ich drehe meinen Kopf zur Seite, spüre, wie sie tätig wird, mich teilnahmslos macht, ein Stück weit verschlingt, während ich schaue. In meinem Blickfeld nichts Persönliches von ihr, oder ich nehme es nicht wahr. Vieles zieht ja an mir vorbei, ohne daß es auffällt. Es erreicht mich so wenig, daß ich mir ungestört das Gegenteil einbilden kann, das Gegenteil von dem, was mir passiert; alles ist denkbar. Denkbar, daß ihr die Arbeit Vergnügen bereitet, nirgends ein Hinweis auf Haß. Meine Hand liegt jetzt auf ihrem Schenkel, dort ist es warm.

Draußen sind jetzt Stimmen zu hören, ich verstehe kein Wort; an ihrer Körperhaltung hat sich etwas verändert. Wie spät mag es sein? Zwanzig nach vier vielleicht, allenfalls halb fünf; mein Zeitgefühl ist in Ordnung. Wir liegen nebeneinander, ich auf dem Rücken, sie auf der Seite. Gerne würde ich ihre Brüste halten, wenigstens eine davon, umgehe sie aber. Ich möchte mich nicht vergreifen, das muß nicht sein, und biete meine Hand als Stütze an für ihren Kopf, und so komme ich, ganz nebenbei, mit der Wange in Kontakt.

Überrascht von dieser Wendung zögert sie. Es dauert eine Zeitlang, bis der Kopf Gewicht erhält. Behutsam richte ich mich auf, und beide sehen wir zu der Stelle, um die sich unser Vorgespräch gedreht hat. Ich weiß nicht, was geschehen wird. Sie will mich in der Hand behalten, soviel steht fest.

Als ich in gleicher Höhe bin mit ihrer Schulter, benützt sie noch einmal das Stichwort, gegen mich gerichtet. Ich sinke wieder zurück, versucht, sie dabei mitzunehmen. Ihre Finger setzen die Arbeit noch fort, mit ihren Augen scheint sie mir nachzugeben; nicht mehr diese Wachsamkeit, bilde ich mir ein.

Bist du müde? Du schlafen? Sag...

Rosalia sieht mich an; sie möchte wissen, was die Frage soll, da könnte ich wetten. Ich stehe auf, gehe zu meiner Hose und hole aus der Tasche einen weiteren Schein und lege ihn auf die Schachtel.

Wie lange kann ich bleiben? Wie lange ich hier? Ich, hier bei dir, wie lang?

Sie greift nach dem Geld, gibt einen A-Laut von sich, irgendwie erfreut, und findet dann ein Wort für Dauer und Art des Aufenthalts: Gemutlich.

Gemütlich, verbessere ich und frage sie, wie lange ist das? Wie lange dauert Gemütlich? Eine Stunde? Bis halb sechs? Ich übersetze ihr das durch Zeichen, und sie nickt. Wir nehmen wieder unsere Positionen ein, nichts weiter.

Die Entwicklung ist stehengeblieben, ich bin noch immer woanders, sie kann meine Abwesenheit buchstäblich fühlen; nicht auszuschließen, daß es sie verletzt, so erfolglos zu sein. Ich schaue an ihren Augen vorbei, suche nach Spuren auf ihrer Gesichtshaut, und plötzlich öffnet sie den Mund und führt mir eine Zungenleistung vor.

Ach so, denke ich.

Kein Zweifel, daß sie noch mehr haben will, mein ganzes Geld. Und kopfschüttelnd lehne ich das Angebot ab. Fast mit einem Gefühl von Enttäuschung, in das ich mich hineinsteigern könnte, wie ich mich auch in das Leben an sich hineinsteigere; ich will leben, jawohl.

Und sie? Die Nutzlosigkeit macht ihr offenbar angst. Hält sie mich für ihren Mörder? Mitten in das Schweigen fragt sie: Du Lisboa? und ich summe ihr den Anfang von April in Portugal. Doch sie scheint das Lied nicht zu kennen. Vielleicht kennen es auch nur die Touristen, und ich versuche es mit Namen. Amalia Rodriguez? Keinerlei Wirkung; dann die Helden der Revolution, mit entsprechender Betonung. Aber auch das geht daneben. Es gibt keinen Anknüpfungspunkt, jedenfalls nicht im Moment. Und um es wieder voranzutreiben, weiterzukommen, taste ich ihr Becken ab, gleite langsam über ihren Oberschenkel, über die Außen- und die Innenseite und versuche nun meine Hand zwischen die Beine zu schieben, gegen keinen spürbaren Widerstand, im Gegenteil, wenn auch nicht erkennbar wird, wie sie dabei behilflich ist, nicht mir, sondern sich; nur eine unscheinbare Verschiebung, durch die meine

Hand einen größeren Spielraum erhält. In meine Ohren strömt Blut.

Noch immer stützt sie sich mit einem Ellenbogen ab, aber der Körper verrät eine Neigung: Sie will sich gehenlassen, glaube ich. Etwas über sie gebeugt schon, in noch unverfänglicher Distanz, betrachte ich sie. In ihrem Gesicht herrscht Unruhe. Die Augen springen hin und her, die Stirn ist in Bewegung, ihr Mund ist sprechbereit. Ich komme noch ein Stückchen näher, und sie hält mir meinen Namen vor, ja verwendet ihn, fragt mich, was ich mache, was für eine Arbeit.

Was ich bin?

Was arbeit? wiederholt sie.

Ich suche nach einem Buch, doch es liegen nur illustrierte Zeitschriften herum.

Buch. Bibliothek. Bibliotheka. Ich in Bibliotheka.

Und noch einmal der gewohnte Laut, nur etwas höher als sonst. Sie scheint sich zu freuen, mehr als vorhin, strahlt über Wiedererkanntes, ein Wort, vielleicht auch nur eine Silbe. Freude einer Silbe wegen, und unterdessen lege ich ihr eine Hand auf die Stirn, beschwere sie, bis ihre Haare endlich die Liege berühren.

Jetzt wieder Wachsamkeit in den Augen. Alles übrige, die Haut, die ich erblicken kann, wirkt offen.

Ich wandere mit meiner Hand nach unten, aus ihrem Magen dringt ein Geräusch. Nach einer Umkreisung des Nabels fange ich an, ihren Namen zu schreiben, Rosalia, vom Bauch über die Leiste Richtung Knie, mit der Spitze meines kleinen Fingers, der in die Oberfläche drückt. Bei der Verschleifung von S zu A öffnet sie das rechte Bein noch etwas weiter, so daß der Schritt nun freiliegt. Das Schamfleisch ist dunkel, beinahe schwarz und geschlossen; ich streife es auf dem Rückweg.

Wie lange bist du hier? Wie lange du arbeiten hier?

Zwei Uhr.

Und in der anderen Zeit? Wenn du nicht arbeiten?

Schlafen, sagt sie.

Und wenn du nicht schläfst?

Mit den Händen deutet sie mir Essen an, Essen und Schlafen. Inzwischen bin ich wieder auf dem Innenschenkel und teile ihn ein in Quadrate. Für einen Moment schließt sie die Augen, etwas länger, als es notwendig wäre zur Erholung der Augen, und ich dringe weiter in sie. Kennst du Frankfurt? Römer, Zoo, Airport?

Aeroporto! ruft sie.

Wieder so ein Gemeinschaftswort, Erstaunen auf beiden Seiten. Sie gibt den A-Laut von sich, und ich greife ihr ins Haar; allmählich wird sie unvorsichtig, unterschätzt die Situation. Den linken Schenkel habe ich beschrieben, für den anderen muß ich meine Lage noch weiter verbessern. Etwas von ihrer Unruhe kehrt zurück. Was? will sie wissen, was?

Ich ... dich, beginne ich zu erklären, und sie mischt sich gleich ein, zählt wieder auf, was ich in ihren Augen wollen muß, und Schweiß rinnt mir übers Gesicht, ich weiß nicht weiter, handle zwar, doch ohne jede Absicht. Sie kann mich nicht verantwortlich machen; niemand. Dazu kommt noch die schlechte Luft in der Kammer.

Eine gespannte Stellung hat sich ergeben. In meinem Blickfeld jetzt, auf dem Boden, eine aufgeschlagene Fernsehzeitung. Heute ist Donnerstag, der siebenundzwanzigste März. Abba! Abba! heißt die Sendung um einundzwanzig Uhr fünfzehn im Ersten. Viertel vor zwölf kommt Basketball-Europapokal. Ich senke den Kopf, bis zwischen ihrem Bein und meinen Augen kaum noch ein handbreiter Raum bleibt. Im Dritten gibt es einen Spielfilm; auf ihrer Haut fast keinen Hinweis. Nur durch den Mund atmend, zeichne ich Rauten. Und schon wieder diese Furcht vor einer Infektion, womit auch immer. Für einen kurzen Zeitraum hinterläßt der Fingernagel Spuren. Zuerst einen hellen Streifen, dann einen rötlich gefärbten, wenn Blut in die Druckstellen nachfließt. Plötzlich bewegt sich ihr Fuß. Ich fahre die Strecke noch einmal ab, bis an den Punkt, an dem ihr wieder etwas durch und durch geht – das gleiche wie eben, vielleicht auch dasselbe, nicht zu entscheiden –, und wende mich um. Ich sehe, daß sie zur Wand schaut, in einen Spiegel, der dort hängt. Und der Drang, ihr etwas zuzufügen, wächst.

Auf dem vorgeschriebenen Weg, vom Innenknie bis an die Falte zwischen Oberschenkel und Gesäßansatz, geht mein Blick nun hin und her. Rosalia.

Sie sieht mich an, ihre Pupillen haben sich verändert. Das Spähende ist weg oder ist nunmehr nach innen gerichtet, in den Schädel hinein; zu mir schaut nur die empfängliche Seite. Ein schöner Name – und noch während ich das sage, schließe ich die Augen, setze sie dem eine Zeitlang aus, öffne sie dann kurz und wiederhole das Spiel. Beim vierten Nachsehen hält sie ihre Augen auch geschlossen, aber blinzelt noch. Was sie danach macht, kann ich nur ahnen; ich wende mich wieder ab, ihr Schenkel ist das nächste, was ich sehe. Die vertraute Anordnung zweier Leberflecken, darunter ein Haar, darunter eine winzige Narbe, sonst nichts von Bedeutung; zwar ließe sich schon eine Karte anlegen von diesem Gebiet, doch nahezu weiß. Stück für Stück bewege ich mich auf der unsichtbaren Bahn, und ihre Beine geben weiter nach, jetzt weder ihr noch mir zuliebe, denke ich und mache einen Sprung.

Sicher kommt sie vom Land, aus einer gottverlassenen Gegend, und wahrscheinlich hat sie dort schon Kontakte gehabt, wenige Übergriffe, die aber zählen. Keine großen Geschichten. Was anschließend kam, war spätestens nach dem Waschen aus dem Gedächtnis. Ich spreize meine Finger, damit sich die Handfläche etwas breiter anfühlt, grabe die Kuppen ein Stück ein und lege noch einmal empfindlich die Spur, entlang einer Grenze zum Schmerz, bei deren Überschreitung für sie der Eindruck entstehen könnte, ich sei nicht ganz richtig im Kopf, und dabei stelle ich weitere Fragen, im Grunde eine Ermittlung in eigener Sache. Wo bist du geboren? Wo lebst du in Portugal? Wo zu Hause.

Beja! ruft sie.

In Beja, aha. Also doch in einer gottverlassenen Gegend. Ein Schweißtropfen löst sich von meiner Nase, fällt auf ihre Haut und gleitet die rechte Schrittfalte runter. Auf einem ausgedehnten Weg, der mich bis an ihren Schamhaarrand führt, nehme ich ihn wieder zu mir.

Du Beja kennen?

O ja, sage ich, heiß dort, heiß.

Beja liegt weit im Süden. Das Umland ist flach. Viele Ortschaften haben nur eine einzige Straße, die vor allem den Hunden gehört. Die meisten liegen schlafend herum und lassen ihren Hunger damit hinter sich. In manchen dieser Dörfer gibt es, jeweils am Ende der Straße, eine Discotheca, die nur am Samstagabend aufhat. Und oft beginnt dahinter das Feld, und nur die Sträucher auf den aufgegebenen Äckern bieten Paaren eine Deckung. Wer auch hingegriffen hat bei ihr, er konnte es sowenig genießen wie sie, denke ich. Eine einfache Überlegung, die erste seit langem, und ich stelle gleich noch eine weitere an: Beja, Lisboa, Frankfurt?

Sie stimmt mir zu. Jemand könnte sie also hierhergelockt haben. Oder auch nicht; vielleicht gefällt ihr Frankfurt sogar besser als ihr Dorf, es wäre ja möglich.

Die freien Flächen zwischen den einzelnen Haaren sind heller als andere Partien. Ich mache mir eine Schneise, bis an den Übergang zu den äußeren Merkmalen. Ein schmaler, kerbenreicher Kamm, auf den ich meinen Mittelfinger schiebe.

Frankfurt gut? lenke ich sie ab – oder nicht gut?

Wiederum der A-Laut, langgezogen diesmal. Also wohl eher nicht so gut; bei fremden Leuten muß man immer raten. Unter dem vorderen Glied meines Fingers teilt sich die Haut, und ihr Körper kommt mir noch einmal entgegen, mit einer eigenen ruhigen Bewegung, als könne der Unterleib atmen und holte gerade tief Luft. Und ich drücke meinen Mund auf ihr Geschlecht.

Die Bewegung in der Lichtorgel ist schwächer geworden. Die kleinen bunten Plättchen drehen sich wie von selbst, ich schließe die Augen. Milliarden von Bakterien haben ihren Wirt gewechselt und nisten sich in einer neuen Flora ein. Ich fürchte mich nicht mehr; wir kennen uns ja jetzt etwas: Sie könnte viel fremder sein, denke ich, eine Namenlose.

Zu einem Abschluß ist es nicht gekommen. Ich habe ihr statt dessen eine Frage gestellt, wann sie wieder nach Hause fährt, mich umgedreht und ihre Augen gesehen. Sie hat die Frage nicht verstanden beziehungsweise verkehrt und mich noch einmal angefaßt. Ich habe ihr gesagt: kaputt. Und bin dann aufgestanden und habe sie hinter meinem Rücken gehört, wie sie mich bedauert hat, mit ihrem ewigen A-Laut. Und während ich mich angezogen habe, ist sie vor die Waschgelegenheit getreten und hat sich zwischen den Beinen gespült.

Einem Händedruck zum Abschied ging ich aus dem Weg. Ich lief hinunter und hinaus und kühlte mein Gesicht an der Luft. In der Main-Pension in der Elbestraße bekam ich ein preiswertes Zimmer.

Jetzt putze ich mir gerade die Zähne und will mich nicht weiter erinnern. Morgen werde ich auf die Beerdigung meiner Mutter gehen und übermorgen vielleicht schon ihre Räume bezogen haben.

Zehn Minuten vergehen

Seit geraumer Zeit schon, seit dem Wohnungswechsel wahrscheinlich, drehe ich mich nicht mehr um beim Gehen. Niemand folgt meinen Schritten, niemand schaut mir nach, auch jetzt nicht, hier, auf diesem Platz, der eigentlich gar kein Platz ist. Kein Ort, der etwas Bestimmtes vertritt, wie zum Beispiel den nahegelegenen Bahnhof oder die Republik oder einen toten Dichter.

Ich fühle mich leicht und trete nun in einen Randbereich zwischen diesem Scheinplatz und der Straße, eine Aufenthaltsgleichgültigkeit empfindend, der sich nichts entgegenstellt. Nicht einmal das Hochhaus am Ende der Straße, das sich in einer Mischform zeigt: aus Prunksucht und Verschwendungsangst, die es mir zu einem faden Ding macht; es stört mich nicht weiter.

Hier oder dort, auf jeden Fall in diesem Grenzgebiet, bleibe ich stehen, unbeschwert, von den wenigen Eindrücken abgesehen, habe noch knapp zehn Minuten Zeit und muß auf einmal denken, sinngemäß und im nachhinein wiedergegeben: Die wirklichen Plätze, die eigentlichen Hochhäuser, sind immer da, wo ich nicht bin, ganz egal, wo ich bin; und da fällt mir plötzlich ein, was ich heute früh, während ich die Neuerscheinungen sortierte, zunächst überflog und später, in der Mittagspause, nachlas. Einen Aufsatz zur geistigen Situation der Zeit, dessen Verfasser unter anderem meint, das Eigentliche immer zu verschweigen oder, wie auch zu lesen war, das Schlimmste nicht zu sagen. Etwas schiebt sich über die Erinnerung an das Geschriebene. In den Fenstern der Bordelle – man sage mir ein anderes, freundlicheres Wort – auf der rechten Moselstraßenseite spiegelt sich die Abendsonne. Ich gehe ein paar Schritte weiter und bleibe dann dabei. Ohne schon abzusehen, warum, biege ich in die erwähnte Straße und laufe an den Häusern, für die es kein freundliches und doch wahres Wort gibt, entlang, schlüpfe in die Lücken zwischen den Entgegenkommenden, wodurch sich ein Weg ergibt, und stelle mir gleichzeitig vor, diesem Verfasser zu sagen, daß er seine Lage verkennt, ja sogar beschönigt; ich könnte jedenfalls das Eigentliche nicht verschweigen, weil es nicht vorhanden ist für mich, und vielleicht ist dies das Schlimmste und ist damit gesagt.

Auf der Uhr, die Ecke Moselstraße/Taunusstraße hängt, ist es acht Minuten vor sechs. Wenn ich einmal um den Block gehe, kommt es hin. Man hat ja immer seine Strecken, um die Zeit totzuschlagen, gute und weniger gute.

Im Gegensatz zur Moselstraße bietet die Taunusstraße noch Unsicherheiten. Hier warten hin und wieder Frauen ohne Zeichen der Bereitschaft auf den ersten Blick. Jüngere und ältere, von denen niemand weiß, wohin sie einen führen, wie sie beschaffen sind im einzelnen, was sie gewähren, was sie verweigern. Das erweckt dann eine angenehme, fast vergessene Angst.

In meiner Einbildung führe ich oft Auseinandersetzungen mit bekannten Leuten, denn ich höre mir dann, im Unterschied zu anderen, die nur an mir lauschen, wenn ich rede, als sei ich eine Wand, auch zu. Ich sage mir in dieser Unterredung mit dem Aufsatzschreiber, wissen Sie, ich selbst bin effektiv ein anderer und würde niemals öffentlich, wie Sie das tun, mich zur Geschichte stellen, äußerstenfalls ein paar Worte verlieren, mich aber nicht erklären wollen, das wäre tatsächlich ein Witz. Obwohl ich kein Gegner bin von Geschichte. Oder von Sinn. Wenn sich Sinn ergibt, warum nicht. Ich könnte jedoch, anders als Sie, völlig schamlos in der Ich-Form schreiben, das würde mich höchstens als Schreibkraft bezeichnen. Das sage ich ihm und sehe ihn dabei innerlich an, jetzt schon vor dem Geschäft mit den Schlangenlederstiefeln und diesen feinen Schnallenschuhen, die an Libellen erinnern, und auf einmal gerät alles ins Wanken ...

Vor dem Geschäft mit den Schlangenlederstiefeln hält sich eine junge Frau auf ohne Arme. Ich bleibe stehen, so wie andere Männer, Ausländer zumeist und Messebesucher, in unverdächtiger Entfernung und schaue auf Umwegen hin. Links hat sie gar keinen Arm, und ihr Hemd ist oben verknotet. Rechts ragen zwei Glieder aus einem Schlitz und halten eine Zigarette. Sie lehnt an der Schaufensterscheibe und sieht an jedem vorbei, dreht ab und zu den Kopf zum Zigarettenende hin, raucht, entfernt mit ihrer Zunge Tabakkrümel, macht Mundbewegungen und andere Zeichen. Ich trete ein Stückchen näher und schaue mir, in meiner Absicht noch gedeckt durch die übrigen Männer, ihr Gesicht im ganzen an und von dort oben aus, in einer Abschweifung, die Formen ihres Körpers, nicht von Mitleid ergriffen, sondern einem unbegreiflichen Verlangen.

Sie trägt ihre Haare gesteckt, so daß die Zone zwischen Ohr und Mund breitflächig freiliegt, ohne Spuren von Befall; und auch sonst nirgends ein zu deutliches Merkmal. Ich lasse meinen Blick auf ihr ruhen, an einer geeigneten Stelle, und nie zuvor Gedachtes schießt mir durch den Kopf. Wünsche, die sich überwerfen, zu Zwangsvorstellungen von Glück, welche ich, nach und nach, mit anderen Überlegungen verschiebe: Wie schminkt sie sich, wie zieht sie sich an, womit verrichtet sie ihre Arbeit, wie reinigt sie sich nach der Arbeit, wie setzt sie sich, notfalls, zur Wehr. Ich stelle mir immer alle denkbaren Fragen, das bringt mich den Menschen im allgemeinen näher.

Ihr Unterkörper wirkt an jeder Stelle voll, nicht dick, sondern kräftig. Von ihrem Becken, wo er haftenblieb zuletzt, gleitet mein Blick wieder hinauf, zu ihrem Mund, den sie noch immer in Bewegung hält. Als sei sie damit imstande, so lege ich es mir zurecht, unglaubliche Dinge zu tun, das noch gar nicht Angebbare. Und ich ziehe mir rasch, wie stets in solchen Fällen, ein Netz von Gedanken darüber: Ob sie sich für Bücher interessiert, ob ich mit ihr reden könnte, sie womöglich als Krüppel bezeichnen ...

Ein Mann tritt neben sie und flüstert ihr, zu Boden sehend, sein Anliegen zu. Sie nickt zuerst und schüttelt dann den Kopf. Der Mann dreht sich um und verschwindet. Ich bin jetzt weit und breit der einzige in ihrer Nähe; auf der Uhr über dem Wäschereieingang Ecke Taunusstraße/Elbestraße ist es vier Minuten vor sechs.

Die junge Frau läßt ihre Zigarette fallen und tritt sie aus. Neigt nun ihren Kopf so weit zur rechten Schulter, daß die Glieder die Haare erreichen, entfernt eine Spange und verwandelt sich langsam. Unterdessen gehe ich auf sie zu und bleibe, einen halben Meter versetzt, vor ihr stehen, schaue auf die Schlangenlederstiefel in dem Laden und frage sie nach Preis und Ort und Dauer.

Sie erteilt mir Auskunft ohne Unterton, ich zögere daraufhin, bis sie einen Spottlaut von sich gibt. Ich sehe sie an und weiß nichts zur Antwort; taumele für einen Augenblick und höre mich dann sagen, interessierst du dich für Bücher?

Wieder ohne Unterton beantwortet sie meine Frage, und ich behaupte auf einmal, aus der Luft gegriffen, mit einem Satz, in dem ein Wort das andere gibt, daß ich Journalist sei und etwas schreiben wolle über sie, über ihr Leben, über ihr Schicksal, ihre Probleme und so weiter, bis sie mich zum Schweigen bringt. Mit beiden Gliedern eine neue Zigarette aus einer Extratasche ihres Hemdes angelnd, sagt sie leise: Idiot. Dann pult sie ein

Feuerzeug hervor, mit ihren Stummeln ein Schauspiel vollführend, und ich verfolge, wie sie sich die Zigarette ansteckt, den Kopf verdreht, mit entsetzlicher Geschicklichkeit. Sie macht einen Zug und sieht mir dabei, ganz überraschend, ins Gesicht, ein Bein, wie mir jetzt auffällt, halb über das andere setzend, so daß Falten entstehen, die ich bis zu ihrem Ursprungsort ergründen will, den ich aber nicht feststellen kann in diesem Bruchteil einer Sekunde, ehe ich sie wieder anschaue, ihren unablässig arbeitenden Mund, der sich gerade zu öffnen beginnt. Freundlich sagt sie zu mir: Gehst du dann vielleicht wieder weiter, oder willst du mich heiraten?

Ich überhöre diese Offerte oder tue jedenfalls so. Wie spät ist es? frage ich laut, und sie deutet mit den Augen auf die Uhr oberhalb vom Wäschereieingang. Zwei Minuten vor sechs ist es dort, wenn die Zeiger nicht täuschen. Dann, sage ich, muß ich sowieso los.

Jenseits der Kaiserstraße, schon weit hinter der Armlosen, am Rande des Platzes, der keiner ist, liegt mein angenommener Ausgangspunkt. Als ich dort eintreffe, ist es etwas vor sechs auf der Hauptbahnhofsuhr, und ich sehe mich um. Auf dem Hochhaus neben dem Theater tanzt, hervorgerufen durch Metall und Sonne, quecksilbriger Glanz, wie ich es beschreiben würde, wenn ich müßte, aber ich muß ja nicht, nicht jetzt, irgendwann einmal, wer weiß. Und noch an diesen Gedanken geknüpft, kippt etwas in meinem Hirn: Vor kurzem, fällt mir ein, habe ich mir dort eine Mütze gekauft, und sobald ich sie trage, komme ich mir unmöglich vor, wie ein

Anhängsel dieser Mütze, ich sollte sie wegwerfen oder verbrennen – Ende der Überlegungen.

Jetzt wird es sechs Uhr sein, vielleicht doch schon etwas nach sechs, und sollte mich hier jemand treffen und fragen, was los ist mit mir, er bekäme zur Antwort: Ich beschwere mich nicht, es läuft.

Haarscharf verfehltes Glück in der Liebe

Nichts fällt mir in den Schoß. Ich sitze in einer Ecke des Schauspielhauscafés, zur Klugscheißerstunde, nach der Abendvorstellung, wo es dort von Musterfällen wimmelt, und lese die Geschichte eines Kindermörders und warte auf die Sahne, die der Kellner vergessen hat, als er mir den Apfelkuchen brachte.

Der Apfelkuchen steht vor mir und lockt. Ich lege das Buch beiseite, schaue einem Vorbeigehenden ins Gesicht, in irreführende Züge, die eines Schauspielers, und beginne mit dem Verzehr. Der Kuchen hat Geschmack, und so frage ich mich, ob dieser unverzögerte Genuß unter Umständen einträglicher ist als ein Aufschub, an dessen Ende dann der Sahnezuschlag steht; am schlimmsten ist mir nach wie vor das Unerträgliche.

Ich lehne mich zurück und versuche, durch Menschenstudium den kritischen Zeitraum zwischen dem bloßen Stück Kuchen und dem eigentlichen Apfelkuchen mit Sahne zu füllen. Mir schräg gegenüber, auf einem roten Sofa, zwei plappernde Schauspieler. Ich nehme noch einen Bissen und schnappe einiges auf. Die Rede ist von einem Regisseur, seinen Möglichkeiten, Zutritt zu verschaffen. Plötzlich der Kellner. Ich rufe: Hallo! und gebe ihm ein Zeichen, das heißen soll:

Wo bleibt die Sahne? Und der Kellner nickt, und ich genehmige mir noch ein Häppchen und lausche wieder hinüber und vernehme einen anderen Namen. Auch dies ein großer Regisseur, dem beide sich verbunden fühlen.

Den Tortenboden mag ich gar nicht; im Grunde hasse ich dieses Café. Wo ich hinsehe, zwischen Topfpflanzen, Plüsch und exotischen Kellnern, Zeichen heimlicher Verwandtschaft; wo ich hinhöre, zwischen immer gleicher Bandmusik, Namen über Namen: Eigennamen, Ortsnamen, Kosenamen, Spitznamen, Künstlernamen und so weiter. Nichts Überraschendes. Einschließlich der Faxen alles aufeinander abgestimmt. Nirgends etwas Skandalöses, alles gemäßigt.

Die Sahne! Ich häufe sie auf und merke, daß zwischen dem verbliebenen Apfelkuchen und dem hinzugekommenen Sahneberg ein Mißverhältnis besteht, welches sich kaum noch mit dem Ausgangswunsch, Apfelkuchen mit Sahne, deckt. Die Dinge haben sich rascher verschoben als meine Gelüste. Mir bleibt nur noch zu wählen zwischen einem nachträglichen Verlangen nach Sahne als Hauptgericht und dem Verlassen des Cafés. Da ich ein Süßigkeitenmensch bin, zu jeder Tages- und Nachtzeit, liegt es nahe zu bleiben. Dagegen spricht nur der Wunsch nach Harmonie im Verhältnis beider Speisemengen zueinander, er ist immer noch wirksam; aber auch die Möglichkeit, es woanders, mit einem ganz anderen Wunsch von neuem zu versuchen und einen echten Genuß zu finden. Alles in allem eine ungute, bedrängende Situation.

Und von einem Augenblick zum anderen sehe ich mich einen großen Teil der Sahne wieder wegnehmen, auf den Sahneteller zurückbefördern und nur noch so viel übriglassen, wie ich für den restlichen Apfelkuchen, vorausgesetzt, ich hätte von Anfang an über die Sahne verfügt, aufgehoben haben würde. Diese Entscheidung, die getroffen worden ist, kommt mir voraussichtlich entgegen. Sicherheitshalber teile ich aber die entstandene Portion in drei Happen, einen kleinen, einen mittleren und einen großen, um die Bedingungen für Steigerung zu schaffen. Ich warte noch ein bißchen ab, nehme dann den ersten Happen und streife unterdessen durch den Raum, mit meinem Blick von Reiz zu Reiz, stelle mir ein Stück der einen oder anderen Frau in meinen Händen vor, spüre Annäherung an das gewünschte Aroma, versetzt mit Gier auf das nächstgrößere Kuchenstück, und erwarte die noch fehlende Unterscheidungsnote, hoffe auf totale Wiederholung eines ersten Apfelkuchen-Sahne-Glücks.

Die beiden Schauspieler stehen auf, und zwei Mädchen setzen sich auf das frei gewordene Sofa. Der zweite Happen ist ein einziges Versprechen auf den dritten. Ich schlucke ihn hastig hinunter. Die Mädchen fangen an zu wispern. Sie brechen ein in meine Phantasie; gezwungenermaßen stelle ich mir vor, wie sie sich paaren. Der letzte Happen ist eine Enttäuschung. Er füllt den Mund in keiner Weise aus, gibt sich dem Gaumen nicht zu erkennen; weder stimmt die Menge noch die Zusammensetzung des Geschmacks – der Tortenbodenanteil überwiegt. Ich rufe den Kellner, bezahle, schaue dabei zu den Mädchen hinüber, aus den Augenwinkeln, vor allem auf die eine, die Brünette, die mit den vollen Schultern, stehe auf und verlasse das verdammte Café in Richtung Bahnhofsviertel.

Ich gehe den kurzen Weg unter dem Vordach von Schauspiel und Oper, vorbei an Schaukästen, in denen Szenenfotos hängen, die mich immer wieder anziehen. Ob es die Abgebildeten genießen, wenn sie sich, vorübergehend, wiedersehen? Dann sind es nur noch ein paar Meter bis zur Kreuzung. Auf der anderen Seite der Häuserblock zwischen Münchner- und Kaiserstraße; hier verläuft die Grenze noch nicht.

Ich gehe hinüber, biege in die Münchner ein und übertrete jene unsichtbare Linie, die das Bahnhofsviertel vom Theaterviertel trennt, hinter der ich vor Klugscheißern sicher sein kann.

Schon im Bereich der Weserstraße Gemischtes. Der Wäscheladen etwa, in dem, neben Faltenröcken und hochgeschlossenen Blusen, Netzstrümpfe, Strapse und andere Reizbekleidungsstücke liegen; ich bleibe kurz stehen und laufe dann weiter, das Übliche. Mein verfehltes Apfelkuchen-Sahne-Glück liegt hinter mir, ein anderer Wunsch nimmt langsam Gestalt an, und ich frage mich mal wieder, weshalb ausgerechnet dieser Wunsch, weshalb gerade ich, und bummle auch schon die Kaiserstraße hinunter, das Bahnhofsviertel empfängt mich als Freund.

Natürlich weiß ich, wohin ich will, ich bin ja nicht

dumm; zwischen mir und meinem Ziel: jetzt nur noch eine geschwungene Treppe aus früherer Zeit. Das große Peep-Show-Center liegt im ersten Stock.

Über die geschwungene Treppe komme ich in einen Vorraum und wechsle dort gleich einen Schein; bei dem Angestellten hinter dem Schalter, der auch den Wechsel der Modelle ansagt. Ich nehme die Markstücke, stecke sie ein und schaue mich um. Meine Stammkabine ist besetzt, und so überbrücke ich mit Menschenstudium, wie gehabt. Nicht mehr Ausländer als gewöhnlich, kaum Zeichen von Scham. Erwartung von Kurzweil in den meisten Gesichtern; manchmal sogar von Erleichterung, aber das kann auch nur Einbildung sein. Japaner, wie immer, in Gruppen. Pakistanis noch ein bißchen scheu. Alte Männer treten im Alleingang auf. Der Lieblingsplatz wird frei, und ich laufe an den Rand der halbkreisförmig angeordneten Kabinen, wo es zu einem kurzen Zwischenfall kommt. Mit einem Türken vermutlich, der gleichfalls die entlegene Kabine will.

Nach kurzem Hin und Her setzt sich der Türke durch, obgleich auch ich mich höflich zeige: Er besteht auf Rücktritt. Ich beziehe meinen Stammplatz, schließe die Tür hinter mir, verriegele und schiebe dann das erste Markstück in den Schlitz. Augenblicklich öffnet sich die Klappe, und durch das Fensterchen, welches ungefähr die Größe meines Taschenbuches hat, kann ich ungehindert einsehen, in das Innere des halbrunden Raumes, in dessen Zentrum sich eine Scheibe dreht, eine Scheibe, über die, mit dem sonstigen Interieur nicht im Einklang, ein Privathandtuch gebreitet ist, auf dem sich das Modell in gebückter Haltung vorzeigt.

Sie ist dunkelhaarig – und damit gestorben. Trotzdem versuche ich dabeizubleiben, mich zu konzentrieren, eine Mark ist eine Mark, und einen Punkt auf ihr zu finden, der mir Reiz verschafft, doch es gelingt nicht. Beinahe gleichgültig schaue ich ihr zu und hoffe auf baldigen Wechsel, verschwende meine Zeit. Endlich schließt sich die Klappe, und ich stehe im Dunkeln, wie schon so oft, ein Zustand, den ich aber beeinflussen kann: durch Nachwurf eines Markstückes oder Entriegeln der Tür, ganz nach Belieben; ich lasse das Modell sich zeigen, kontrolliere es, mache den Zustand zu einem halben Alleinsein, im Hinblick auf den anderen Körper, oder hebe ihn vollständig auf, indem ich meinen Platz verlasse. Möglichkeiten, die mich immer wieder froh machen, vielleicht sogar glücklich. Jedenfalls treiben sie mich hierher.

Zunächst genieße ich eine Zeitlang Möglichkeit eins, das abgeschiedene Alleinsein, mit Wissen um die zweite Möglichkeit, die des geschwindelten Alleinseins. Ich hole eine schmale Taschenlampe aus meinem Jackett, um weiterzulesen. Leider gibt es keine Sitzgelegenheit. Abgesehen davon, ist die Kabine funktional. Es fehlt nicht mal ein Eimerchen für Taschentücher; manche erleichtern sich allerdings gegen die Wand, aber auch das kann ja ein Gegenüber sein.

Das Buch über den Kindermörder stützt sich übrigens auf zuverlässige Quellen. Ich schlage es auf und erwische die Stelle, an der der arme B. sich zu erinnern versucht. Ich glaube nicht, gibt er zu Protokoll, daß ich je als Kind nackt herumlief. Ich glaube auch nicht, daß ich es gern getan hätte ... Dann folgen Erklärungen, die unwichtig sind; man versteht es auch so, finde ich. Wer sich ein bißchen selbst kennt, der ahnt im allgemeinen, wie es in einem Mörder aussieht.

Der Angestellte sagt den Wechsel an, und ich stecke die Münze in den Schlitz und schaue. Die Frau soll aus Schweden kommen, heißt es, aber das beeindruckt mich nicht; ich suche hastig ihre Oberfläche ab und finde keinen Halt; alles läßt zu wünschen übrig. Ich glaube, ich leide, jedenfalls suche ich noch einmal nach einer Mulde, nach einem Fältchen, nach etwas Bestimmtem, das ich von woandersher kenne, aber nichts desgleichen. In ihrem Schritt ein Wirrwarr aus Büscheln und Läppchen, keinerlei Hilfe. Und ich schaue weg und warte auf die nächste und lese inzwischen die Vernehmungen von B. und versäume einen Wechsel und den folgenden auch.

Erst als eine Frau aus Österreich angekündigt wird, riskiere ich wieder ein Markstück. Vorsichtig spähe ich hinein, sehe, daß die meisten Klappen zu sind und weiß jetzt, daß die Peep-Show bald geschlossen wird. Das neue Modell hockt auf seinem Handtuch, weiß mit roten Tupfern, den Oberkörper nach hinten gebeugt, stützt sich ab und hat die Beine angezogen. Ein nahezu vollkommenes Bild, bis auf die Fesseln. Unförmig, wie sie sind, verhindern sie ein Harmoniegefühl. Wieder schaue ich weg, nach höchstens vierzig Pfennig Nutzung, und warte auf das letzte Mädchen, werfe nach, als es soweit ist, und denke auf den ersten Blick: Ende gut, alles gut. Volle Schultern, brünett, übersichtliches Geschlecht. Ich streife mit den Augen über ihren Halsansatz, mache Ausflüge nach links und rechts, gleite dann abwärts bis zum Vorsprung der Brust, ziehe Kreise, die allmählich enger werden und bleibe schließlich haften an der winzigen Furche, welche die Spitze der Warzen durchzieht. Und so vergeht die Zeit – sie zeigt es mir, das sonst Verborgene, und ich schaue hin. Bis sie plötzlich unterbricht, nach den Klappen sieht und aufsteht, ihr Privathandtuch nimmt und gehen will, dann aber zögert und sich umdreht. Sie sieht, daß meine Klappe noch geöffnet ist, kommt zurück, legt das Handtuch wieder hin und fängt noch einmal an mit dem Zeigen. Sie zeigt jetzt alles nur für mich und blickt an mir vorbei, haarscharf. Ich sehe ihre Augen, drehe mich um, sperre die Tür auf und laufe so schnell es eben geht, die Treppe hinunter, hinaus ins Freie; ich überquere die Fahrbahn, laufe weiter durch die Moselstraße, überquere die Münchner und kehre ein ins Moseleck.

Das Moseleck hat offen bis drei, in Messezeiten sogar bis vier. Auf der ganzen hinteren Wand das Moseleck als Poster: eine malerische Biegung der Mosel unterhalb einer Burg; ein Lokal mit Referenz. Ich setze mich in die Nähe der Musikmaschine, wo ich immer sitze, und Renate bringt mir mein Bier. Am Ausschank Jacob, undefinierbar. Aus Gewohnheit sage ich zu Renate: Ein halbes Hähnchen. Und sie zu mir: Wie immer. Im Moseleck ändert sich gar nichts, und deshalb komme ich hierher und bestelle mein halbes Hähnchen und werfe Geld in die Maschine, um das Hamsterlied zu hören, so wie jetzt, im Augenblick. Das Hamsterlied schlägt ein, die Leute singen mit, Männer wie Frauen. Es war einmal ein Hamster, der hatte der Weiber vier. Polygamie, Polygamo. Da kam ein harter Winter und nahm ihm der Weiber zwei. Bigamie, Bigamo. Da kam ein trockener Sommer und nahm ihm noch ein Weib. Monotonie, Monotono. Da gabs ein großes Unglück, und er war ohne Frau. Onanie, Onana. Da kam ein großer Traktor und schnitt ihm ab sein Krrk. Ohne Krrk, ohne Frau, der Hamster ist ne arme Sau. Traktor hin, Traktor her, der arme Hamster kann nicht mehr. Es ist erstaunlich, was man alles nebenbei lernt – leider sitzt dieser Text, ich kann ihn nicht vergessen. Aber so geht es oft.

Renate bringt mein Bier. Wo sie sich aufhält, ist das Zentrum. Jacob fragt nach meiner Arbeit. Ich sage: Es läuft. Und trinke und lehne mich zurück und wiederhole im Kopf den Abgang aus der Kabine: Hier war mal wieder was passiert. Diese emotionalen Episoden werden immer seltener, vor allem solche, die sich zum Erzählen eignen, und so bin ich zufrieden mit mir. Knüpfe ich nämlich einen neuen Kontakt, was gelegentlich noch vorkommt, ist es jeweils nützlich, eine Reihe von Gefühlsgeschichten in der Hinterhand zu haben, nämlich von Ereignissen, aus denen ich, wenn möglich, irgendwie verändert hervorgegangen sein könnte. Das findet immer Gehör. Überhaupt haben Selbstbezichtigungen und Geständnisse aller Art, per saldo, den größten Erfolg. Und ein Beischlaf bleibt ein Beischlaf, auch aus Mitleid.

Zwei Paare, die ich vom Sehen kenne, betreten das Lokal, mit ihnen ein Hund. Das eine Paar streitet sich meistens. Die Kleine, der der Hund gehört, mit ihrem Freund. Heute ist der Streit besonders heftig. Die beiden anderen tun um so verliebter. Schließlich steht der eine auf, der mit der Brille, den grauen Haaren und der spitzen Nase, den ich am wenigsten mag von den vieren, und läuft hinaus. Die Kleine keift ihm hinterher, und er erinnert mich an irgendwen, jetzt, wo er sich noch mal umdreht, mit diesem falschen tragischen Blick, so falsch, daß ich gehen würde für den Fall, daß er bliebe. Doch er verzieht sich, und ich schaue hinüber.

Die Kleine, die zu ihm gehört oder er zu ihr, je nachdem, hat so was, finde ich, so was Anziehendes. Ich kann nicht sagen, woran es liegt, ich weiß nur, daß es mich reizt, mich piesackt auf der Haut. Das halbe Hähnchen kommt, Gott sei Dank. Ich fange an, es zu zerlegen, eine schöne, abwechslungsreiche Tätigkeit, und nehme mir vor, es ihrem Hund zu schenken, obwohl ich nichts übrig habe für Hunde, aber dieser Hund für mich, jedenfalls reibt er gern seinen Kopf an meinem Hosenbein. Da ich meistens dieselben Sachen trage, in dieser Gegend hier, kann es natürlich auch sein, daß der Hund inzwischen seinen eigenen Geruch erkennt und sich nur deshalb an mir reibt, aus Wiederholungsliebe, und nicht, weil er mich mag, vorausgesetzt, der erste

Kontakt mit meiner Hose war nichts weiter als Zufall. Um mir Erfolg bei ihm zu sichern, biete ich ihm gleich ein gutes Stück und locke ihn mit seinem Namen, Fleck. Fleck kommt auf mich zu, riecht, reibt seinen Kopf an meiner Hose, schnappt den Hähnchenschenkel, und seine Besitzerin sagt: Er liebt Hähnchenfleisch. Ich nicke ihr zu, mehrmals, und plane einen Zwischenfall: Schiebe mein Bierglas langsam an den Rand, lotse das Tier mit Versprechungen unter den Tisch und warte dann auf einen günstigen Moment.

Der Zeitungsneger! Schlagzeilen, die den neuen Präsidenten nennen, lenken die Anziehende ab. Ich zwicke den Hund und trete gleichzeitig gegen das Tischbein, und so entsteht der Eindruck, daß das aufspringende Tier unbedingt Schuld hat am Umkippen des Bierglases, dessen Inhalt sich über meinen Schoß verteilt hat.

Der Effekt ist beachtlich. Die Kleine schimpft mit ihrem Hund und fragt mich, ob es schlimm sei. Nur die Hose, spiele ich den Fall herunter und verführe sie zu weiteren Fragen. Wir kommen ins Gespräch. Die beiden anderen reden indessen begeistert über Probleme.

Heute ging alles daneben, weite ich die Sache aus und bringe die Geschichte mit der Sahne. Da ich nicht unerfahren im Erzählen solcher Kurztragödien bin, gewinne ich das Ohr der Kleinen. Und wie erwartet, vermutet sie schon bald hinter allem, was ich sage, irgend etwas anderes. Es ging doch gar nicht um die Sahne, behauptet sie am Ende, und ich springe von der Sahne zu der Peep-Show, schildere ihr meinen Abgang und schließe, noch ehe sie zu Wort kommt, mit dem Satz: Ich bin ein zufriedener Mensch im übrigen. Und nun?

Was und nun?

Ach, Sie glauben mir nicht? Oder schauen Sie immer so, als ob Sie tiefer blicken würden? Ich sieze sie, wie ich es meistens halte, schon um selbst nicht geduzt zu werden, auch wenn ich immer wieder schwach werde für ein bißchen Menschennähe. Sie antwortet mir nicht, ich aber rede weiter, mit Rücksicht auf Verluste, entgegen sonstiger Gewohnheit. Und nun fängt sie mich hintenrum an zu duzen, bohrt: Warum erzählste mir das eigentlich? Sag mal.

Warum hörnse sichs denn an?

Die Kleine schweigt und schaut mir ins Gesicht, ich kriege sie nicht in den Griff. Sie hält mir ihre Zigaretten hin, sticht mit der Schachtel in meine Richtung, und ich sage: Überschlagen Sie sich nicht.

Sie aber schaut auf meine Hose. Sehr naß?

Halb so wild, enttäusche ich sie und schweige dann mit; kürzlich las ich etwas über Schweigen. In manchen Fällen hat auch das Erfolg. Und endlich fragt sie mich, nach einer kleinen Ewigkeit: Was willste denn?

Überschlagen Sie sich nicht, sage ich noch einmal und bringe dann den Zwischenfall ins Spiel. Ihr Hund, sagte ich, der ist sehr impulsiv.

Hat er noch nie gemacht, so was, verteidigt sie ihn, und ich komme ihr ein Stück entgegen: Schönes Tier. Obwohl ich Hunde sonst nicht mag.

Und sie: Ich glaub dir kein Wort.

Ich sehe weg und denke mir, den kenne ich, den Trick, und sage laut: Es steckt überhaupt nichts dahinter! Und sie lächelt mich mitleidig an, ohne Zweifel: als sei ich irgendwie unheilbar krank oder behindert.

In der neuen Taktik noch ungeübt, halte ich nun nach Kräften meinen Mund. Die beiden anderen empfehlen sich; vielleicht haben sie ein neues Problem entdeckt, die Frau wirkt ganz erfüllt, sie strotzt vor Problemen. Während ich Probleme nicht ausstehen kann, nicht mal die ergiebigen. Meine Welt ist problemlos, bis auf Kleinigkeiten, von Zeit zu Zeit. Das jetzt hier zum Beispiel, obgleich die Sache gar nicht schlecht steht: fünfzig zu fünfzig nach meiner Erfahrung oder auch ein bißchen besser, schwer zu sagen.

Ich wende mich ihr wieder zu und blicke ihr in die Augen, so, als ob tatsächlich etwas sei; mehr als nur der Unfug mit dem Blick – Liebe, Verzweiflung, Wahnsinn, Tod –, und lächle dazu. Sie hat sehr schöne, fröhliche Augen; die Nase vielleicht eine Idee zu groß, aber das macht der Mund wieder wett, ihre genau begrenzten Lippen; eine Spur von Jane Fonda.

Immer noch die Schweigerei. Mir fällt das Buch in meiner Tasche ein. Ich könnte fragen, ob sie es kennt.

Sag mir, was du willst! verlangt sie plötzlich, und ich zucke mit den Schultern. Sagen Sie doch, was Sie wollen – oder mach ich Sie nervös?

Und nach einer Weile äußert sie sich; behauptet hinterher zumindest, sie habe sich gerade geäußert respektive hingewiesen auf das, was sie will und so weiter.

Womit denn bitte, frage ich. Ich habe nichts gehört.

In ihrem linken Auge glänzt es – nicht ohne Charme der Anblick, nicht ohne Witz. Ich reiche ihr ein Wegwerftaschentuch und sage: Ihr linkes Auge, von mir aus gesehen – entweder ist es entzündet, oder Sie sind traurig.

Ein paar Sekunden verstreichen. Dann schneuzt sie sich und zahlt, und ich zahle auch. Eine Einladung hätte nicht weitergeholfen. Sie steht auf, geht mit ihrem Hund hinaus, und ich hole sie ein und begleite sie nach Hause. Ohne Armumlegen und die anderen Versuche; bloß keine Entgleisungen in dieser Lage.

Und etwas später, während der Hund an meiner Hose schnüffelt, rutscht mir vor der Haustür ein Machsgut heraus. Sie schaut mich an und ich sie auch, aber leicht daneben – und dann schließlich immer mehr –, bis sie kehrtmacht und im Haus verschwindet.

In Ordnung, denke ich, kein Problem. Und drehe mich um und laufe die Münchner hoch; ich überschreite die Grenze zum Theaterviertel und gehe noch weiter. Sehe mir wieder die Bilder an in den Kästen am Schauspiel und lese sogar die Texte dazu. Es kann nie schaden, etwas zu tun, das einem ganz widerstrebt. Es zerreißt einen förmlich, und wann kriegt man das schon.

U. gewidmet

Unnatürlichkeit der Lust

Lange danach, im Frühsommer. Kaum was los momentan, also Sonntag; ziemlich schwül und gegen zwei, wo sowieso alles tot ist. Ich stehe Ecke Moselstraße/Niddastraße unter einem Wahlplakat und halte Ausschau wie immer, doch es tut sich nichts. Schließlich laufe ich weiter und pralle fast mit jemandem zusammen. Ich hebe meinen Kopf und denke auf den ersten Blick: Eine seltsame Person.

Ich spreche sie an, weil die Gelegenheit günstig ist, so gut wie niemand in der Nähe, auf meine übliche Tour geschieht das, mit einem einzigen Wort, und die Person geht darauf ein. Sie sieht mich an und sagt, wobei sie ihre Brille abnimmt und Stäubchen von den Gläsern bläst: Absolut kein Verlangen. Das verblüfft mich; ich habe mit allem anderen gerechnet. Wer hier so stromert, am frühen Sonntagnachmittag, hat doch einen Grund, und ich weiß nicht, was ich entgegnen soll. Das kommt vor, sage ich einfach und setze noch hinzu, um wenigstens irgendeine Überlegung zwischen die Person und mich zu schieben: von Fall zu Fall. Worauf sie kurz die Augen schließt und meint: Es gibt ja auch Unfälle, oder?

So ein Menschentyp ist mir noch nie begegnet. Was hat das eine mit dem anderen zu tun? frage ich zurück, und sie, die seltsame Person, flüstert mir zu: Alles hat das eine mit dem anderen zu tun.

Jetzt verstehe ich gar nichts mehr. Können wir nicht normal miteinander reden, bitte ich sie.

Ja. Aber nicht hier, an dieser Ecke. Ich kenne eine Pension in der Nähe, da können wir reden. Elbestraße.

Die Main-Pension? Die kenne ich auch.

Und so wir brechen auf, ohne besondere Eile. Wir bummeln, als gehörten wir zusammen.

Die Main-Pension liegt oberhalb von der Apollo-Bar, noch immer; es gibt dort Unterkunft für jeden, auch für Schwarze und so weiter. Meine Bekanntschaft handelt an der Rezeption, als sei sie hier zu Hause. Sie läßt sich einen Schlüssel geben, und wir steigen in den zweiten Stock. Das Zimmer liegt zur Straße hin. Es ist weitgehend sauber, an den Bezügen fällt nichts auf. Um etwas gegen die Hitze zu tun, öffne ich das Fenster – und schaue. Ich schaue in die Wohnung gegenüber, wo jemand ebenfalls am Fenster steht, aber unbekleidet. Ein junger Mann mit einem schwarzen Oberlippenbärtchen. Und weiter hinten in dem Raum, auf einer Couch, im Halbdunkel, kniend, eine junge Frau, ebenfalls nackt.

Vielleicht ist ein Geschlechtsverkehr in Aussicht; ich ziehe mich ein Stück zurück, um nicht meinerseits gesehen zu werden. Meine Bekanntschaft hat sich hingelegt. Ich wende mich ihr zu und sage: Fehlt dir was? Und sie streift ihre Schuhe ab und nickt.

Aber du bist doch nicht etwa krank?

Keine Angst, mir fehlt nur was. Das ist wirklich alles.

45

Ich schaue wieder hinüber, wo der junge Mann jetzt auf die junge Frau zugeht, und sage: Wir wollten doch normal miteinander reden ...

Du, ja ja, höre ich von hinten. Du, das machen wir schon. Wir reden normal, okay?

Schön, sage ich. Wunderbar.

Ich vermeide es, meine neue Bekanntschaft zu duzen; es würde nichts verbessern, im Gegenteil. Und zu Vertraulichkeiten kann es auch auf andere Weise kommen.

Geht's dir gut? ruft sie.

Oh, ja. Danke.

So ein ausgefallener Mensch, denke ich und kann es immer noch nicht fassen und verfolge das Geschehen gegenüber. Es sieht so aus, als ob der junge Mann nun vor der jungen Frau steht und sie bei ihm hantiert.

Du kannst mir ruhig sagen, was dir fehlt, versuche ich es vorsichtig von neuem. Und drehe mich nun um und bin für einen Augenblick entsetzt, für den Bruchteil einer Sekunde. Er hat sich ausgezogen, dieser Mensch.

Meine Bekanntschaft steht nackt vor dem Bett, mit geschlossenen Augen, gewissermaßen nur mit ihren Lidern bekleidet, und sagt leise: Ich selber bin so lustlos, das ist alles. Dann blinzelt sie mich an und macht eine Bewegung. Was bedeutet das? möchte ich wissen. Daß ich zu dir kommen soll? Sie nickt und schüttelt dann sofort den Kopf. Also was? Zu dir kommen oder hier stehenbleiben? Oder beides?

Sie lacht und wirft sich aufs Bett, und in den Körper, der da vor mir liegt, kehrt plötzlich Leben. Du, wenn das möglich wäre, prima, sagt sie. Und ich, ich schaue wieder nach drüben.

Die beiden haben sich zurückgezogen. Sie sind jetzt nur noch umrißartig zu erkennen; manchmal auch nur ausschnittweise, so daß ich es ergänzen muß in meinem Hirn. Die junge Frau scheint zu hocken. Sie bewegt den Oberkörper hin und her, unentwegt, wie ein schwachsinniges Kind. Es könnte sich um Fellatio handeln.

Ich kann einen Geschlechtsverkehr sehen, teile ich meiner neuen Bekanntschaft etwas großspurig mit, und aus dem Hintergrund die Frage: Wieso heißt das eigentlich Geschlechtsverkehr?

Eine Wolke schiebt sich vor die Sonne, gegenüber jetzt alles im Dunkeln. Langsam wende ich den Blick zum Bett, betrachte meine Bekanntschaft und versuche über ihre Frage nachzudenken. Sie ist keine Schönheit. Für eine Schönheit ist sie viel zu breit. Aber häßlich ist sie auch nicht. Dazu ist sie viel zu reichlich ausgestattet. Ein Mensch mit einem gigantischen Körper, der auf mich wirkt, als sei er gar nicht nackt. Als sei seine Nacktheit noch ein hauchdünner, maßgefertigter Anzug.

Keine Ahnung, sage ich schließlich und erwarte, daß sie irgendeinen Vorschlag macht, ein Gespräch beginnt. Ich stehe da, mit verschränkten Armen, und überlege, was ich tun könnte. Man muß ja vorsichtig sein mit fremden Menschen, eine Geste zuviel, und man hat sie am Hals. Vielleicht sollte ich mich gleichfalls ausziehen oder mich wenigstens obenherum freimachen; es wäre fair, denke ich und ziehe mir das T-Shirt aus. Doch meine Bekanntschaft sieht mich nicht an. Sie betrachtet ihre gewaltigen Füße. Soll ich mich ganz? frage ich.

Was ganz?

Ganz ausziehen.

Wie du magst. Ich will nur, daß du mir jetzt zuschaust. Und schon greift sie sich an die Füße und hebt sie wie Gewichte auseinander, so, daß sich ihre Beine öffnen. Dann beginnt sie sich zu befriedigen, wie man so sagt.

Ich drehe meinen Kopf so weit, daß ich gerade noch sehe, was hinter mir geschieht, und dabei gleichzeitig beobachten kann, was auf der anderen Straßenseite vor sich geht. In meinem Blickfeld jetzt der junge Mann, er bückt sich vor der jungen Frau, die ihn in irgendeiner Form behandelt; ich male mir den Vorgang aus, und ein Bild reiht sich an das andere. Hin und wieder schaue ich über die Schulter zurück.

Sie macht es sich nicht ungeschickt. Mit zwei Fingern überträgt sie Reibung und gewährt sich mit dem Daumen ihrer linken Hand noch einen Zusatzreiz. Soll ich mich nackt vor dich stellen? biete ich ihr an, doch sie lehnt höflich ab. Du, ich muß an etwas ganz Bestimmtes denken, sagt sie. Alles andere bringt mich durcheinander. Und dann lächelt sie sogar und macht mit der freien Hand eine kleine verlegene Geste, und ich spüre meine alte Schwäche für jede Art von Höflichkeit. Ich sage jetzt nichts mehr, sie auch nicht, wir schweigen. Schweigend konzentriere ich mich nur auf diesen einen Menschen vor mir auf dem Bett, und dann siegt doch die

Neugier – woran sie denkt, will ich wissen und höre mit Erstaunen: An ein bestimmtes Wort.

Zwischen den Augen meiner Bekanntschaft nunmehr eine tiefe Falte. Sie kämpft, und ich will sie nicht stören. Ich möchte freilich wissen, an welches Wort sie denken muß, aber traue mich nicht nachzuhaken. Ich bin still und blicke von neuem hinüber, durch das geöffnete Fenster, in das verdunkelte Zimmer, auf die verschiedenen Teile der Körper des jungen Mannes und der jungen Frau, die sich nun zu vereinen bemüht sind. Doch plötzlich kippen beide ab, entzweien sich auf einen Schlag, die junge Frau springt auf, versetzt dem jungen Mann einen Hieb und läuft hinaus. Der junge Mann hält sich den Kopf, er geht zum Fenster und sieht in die Scheibe, aber es bleibt nicht dabei. Er öffnet das Fenster, beugt sich über den Sims und starrt hinunter.

Hinter mir jetzt Geräusche, und ich schaue nach. Es nähert sich dem Ende. Auf dem Körper haben sich rote Flecken gebildet, und über besonders beanspruchten Muskeln treten Adern hervor. Mit rasenden Bewegungen reizt sie es hoch und denkt wahrscheinlich an ihre Parole. Dann unterbricht sie ihr Tun auf einmal, öffnet die Augen und versichert sich meines Blicks. Ich nicke ihr zu, ich drücke die Lippen zusammen, versuche zu ermutigen, bis sie einen neuen Anlauf nimmt; da erst wende ich mich wieder um und erschrecke.

Der junge Mann steht jetzt nicht mehr am Fenster, er steht im Fenster, unbekleidet nach wie vor, und trägt sich offenbar mit dem Gedanken abzuspringen. Auf dem Bürgersteig, wie an jedem freien Tag, zahllose Türken, die streiten; ein paar von ihnen schauen schon hinauf. Vor dem Eingang der Pension die Geistesschwache und ihre hinkende Kollegin, zwei, die auf der Straße leben; sie schauen auch bereits nach oben. Gegenüber geht die Haustür auf, und die junge Frau tritt auf die Straße, in einem Regenmantel. Hinter mir setzt Stöhnen ein. Nun ist es wirklich kurz vor dem Abschluß, und ich drehe mich noch einmal um und sehe, wie meine Bekanntschaft zappelt: Als ob der ganze gewaltige Körper aufgehängt sei am Geschlecht. Schön ist das alles nicht, aber es ist eben so; es ist verständlich und damit gut.

Dann von unten plötzlich laut die junge Frau. Sie brüllt ein Wort hinauf, zu dem jungen Mann, der in diesem Moment am äußersten Rand steht und schwankt. Das Stöhnen hinter mir nimmt zu, doch ich schaue nicht mehr zurück. Auf der Straße gafft jetzt alles nach oben, aber keiner gerät aus dem Takt. Die Geistesschwache hebt ihr Röckchen. Die Hinkende hinkt einige Schritte. Die Türken streiten einfach weiter; meiner Bekanntschaft aber kommt es. Sie schreit, und der junge Mann gleitet aus, er schreit gleichfalls. Als er aufschlägt, hat sie ihren Höhepunkt, ein unglaublicher Zufall; sie schreit nun ganz alleine und wirft ihren Kopf hin und her. Ein paar Türken werden aufmerksam auf diese weitere Geräuschquelle, und ich mache mich klein. Die übrigen rennen zu dem Aufschlagpunkt, auch verständlich.

Von hinten übles Schnaufen, und auch der Verletzte atmet heftig. Die junge Frau will es nicht glauben; sie schaut ganz woandershin. Meine Bekanntschaft fängt sich allmählich. Ich wende mich rechtzeitig um, noch ehe sie die Augen wieder öffnet. Sie liegt ausgestreckt da, ihr Körper glänzt: nüchtern betrachtet, ein schöner Anblick. Und trotzdem schaue ich wieder hinunter.

Der junge Mann ist auf den Bauch gefallen, der Kopf ist seitlich verdreht, aus dem Ohr dringt Blut. Die Leute sind sehr aufgeregt. Eben bückt sich jemand und spricht den Keuchenden an, Hinzugekommene drängeln. Er lebt! ruft einer aus der Menge, und zwei Türken laufen zu der jungen Frau.

Was ist da? fragt meine Bekanntschaft.

Ein Unfall, antworte ich.

Die beiden Türken bringen die junge Frau vor Ort, und sie beugt sich hinunter. Sie rüttelt an dem jungen Mann, sie beschimpft ihn. Man will sie wegzerren, doch sie läßt nicht los, ja richtet seinen Oberkörper auf und brüllt. Der junge Mann erbricht Blut; gewaltsam wird das Paar nun getrennt, der Blut Erbrechende fällt ein zweites Mal zu Boden, man sieht ein Stück des Schenkelknochens, in erster Reihe Stehende weichen zurück, und ich zittere plötzlich, die normale Reaktion. Wann war das? fragt meine Bekanntschaft. Gerade eben, sage ich.

Von ferne schon die Sirenen, und aus dem Hintergrund vertraute Geräusche. Sie wäscht sich.

Hat es denn geklappt mit dem Wort? rufe ich.

Hat es dir denn Spaß gemacht zuzuschauen?

Ja, hat es durchaus, antworte ich und beuge mich

dann leicht aus dem Fenster. Die junge Frau ist inzwischen am Ende der Straße. Sie sieht in eine Autoscheibe, sie frisiert sich. Ein Polizeiwagen kommt, und die Türken machen Platz. Viele zeigen auf die junge Frau. Ein Polizist geht zu ihr, zwei andere sichern ab. Die Neugierigen treten zur Seite, übrig bleibt der junge Mann. Fast etwas abgeschieden liegt er da und scharrt mit dem Fuß und hört mit einem Mal auf damit, gerade als das Unfallfahrzeug eintrifft. Sanitäter steigen aus, eilen hinzu, begutachten ihn. Mit größter Vorsicht heben sie den jungen Mann auf eine Bahre, schieben sie in den Wagen und fahren mit ihm davon. Die Polizisten reden unterdessen mit der Frau. Die Türken haben wieder zu streiten begonnen. Und meine Bekanntschaft hat sich angezogen; das Haar steht ihr ab, sonst ist alles wie vorher. Sie hat sich im Griff, so, wie es sein sollte.

Als wir vorhin unten waren, da war aber noch gar nichts, sagt sie und tritt zu mir ans Fenster.

Und jetzt, erwidere ich, ist da unten auch nichts.

Ich will das Thema beenden, ich will nicht über Fenstersprünge reden; ich gehe zum Bett. Das Bett ist völlig zerwühlt, und auf dem Kissen kleben Haare. Was nun, als nächstes, unmittelbar – ich weiß nicht weiter. Unterhalten wir uns noch? frage ich.

Du, worüber du willst, solange ich hier bin.

Warum bist du eigentlich aufgestanden?

Du, ich hatte Lust, sagt sie, Lust zum Aufstehen.

Also bist du doch nicht lustlos, dachte ich mir.

Kurzes Schweigen, bis ich wissen will, was als nächstes passiert; ich muß es einfach wissen, um nicht selber zu springen. Worauf hättest du denn als nächstes Lust, frage ich fast ein wenig verzweifelt, und sie sagt: Auf Trennung hätte ich Lust. Wir gehen hinunter, ich laufe zum Bahnhof, und du läufst in die andere Richtung, und wir sehen uns nie wieder.

Und falls wir uns doch wiedersehen?

Das ist etwas anderes. Aber ausgehen müssen wir davon, daß wir uns nicht wiedersehen, sonst ist das nämlich keine Trennung. Und ein Abschied für immer, das ist wirklich ein Gefühl.

Ich ziehe mir mein T-Shirt an, und wir gehen hinunter. Offensichtlich hat sie das Zimmer schon vorhin bezahlt, und da fällt mir etwas ein. Du, wie ist das denn mit Geld? Wie nebenbei frage ich das und merke erst in dem Moment, daß ich sie duze, als sei ich ihr auf den Leim gegangen. Ja, du, kein Problem, sagt meine Bekanntschaft, und wir regeln unser Tauschgeschäft. Dann wünscht sie mir noch einen guten Tag, wendet sich ab und geht.

Warte! rufe ich hinterher, sie aber marschiert einfach weiter. Sag mir noch, wie das Wort heißt, an das du gedacht hast! Und sie ruft es zurück, ohne den Kopf zu wenden. Das ist es also.

Und ich schaue diesem Menschen nach und überlege, ob ich ihn einholen soll, ihn vielleicht darum bitten, mit mir irgendwo Kaffee zu trinken, Kuchen zu essen, und später, wenn es schon dunkel wäre, am Main entlangzubummeln und so weiter, je nachdem, ob man Lust dazu hat oder nicht, aber da ist er schon fort; taucht nur noch einmal ganz kurz auf, zwischen ein paar Schwarzen, die herumstehen, mit diesem gigantischen Körper, und verschwindet dann unter dem Hauptbahnhofsvorplatz.

Ich aber drehe mich um, schaue, ob noch irgend etwas los ist von vorhin, und bin allein mit diesem Wort. Ich stehe da und sehe gerade noch, wie die junge Frau zu den Polizisten in den Wagen steigt und mit ihnen wegfährt, als habe sie mit alldem zu tun.

Die Einsamkeit der Haut

Manchmal frage ich mich, an Tagen wie heute, ob meine Glanzzeit schon vorüber ist. Ich wiege jetzt zweiundsiebzig Kilo bei einer Körpergröße von eins achtundsiebzig. Mein Oberarmumfang beträgt zur Zeit – ich vermesse mich wöchentlich – neununddreißig Zentimeter. Die Brust liegt bei einhundertsechs; der Schenkelumfang bei vierundfünfzig, der meiner Waden bei vierzig. Es hat sich eigentlich kaum etwas verändert, und doch gibt es Einbußen, aber die Leute, die mich hier so sehen, wenn sie mich überhaupt sehen, haben nicht einmal für sich ein Auge. Es ist Hochsommer und eine der wenigen, fast tropischen Nächte in Frankfurt. Jeder ist auf seine Weise aus dem Häuschen, besonders hier im Bahnhofsviertel. Die Männer streifen umher und glauben, sie könnten in so einer Nacht die Beine oder die Brust ihres Lebens finden. Man schöpft ja immer Hoffnung, wenn es draußen warm ist, und sei es am Ende nur die Hoffnung auf eine Abkühlung.

Und so gehe ich mit offenem Hemd und glaube, daß die Glanzzeit doch noch nicht vorbei ist, jedenfalls heute noch nicht. Keine Sorge, beruhige ich mich, das wird schon noch halten.

Ich rede ja häufig mit mir, lege dazu eine Hand auf die

Brust und lasse den Muskel hüpfen. Na Mensch, noch ganz schön da! sag ich zu ihm, und er antwortet prompt, indem er noch einmal hüpft, ich aber nehme die Hand wieder weg und gehe mit ihr weiter, über die kleinen harten Buchten in der Schulter bis zu meinem linken, stärkeren Arm, spanne ihn an und sage: Hör mal – bleib ja, wie du bist, mach keinen Ärger! So, in etwa, rede ich zu ihm und zu den anderen; man muß seinen Freunden die Stirn bieten.

Gegen den Haarausfall habe ich mir allerdings ein Mittel gekauft. Morgens und abends tropfe ich es auf die gefährdeten Stellen. Ein etwas größeres Problem sind meine Zähne. Sie sind schon reichlich angegriffen, von allerlei Süßem, und ich fürchte, daß sie mir eines Tages einfach abbrechen könnten, wenn ich, was ja doch immer wieder vorkommt, auf etwas Hartes beiße. Darum beiße ich bei allem sehr vorsichtig zu. Und ich achte auch darauf, daß ich mich nicht erkälte. Denn jede Erkältung wirft mich um zwei Zentimeter zurück.

In dem Grillstübchen in der Taunusstraße hängt neben dem Zigarettenautomaten ein Spiegel, immer Grund für einen Abstecher. Ich setze mich so, daß ich halbwegs hineinschauen kann und denke kurz nach über mich. Ich denke meistens nur kurz über mich nach, weil dasselbe herauskommt wie beim längeren Nachdenken. Und auch schon kurzes Nachdenken läßt meine Augen glänzen, sie lächeln mir zu in dem Spiegel. Dann sehe ich rasch nach, ob alles noch da ist, lasse rollen und hüpfen und bin beruhigt für eine Weile; so vergeht die Zeit, und schließlich fällt mir meine Mutter ein, die jetzt gewiß schon verwest ist. Sie hat mir viel beigebracht, das wieder loszuwerden mich einiges kostet. Wenn sie beim Nägelkürzen meine Hand hielt, sagte sie: Das ist der Daumen, der schüttelt die Pflaumen. Oder sie sagte: Meine Hände, deine Hände. Meine Arme, deine Arme. Meine Beine, deine Beine. Das war auch so ein Spiel. Ich habe nicht besonders gelitten als Kind, eher ein mittelmäßiges Unglück.

In dem Haus gegenüber, im ersten Stock, wird ein Vorhang zugezogen, dahinter findet es jetzt statt. In dieser Straße gibt es in jedem Haus käufliche Frauen, und man muß viele Treppen steigen, um sie alle zu sehen; Untrainierte sind schon kaputt, bevor's losgeht. Doch es gibt auch Frauen auf der Straße, vor den Pensionen oder irgendwo im Abseits. Ich trinke mein Bier, bis auf einen Rest – ich leere niemals Gläser ganz, damit überall kleine Reserven bleiben –, und verlasse das Grillstübchen. Vor dem Geschäft mit den Schlangenlederschuhen steht nur die mit der riesigen Brust; ihre Kollegin, die Hinkende, kommt immer erst bei Dunkelheit.

Ich laufe weiter bis zur Elbestraße, biege links ab und überlege, ob ich gleich ins Crazy Love soll, in das hintere Gebäude, in den obersten Stock, wo die Wände schon schräg sind und die Zimmer nur schmale Verschläge. Meistens bin ich dort oben für mich und kann ungestört schauen, mehr nicht. Seit geraumer Zeit schon, kann man sagen, nichts anderes als dieses tägliche Schauen, man weiß nicht, warum. Ich laufe durch die

Flure und schaue in die Zimmer, mein Blick geht zu den Schenkeln, auf ihr träges Hängen oder die Art, wie sie das Licht schlucken, auf Flecken und Beulen und die stets etwas hellere Zone, ehe die Härchen anfangen; ich bin recht kritisch mit Schenkeln. Als ich noch klein war, sah ich gelegentlich die Schenkel meiner Mutter, doch daran sollte mein Leben nicht hängen. Es bleibt im dunkeln, wieviel Licht ich auch in die Sache bringen will. Und im übrigen sind all diese Überlegungen nur ein Trick: Immer muß ich in der einen oder anderen Form zögern vor dem Betreten des Crazy Love. Denn der Gang durch dieses Haus ist ein Höhepunkt des Abends, und es gibt nur drei davon.

Ich gehe durch den vorderen Trakt, über den kleinen Hof, und trete in das Hinterhaus. Die unteren Etagen ziehe ich nicht in Betracht. Dort herrscht Gedränge; Hautkontakte sind nicht auszuschließen. Im dritten Stock wird es dagegen leerer; am Ende des Ganges, hinter zwei Biegungen, gleich neben dem Abort, ist die entfernteste Kammer. Die wenigsten dringen vor bis hierher.

Auf einem Bett liegt eine Frau auf dem Bauch und dämmert so vor sich hin. Ich nähere mich ihr. Es gibt noch ein Waschbecken mit einem Spiegel und einer gefärbten Birne darüber; ein Fenster gibt es nicht. Auf dem Boden vor dem Bett ein aufgeschlagenes Heftchen, in den Sprechblasen Worte mit Ausrufezeichen dahinter. Neben dem Heftchen eine Schachtel mit Verhütungsmitteln – die könnte ich sicher an mich nehmen. Ich drehe mich um und laufe nach oben, in die vierte Etage, unter das Dach. Keine der Frauen dort hat Kundschaft. Die im hellen Teil des Ganges hocken vor den Türen und quatschen, wie bei sich zu Hause, in Kolumbien oder sonstwo. Es riecht nach Pisse und Deodorant, und ich bin der einzige Mann hier. Langsam gehe ich von Tür zu Tür und vermeide jede Berührung. Man kann sich überall was holen, am schlimmsten muß es auf dem Klo hier sein. Auf dem Deckel wird es Milliarden von Bakterien geben, viel mehr als Menschen auf der Erde.

Und mit diesem Gedanken laufe ich die Treppen wieder hinunter und überquere den Hof zwischen den beiden Häusern, wo in einem kleinen Neubau das Büro der Zuhälter sein muß, und bin auch schon vor der Plastiktür, welche die Kälte abhält im Winter und die Hitze aufstaut im Sommer, und drücke sie mit dem Ellbogen beiseite, um auch hier nichts zu berühren, und trete hinaus auf den Gehsteig, vor das Gebäude Elbestraße fünfundvierzig, und mein erster Höhepunkt des Abends ist überschritten.

Ich gehe bis zur Ecke und danach, linker Hand, durch die Niddastraße, und trete in die Hamburgerbude auf der Fahrbahninsel, bestelle einen Hamburger und lese ein paar Seiten in einem Buch, das keine hundert Seiten hat; längere Sachen werden ja kaum noch geschrieben, kein Wunder. Es gibt eben nur zwei große Themen, Liebe und Krieg, und beide sind bei uns durch. Der Hamburger kommt. Ich beiße hinein, genau auf eine harte Stelle – ein böses Geräusch im Mund –, und spüre gleich etwas auf der Zunge, schlimmstenfalls ein

Stück Zahn, in jedem Fall ein Verlust. Ich hole es hervor, es ist eine Plombe, und das scheint mir nun doch erheblicher zu sein als ein herausgebrochenes Zahnstück, denn so eine Plombe schließt immerhin ein Loch, das nun aufsteht, und ich sehe zu, daß ich wegkomme, meinem zweiten Höhepunkt entgegen.

Ecke Moselstraße/Taunusstraße drehe ich den Kopf in Richtung Hauptbahnhof, nach rechts, und jetzt steht meine Hinkende an der Ampel. Wenn sie steht, merkt natürlich keiner, daß sie hinkt; dann wissen es nur ich und ein paar andere Spezialisten. Wie immer trägt sie weite Hosen, um ihren Schaden zu verbergen; sie ist die einzige in dieser Gegend, deren Schenkel ich nicht kenne. Meistens steht sie hier bis eins. Ich habe also Zeit und verzögere alles wieder ein bißchen, indem ich vor zur Kaiserstraße laufe; bei Burger King, nicht bei dem anderen Laden, hole ich mir einen Erdbeermilchshake und laufe damit zurück, ständig mit der Zungenspitze in dem Loch. Sie ist immer noch an der Ampel, die Ampel ist ihr Halt, und ich suche mir einen Platz, um sie in Ruhe zu beobachten. Und nun erst schiebe ich den Strohhalm durch den Spalt im Becherdeckel und fange an zu saugen. Ich sauge und bin enttäuscht: Irgend etwas schmeckt nicht so wie immer, und ich könnte weinen, doch an der Ampel passiert etwas, das wichtiger ist.

Eben bleibt ein Mann bei ihr stehen – soll er ruhig mit ihr nach oben, wenn sie gerade was verdient hat, ist sie vielleicht besser gelaunt nachher, denke ich mir und werf den Becher in den Abfall. Doch der Mann zieht weiter, und ich mache mich langsam heran. Ich sehe gerade noch, wie ein Wrack den Becher wieder aus dem Korb fischt und anfängt zu saugen, und bin dann schon woanders, fast bei ihr, so, wie es immer läuft, ich weiß nicht, wie lang schon, ich weiß nur, es wird irgendwann enden.

Einmal pro Woche sehe ich die Hinkende und mache mir meine Gedanken, was sie betrifft, das ist die kleine Form des zweiten Höhepunktes; oder ich rede sie, von Zeit zu Zeit, sogar an, immer so, als sei es das erste Mal, und sie behandelt mich entsprechend, das ist die große Form, die für besondere Tage. Sie hat mich schon entdeckt, tut aber so, als sei nichts, und ich bin entschlossen, sie heute wieder anzureden. Ich trete vor sie hin und frage: Was soll's denn kosten?, und sie sagt wie schon hundertmal: Dreißig plus zwanzig fürs Zimmer. Fast ohne die Lippen zu bewegen, sagt sie das, auch ein Kunststück. Mit anfassen? will ich wissen, worauf sie mir gleich mehrfach zunickt. Und ich, ich schaue ihr auf die Hose und will sagen: Gut, ich überleg's mir, sage aber ganz etwas anderes, Einverstanden, und folge ihr in ein nahes Haus und dort zwei Treppen hinauf. Stufe für Stufe hinkt sie nach oben, und fast hinke ich hinterher.

Das Zimmer ist korrekt, ein vollständiges Pensionszimmer mit zwei Betten, einer Waschgelegenheit mit Spiegel, Nachttischchen und Kleiderschrank. Ich gebe ihr fünfzig Mark und gehe dann zu der Nachttischlampe, die gekrümmt nach unten zeigt, und will sie aufrichten, um mehr Licht zu haben, um besser sehen zu können, das steht mir zu, und dabei fällt die Lampe zu Boden, erlischt. Selbstverständlich denkt sie jetzt, ich wollte sie erschlagen, und ich sage: Das war Zufall, ich will dir nichts tun. Und von ihr kein Wort, sie scheint mir zu glauben – ich aber hebe die Lampe auf und drücke das Knöpfchen, und nichts passiert, die Birne ist kaputtgegangen. Das mußt du ersetzen, höre ich sie aus dem Dunkeln, während ich nach einem Schalter taste für das Deckenlicht. Es ist stockfinster, denn das Zimmer geht nach hinten raus, und ich stelle mir vor, daß sie vielleicht mich erschlagen könnte, nur um mir zuvorzukommen.

Erst nach drei, vier schweren Sekunden fühle ich den Schalter und tippe ihn an und sehe, daß sie nackt ist, nahezu, bis auf ihre schwarzen Strümpfe. Sie liegt auf dem Bett und hat das eine Bein fest angezogen, das Hinkebein, und jetzt weiß ich endlich, wie es aussieht: Das Bein ist dünn wie ein Arm. Ich gehe zum Waschbecken, wasche mir die Hände und rolle dabei. Der linke Oberarm ist wirklich viel ausgeprägter als der rechte, ich konnte das nie korrigieren. Und jetzt? fragt sie von hinten. Soviel Zeit hab ich auch nicht.

Ich spanne die Brust, doch auf der Seite über dem Herzen tut sich nichts, bloß ein minimales Zucken, und ich werfe das Hemd ab und schaue nach. Zwischen Schulter und Warze eher eine leichte Senke als das Gegenteil davon. Ich gehe ganz nah an den Spiegel heran, so daß die Nase vorn fast berührt, und reiße den Mund auf. Ich will mir das Loch anschauen, jetzt oder nie. Auf eins meiner Brillengläser fällt ein Haar. Ich setze sie ab, die Brille, und blase das Haar einfach weg. Nun kommt es schon vor, daß ohne jedes Zutun von außen wie Waschen oder Frisieren sich ein Haar löst und ausfällt.

Also was ist, willst du jetzt was? Sie wird ungeduldig, und ich drehe mich um. Wie lang hat man dich für fünfzig Mark? Ich meine, wie lange kann man bestehen auf deiner Anwesenheit?

Normalerweise eine Viertelstunde.

Und wie lang bin ich jetzt hier?

Sie schaut auf die Uhr. Zehn Minuten.

Gut, sage ich und sehe wieder in den Spiegel. Dann habe ich noch fünf Minuten.

Aber sie löchert mich weiter, sie gibt keine Ruhe. Was willst du? höre ich sie hinter mir. Bist du nur mit hoch, um dir die Finger hier zu waschen?

Und ich sage, ja, und die Hinkende verläßt das Bett. Sie zieht sich kopfschüttelnd an, ihr Bein erscheint im Spiegel; gestreckt wirkt es noch dünner. Schließlich raucht sie eine, und ich rolle unauffällig, nach wie vor getarnt durch Händewaschen. Und dazu schweigen wir beide, bis sie anfängt zu drängen. Irgendwas könnten wir doch noch schnell tun, sagt sie, und ich winke ab. Womöglich will sie ihr Bein geküßt haben, man weiß es nicht. Ich komm ja wieder, lüge ich sie an; denn fest steht, daß die Hinkende gestorben ist. Wir gehen noch zusammen hinunter, und ich fixiere sie zum Abschied. Also dann, sag ich und verschwinde Richtung Main.

Es ist immer noch fast tropisch schwül, auch unten am Fluß, und wie üblich schleichen Männer durch die Anlagen, Ruinen, die sich irgendwo erleichtern wollen. Die meisten tun es unter dem Bette-Davis-Baum. Der Bette-Davis-Baum ist ein Naturwunder. Seine Zweige hängen alle bis zur Erde, wie die Zottelhaare einer mächtigen Greisin, die noch voller Verlangen steckt, deshalb nenne ich ihn so. Ich mag diesen Baum, er zählt zu meinen ältesten Freunden, immer wieder suche ich seine Nähe, beide Hände in den Taschen. In der Regel stehen die Männer nebeneinander unter der Haube aus Ästen, und einer versorgt den anderen. Es kommt auch vor, daß einer vor dem anderen kniet. Gesprochen wird dabei nie, und alles geht immer recht zügig.

Ich trete ein Stück näher und sehe durch das Haar von Bette Davis. Doch da ist nur einer heute, und er hat mich wohl gehört, jedenfalls dreht er sich um, und da gerät alles ins Wanken. Ich renne davon, und irgend etwas fällt mir aus der Tasche, dem Geräusch nach eine Münze. Meine Papiere hab ich außerdem woanders; am schlimmsten muß es sein, den Ausweis zu verlieren. In meinen Hosentaschen ist meistens nur Kleingeld. Ich hole es im Laufen heraus, Zehner, Fünfziger, ein Zweimarkstück, aber der Fünfer fehlt. Oder ist der bei Burger King? Ich weiß es nicht. Eine Mark wäre ja keine Tragödie, aber ein Fünfer schon; das wären dann mit dem Hamburger, dem Milchshake und der Hinkenden schon über sechzig Mark an einem gewöhnlichen Abend. Ich habe kein gutes Gefühl, aber wenigstens dieses Gefühl ist da, praktisch das einzige Gefühl, das ich kenne, abgesehen vom Zeitgefühl, sofern das auch dazu gehört. Es müßte jetzt dreiundzwanzig Uhr zwanzig sein, allenfalls dreiundzwanzig Uhr zweiundzwanzig, und den Mann vom Bette-Davis-Baum habe ich abgeschüttelt, Kondition nennt man das. Ich laufe noch bis zur Untermainbrücke, biege dann ab und verschwinde in den Osten, bis zu einem Haus mit der Nummer neun, im Erdgeschoß ein Lebensmittelgeschäft, das ich meide, und unter dem Dach meine Bleibe.

Ich sperre unten auf und fahre mit dem Fahrstuhl nach oben, in einer engen Kabine, die Wände aus braunem Linoleum, an der Decke das Licht einer Schultoilette, neben den Bedienungsknöpfen die Aufzugsverordnung vom 8. September 1926, die ich schon auswendig kann. Oben angekommen, gehe ich auf Zehenspitzen über den Flur, nur keine Begegnungen. Behutsam wie ein Einbrecher mache ich meine Wohnungstür auf, schlüpfe hinein, sperre hinter mir zu und schiebe die Riegel davor. Ich lege ab und trete in den Raum, den ich bewohne, das alte Zimmer meiner Mutter: Die ist sicher längst verwest, das muß jetzt kein weiteres Mal gesagt werden. Ich knipse die Lampe auf dem Kästchen neben ihrem Bett an und setze mich vor den Schminktisch. Der hat einen großen Spiegel in der Mitte und links und rechts je einen Seitenspiegel; wenn man die beiden richtig einstellt, kann man sich unendlich oft sehen. Doch das hat noch Zeit. Ich stehe auf und fange an, mich auszuziehen. Die Kleider lege ich über den Lehnstuhl, in welchem, wie es hieß, mein Vater nach der Arbeit saß, eine dieser Geschichten, die man nur glauben kann. Anschließend werfe ich noch einen Blick ins Klo und in die Küche und in den Einbauschrank, überall dorthin, wo sich jemand verbergen könnte. Und wieder in meinem Wohnraum, schließe ich auch hier die Tür zu, um es Eindringlingen schwerer zu machen, und beginne dann schon mit den Vorbereitungen zum dritten Höhepunkt des Abends.

Zunächst erledige ich Pflichten. Ich hole mir die Hanteln, die unter dem Bett sind, stelle mich damit vor den Schminktisch, nehme eine Art Grundstellung ein und hebe sie dann abwechselnd an, bis vor die Brust, dreißigmal. Danach eine Pause. Ich laufe hin und her und streiche über Gegenstände, die eigentlich nicht mir gehören, nur im rechtlichen Sinn. Obwohl ich diese Sachen nicht benütze, rieche ich gerne an ihnen. Doch meistens stehen sie mir im Weg, und ich spiele mit dem Gedanken, alles einfach rauszuschmeißen. Ich habe kein Gefühl für Eigentum, außer für Geld; Bargeld kann ich besitzen. Ein Mangel an Eigentümlichkeit oder ein komischer, eigentümlicher Mangel, über den ich schon häufig nachgedacht habe, doch es gibt keine Erklärung; es gibt nur lauter Geschichten.

Diese Gegenstände hier haben alle eine Vorgeschichte. Ich hätte auch eine Vorgeschichte, sagte meine Mutter eines Abends, und als sie endlich bei deren Ausgangspunkt angelangt war, gab es auch dazu wieder eine Geschichte und so weiter. Damals saß meine Mutter an diesem Tisch und schminkte sich die Augen, das war auch im Sommer. Ich saß auf ihrem Bett und sah ihr zu. Und wenn ich es jetzt, im nachhinein, so bedenke, dann kam ich mir etwas verloren vor, in dieser Abendstunde, allein auf dem Bett, mit diesen vielen Vorgeschichten. Ich sah auf den leeren Lehnstuhl und wünschte mir, die Ferien wären zu Ende, und sagte mir plötzlich im stillen ein Gedicht auf. Ein langes, schweres Gedicht, von dem unser Lehrer meinte, es sei das schönste, das er kenne, und das ich damals, an diesem Abend auf dem Bett, während meine Mutter sich noch immer schminkte, ich weiß nicht, wofür, zum ersten Mal ganz und gar fehlerfrei, vor mich hinzudenken vermochte. Ich war gewissermaßen in der Form meines Lebens, und niemand konnte es sehen.

Nun beginnt die zweite Übung. Ich nehme eine breite Hantel und drücke sie hinter dem Kopf, zwanzigmal mit jedem Arm, das ist für den Trizeps. Dann die Pose zur Kontrolle, und dabei gehe ich dicht an den Spiegel heran, reiße wieder den Mund auf und suche noch einmal die Lücke im Zahn, irgendwo muß sie ja sein. Ich fühle sie mit der Zunge, aber sehe sie nicht, unheimlich ist das, als hätte ich ein Gespenst im Mund.

Die dritte Übung ist für die Schultern. In beiden Händen ein Gewicht, das ich mit ausgestreckten Armen nach oben bewege, fünfzehnmal. Danach lege ich die Hanteln wieder weg und verschnaufe. Ich öffne das Fenster einen Spalt, gerade soviel, daß Luft hereinkann, und leere alle Taschen, um festzustellen, was da vorhin verlorenging. Doch ich bekomme keinen Überblick über das wahre Ausmaß des Verlustes und wende mich meinen Haaren zu.

Früher war ich stolz auf die Geheimratsecken, heute habe ich Angst, sie könnten mehr und mehr zusammenrücken an den Enden und die verbliebenen Haare über der Stirn gänzlich isolieren – das wäre das Furchtbarste, was mir passieren kann, in dieser Hinsicht. Ich frisiere mich so, daß wenigstens die eine Bucht verdeckt ist, die auf der scheitellosen Seite, und zähle den Ausfall, der auf der Schminktischplatte liegenbleibt. Sechzehn Einheiten. Ich suche nach den Stellen, an denen sie eben noch saßen, aber es ist immer dasselbe: Die verbliebenen Haare trösten über die Stellen hinweg. Dann gehe ich in den Liegestütz, die letzte Übung.

Nach fünfzig Wiederholungen sind die Pflichten getan. Ich trockne mir den Schweiß ab und setze mich an den Schminktisch, wo ich immer sitze vor dem dritten Höhepunkt. Ich beuge mich etwas nach vorn und richte die Seitenspiegel in der Weise, daß der Unendlichkeitseffekt entsteht: unentwegt mein Profil, links und rechts in den Spiegelschächten, und der Ausgangspunkt bin ich, sozusagen. Ich fasse mir an den Kopf und sehe in den Tiefen des Spiegels noch haargenau dasselbe, ohne Ende. Und nun denke ich mir zwei Linien, welche, durch die Zentren beider Seitenspiegel, aus der Unendlichkeit des Raumes kämen und sich exakt in der Mitte meines Schädels überschneiden müßten, dann wäre ich lokalisiert.

Jeden Abend, wenn ich hier sitze, hänge ich dieser Vorstellung nach, der einer absoluten Ortung. Gleichzeitig lehne ich mich zurück und versuche mich im ganzen zu betrachten. Ich unternehme noch einen Anlauf und sage halblaut: Komm jetzt Brust, zeig dich mal. Los! Sonst mach ich dich fertig.

Doch nichts geschieht, nicht einmal auf der starken Seite, und ich erwäge, ob ich Maß nehmen soll, denn eigentlich ist heute der Tag für das Maßnehmen. Aber dann verschiebe ich es auf morgen und sehe mir in die Augen statt dessen. Sie glänzen, wie immer, und machen mir Mut; ohne diesen Glanz oder Schimmer hätte ich sicher schon aufgegeben und würde gar nicht mehr trainieren, womöglich nicht mal mehr mich anschauen. So aber läuft es weiter, ich kann zum Tagesabschluß kommen.

Aufrecht sitzend, Beine geöffnet, berühre ich mich, so gut es sich machen läßt, und flüstere dazu meinen Namen und lege mir ein Bild zurecht, ein Bild in meinem Inneren, zu dem ein Wort gehört, das ich allein zu diesem Zweck vor dem Vergessen bewahre, wo es gehütet wird; entfiele es mir, ich wäre verloren. Dann lasse ich beides, Wort und Bild, nach und nach eins werden, bis zur völligen Verschmelzung, und ergieße mich im selben Moment auf die gläserne Schminktischplatte.

Ich schließe die Augen, ich warte auf nichts mehr, ein kurzer Taumel, der nicht immer gelingt; manchmal verläßt mich die Einbildungskraft, Zehntelsekunden davor, und es kommt zu keiner Einheit. Doch diesmal ist es mir geglückt, und ich öffne meine Augen, die Menge bestürzt mich. Eine nach allen Seiten hin ausufernde Pfütze schimmert, ähnlich wie meine Pupillen, auf dem Glas, für nichts. Natürlich weiß ich genau, daß nichts auf dieser Platte schwimmt, was nicht ersetzbar wäre, und dennoch: meine Sorge, die Dinge könnten nie wieder werden wie vorher, und ich treffe die einzig mögliche Maßnahme.

Und so geschieht es vor meinen Augen und ist nichts als Gegenwart, aber rückblickend läßt sich sagen: Ich habe es wieder zu mir genommen; es mit Hilfe eines Fotos, das mich und meine Mutter zeigt, vom Glas gelöst und auf dem glatten Papier mit dem kleinen Finger zusammengeschoben, es abgeleckt und geschluckt. Und dabei dachte ich an das Wrack, das meinen Rest aus dem Abfall geholt hat, und ein Gefühl von Zufriedenheit trat anstelle der Bestürzung; ich putzte mir den Mund, erhob mich und begann vor dem Spiegel zu posen, was ich immer noch mache. Ich schaue mich an, diesen unglaublichen Körper mit all seinen Einzelheiten, und weiß inzwischen genau: Jene Angst, die alles begleitet, stammt überhaupt nicht von mir.

Notwende

Ich trete zu dem jungen Mann an den Tisch, ich frage ihn, ob hier noch frei sei. Selbstverständlich, sagt er, mit einer leisen, auf der Grenze zum Verstellten balancierenden Stimme. Dann rückt er etwas beiseite, ja ändert die Sitzhaltung und liest weiter in seinem Buch.

An dem Tag, als ich meine Stelle aufgab, vorigen Monat, war ich zum ersten Mal in diesem Lokal, als Arbeitsloser, genaugenommen. Seitdem war ich zweimal hier, nicht aus bestimmter Leidenschaft, eher um zu lachen. Frauendarstellung reißt mich nicht hin, und das Getue eines halben Mannes stößt mich sogar ab. Überhaupt empfinde ich mit Außenseitern keine Sympathie. Ihre Verschiedenartigkeit begeistert mich weder, noch löst sie Mitleid bei mir aus. Entweder ist jeder ein Außenseiter oder niemand; ich wüßte auch nicht zu sagen, wo ich stehe, wäre aber zufrieden mit der Bezeichnung Kleinbürgerkrüppel. Und so sind mir die professionellen Randerscheinungen am unangenehmsten, bis auf einige Ausnahmen, wie gesagt, die mich zum Lachen bringen. Die offenliegende Gefühlswelt dieser verkleideten Leute hier bringt mich sogar, an jeder anderen Stimmung vorbei, zum Lachen, auch wenn mein Interesse für ihr Leben eher gering ist, wahrscheinlich die

Voraussetzung, um lachen zu können, und um so stärker überrascht oder wundert es mich, wie ich den jungen Mann mit dem Buch neben mir anschaue, besonders seinen Mund, die klaren, etwas hochgezogenen Lippenspitzen.

Ganz ungeniert schaue ich hin und lasse alles auf mich wirken, bis mir ein Gedanke dazwischenkommt: Ich habe noch nie mit einem Mann geschlafen. Denn Männer ziehen mich nur im ganzen an, ihre männlichen Details vertreiben mich. Bei Frauen dagegen ist es umgekehrt: Ohne die Stückelung ihrer Körper in meiner Betrachtung nähme ich sie gar nicht wahr. Und so interessant eine weibliche Einzelheit sein kann, sagen wir, eine blasse haarlose Achsel, so heftig kann mich der Gesamteindruck, der von einem Mann ausgeht, stören.

Er liest noch immer; seine Augen folgen dem Text wie einem Film. Und eben unterstreicht er ein paar Worte und lehnt sich dann zurück. Ich könnte ihn ansprechen. Ich könnte es aber auch seinlassen.

Die Bedienung rettet mich. Ich bestelle ein Bier und frage ihn, ob er auch etwas möchte. Das unwillkürliche Sprechen ist eine Art Krankheit, unter der ich leide seit einiger Zeit. Kein großes, unerträgliches Leiden, eher eine gewisse Einschränkung, die auch ihre Vorteile hat, denn ich lege mir damit, sprechenderweise, alles zurecht; schon seit langem hat mich nichts mehr handfest enttäuscht. Nein, sagt der junge Mann. Danke.

Oder wollen Sie vielleicht etwas essen? frage ich. Und wieder lehnt er höflich ab, und ich sage: Es würde mir nichts ausmachen, noch kann ich es mir leisten, meine Ersparnisse aus der Zeit als Bibliotheksangestellter gestatten es mir. Habe ich das gesagt oder nur gedacht? Sicher ist: Eine Rückkehr ins Berufsleben scheidet aus. Und sicher ist auch: Das Vor-mich-hin-Sprechen ist zu einer ähnlichen Notwendigkeit geworden wie das immer wiederkehrende kurze Zumachen der Augen; sie über längere Zeit ununterbrochen offenzuhalten entspricht bei mir den Qualen, die das Geschlossenhalten des Mundes hervorruft. An Menschen fixierte Berufe kommen also nicht mehr in Frage.

Der junge Mann hat das Buch zugeklappt und die Hände mit gespreizten Fingern aneinandergedrückt. Und vorn, auf der kleinen Bühne, werden Vorbereitungen getroffen. Er sieht dabei zu und lacht plötzlich stumm, und etwas Greisenhaftes tritt in sein Gesicht. Eine Zeitlang geht mein Blick nach vorn, ich habe Angst, ihn anzusehen. Dann schaue ich nur noch, wie er nach vorn schaut – die Leute auf der Bühne müssen aufpassen.

Nein, müssen sie nicht. Er sieht mich an und lacht, sieht mir auf den Mund, als ob die Sätze dort sichtbar herausrinnen würden. Ich spüre, wie mir das Blut in die Wangen strömt. Was müssen sie nicht? frage ich.

Sie müssen nicht aufpassen, meinetwegen.

Worauf aufpassen? Ich stelle mich dumm, und mein junger Tischnachbar sagt: Vergiß es.

Das sagt sich so leicht, sage ich. Das Vergessen läßt sich nicht so hinkriegen wie etwa das Erbrechen.

Und nun beugt er sich etwas zu mir, flüstert auf einmal. Stimmt genau. Die Vergeßlichkeit, beispielsweise nach einem schlimmen Anblick, ist im allgemeinen nicht so zuverlässig wie das Sich-übergeben-Können nach einem verdorbenen Essen.

Die Bedienung bringt mein Bier – am liebsten würde ich aufstehen und abhauen. Andererseits ist seine Gegenwart schon zu einer kleinen Gewohnheit geworden.

Es geht gleich los, stelle ich fest und zeige in die Richtung, in die er ohnehin schaut.

Stimmt, flüstert er und setzt mich wieder außer Gefecht mit diesem stummen Lachen; ich kann nichts tun. In seinem Gesicht tritt etwas zum Vorschein, wie das Verfallsdatum auf einer Verpackung.

Ich werde jetzt gehen, entscheidet er überraschend, mir einen fast gleichlautenden Satz aus dem Munde nehmend. Kommst du mit?

Nun ist alles schrecklich einfach geworden, und ich sage Wieso? Es geht doch gerade erst los.

Und er: Ich war hier schon oft. Dann schiebt er sich das Buch in die Hose und leert sein Glas.

Und warum gehst du dann überhaupt noch hierher? Nur um zu lesen?

Er sieht mich an und wartet ab, und einen Augenblick später lenke ich ein: Das geht wahrscheinlich ganz gut hier, das Lesen ... Und mit dem Wort Lesen stehe ich ruckartig auf, mein Stuhl fällt um, Blicke von allen Seiten; ich lege Geld auf den Tisch, stelle den Stuhl wieder hin und sage: Also dann gehen wir. Mehr sage ich nicht, sondern gehe voraus, durch das Lokal bis zur Tür. Ich öffne sie, trete ins Freie und halte sie auf, ohne mich umzusehen, in dieser zwingenden Art des Türaufhaltens, die den Nachkommenden nicht nur zur Eile anhält, sondern überhaupt in eine Lage versetzt, in der er sich plötzlich als Anschlußsuchender wiederfindet. Dazu kommt noch, daß mein Ex-Tischnachbar seinen Kopf ein Stückchen einziehen muß, um nicht an meinen Arm zu stoßen; und noch im selben Moment, kaum, daß er auf gleicher Höhe ist mit mir, lasse ich los. Meine Hand streift seine Schulter, er trägt nur ein Hemd, es ist Mitte September, seine Haut ist wärmer als die Luft. Sieh mal, das Hochhaus dort, sage ich. Es steht leer. Ich würde da gern ganz allein wohnen, oberster Stock. So eine Idee von mir, ein leeres Hochhaus besetzen, verstehst du ...

Aber noch während wir über die Mainzer Landstraße gehen, ärgert mich meine Redseligkeit schon. Daß wir uns getroffen haben, sage ich im Autolärm, hat etwas Unglaubwürdiges für mich.

Er sagt dazu nichts, er läuft nur weiter vor mir her. In der Elbestraße, kurz hinter der Metzgerei an der Ecke, bin ich wieder neben ihm. Die Distanz war nie größer gewesen als einige Schritte, hätte sich aber nur durch ein offensichtliches Nachlaufen rascher überbrücken lassen. Kennst du die Wandmalereien in dieser Gegend? frage ich ihn. Sie sind hier überall, in den Gängen, den Treppenhäusern, den Höfen. Die Fresken von Frankfurt.

Er sieht mich an und sagt Nee, und ich führe ihn zum

Crazy Love. Oder wolltest du woandershin? Ich wollte nur mal ins Piccolo schauen, sagt er, das hat aber Zeit.

Also gehen wir durch das erste Gebäude und dann durch eine Plastiktür in den Zwischenhof. Siehst du, sage ich, hier überall, und dazu deute ich auf die Malereien an den Wänden: Paarungsszenen, doch auch einzelne Frauengestalten, von vorne, von hinten, sich bückend, sich spreizend und in jedem Fall beschädigt an den Merkmalen ihres Geschlechts. In den Stein getriebene Löcher, tiefe Kratzer, breite Ausschabungen; an den zugänglichsten Stellen derartig zertrümmert, daß im Ansatz schon etwas Neues in Erscheinung tritt, eine Art wütender Keilschrift. Die Männer kommen zwar wegen der Frauen hierher, aber sie mögen die Frauen nicht, so kann man es sehen. Meine Begleitung – die sinnvollste Bezeichnung im Moment – ist weitergegangen. Neben dem Eingang zum nächsten Gebäude, vor dem es gelegentlich zu Stauungen kommt, ist unser Aufenthalt vor den Malereien etwas länger. Hier wurden die Darstellungen nicht einfach beschädigt, sondern Stück für Stück mit umgangssprachlichen Wörtern versehen; man kann sich das im einzelnen denken. In der Regel spreche ich solche Dinge nicht aus, gelte aber als scharfer Hund. Ich müßte eine Sonnenbrille tragen, damit die Leute meinen Blick nicht sehen. Sie sehen mir in die Augen und glauben, ich hätte all die Wörter gebraucht, während die Wörter doch nur durch ihre Köpfe gehen, nicht durch meinen. Aber Sonnenbrillen am Abend sind lächerlich, meine Begleitung hat auch keine auf.

Vorbei an Vertretern mehrerer Rassen schlängeln wir uns zurück auf die Straße, ich spüre eine Hand im Rücken, ihre oder seine, sie schiebt mich Richtung Kaiserstraße, die überqueren wir, und schon taucht das Piccolo auf, eine Kneipe, die mir immer unheimlich war, wie die Dinge zwischen den Beinen von Fremden.

Und du warst da schon öfter? frage ich.

Einmal nur, sagt meine Begleitung, der junge Ex-Tischnachbar mit dem Buch in der Hose. Ich gehe hinter ihm her, quetsche mich an der Theke vorbei, an einem Betrunkenen, der mir ins Ohr röhrt, und komme in einen schmalen Raum, der nach hinten hin immer schmaler wird; am Ende bildet die Toilettentür die Rückwand des Lokals. Warte, rufe ich ihm nach, doch er ist schon in dem Hinterteil verschwunden, und ich schaue mich um.

Die meisten Tische sind unbesetzt. An einem ein Mann in einem hellen Anzug und braunen Sandalen, er tuschelt mit zwei dünnen Frauen, einen Schlüsselbund zwischen den Fingern. Ihm gegenüber noch ein zweiter Mann mit glatt zurückgekämmtem Haar und einer Brille, die die Augen stark vergrößert; verglichen mit dem ersten wirkt er dumm und heruntergekommen. Der andere hat senkrechte Falten auf der Stirn und saubere Hände mit langen, hellen Nägeln. Er benutzt sie gerade, um den Schlüsselring zu öffnen, und holt jetzt zwei Schlüssel heraus und verteilt sie. Meine Begleitung kommt aus der Toilette und nickt. Was ist? frage ich schnell. Wolltest du hier nur aufs Klo gehen?

Ja, verschwinden wir wieder.

Die beiden dünnen Frauen versperren uns den Weg. Die eine hat verbundene Handgelenke und so gut wie keine Figur mehr; die andere hält sich bei ihr fest. Ich bin dann hier und warte auf euch, versichert ihnen der Mann mit den Schlüsseln. Und sie tippeln davon, zwei Zahnstocher mit roten Lippen, und wir gehen bis zur Tür hinterher.

Oder was wolltest du sonst? frage ich.

Ich wollte nur was nachschauen hier.

Und was? Oder ist das ein Geheimnis?

Meine Begleitung setzt den linken Mittelfinger auf die Nasenspitze, sie senkt den Kopf, und das braune Haar fällt ihr fast über die Augen. Ich wollte nachschauen, ob die Zeichnung noch da ist, die ich beim letzten Mal auf die Klowand gemacht hab.

Ach so, sage ich und gehe ein Stück um ihn herum. Von der Seite ist er noch schöner als von vorn. Sein Profil, wenn er die Nasenspitze etwas eindrückt, ist wie das eines jungen Boxers, der sich zu schützen weiß. Und dann nimmt er den Finger weg, und ich denke: So wäre mein kleiner Bruder, hätte ich einen. Und was war das für eine Zeichnung?

Das kann man schwer sagen. Er legt mir eine Hand in den Rücken, das hatten wir schon, das kenne ich jetzt, kein schlechtes Gefühl, und so überqueren wir die Gutleutstraße, immer Richtung Main. In letzter Zeit, fällt mir ein, habe ich nur zwei längere Gespräche geführt, wovon eines ein Telefongespräch war, mit einem Teilnehmer, der sich verwählt hatte. Das andere Gespräch fand im Moseleck statt, ganz in der Nähe von hier. Also jetzt das dritte Gespräch, warum nicht.

Erst am Rande des Flusses, den hier niemand will, der unsere Stadtverwaltung nur stört, bleiben wir stehen. Ich strecke die Hand und streife das Haar meiner Begleitung, tue, als sei es eine fahrige Geste; ich trete ein Stück vor, ich halte den Atem an. Jeder erste Kuß ist ein größeres Wagnis als alle folgenden Vereinigungen, finde ich. Es gehört ein nicht antrainierbarer Schneid dazu, eine Rücksichtslosigkeit gegenüber den Folgen eines Schnitts in den fremden Körper. Jeder erste Kuß ist einen Augenblick lang grausam, danach erst schön: wenn es gut gelaufen ist vorher. Aber es kann auch schlecht laufen; meistens läuft es schlecht.

Wieso schlecht? fragt meine Begleitung.

Schlecht? Ich habe nichts gesagt.

Du hast gesagt: Meistens läuft es schlecht.

Hab ich das?

Ich schaue sie an, ich puste ihr das Haar, das über den Augen hängt, weg, das muß erlaubt sein. Ich schätze sie auf Mitte Zwanzig; Mitte Zwanzig käme mir entgegen. Bartwuchs hat sie keinen, abgesehen von einzelnen Haaren zwischen hellem Flaum, der zu den Ohren hin dunkler wird. Ihr Kopfhaar fällt bis über die Schultern, deren Breite nicht erkennbar ist unter einem weiten Hemd. Die Hose liegt dagegen an, ein Blickfang. Ich schaue immer wieder hin. Woran denkst du? fragt sie, und folglich heißt es aufpassen; denn solche Fragen fallen nicht vom Himmel.

Ich zucke mit den Schultern, und ihre wunderbare Hand kommt, ein kleines Tier in meinem Kreuz. Wir gehen langsam zurück, erst Richtung Bahnhofsviertel, dann Richtung Theater, wenigstens das ergibt sich.

Ihr Becken, sehe ich, ist das einer Frau, der Gang der eines Mannes, ohne Aufdringlichkeit. Es ist schade um den Kuß am Main, das hätte passieren müssen. Und noch mit dieser Überlegung beschäftigt, spüre ich ein starkes Umarmungsverlangen: Noch in diesem Moment will ich ihn unbedingt halten, immer noch und andauernd, nach wie vor nur dieses eine: nur ihn halten, jetzt, aber auch das passiert nicht, und ein ganz anderer Gedanke macht sich breit: Die Stadt verlassen, umziehen, den Wohnort wechseln. Das aber hieße: Wo ich kürzlich noch zu Hause war, in der alten Wohnung, ist dann schon ein anderer zu Hause; im Grunde bin ich schon so gut wie weg von hier. Ein kühler Wind bläst über den Theatervorplatz, er müßte frieren in seinem Hemd. Ist dir nicht kalt?

Nein, überhaupt nicht.

Ich überhole ihn in einem Bogen und höre, daß er mir folgt, zunächst mit Abstand, dann auf dem Fuß. Natürlich könnten wir in eine Pension gehen, aber danach, was dann? Besser also keine Pension. Statt dessen sehe ich mir die Schaukästen am Theater an, diese verdammten Schauspieler in ihren nachdenklichen Schauspielerhaltungen, als seien sie die Schöpfer ihrer Rollen. Gehst du ins Theater? frage ich ihn.

Nein, sagt er. Nie.

Ich auch nicht. Wir sehen uns an und könnten uns nun eigentlich küssen, aber vor den Schaukästen eines Theaters mit diesen schwarzweißen Fotos, die Schauspieler in Schauspielerhaltungen zeigen, geht das nicht, auch wenn ich durch die Verglasung des Kastens mit ihrer Spiegelwirkung den Eindruck gewinne, gut genug auszusehen für einen Kuß. Und meine Begleitung scheint das sogar zu bemerken. Ich mag deine Augen, sagt sie und geht dann weiter, und ich jetzt wieder hinterher, vorbei am furchtbaren Schauspielhauscafé, wo sich das Apfelkuchen-Sahne-Glück nicht ergeben wollte, wieder über den Vorplatz und dann hinüber zu den Grünanlagen.

Ich denke immer noch an das Verpaßte, sicher ein Fehler, aber ich bin dabei auf ihn aufgelaufen, in Höhe des Schiller-Denkmals, er muß stehengeblieben sein, das ist die einzige Erklärung. Ich bin auf ihn aufgelaufen, mit meiner Brust auf seine und umarme ihn fast infolge der Fliehkraft und sehe mich als Hampelmann dabei, denke jedenfalls so etwas und rieche einen Atemzug lang seinen Geruch, während er die Finger knapp auf meine Schultern legt und uns dann soweit distanziert, bis wir beide wieder im Gleichgewicht sind. Nebeneinander laufen wir nun durch die Grünanlagen, meinem leeren Hochhaus an der Mainzer Landstraße entgegen. Hin und wieder kommen unsere Arme aneinander, und ich werde zum Schweigen gezwungen. Was ich sagen möchte, verbündet sich mit dem Gegenteil, noch bevor ich es aussprechen kann. Und ich frage ihn nicht, wie er heißt, wovon er lebt und ob er mit in das leere Hochhaus käme, in den obersten Stock, sondern schließlich und zu meiner Überraschung, ob er nicht Lust hätte, mit mir irgendwo nett frühstücken zu gehen.

Nett frühstücken? Er lacht mir hell ins Gesicht. Ich freß nur gegen den Hunger. Sein Lachen hört gar nicht auf, das Greisengesicht kehrt zurück, drei parallel verlaufende tiefe Schnitte von den äußeren Augenwinkeln über die Wangen bis zum Kieferknochen. Kannst du dir vorstellen, frage ich ihn, mit mir in einem leerstehenden Hochhaus zu leben, im obersten Stock?

Seine Antwort kommt prompt: Kann ich schon. Aber wie stellst du dir das vor, da hinaufzukommen?

Ach, sage ich, und die Vorstellungen, die eben noch da waren, verflüchtigen sich; ich möchte sie halten, aber flüchte auch, wie ein Idiot laufe ich weg.

Warum so eilig? ruft er mir nach.

Dann höre ich seine Schritte, während ich weiterlaufe, zu meinem Hochhaus, das zwar eingezäunt ist, aber nicht gesichert; niemand scheint dort mit meinen Plänen zu rechnen. Ich laufe um das Haus herum bis zu einer schwarzgestrichenen Stahltür ohne Klinke. Hier ist eine Tür, rufe ich und schaue mich um. Er ist fort.

Er ist fort, und ich sollte jetzt auch verschwinden. Weg von hier, sage ich laut. Zum Bahnhof und ab! Er ist tatsächlich verschwunden, und ich fange an, ihn zu suchen. Neben meinem Hochhaus ist eine Grube ausgehoben worden für das nächste. Ich schätze, sie ist fünfzehn Meter tief. Auf dem Grund liegen Gegenstände, für die ich keine Worte habe. Bist du da unten? rufe ich. Nein, tönt es von woanders.

Er muß hinter meinem Rücken an mir vorbeigelaufen sein und scheint nun ein gutes Stück vor mir zu stehen, am Rande des Bauzauns ungefähr, und da entdecke ich ein Teil von ihm: Seine rechte Schulter ragt hervor; dann ist sein Arm für einen Augenblick zu sehen und ein paar Strähnen seiner Haare. Ich weiß, wo du bist!

Doch er hört mich nicht, und ich rufe noch lauter, schreie beinahe und warte dann ab. Plötzlich löst er sich vom Zaun, tritt zur Hälfte in Erscheinung und läuft, an einem liegengelassenen Fahrzeug entlang, auf die Mainzer zu, mir nicht davon, wie ich glaube, sondern nur so. Und ich folge ihm, bis an den Rand des Zauns. Auf der anderen Straßenseite, in den Sträuchern vor dem Blittersdorfplatz, bewegt sich etwas hin und her, als liebten sich zwei, das sehe ich kurz. Und aus Richtung Galluswarte kommt ein Mercedes und biegt dann rechts ab, in die Weserstraße, das sehe ich auch noch. Und vom Opernplatz – das sehe ich erst im letzten Moment – nähert sich ein VW, jaulend vor Tempo, und trifft meinen Freund einen Herzschlag später – ich wollte gerade wieder zu dem Gebüsch schauen – genau mit dem Kühler.

Der Knall ist so gewaltig, daß ich schreie. Meine Vorstellung über die Festigkeit eines menschlichen Körpers wird auf der Stelle umgeworfen, aber auch die Wucht, die hinter einem fahrenden Auto steckt, löst größtes Erstaunen über das Nicht-für-möglich-Gehaltene aus, und ich staune noch immer, Sekundenbruchteile danach. Er ist so hoch in der Luft und dreht sich dort oben, daß ich zunächst an eine Täuschung denke, dann sofort an Akrobatik und im Anschluß daran, wie mir das Wort Hampelmann durch den Kopf geschossen ist, was es jetzt schon wieder tut, während er auf die Straße fällt, klatschend, aber irgendwie leise, als stünde ich weit weg an einer Ampel.

Und in Wahrheit stehe ich da und sehe dem Volkswagen nach, der nach dem Knall gefährlich schleudert, auszubrechen droht, mit zwei Rädern auf den Bordstein kommt, dadurch jedoch in eine Bahn geworfen wird, in der sich seine Kräfte fangen, eine scharfe Rechtskurve fährt, in die Westendstraße biegt und verschwindet. Ich warte noch, bis der Motorenlärm verebbt ist, dann laufe ich auf die Straße.

Er liegt auf dem Rücken, mit ausgestreckten Beinen und atmet wie ein Schlafender. Seine Augen sind offen, seine Hände streichen auf der Brust herum, die eine rutscht ihm gerade herunter, auf den Asphalt; die Kleidung über seinem Unterleib ist dunkelrot. Und auf einmal brülle ich aus Leibeskräften Hilfe! und höre ein Echo von irgendwoher und schätze die Entfernung, ich kann nicht anders, gut hundert Meter, schätze ich und knie mich dann erst neben ihn hin. Ich will ihn halten, weiß aber nicht wie und wo, wer weiß so was schon. Er sieht mich auch nicht hilfesuchend an, im Gegenteil, und während ich noch zögere, greift er meine Hand. Kein Arzt, niemand, sagt er.

Du mußt ins Krankenhaus, sofort! rufe ich, als läge er zwanzig Meter weiter.

Nein, nein. Erzähl mir, was da unten los ist. Ich kann es von hier aus nicht sehen.

Hör auf zu sprechen, bitte ich ihn und versuche mich dabei freizumachen, doch er gibt nicht nach.

Sag mir, was ich habe, was da unten los ist.

Und ich mache mir ein Bild von den Dingen, ich sehe hin und wieder weg und ergänze die Eindrücke. So könnte ihn die Oberkante der Windschutzscheibe getroffen haben, nachdem er durch den ersten Aufprall entsprechend hochgehoben wurde. An einer Stelle, in Höhe der rechten Hosentasche, überlappen sich Kleidung und Fleisch sowie das Buch, in welchem er gelesen hatte; ein Stück Darm hat sich darumgelegt, heller Darm und helles Papier. Der Autorenname auf der Vorderseite ist nicht mehr erkennbar und vom Titel nur noch ein Bruchteil: punk. Wie soll man darüber reden? Du bist verletzt da unten, sage ich und brülle noch einmal Hilfe! in eine andere Richtung. Aus seinem Mund dringt ein Laut, der zum Befehlston wird. Sag mir, was du sehen kannst! verlangt er. Seine Augen zeigen immer noch die gleiche Neugier. Er versucht in meinem Blick zu lesen, und ich schaue zur Seite. Sag mir, was du siehst, rede mit mir... Und auf einmal lockert sich sein Griff, die Finger haben nachgegeben, ich fange seine Hand und lege sie ihm auf die Brust. Du bist verletzt, sage ich, aber das weiß er selbst. Dagegen weiß er nichts von dem Darm um das Buch und der Blutlache, die sich jetzt unter ihm ausbreitet wie ein flüssiger dunkler Spiegel.

Kann man reinschauen in mich? fragt er flüsternd.

Ja. Man kann.

Und? Was siehst du?

Von meiner Stirn tropft der Schweiß, fällt auf seinen Hals und rinnt ihm über die Kehle, bis in die Drosselgrube. Sag mir, was man alles sieht, erzähl mir, wie es innen aussieht. Seine Augen suchen meinen Blick. Ich beuge mich über ihn, mein Mund ist jetzt über seinem. Es ist nichts zu sehen, sage ich.

Dann ist auch nichts drin, flüstert er. Nichts. Hättest du das gedacht?

Nein, sage ich, und seine Lider fangen an zu zittern, die Pupillen werden kleiner, jedenfalls kommt es mir so vor. Und dann hält neben uns ein Volvo, eine Frau sieht durch das Fenster an der Beifahrerseite. Einen Krankenwagen! rufe ich ihr zu, und sie ruft zurück: Ich fahr zu einer Zelle! Und schon fährt sie weiter.

Seine Hand greift nach meinem Gesicht, das wurde Zeit, könnte man sagen. Du bist ein Lebenskandidat, flüstert er und gibt mir ein Zeichen: daß ich noch näher kommen soll, so nahe, daß sich unser Atem vermischt.

Ja, sage ich und lege ihm meine Hände auf die Wangen. Ich will die Furchen glätten, vermag es aber nicht und schließe nun die Finger hermetisch.

Rede doch, bittet er mich, hör nicht mehr auf, ich merk mir alles, was du sagst.

Was war das für ein Bild, das du dir vorhin wieder angesehen hast auf der Toilette?

Kein Bild, eine Zeichnung. Mein Lebenswerk.

Dein Lebenswerk?

Ja. Ich hab sonst nie was gezeichnet.

Und was war das für eine Zeichnung?

Lauter Striche, aber mit Bewegung drin. Und jetzt erzähl mir, wie du dir das vorstellst in dem Hochhaus.

Ich weiß es noch nicht. Vielleicht werde ich Erde mitnehmen und auf dem Dach Gemüse pflanzen.

Du meinst, Gemüse ziehen. Und was für Gemüse?

Alles mögliche. Auf jeden Fall Erdbeeren.

Sind kein Gemüse, sagt er.

Hast du Schmerzen? frage ich ihn.

Sein Blick springt hin und her, und er nimmt einen Anlauf zum Sprechen, aber die Lippen bringen nichts mehr hervor, sie taugen nur noch zum Küssen, und ich hoffe, daß sich nun alles von selbst ergibt. Zwei, drei Sekunden vergehen, wir schauen uns an, soweit das möglich ist auf diese Nähe, meine Idee jetzt: ihn zu beatmen, also ihm und auch mir zu helfen, so könnte es laufen, aber dann hält wieder ein Auto, scharfes Bremsen, BMW.

Ein Mann steigt aus, Nicht anfassen! ruft er, noch während er um das Auto herumgeht. Ich bin Arzt, sorgen Sie für einen Krankenwagen! Er drängt mich beiseite, beugt sich über den Körper und verdeckt ihn fast. Los, los!

Und ich richte mich auf und renne davon, eine Begleiterflucht. Ich renne über die Mainzer, in die Elbestraße hinein, Richtung Bahnhof und schnappe noch alles mögliche auf, die Geräusche der Müllabfuhr, den Ton von Sirenen, einen grünen Socken auf dem Gehsteig, den Geruch von Urin, eine vereinzelte Taube; die Elbestraße ist jetzt menschenleer. Vor den Hauseingängen liegen hellblaue Plastiksäcke, prall gefüllt mit geknüllten Papiertüchern, darin die Reste von der Liebesarbeit. Ecke Kaiserstraße, vor dem Kaufhalleneingang, bleibe ich keuchend stehen. Die Uhr am Hauptbahnhof zeigt irgendwas nach sechs, wahrscheinlich hat das Piccolo schon offen. Also laufe ich dorthin und ich habe, wieder mal, Glück, die ersten Ruinen sitzen schon an der Theke. Ich bestelle eine Cola – mit Eis, sage ich und gehe an der Theke entlang, weiter zum Hinterteil des Lokals, ich gehe aufs Klo. Und dort suche ich die Wand ab, wie zuvor das Gesicht mit den Furchen, und finde seine Zeichnung, all die Striche voller Bewegung, als bewegten sie sich zu mir.

II

1984/85

Dame und Schwein

Als der mutlos gewordene Schriftsteller P., dessen Frühwerk *Die Achsel* mit dem Literaturpreis der Stadt O. bedacht worden war, eines Abends beim Durchblättern alter Magazine auf das Bild *Die Dame mit dem Schwein* von Félicien Rops stieß, sah er plötzlich einen Weg, die verlorengegangene Schärfe zurückzugewinnen. Schon in den nächsten Tagen wollte er das Motiv mit einer geeigneten Dame und einem ausgewachsenen Schwein in seiner Neubauwohnung nachstellen, um dadurch Anregung für ein Buch zu erhalten.

Es war die Nacht zum Frühlingsanfang neunzehnhundertvierundachtzig, und P. betrachtete die Reproduktion einer Radierung aus dem Jahre achtzehnhundertsechsundachtzig. Auf dem blaßblauen Hintergrund schwebten Putten; darauf könnte man verzichten, sagte er sich. Dame und Schwein, durch eine feine weiße Linie miteinander verbunden, waren in den gleichen milden Fleischtönen gemalt, eine Übereinstimmung, die er als Quelle der Aufgeladenheit des Motivs verstand. Sie erschien ihm so notwendig wie die wenigen Kleidungsstücke, welche der Maler ins Bild gesetzt hatte. Die Dame trug schwarze, halblange Strümpfe und ebensolche Handschuhe, die ein Glanz überzog; zudem in Rippenhöhe eine Schärpe und auf dem Kopf einen pelzbeladenen Hut. Und sie hatte eine Binde um die Augen. Trotz dieser reizvollen Behinderung schien sie dem Tier in keiner Weise ausgeliefert zu sein, und P. erkannte hier eine weitere Ursache für die Wirkung des Bildes: Daß die Dame, obgleich sie wie blind war und das Schwein vor ihr herging, nicht etwa geführt wurde, sondern selbst die Führung innehatte. Sie war das Schwein und war es nicht, darin lag ihr Geheimnis. Und dieses Geheimnis wollte er in seinem Wohnzimmer, das geräumiger als das Schlafzimmer war, einerseits darstellen, andererseits lüften.

P. dachte nun angestrengt über die praktische Seite des Vorhabens nach. Ein Schwein, glaubte er, ließe sich schon besorgen. Doch woher die Dame nehmen? Eine stellungslose Schauspielerin zu engagieren kam nicht in Frage. Nur eine Dame, die auch ganz in ihrer damenhaften Haut steckte, kam in Betracht. Sie müßte das Notwendige eines solchen Auftrittes einsehen und mit der gleichen Gelöstheit wie die Dame auf dem Bild durch das Wohnzimmer schreiten: Als existierte das Schwein nicht, in dessen Dunstkreis sie wäre.

Fast alle Frauen, die er näher kannte, gingen ihm durch den Kopf. Manche mochten wohl Ähnlichkeit haben mit der Person auf dem Bild, aber sie entgleisten zu häufig. Zum Beispiel seine geschiedene Frau, eine Tanzlehrerin. Sie war für jeden, der Verbrüderung suchte, ein Opfer. Oder die Kulturdezernentin der Stadt, mit der er ein Verhältnis hatte. Sie wäre zwar der Typ und sicher guten Willens, ihr fehlte nur jedes Format. Es gab keine

Richtung der Kunst, für die sie nicht Verständnis zeigte, und P. verachtete sie wegen dieser Wahllosigkeit, von der auch er profitierte. Als nächstes dachte er an die Harfenistin des philharmonischen Orchesters der Stadt, mit der er unlängst eine Nacht verbracht hatte. Doch wahrscheinlich wäre sie mit solchem Eifer dabei, daß der gewisse Abstand zum Schwein, auf den es ja gerade ankam, völlig verlorenginge.

P. trat ans Fenster und sah auf die Gleisanlagen vor seinem Wohnblock. Dann bliebe eigentlich nur Frau von C., sagte er sich und drückte seine Stirn an die Scheibe. Frau von C. war seine treueste Anhängerin. Seit Jahren schrieb sie Leserbriefe und hatte hin und wieder Fotos beigelegt. Sie war eine stattliche alleinstehende Dame, die eine Buchhandlung mit Antiquariat besaß. Sie hatte viel Sinn für galante Geschichten und pflegte ihre Liebe zur Handschrift. Ihr Glaube an das geschriebene Wort ging so weit, daß sie in ihren Privaträumen ohne Telefon lebte. Und so hatte sie mit P. schon alle Formen des schriftlichen Verkehrs exerziert, die auf dem Postwege durchführbar sind. Es waren Ansichtskarten hin- und hergegangen, Einschreiben und gewöhnliche Briefe, Eil- und Blitzzustellungen, ja sogar Päckchen zum Niko-laustag. Die Möglichkeit einer Begegnung war indessen nicht einmal zur Sprache gekommen. Frau von C. war eine altmodische und zugleich radikale Person. Trotz des Geschäftes lebte sie ganz in den Welten ihrer Lektüre und war dadurch zu einer leidenschaftlichen Verfechte-rin der Phantasie geworden. Sie liebte nur die Wirklichkeit der Einbildung und hatte deren Mangel in P.s letztem Roman, *Zeremonie der Erschöpfung*, eingekleidet in ein Lob für den Stil, bereits taktvoll beklagt. P. entschloß sich, ihr zu schreiben.

Er holte sich ein Glas Milch und nahm damit an seinem Arbeitstisch Platz, er sah sie schon mit einem Schwein an der Leine den Weg vom Fernseher zur Anrichte nehmen; er stellte sich vor, wie ihre hellen unbedeckten Flächen in Verbindung mit dem pelzbeladenen Hut die ganze Mietwohnung gewissermaßen auf den Kopf stellten. P. trank die Milch in kleinen Schlucken und dachte an ein bestimmtes Foto von ihr; anläßlich seines Bändchens *Der Strand* hatte Frau von C. ein Urlaubsbild geschickt, das sie in einem einteiligen Badeanzug, bis zu den Knien in einem Weiher stehend, zeigte. Es war ein etwas unscharfes Foto, und auf der Rückseite stand: Um Ihre Einbildungskraft wieder zu stärken! Er holte es aus dem Schubfach, in dem er sämtliche Mitteilungen Frau von C.s aufbewahrte, und legte es neben die Reproduktion und ließ seinen Blick hin- und hergehen; die Folge war ein leichter Taumel, als hätte er Wein getrunken und keine Milch. Ihr hochgetragener Kopf und der Schwung ihrer Schenkel, das Gelöste des Spielbeins und die Grazie der Hände trafen seine Vorstellungen von der Dame mit dem Schwein so genau, daß er fahrige Armbewegungen machte. Als er sich wieder in der Gewalt hatte, griff er zu Papier und Füllfederhalter.

Sehr verehrte gnädige Frau, begann er den Brief. Ich darf Ihnen heute ein Anliegen vortragen, das für mich von höchster Wichtigkeit ist. Wie Sie ja selbst gemerkt haben und mich auch wissen ließen, leidet mein Schreiben seit geraumer Zeit an einem Mangel an Mut und Vorstellungskraft; daß Sie beim Lesen meiner Bücher nur noch am Stil Vergnügen finden, beschämt mich, und bis zum heutigen Abend hat mich Ihre Kritik nur noch mehr geschwächt. Bis zu dem Augenblick, als ich bemerkte, was meinem Schreiben fehlt: Die Anregung! Denn wie der Zufall es wollte, stieß ich in einem alten Magazin auf das Ihnen sicherlich vertraute Bild *Die Dame mit dem Schwein* von Félicien Rops, und es entstand dabei sogleich der Entschluß, dieses unerhörte Motiv detailgetreu in meiner Wohnung nachzustellen, um dadurch wenigstens einmal vor jenen vollendeten Tatsachen zu stehen, von denen doch jeder Schriftsteller träumt. Das ist mein unverrückbarer Vorsatz. Und nur ein einziger Mensch, den ich zwar nie getroffen habe, aber gut genug zu kennen glaube, hat ausreichend Sinn und Verstand und auch alle körperlichen Vorzüge, um eine so kühne Idee in die Tat umzusetzen – Sie. Sie, verehrte gnädige Frau, bitte ich daher, meiner Einladung hierher zu folgen und die bewußte Dame für mich darzustellen. Bis zu Ihrer Antwort werde ich alles Nötige veranlassen, um im Falle einer Zusage, auf die ich inständig hoffe, über ein ausgewachsenes und zahmes Schwein zu verfügen; und natürlich sorge ich auch für die im Bild vorhandenen Accessoires, wäre aber froh, wenn Sie das entsprechende Schuhwerk selber mitbrächten, damit Sie keine Unbequemlichkeiten in Kauf nehmen müssen. Außerdem kümmere ich mich um ein

Zimmer mit Bad im ersten Haus unserer Stadt und werde Sie auch am Bahnsteig erwarten, sofern Sie mit dem Zug anreisen. Ich weiß, es ist viel verlangt, aber handeln Sie aus Liebe zum Wort, in Verbundenheit, Ihr P.

Um nicht wankelmütig zu werden, klebte er den Brief sofort zu und brachte ihn zu einem Nachtbriefkasten. Anderntags wachte P. zur gewohnten Zeit auf. Er verrichtete seine morgendlichen Dinge in dem Gefühl, daß etwas ganz Entscheidendes geschehen sei und sein Leben vor einer Wende stehe. Nach dem Frühstück löste er die Seite mit der Reproduktion von den übrigen Seiten und heftete sie mit Stecknadeln oberhalb des ausziehbaren Sofas, das ihm als Schlafstatt diente, an die Wand. Nun konnte er das Bild vom Schreibtisch aus sehen. Dann machte er sich Gedanken, wie er wohl zu einem Schwein kommen könnte.

Er ging schrittweise vor. Seine materielle Beziehung zu Schweinen bestand vor allem im Schnitzel. Und das Schnitzel kam vom Schlachter; der Schlachthof fiel ihm ein. Er suchte die Nummer heraus und führte ein Telefonat. Er erkundigte sich bei der Verwaltung, woher die Schweine kämen, die geschlachtet würden, man gab ihm die Adresse eines Zuchtbetriebes. P. rief dort an, es meldete sich eine Frau. Ob es wohl möglich sei, bei ihr ein Schwein zu mieten, fragte er. Nur für ein Wochenende.

Die Landfrau glaubte an ein Mißverständnis, worauf P. sich wiederholte. Er sagte: Ich möchte ein Schwein. Ich möchte es mieten. Nur für ein Wochenende.

Aber wozu? fragte die Frau.

Für einen künstlerischen Akt. Es soll an einer Leine gehen. Vor einer Dame her.

Naa! rief die Frau in ihrer Mundart.

Bitte?

Nein heiße das, sagte sie und wollte dann wissen, wo er denn lebe. Da käme als erstes der Tierschutzverein. Danach kämen Gesundheitsamt und Ordnungsbehörden. Da müßte er ihr schon Genehmigungen zeigen. Und außerdem: Nicht eines ihrer Schweine sei zu haben für so einen Kram. Schluß.

P. sagte nichts mehr, er legte auf; er fühlte sich elend. Und um durch die Forderungen des Tages nicht noch weiter von der Welt entfernt zu werden, zog er das Sofa wieder aus, legte sich hin und begann zu grübeln. Es wäre wohl am besten, grübelte er, das Schwein zu betäuben. Dann könnte es mit Hilfe von zwei Arbeitslosen, die sich ja finden ließen, in einer Umzugkiste ins Haus und in die Wohnung geschafft werden. Aber zu welchem vernünftigen Zweck? Was könnte man angeben? Vielleicht sollte er einfach behaupten, an einer Rehabilitierung des Schweines zu schreiben, was nur gelingen könnte, wenn er ein Schwein in seiner Wohnung hätte; der Tierschutzverein wäre damit gewonnen. Doch wie die sture Frau vom Land, wie das Gesundheitsamt, wie die Ordnungsbehörde auf seine Seite bekommen? Durch Bestechung natürlich; aber womit bestechen? Es kämen nur Freiexemplare seiner Bücher in Frage, mit Widmung; nur, würde das reichen? Hier müßte dann sein Name zählen; doch wie hoch steht sein Name im Kurs? Und herrscht nicht gerade in Behörden wieder das alte feindselige Klima bezüglich schwieriger Kunst? Demnach bräuchte er Beziehungen; bloß zu wem? Auf sein kleines Verhältnis mit der Kulturdezernentin durfte er nun wirklich nicht bauen. P. grübelte weiter, den ganzen Tag, und vom Grübeln erschöpft, schlief er auf seinem Sofa ein und erwachte erst, als seine Wohnungsklingel am anderen Vormittag schrillte.

Mit ausgedörrtem Mund und voller Blase ging er zur Tür. Es war ein junger Mensch, der eine Eilzustellung brachte. P. warf einen Blick auf die Schrift und spürte sein Herz. Der Brief wog schwer; es waren wenigstens vier Bögen ihres teuren Papiers. Er ging aufs Klo und brach dabei schon den Umschlag auf, er zwang sich, nicht gleich den Schlußsatz zu lesen. Es war ihre übliche tiefblaue Tinte, es waren die gewohnten steilen Züge. Aber es stand eine Anrede da, die seine treueste Leserin noch nie verwendet hatte, und ein Kopfschmerz befiel ihn, als wollte sich sein Hirn unter der Schädeldecke verdoppeln, um keinerlei Raum mehr zu bieten für die Gedanken eines anderen Hirns.

Mein armer P., begann der Brief anstatt mit Bester oder Mein Verehrtester, und es ging weiter in derselben Zeile. Ihr Anliegen hat mich nicht überrascht. Nach der Lektüre Ihres letzten Buches, *Zeremonie der Erschöpfung*, gab es für mich an Ihrer Krise keinen Zweifel mehr; Art und Ausmaß sind mir indessen erst durch Ihren Brief zu Bewußtsein gekommen. Was soll ich Ihnen sagen? Selbstverständlich kenne ich das großartige Bild *Die Dame mit dem Schwein* und vermag Ihr Anliegen, das ja mehr ein Ansinnen ist, auch zu verstehen. Stellen wir uns also vor, lieber P., ich käme Ihrer Bitte verständnisvoll nach und klingelte jetzt bei Ihnen; und lassen wir auch den starken Konjunktiv, den ich so liebe, für eine Weile beiseite ...

Ich klingle also, und Sie eilen zur Tür. Aus Ihrem Bad dringt ein Scharren und Grunzen. Sie öffnen mir, Sie sehen mich zum ersten Mal vor sich. Ich trage ein gelbes Kostüm, mein Haar ist nach oben gesteckt, der Nacken liegt frei. Sie küssen mir die Hand, ich sage, Grüß Gott. Und danach trete ich in Ihre Wohnung, die mir aus dem Bändchen *Vier Wände erzählen* ja schon geistig vertraut ist. Sie bitten mich, auf Ihrem Ausziehsofa Platz zu nehmen, aus dem Bad kommt ein Poltern. Das eingesperrte Schwein hat Angst, eine natürliche Reaktion, dennoch beunruhigend. Ich schaue Sie fragend an, Sie sagen mir, das Schwein sei zahm, und um mich noch mehr zu beruhigen, nennen Sie mir sogar einen Namen, vermutlich erfunden. Ein schöner Name, sagte ich, viel zu schön für ein Schwein, und Sie widersprechen mir: der Versuch einer Konversation von Ihrer Seite. Aber ich wünsche keine Konversation. Ich bin gekommen, um die Dame auf dem Bild zu spielen, ich fordere Sie auf, die Vorbereitungen zu treffen; es besteht ein Vertrag zwischen uns. Mein Körper für Ihren Geist, lieber P.

Diese Sachlichkeit stört Sie, doch Sie zeigen es nicht. Sie holen die Accessoires, Sie legen sie auf den Tisch. Zuerst die weißen Kleinigkeiten: Leine, Schärpe, Augenbinde, Blumen und Bändchen, danach die schwarzen: Handschuhe, Strümpfe, Seidentuch sowie den pelzbesetzten Hut; die Schuhe trage ich bereits, Ihrer Anregung folgend, und ich trage auch schon die richtige Kette und die richtigen Clips. All das verwirrt Sie. Sie bieten mir Sekt an, ich lehne ihn ab. Aber warum? fragen Sie, und ich lächle; ich schlage Ihnen vor, mir zuzuschauen, während ich die Kleidung wechsle, der Maskerade beizuwohnen. Machen Sie es sich gemütlich, sage ich, und darauf ziehen Sie die Vorhänge zu und setzen sich hin. Sie setzen sich in Ihren Fernsehsessel, und ich bitte Sie, mir den Reißverschluß meines Kostümrocks zu öffnen. Ich bücke mich zu Ihnen hinunter, Sie sehen die Ränder meiner Wäsche durch den Stoff. Wir reden jetzt nicht mehr. Bis auf das unruhige Schwein ist es still. Abgesehen von Ihrem Herzen, das klopft natürlich, und im Hinblick auf Ihr Alter sollte ein Glas Wasser bereitstehen, neben dem Telefon mit der Notrufnummer...

P. drückte sich eine Faust gegen die Stirn. Sein Kopf tat immer noch weh, aber es war nicht die übliche Pein nach zuviel Anstrengung, es war eher ein schmerzendes Glück, eine gewaltige Ausdehnung in seinem Hirn. Aus dem Bad kam ein Geräusch. Vielleicht der Brausenhahn? Wahrscheinlich der Boiler. Er stand auf und zog die Vorhänge zu, er machte ein Licht an, die kleine Lampe neben dem Sofa; dann las er, stehend, weiter.

Sie öffnen mir nun den Verschluß, der enge Kostümrock springt auf, ich ziehe ihn über die Hüften, links ein Stück, rechts ein Stück, schließlich gleitet er herab. Ich steige aus dem Bündel, Sie sehen, daß ich Strumpfhalter trage. Die schwarzen Bänder sind wie Gitterstäbe, an die sich meine Schenkel pressen. Ich löse alle Bänder, die Strümpfe werden welk, ich ziehe die Jacke aus, danach meine Bluse. Ich stehe nun in der Wäsche vor Ihnen, ich blende Sie etwas. Blinzelnd kommen Sie aus Ihrem Sessel und treten vor die Bücherwand. Warum so befangen? frage ich leise, und Sie sagen mir, mein Anblick bringe Sie an den Rand ... Doch ich lasse das nicht gelten. Ich bitte Sie, mich anzusehen, ja, mich zu mustern, als legte ich eine Prüfung vor Ihnen ab. Und Sie verschränken die Arme, mein lieber P., Sie heben ein wenig den Kopf. Ihre Augen werden schmaler, die Lippen entzweien sich; ich aber entkleide mich nun bis auf die Schuhe.

Mit den Absätzen entspricht meine Größe etwa der Ihren. Wir stehen uns gegenüber, ich verfolge Ihre Augen. Ihr Blick geht über meine Brüste, die Sie sich nicht so voll gedacht haben; der Hauch von Verfallenheit spricht Sie an. Dann fliegen die Augen hinunter zum Schoß. Sie sind überrascht. Sie hatten auch hier mehr Verblühtheit erwartet. Anstatt geplatzter Äderchen springt Ihnen Reife in die Augen – und auch kein Blutbeutel weit und breit, keine eingesunkene Haut, keine Flecken. Und nun begreifen Sie auf einmal, wen Sie vor sich haben. Sie begreifen, daß mir die Helden Ihrer Bücher jahrelang den Mann ersetzt haben. Sie ersparten mir jedes Privatim. Hände, von Ihnen beschrieben, machten mir alle wirklichen Hände entbehrlich, Hände, unter deren Grobheit meine Haut gealtert wäre, wie unter zuviel Sonne. Ihre

Bücher erlaubten es mir, so zurückgezogen zu leben, wie ich es mochte. Bis sie dann schlecht wurden. Sie wurden allgemeinverständlich, sie wurden fad. Und nur deshalb bin ich heute bei Ihnen, verlieren wir keine Zeit! Das rufe ich Ihnen zu, und Sie reichen mir nun ein Requisit nach dem anderen. Sie staffieren mich aus, ich bin Ihr Kunstwerk. Zuletzt verbinden Sie mir die Augen, ich weiß jetzt nicht mehr, wie Sie schauen. Es ist still um mich herum, es ist warm. Sie haben einen elektrischen Zusatzofen unter den Schreibtisch gestellt, seine Strahlen erreichen meine Kniekehlen. Langsam auf Zehenspitzen schleichen Sie um mich herum. Sie kommen mir so nahe, daß Sie mich riechen können. Ich rieche nach heißen Kissen und Zimt. Ich bin die Dame auf dem Bild, ich bin es, und Sie treten nun etwas zurück, mein lieber P. – tun Sie, ich warte; zwei Schritte, wenn ich bitten darf...

P. machte zwei Schritte zurück, den Brief in der Hand, die er kaum ruhig zu halten vermochte.

Lassen Sie sich Zeit, flüstere ich. Betrachten Sie jede Einzelheit meines Körpers. Genieren Sie sich nicht. Zeigen Sie Ihr Interesse für Falten und Poren, für den Flaum in meinem Nacken, für die Härchenleiter unterhalb des Nabels; seien Sie schamlos, verlangen Sie Stellungen, die Ihnen vorschweben, nehmen Sie keine Rücksicht auf mich. Sehen Sie das Weib in mir, nicht die Frau. Sorgen Sie für das richtige Licht, leuchten Sie mich so aus, daß mein Körper in den ansprechendsten aller Fleischfarben schimmert. Geben Sie sich nur mit einem blassen Rosa zufrieden, dem Ton des Schweins. Ich bin nichts als Ihre

Vorlage. Ich bin Ihr Stoff, verwenden Sie mich nach Belieben. Springen Sie um mit mir! Das rufe ich Ihnen alles zu, und Sie setzen es in Szene, bis nur noch das Schwein fehlt. Ich stehe da wie auf dem Bild, die feine weiße Leine in den Fingern, Sie schärfen mir ein, mich nicht zu bewegen, und gehen ins Bad. Das Schwein liegt auf dem Boden, es zittert. Mit einem Tritt und etwas Futter bringen Sie es auf die Beine, mit frischen Trüffeln locken Sie es in den Wohnraum. Ich schnuppere und lausche; ich rieche das Tier und höre sein Schnaufen. Und Sie verstecken die duftenden Knollen an verschiedenen Plätzen, so daß unser Schwein nicht mehr weiß, wo es hinstreben soll. Die Nase am Teppich verharrt es, was Ihnen Gelegenheit gibt, die feine Leine um den breiten Hals zu schlingen. Das Schwein will weg, doch wird vom Duft gehindert, und so verharrt es erneut, in einem fast graziösen Schritt nach vorn, während ich das Band zu ihm in meinen ausgestreckten Händen halte, ohne es zu spannen, ohne es lockerzulassen. Ich vertraue dem Schwein, so wie das Schwein mir vertraut. Sie aber treten zurück, um das vollendete Bild zu betrachten. Tun Sie's, ich warte …

Gut – was Sie sehen, ist kaum zu ertragen, das Maß an Vollendung übersteigt Ihre Kraft; Sie beneiden mich um meine Augenbinde! Sie suchen Halt auf mir, Sie suchen den springenden Punkt, Sie glauben, er sei außerhalb von Ihnen. Ihr Blick irrt umher. Von meinem Schoß zu meinen Brüsten, von meinen Schenkeln zu den Fesseln und wieder hinauf, zu den Sehnen, die durch den feinen Handschuhstoff drücken. Dann von der Nabelmulde rasch zu meinem unbedeckten Ohr, von meinem Nasenloch, in einem Sprung, zum Nasenloch des Schweins, von dessen Hals zu meiner Hand und retour. Sie gleiten an der Leine entlang, das Hin und Her der Augen läßt nach. Ihr Blick ruht jetzt auf diesem hellen, hingehauchten Band: Denn was verrät mich mehr als die Art, wie ich es halte. Sie erkennen darin meinen innersten Zustand, Sie sehen ihn als äußerste Blöße. Sie begreifen das und schließen die Augen. Sie wissen nun, daß es mich gibt: Ich bin die Dame mit dem Schwein und grüße Sie herzlich.

P. vergrub sein Gesicht in dem Brief. Das dicke Papier nahm seinen Schweiß auf, die Buchstaben verschwammen zu bläulichen Bächen; vor seinem inneren Auge lebte das Bild. Beschämt atmete er den Duft ihres Briefs, nach Bütten und Tinte, und ging dabei langsam durchs Zimmer, er ging zum Telefon. P. rief die Telegrammaufnahme an, er diktierte, ohne nachzudenken. Verehrteste, Ausrufezeichen. Brief erhalten, Komma, tief getroffen, Punkt. Ich gebe auf, Strichpunkt; die Welt hat Schwein gehabt mit Ihnen, sie wird mich los, Ihr P.

Ganz sachte legte er auf und zog die Vorhänge wieder zurück. Es war ein schöner Tag, das richtige Wetter für einen Ausflug aufs Land; dort wird man weitersehen.

Elende Schwächen

Während die alleinstehende Frau Clara von C., deren Tage einer wie der andere mit langweiligen Buchhandelsgeschäften vergingen, deren Abende indessen interessanter Lektüre vorbehalten waren, die ihr jeden privaten Umgang ersparte, an einem ersten warmen Wochenende, kurz nach den Spätnachrichten, gerade ihren Lieblingsautor las, flog an das Wintergartenfenster ein Steinchen.

Frau Clara legte das Buch in den Schoß. Dann griff sie zum Radio und drehte das Nachtkonzert ab. Sie überlegte, wer dafür in Frage käme, wer sie stören wollte; die Störung an sich empörte sie mehr als die grobe Art und Weise der Kontaktaufnahme. Noch ein Steinchen flog an die Scheibe – Was jetzt? fragte sie sich, zumal sie ein Mensch war, dem die Gegenwart wenig sagte; ihr Jahrhundert wäre das neunzehnte gewesen, sie sah sich als Versprengte. Es raschelte im Garten, es knackte da draußen. Fest stand nur: Es war ein Mann. Keine Frau wählte einen so albernen Weg, um sich bemerkbar zu machen. Also ein Mann; aber ein Mann und zu ihr? Und wieder kam ein Steinchen, nun schon etwas zaghafter. Womöglich der Verkäufer, dem gekündigt worden war, ihr undurchsichtiger Herr K., den sie in der

Mittagspause über einem abgegriffenen Heftchen angetroffen hatte. Frau Clara erhob sich. Furchtlos, wie sie war, riß sie die Tür zum Garten auf, sie betrat die Terrasse. Wer da?

Aus dem Holunder, der in voller Blüte stand, drang ein Geräusch. Zeigen Sie sich, befahl sie.

Für einen Augenblick war es still, dann erhob sich eine Stimme. Bitte verzeihen Sie, kam es aus dem Busch. Es war tatsächlich Herr K. mit seiner übertriebenen Sprache, und sie rief, die Kündigung sei unwiderruflich!

Ich weiß, ich weiß, sagte er.

Also was wollen Sie dann?

Ich bringe Ihnen etwas, ein kleines Buch. Sie kennen weder den Titel noch den Verfasser. Ein Juwel.

Behalten Sie es, rief Frau Clara, aber ihr entlassener Angestellter gab nicht auf: Ich schenke es Ihnen!

Ich möchte es nicht.

Ein Höhepunkt auf dem Gebiet des Liebens!

Und an dieser Stelle gab sich Clara von C. einen Ruck, sofern der Ruck nicht ohnehin durch sie hindurchging. Sie hätten auch klingeln können, oder?

Hätten Sie mir aufgemacht?

Herr K. trat aus dem Schutz des Holunders. Er hielt ein schmales weißes Buch in der Hand, er hob es an. So wie sie ihn beobachtet habe, sagte er, so habe er sie beobachtet. Sie liebe keinen Menschen, nicht einmal sich selbst. Ihre ganze Liebe gelte gewissen Büchern, und dies sei eins davon. Das beste.

Frau Clara schob beide Hände in die Taschen ihres

weiten Hausanzuges und warf den Kopf in den Nacken. Ihre Kündigung ist unwiderruflich, sagte sie zum zweiten Mal, aber das schien Herrn K. nur noch mehr auf den Geschmack zu bringen, was sein Anliegen betraf. Es gab davon nur eine winzige Auflage, flüsterte er, die wenigen Exemplare gingen an Freunde des Autors. Und über allem ein Mantel des Schweigens.

Also das Übliche.

Dann hätte ich keine Steinchen an Ihr Fenster geworfen. Auf die Gefahr hin, mich lächerlich zu machen.

Denken Sie etwa, Sie hätten sich nicht lächerlich gemacht? Sie haben sich lächerlich gemacht.

Das ist die Sache wert, sagte K., und die von ihm Überraschte forderte ihn auf, Roß und Reiter zu nennen, Titel und Autor, damit sie ihn auslachen könne.

Gustav Vigo, *Stunde der Perlen.*

Sie zog die Hände aus den Taschen, sie wollte klatschen, aber dann klatschte sie nicht. Ihr Herz schlug heftig, viel zu heftig in Gegenwart eines Mannes. Ich habe von dem Buch gehört, sagte sie.

K. strich sich das Haar aus der Stirn, einer hohen, hellen Knabenstirn, und da bat Frau Clara ihn mit einer Geste herein, was sie im selben Augenblick bereute. Ein schon gekündigter Verkäufer in ihrem Haus! Wollte er etwas von ihr? Hatte er sie durchschaut? Und wie kam er an dieses Buch? Ja, sie hatte davon gehört. Und da sie fast alle Werke dieser Art kannte, wäre es in jedem Fall ein Gewinn. Möchten Sie etwas trinken? Wie nebenbei kam dieses Angebot, aber es kam; sie wußte schon, womit sich gefeuerte Angestellte in Schach halten ließen, mit einem Schuß Höflichkeit.

Danke, sagte K., aber ich bin nicht durstig. Ich möchte nur, daß Sie einen Blick in das Buch werfen.

Frau Clara nahm das Buch in die Hand, ihr Herz spielte jetzt förmlich verrückt. Es war ein Privatdruck, das sah man. Sie setzte sich und schlug die erste Seite auf, während ihr früherer Angestellter geradewegs auf die Bibliothek zuging. Er trat ganz nah an die Bücher, er glotzte auf die vielen Titel, eine scheußliche Situation: ein glotzender Mann ohne feste Arbeit; doch Frau Clara hatte den Ehrgeiz, damit zu Rande zu kommen. Sie nahm sich vor, Herrn K. wie Luft zu behandeln; von Anfang an hatte er in ihren Augen etwas Weichtierhaftes gehabt, ein großes Insekt, das nicht einmal knackt, wenn man drauftritt. Die Sorte Mann, dachte sie, die für die Liebe Geld hinblättert. Nur, daß er jetzt kein Geld mehr hätte! Meinetwegen sollte er bei ihr sitzen oder die Bibliothek anglotzen: Sie würde lesen, als sei sie allein.

Jedes Buch stand und fiel für Frau Clara mit dem Anfang. Der erste Satz war alles, wie früher der erste Kuß. Sie lehnte sich zurück und las ihn. Er endete mit einem Fragezeichen, sie las ihn gleich noch einmal. Der Satz gefiel ihr. Er gefiel ihr so gut, daß sie die Lektüre nicht fortsetzen konnte. Es war ihr unmöglich weiterzulesen, ohne sich durch Flecken am Hals zu verraten. Selbst wenn sie allein gewesen wäre, hätte sie wohl nicht weitergelesen. Diese Flecken entstellten sie geradezu, Launen des Blut, gegen die sie machtlos war. Frau Clara legte das Buch in ihren unruhigen Schoß und gab sich gelangweilt. Wer immer Gustav Vigo war – keiner hatte ihn je zu Gesicht bekommen, man wußte nichts über ihn, es hieß nur, sein Name sei falsch, und es verberge sich eine Frau dahinter –, wer also immer unter diesem Namen schrieb, er hatte ihren Nerv getroffen, den ihrer Schwächen. Sie hob den Blick etwas an, sie fühlte sich allein.

Es gefällt Ihnen, oder? sagte Herr K. und ließ sich auf ihr kleines samtbezogenes Sofa fallen. Ein viel zu unbekannter Autor, finden Sie nicht?

Wissen Sie, wer sich hinter diesen Namen verbirgt?

Man spricht von Odette Hausman, sagte K. Aber das ist böswillig. Man schweigt den Autor Vigo tot. Ich aber kenne ihn persönlich.

Sie kennen ihn persönlich? Frau Clara sah ihrem früheren Angestellten in die Augen, die rund wie Knöpfe waren und überraschend dunkel, mit einem Bernsteinstich, eben wie die eines Falters. Ja – persönlich.

Dann erzählen Sie, wie ist er?

Wenn Sie sich zu mir setzen, sagte K.

Und sie folgte der Einladung auf ihr eigenes Sofa, sie machte sich so schmal wie möglich, dennoch berührte der Jackettärmel des einstigen Verkäufers, den sie eigentlich nur als Hilfskraft oder besseres Faktotum angesehen hatte, ihre Kleidung über der Hüfte.

Ich traf ihn in der Hinterstube eines Antiquariates, begann er. Vigo empfing mich mit den Worten: Wer meine Sachen liest, ist ein Schwein. Er saß an einem Tischchen, ein Magazin in den Händen. Er sah mich an und sagte: All meine Anregung beziehe ich von derartigen Fotos, mein Herr. Woraufhin ich einen Blick riskierte – es waren wunderbare Bilder, wenn ich sagen darf. Sogar der feine Glanz der Sekrete war wiedergegeben.

Frau Clara hob die Hände, zum Zeichen, daß er schweigen sollte, und er setzte seiner Rede mit einer kleinen, eckigen Verbeugung ein Ende. Sie stand auf, er stand ebenfalls auf. Schweigend standen sie sich gegenüber. Der Anblick seines Kinns verwirrte sie; es wies einen Spalt auf und schimmerte bläulich. Bitte setzen Sie sich wieder, hauchte sie, fast der Stimme beraubt, ich bin gleich zurück. Dann eilte sie in die Küche und zerrte die Eiswanne aus ihrem Gefrierfach, brach alle Würfel aus den Waben. Sie kühlte ihren Hals, sie kühlte ihre Achseln und Kniekehlen; ihre Gedanken überschlugen sich. Was geschah hier überhaupt? Wollte er sie am Ende verführen? Aber wozu? Wollte er sie haben, oder wollte er lediglich wieder eingestellt werden? Sie nahm eine Flasche Sekt aus dem Kühlschrank und warf das restliche Eis in den silbernen Kübel, der sonst immer nur Zierde war. Fest entschlossen, bei Verstand zu bleiben, verließ sie die Küche, und Herr K. kam ihr entgegen.

Das hätte ich doch wirklich auch tun können, sagte er, komm… und nahm ihr den Sektkübel ab. Er holte die Flasche heraus und begann sie zu öffnen. Frau Clara trat zur Seite. Sie glaubte sich verhört zu haben. Hatte er wirklich Komm gesagt? Sie wandte ihr Gesicht ab, um sich vor Knall und Pfropfen zu schützen. Doch Herr K. drehte den Pfropfen so behutsam heraus, daß nur ein leises peinliches Geräusch entstand, und sie sah wieder hin. Eine Fahne weißen Nebels kam aus dem Flaschenhals. Er wedelte den Nebel fort, er schaute sie an. Meine liebe Clara, sagte er leise.

Sie holte Gläser und hielt sie bereit. Er schwieg und goß ein, das Wort war jetzt bei ihr. Aber was sagen? Sie lächelte schwach. Schön, daß Sie da sind.

Ich habe lange gezögert.

Gezögert warum?

Nun, meine Kinderstube, sagte Herr K. und schenkte die Gläser so voll, daß sie perlende Hauben bekamen, aber kein Tröpfchen trat über den Rand. Sie stießen an, er brachte einen Trinkspruch aus, ihr schier ins Gesicht gehaucht. Auf Gustav Vigo. Auf mich!

Er trank, und sie nippte. Sie riß sich zusammen. Sie hörte ihr Herz, es rülpste förmlich in ihrer Brust. Er hatte sie hereingelegt, mit einem Teufelsritt auf ihren Schwächen; jetzt war geweckt, was nur zu wecken war. Sie versuchte durchzuatmen, sie kaute ihre Unterlippe, dann sagte sie, Ich glaube Ihnen nicht, und er erbot sich, zu zitieren, aus seinem Buch. Und zwar seitenlang, wenn sie es wünschte. Denn er habe es schließlich geschrieben, das Buch. Oh, ja.

Aber sie wünschte es nicht. Sie fragte nur, warum, warum er es geschrieben habe.

Um mir Zugang zu verschaffen. Ihr Ohr, Clara.

Mein Ohr für was? fragte sie, während ihr Sekt auf die Hand lief. Sie zitterte.

Ihr Ohr für meine Sorgen.

Für Ihre Sorgen? Was interessieren mich die.

Meine Kündigung bedeutet eine Katastrophe.

Das ist das Übliche bei Kündigungen! Endlich war sie wieder bei Stimme, während der Sekt jetzt über die Hand von Herrn K. lief. Unter seinem gespaltenen Kinn bebte die Haut. Er schien etwas sagen zu wollen.

Reden Sie schon, zischte Frau Clara ihm zu. Sie standen nun dicht voreinander, und K. hob seinen Insektenkopf. Falls sie ihn wieder einstellte, schriebe er regelmäßig weitere Kapitel. Immer ganz nach ihren Wünschen. Und termingerecht.

Und wenn Sie es gar nicht sind? Clara von C. war eine vorsichtige Frau. Jeder Mann war ein Betrüger, warum sollte Herr K. eine Ausnahme sein. Ich bin es, sagte er, und in diesem Augenblick glaubte sie ihm oder wollte ihm glauben, was auf dasselbe hinauslief. Und was wissen Sie von meinen Wünschen, sagte sie in wegwerfendem Ton.

Daß Sie ihr Opfer sind.

Idiotisch! Sie leerte ihr Glas und stellte es ab. Dann kam seine Hand. Wir zittern beide, sagte Herr K., den sie hinausgeworfen hatte wie einen Hausierer. Geben Sie mir ein Stichwort, Clara, und ich werde aus meinem Buch zitieren. Patze ich, sehen Sie mich nie wieder.

Dazu fehlt Ihnen der Charakter.

Ich schwöre es, sagte K.

Frau Clara ging zum Sofa, sie griff nach dem schmalen Buch. Wenn er es so wollte, warum nicht. Sie schlug das Buch in der Mitte auf und tippte wahllos in den Text, sie las so teilnahmslos wie möglich. Ich war endlich allein, las sie, ich schloß die Gardinen ...

Genug, unterbrach sie K. und setzte die Stelle fort, fehlerfrei. Aufhören, rief Frau Clara. Ich glaube Ihnen.

Sie glaubte ihm wirklich, da lag das Problem – Frau Clara überlegte sich ihre weiteren Schritte. War sie nicht längst in seiner Hand? Schon als Kind hatte sie unter Fortsetzungsgeschichten gelitten, auch unter den dümmsten, fieberhaft hatte sie auf die nächste Folge gewartet, und fieberhaft würde sie auch auf die Fortsetzung seines Bändchens warten. Bald könnte er verlangen, was er wollte, doppeltes Gehalt oder sonst einen Vorteil, Bemutterung vielleicht, Entspannung durch ihre Hand; es sei denn, sie hätte ihn ebenso im Griff, mit seiner elendsten Schwäche. Und so etwas schreiben Sie sich also Nacht für Nacht von der Seele, sagte sie nachdenklich und hielt das schmale Buch in die Höhe. Ja, sagte K., mit einem Ausdruck, als hätte sie ihn schon wieder eingestellt. Ja, diese Dinge beschäftigen mich, seit ich in Ihrem Laden war.

Welche Dinge? Sie fühlte seinen Blick auf ihrer Haut und sehnte sich nach den Eiswürfeln in der Küche. Sprechen Sie von mir, flüsterte sie.

Ich spreche von Ihrem Körper. Herr K. ging jetzt im Zimmer auf und ab, er hielt sein Glas noch in der Hand. Sein Plan, allein durch das Buch, das er gewissermaßen für den Notfall geschrieben hatte, der Arbeitslosigkeit zu entrinnen, war nur zur Hälfte geglückt; er mußte schon etwas mehr tun. Er ging in den Flur, und sie folgte ihm; sachte berührte er alle Türklinken, welche war wohl die zu ihrem Schlafzimmer? Seit er ihr Angestellter war, hatte ihn ihre Zurückgezogenheit beschäftigt. Sie waren sich ähnlich, jawohl. Die Geschichte seiner einsamen Abende, glaubte er, sei auch die Geschichte ihrer einsamen Abende; sein Umgang mit sich selbst sei auch der ihre. Zwei auf die gleiche Weise überreizte Körper, nahm er an. Wir sollten uns zusammentun, sagte er. Oder wenigstens sollte jeder den anderen an seinen einsamsten Verrichtungen teilhaben lassen.

Frau Clara machte das Licht im Flur aus. Gut, Sie sind wieder eingestellt. Aber mit dem alten Gehalt und ohne Weihnachtsbonus. Und nun gehen Sie! Ihr alter und neuer Angestellter lachte. Wollen Sie mir hier eine Heilige vorspielen? Sie tun es genauso wie ich, Sie tun es jeden Abend. Am Ende ein kurzer, erstickter Schrei, dann die unendliche Öde, nur daß der Schlaf nicht kommt. Sie liegen wach und hassen sich.

Und wenn schon, rief Frau Clara; sie preßte sich jetzt an die Wand, ihre Beine drohten nachzugeben, als sei sie das Weichtier, sie allein.

Ich mache Ihnen einen Vorschlag, sagte K. Jeder von uns darf Zeuge der einsamsten Handlungen des anderen sein. Dann wäre alles im Gleichgewicht.

Der einsamsten Handlungen ...

Der allereinsamsten, die dann nicht mehr die allertraurigsten wären.

Frau Clara hörte sich das an, der Boden unter ihr schien nachzugeben, als stünde sie im Morast, sie streckte eine Hand nach ihrem Angestellten aus und zog sie wieder zurück. Nein, sagte sie, das würde dem Buch schaden. Die Wirklichkeit ist immer nur den Gaunern und der Politik von Nutzen, uns Amateuren verdirbt sie alles. Ich will, daß Sie wild spekulieren.

Spekulieren?

Wissen Sie nicht, was das ist? rief Frau Clara. Das ist der erweiterte Blick – denken Sie sich all das aus, nichts darf Ihnen zu unglaublich sein! Vielleicht bestreiche ich mich mit heißem Gelee oder besitze Prothesen, ja halte mir ein Hündchen im Keller, das auf den Duft meines Schoßes anspringt. Vielleicht bestreue ich meine Schenkel mit Salz, ehe der Hahn dreimal kräht, vielleicht bringen mich Eiswürfel zum Schmelzen, oder ich gieße mir heißes Wachs in die Achseln ... Denken Sie in alle Richtungen, guter Mann, erfinden Sie mich, verleihen Sie mir Flügel – ich erwarte wöchentlich ein neues Kapitel, aber schreiben Sie nachts, wie es Schreiber zu tun pflegen. Denn tagsüber gehören Sie ab jetzt wieder mir – ich sehe Sie morgen, Punkt neun, mit Schlips!

Und bei dem Wort Schlips streckte Frau Clara doch noch einmal die Hand aus und stieß mit dem Zeigefinger gegen das bläuliches Kinn ihres Privatautors, und Herr K., das große Weichtier, glitt an ihr vorbei, in die Dunkelheit, aus der er gekommen war. Sie aber eilte in die Küche und schob sich Eiswürfel in den Mund oder wo sie sonst noch gebraucht wurden.

Eine geistige Übung

Ich kann mich nicht natürlich beglücken, erwiderte der Dichter Z. seinem Besucher, dem Dramatiker A., dessen Stücke schon seit Jahren nicht mehr aufgeführt wurden. Z. wohnte Parterre ohne Heizung, in seinen Räumen war es zu jeder Jahreszeit kalt. Da er kaum Möbel besaß, konnte er sich frei durch die Wohnung bewegen und fror nur im Sitzen. Seine Gedichte, erzählte man, seien beim Hinundhergehen entstanden, und er versteckte sie hinter Tüchern, angeblich aus Scham. Die Wände aller Zimmer, sogar die des Bades, waren mit weißen Tüchern verhängt. So konnte niemand den Umfang seines Schaffens angeben, nicht einmal er selbst.

Sich zu beglücken werde ja überhaupt immer schwieriger, lenkte der unerwartete Besucher ein und strich über eins der Tücher; die beiden gingen Arm in Arm durch die Räume, jeder wußte, daß die Vertrautheit nur ein Spielchen war, aber sie übten sich gerne darin. Als sie wieder in der Diele angekommen waren, löste sich Z. von dem selten gesehenen Kollegen, dem er vor einiger Zeit die städtische Künstlerhilfe weggeschnappt hatte. Was führt dich zu mir? fragte er.

Der Dramatiker hob seine Hände, aber nur, um sie dann dramatisch fallen zu lassen. Er hatte sich an diesem gewittrigen Juniabend elend gefühlt, so elend oder von allem Glück verlassen, daß ihm die Idee gekommen war, Z. zu besuchen, von dessen Gedichten es hieß: Sie seien erlösend. A. mißtraute solchem Gerede, er wollte sich selbst überzeugen; im Grunde wollte er den anderen entlarven, wie man es immer will unter Künstlerkollegen. Er lauschte nach draußen. Es regnete schon wieder. Und als er eben sagen wollte, er sei gekommen, um gute Gedichte zu hören, schellte es an der Wohnungstür.

Die beiden Talente sahen sich an. Hinter der Milchglasscheibe der Wohnungstür ahnte man eine Frau. Z. öffnete und stand der Witwe des kürzlich verstorbenen Kritikers W. gegenüber. Sie hielt eine Piccoloflasche Sekt und eine abgepackte Schnittwurst in die Höhe. Störe ich? fragte sie und strich sich mit der freien Hand durch ihre nassen Haare. Sie besaß ein kleines, rundes Gesicht, wie aufgeblasen sah es aus, ganz faltenlos, obwohl sie nicht mehr die Jüngste war: um die vierzig, hieß es immer.

Nein, kommen Sie herein, sagte Z., es regnet ja auch. Meinen Besucher hier werden Sie kennen, er kam zufällig gerade vorbei, genau wie Sie.

Aber ich komme absichtlich, widersprach die Kritikerwitwe und reichte beiden die Hand, eine überraschend warme Hand, ein wenig feucht, aber nicht vom Regen, wenn man davon ausgeht, daß Regenwasser nichts Fettiges hat. Und mit welcher Absicht? fragte Z.

Eins Ihrer Gedichte zu hören.

Für die Ihr Mann nur Hohn und Spott übrig hatte.

Mein Mann ist tot, beeilte sich die Witwe zu sagen, und Z. wandte sich an den Dramatiker. Diese Dame, sagte er, war vor einiger Zeit mit ihrem damals noch lebenden Mann hier, anläßlich eines kleinen Festes. Damals war sie noch recht mager, während ihr Mann...

Ich habe zugenommen, fiel ihm die Witwe ins Wort und kam dann ihrerseits auf den fraglichen Abend. Er, der Gastgeber, hätte ihr vorgehalten, sie sehe aus wie verhungert, geradezu afrikanisch.

Ich erinnere mich, sagte Z. Und Ihr Mann nahm das zum Anlaß für einen Vergleich: Sie seien so mager wie meine Gedichte.

Die damals noch unverhüllt waren, sagte die Witwe.

Ja. Ein Fehler. Dadurch konnte Ihr Mann sie verspotten. Ich aber rief: Er könne sich seine Ansichten in den Arsch stecken! Und darauf er: Da gehörten meine Gedichte hinein, genau dort hin. Und ich sagte: Jawohl – als Zäpfchen, das einen von allen Übeln erlöst!

Das kleine, runde Gesicht der Kritikerwitwe wechselte die Farbe, es wurde dunkel vor den weißen Tüchern an der Wand. Von allen Übeln, wiederholte sie leise und versuchte dabei, die Wurst aus der Packung zu holen. Für ein paar Augenblicke war es still, man hörte nur den Regen; alle drei standen immer noch in der Diele. Dann fragte Z., ob er helfen könne, die Wurst aus der Packung zu holen, und der Dramatiker bewarb sich um das Öffnen der Piccoloflasche; so nahmen die Dinge ihren Lauf.

Kurze Zeit später gab es für jeden Schnittwurst und

Sekt, und nach dem ersten Schluck – man stand jetzt in der Küche – sagte die Witwe plötzlich: Sie sei gekommen, um eins seiner Gedichte zu hören, um sich erlösen zu lassen. Und wozu dann die Wurst und der Sekt, fragte Z., während der Dramatiker behutsam nachschenkte, um den Inhalt der Piccoloflasche gerecht zu verteilen.

Die Witwe des Kritikers ließ sich auf einen Küchenstuhl fallen, sie war ziemlich fertig. Ich bin auch gekommen, sagte sie, um einiges wiedergutzumachen. Ich suche jedes Opfer meines Mannes auf und bringe Wurst und Sekt mit. Essen wir also und trinken wir.

Die Schnittwurst machte nun die Runde, jeder nahm sich eine Scheibe und schlang sie herunter, dazu nippte man am Sekt. Mit einem leisem Mmm kommentierte die Witwe ihr Wohlsein. Dann sagte Z. zu ihr: Angenommen, ich würde Ihnen eins meiner Gedichte zukommen lassen, wie dürfen wir uns das vorstellen?

Als eine geistige Übung, warf der Dramatiker ein.

Die Kritikerwitwe griff zu der Piccoloflasche und wollte sich nachschenken, aber die Flasche war leer. Ich gehe davon aus, sagte sie, daß ja jedes Gedicht auch eine materielle Seite hat, indem es auf Papier steht.

Papier, das sich falten und formen läßt, fügte der Dramatiker schnell hinzu, worauf Z. in die Hände klatschte, dicht vor dem runden Gesicht der Witwe. Stellen wir uns also vor, rief er mit seiner schnarrenden Stimme, die Witwe eines Kritikers, der meine Gedichte verhöhnt hat, ist zur Wiedergutmachung bereit. Sie taucht hier auf, seit dem Tod des Gatten fett geworden, und klagt mir ihr Leid. Eine unendliche Verstopfung würde sie plagen, was man dagegen tun könnte. Nämlich was zum Beispiel?

Zum Beispiel ein erlösendes Gedicht in sich aufnehmen, warf der Dramatiker ein, worauf eine kurze Pause entstand. Die Witwe kaute die letzte Wurstschnitte – ihr Blick hatte nach wie vor etwas Mageres –, und Z. ging nachdenklich auf und ab, bis er sich jäh ins Haar griff. Sie wissen, sagte er, daß ich meine Gedichte grundsätzlich nicht vortrage, und gedruckt gibt es sie schon gar nicht. Es gibt nur die Originale auf weichem Papier, geschrieben mit einem fetten Stift. Man muß also einen anderen Weg der Aufnahme wählen.

Die Kritikerwitwe – noch ganz am Anfang ihrer Wiedergutmachungstour – dachte nach. Sie hatte nichts mehr zu verlieren und war daher eine furchtlose Frau; mit Daumen und Zeigefinger formte sie aus ihrem herabhängenden nassen Haar kleine Würste, die man leider nicht essen konnte. Sie aß für ihr Leben gern, seit sie allein war, längst gab es einen Graben zwischen ihr und der Welt. Sie ging fast täglich zum Metzger, aber es blieb nicht bei Schinken und Wurst; sie nahm auch Speck und Griebenschmalz mit und nahm sich, trotz alledem, noch die Freiheit zu denken. Ihre Backen begannen zu zittern, sie unterdrückte ein Lachen, aber es gelang ihr nicht ganz. Und leise prustend fragte sie, auf welchen Wegen der Mensch überhaupt etwas aufnehmen könne.

Mit den Augen, sagte der Dramatiker.

Mit den Ohren, sagte der Dichter.

Und durch die Nase natürlich.

Und durch den Mund!

Und nicht zu vergessen, rief der Dramatiker, durch die Haut! Und sein Kollege fügte leise hinzu: Rektal, sei das nicht auch ein Weg?

Der Regen prasselte jetzt, dabei entstand ein Gefühl von Kindheit bei jedem. Da saßen sie in der Küche, vor einer leeren Packung Wurst, und es regnete. Die Witwe des Kritikers nahm die Piccoloflasche und drehte sie um, und es kam noch ein Tropfen heraus; der fiel auf ihre Zunge, während sie nickte.

Also schön, sagte Z. und deutete auf eins der weißen Tücher, die seine Gedichte verdeckten. Stellen wir uns vor, ich reiße dies Tuch jetzt herunter, und an der Wand hängt ein Blatt, darauf ein Gedicht von mir. Ich löse das Blatt von seinem Nagel, bestreiche es mit etwas Butter und forme daraus eine Kugel.

Moment, Moment, unterbrach ihn der Dramatiker. Um welches Gedicht handelt es sich?

Natürlich um mein bestes.

Über das kleine, runde Gesicht der Kritikerwitwe, nun schon wie vorm Zerplatzen, huschte ein Lächeln. Weiter, sagte sie leise.

Und Z., der so tat, als hielte er das genannte Objekt bereits zwischen den Fingern, fuhr fort: Wenn Sie sich dann bitte etwas freimachten, würde ich zu Ihnen sagen, und Sie heben bereitwillig aber schamhaft den Rock, während ich dem Kugelgedicht eine eher zylindrische Form gebe, zugespitzt an einer Seite.

Was für ein strahlender Po, schaltete sich jetzt der Dramatiker ein. Und was für eine hilfreiche Idee, den Bleistift hinzuzuziehen, mit dem all die Gedichte geschrieben wurden, und das Poesiezäpfchen mit seiner Rückseite auf die Spitze zu spießen!

Und da mein Gedicht gleich auf immer verschwinden wird, nahm Z. den Faden wieder auf, erlaube ich mir ein Wort dazu. Es ist ein sehr kurzes Gedicht und handelt von einem Hund, der allein in der Stadt lebt. Er hat mit keinem anderen Hund Kontakt, aber ist mit seinem Leben soweit zufrieden; was ihm fehlt, ist nur der Glaube an einen Hundehimmel. Ich widme das Gedicht Ihrem verstorbenen Mann. Wenn Sie sich nun bücken würden ...

Und sie bückte sich, griff der Dramatiker in das Geschehen ein, bückte sich ganz im Vertrauen auf den Dichter, der den Bleistift mit seinen Worten auf der Spitze in ihr versenkte und ohne Worte wieder hervorzog.

Danke, sagte die Kritikerwitwe. Danke. Dann sagte niemand mehr etwas, der Regen hatte gewissermaßen das Wort. An der Innenscheibe des Küchenfensters liefen dünne Bäche herab, so feucht war es in der Wohnung des Dichters, für die im übrigen das Sozialamt aufkam. Man belauerte sich. Mit halbem Auge sah der Dichter auf die Witwe, die ihrerseits mit halbem Auge auf den Dramatiker sah, der seinerseits zu einem Becher schielte, in dem sich der fragliche Bleistift befand. Eine Weile ging das so, bis die Witwe mit einem Mal das Gesicht verzog. Krämpfe durchquerten sie, in Wellen von oben nach unten. Der Titel des Gedichtes, stieß sie, zwischen zwei Wellen, hervor, sagen Sie mir den Titel.

Z. nahm sich die Piccoloflasche, er leckte die Öffnung ab, da klebte noch etwas Sekt. Dann ließ er die Flasche fallen, und sie zersprang auf den Fliesen. Sprache was sonst, heißt der Titel.

Ich denke, es geht um einen Hund ...

Muß es deshalb Der Hund heißen?

Aber der Hund kommt darin vor.

Nicht direkt. Es ist ein sehr kurzes Gedicht, wie gesagt. Der Tiefpunkt dieser Jahre, schrieb Ihr Mann.

Das tut mir leid, rief die Witwe. Wie viele Zeilen hat das Gedicht denn?

Es hat überhaupt keine Zeilen.

Aber eine Zeile wird es doch haben ... Die Witwe stand auf, sie trug Sandalen, ihre Zehennägel hatten die Farbe von Leim. Vorsicht, Scherben, mahnte der Dramatiker. Es besteht nur aus einem Buchstaben, sagte der Dichter.

Oh, entfuhr es der Witwe. Oh, oh.

Z. machte einen Schritt auf sie zu. Woher wissen Sie das? Mein Gedicht besteht nur aus diesem Buchstaben.

Der Regen hörte plötzlich auf, es war still in der Wohnung. Die Witwe kniff die Augen zusammen, schon wieder aus Scham, und trat auf eine der Scherben, mit einem Splittern unter der Sohle. Das tut mir alles sehr leid, sagte sie, ich wollte eigentlich nur vorbeisehen ...

Der Dichter brachte sie zur Wohnungstür. Wollen Sie nun mein O-Gedicht haben? fragte er, und sie, schon halb im Freien, spuckte ihm vor die Füße und ging.

Z. aber kehrte in die Küche zurück, wo der Dramatiker inzwischen die Scherben aufgefegt hatte. Der Dichter trat ans Fenster, er atmete durch. Was hat dich zu mir geführt? fragte er noch einmal.

Ich wollte ein Gedicht von dir hören.

Es gibt keine Gedichte.

Auch nicht hinter den Tüchern?

Es gab nur eins, sagte Z., und das ist jetzt weg.

Und der Dramatiker, dessen Stücke nirgends mehr aufgeführt wurden, nahm den Stift aus dem Becher und roch an der Spitze – wie leicht vergaß man doch, was auch schon wenige Worte alles vermochten! Er trat neben den Dichter, und beide sahen aus dem Fenster. Es regnete wieder, aber nur schwach.

G.Z. gewidmet

Verdammte Marie

Eine seltsame Sache, halb Komödie, halb Trauerspiel, sie beginnt in einem Fahrstuhl, dem Fahrstuhl eines Hochhauses, mit dem Blick auf eine Tausendmarkjacke, getragen von einem lächelnden Jüngling, während ich, Zeuge dieser Geschichte, nichts zu lachen und auch nichts zu lächeln hatte. Ich war zu einem Geldverleiher unterwegs, es ging flugs hinauf. Im Dreißigsten stieg der Jüngling aus, und niemand stieg zu. Der Geldverleiher, hieß es, wohne ganz oben. Ich hatte die Adresse bei einem Empfang für die Künstler der Stadt aufgeschnappt; ich brauchte Geld, denn kein Theater nahm sich meiner Stücke an. Außerdem war Sommer, und man flanierte im Geschmack der fünfziger Jahre, ein Spiel, bei dem ich mitspielen wollte; irgendwann in diesem Sommer war ich der Manic verfallen, schön sein zu müssen, und trug noch immer einen Anzug, der allem, was die Mode verlangte, stumm widersprach. Der Fahrstuhl hielt: ein kleines, kurzes Glücksgefühl im Magen – das war gratis.

In der obersten Etage gab es gegenüber den Liften nur eine einzige Tür, sie war angelehnt. Ich kämmte mein Haar aus der Stirn, ich drückte die Tür so weit auf, daß ich eintreten konnte, und kam in einen großen, lichtdurchfluteten Raum – viel Glas und Aluminium, ein weißer Schreibtisch und Sessel streng wie Turngeräte; und ich sah einen Safe und tropische Pflanzen in Kübeln, einen kleinen künstlichen Dschungel, der kreuz und quer an Stöcken emporwuchs; es fiel mir schwer, den Blick davon zu lösen. An den Wänden hing nur ein einziges Bild. Es war ein überwiegend rotes Gemälde der Golden Gate Bridge. Und rot war auch ein Vorhang, der das Büro von einem Nebenraum trennte. Gegenüber gab es nichts als Fenster; gläserne Wände beschlossen den Raum von zwei Seiten, man sah die Wölbung des Himmels. Und ich weiß noch, wie ich ausgeatmet habe, als hätte ich einen Gipfel erreicht, bis eine Stimme fragte: Bist du schon da?

Es war die Stimme einer Frau, sie mußte hinter dem Safe stehen. Ich hatte es mit einer Geldverleiherin zu tun, und sie erwartete jemand Vertrauten. Mit einem großen Schritt trat ich hinter die Pflanzen; da hatte ich Glück, mit dem künstlichen Dschungel.

Bist du gestorben? rief die Stimme.

Ich bog die Fächer des Blattwerks ein Stück auseinander, die Geldverleiherin erschien. Sie hielt Bündel von Banknoten in den Händen, sie brachte sie zum Schreibtisch. Dort stapelte sie das Vermögen und summte dazu. Sie summte Sentimental Journey, die alte Schnulze, und ich betrachtete sie. Die Geldverleiherin war eine Frau von großer gewöhnlicher Schönheit.

Das Glöckchensignal des Aufzugs erklang. Ich sah zur Tür und hörte auch schon Schritte, dann die Stimme eines Mannes. Da bin ich, Teuerste, da bin ich!

Die Tür flog auf, und ich erkannte den Altpräsidenten, der den Empfang für die städtischen Künstler gegeben hatte. Er ging sofort zum Schreibtisch. Dort nahm er die Hand der Geldverleiherin und führte sie an seinen Mund. Es war ein schreckliches Warten, rief er.

Nicht nur für dich, erwiderte sie.

Er gab ihre Hand wieder frei und trat an eine der Fronten aus Glas, während die Geldverleiherin hinter dem Schreibtisch Platz nahm. Sie zündete sich eine Zigarette an, ich sah ihre Nägel zwischen den Blättern des Dschungels, Nägel, die purpurrot waren und kurz. Sie stieß eine Säule von Rauch in die Luft, sie sagte: Und warum kommst du?

Weil du etwas hast, was ich brauche. Es hat sich nichts geändert, Marie. Nichts im Prinzip.

Damals mein Hintern, heute mein Geld. (Das waren ihre Worte, Worte, für die mich verbürge, falls das hier zählt.) Und die Antwort: So ist das Leben, Marie.

Der Altpräsident ging zum Schreibtisch zurück. Er war ein hellhäutiger Herr mit überraschend jungen Augen; er mochte Ende Siebzig sein, die Geldverleiherin dagegen Anfang Sechzig. Sie stand auf und schüttelte den Kopf, ein hochgesteckter Haarbusch löste sich, ein sogenannter Pferdeschwanz. Kein Geld heute, sagte sie leise.

Aber wir brauchen dein Geld. Nur noch dies eine Mal, hörst du.

Und wofür?

Marie, du fragst zuviel.

Wofür will ich wissen.

Der Präsident – er hatte jetzt gar nichts Altes oder Ältliches mehr – zog sein Jackett aus. Schwer zu erklären, begann er. Es muß ein öffentliches Haus errichtet werden. Aber nicht irgendein Haus, sondern ein echter Komplex, neben der Messe. Ein Hochhaus nur für die Liebe, ganz ohne Fenster. Wir wollen das Bahnhofsviertel säubern, es hat sich scheußlich verändert. Du würdest es nicht wiedererkennen. Es herrscht Inflation. Dreißig ohne Schutz, das ist gegen die Würde. Überall schossen die Preise nach oben, dort sind sie gefallen. Wir müssen eingreifen, versteh das, auch wenn es unserer Philosophie nicht entspricht. Der Markt kann nicht alles regulieren, nicht diese Dinge, Marie. Dort unten wimmelt es von Schwarzen und Gelben. Wir brauchen dieses Hochhaus, von dir finanziert.

Etwa zu diesem Zeitpunkt begann ich in meinen Taschen zu wühlen. Ich suchte Stift und Papier, aber fand nur ein Teile eines Kugelschreibers, Werbegeschenk vom Café der Tierfreunde, das ich regelmäßig besuchte, glücklicherweise war die Mine dabei; ich probierte sie auf dem Handrücken aus, mit Erfolg. *Marie*, notierte ich rasch.

Die Geldverleiherin fing an zu lachen. Lachend trat sie vor eins der Fenster und sah auf die Stadt hinunter; ihr Lachen endete in einer Melodie, Ganz Paris träumt von der Liebe. Dann sagte sie, über die Schulter nach hinten: Schön, unter einer Bedingung ... Und ich wollte mir auch das notieren, doch da rief der Präsident schon: Du bekommst acht Prozent!

Nein – ich möchte ein Denkmal.

Achteinhalb, Marie – mein letztes Wort.

Denkmal, notierte ich mir jetzt in die Handschale und wollte ein durchgestrichenes Prozentzeichen daruntersetzen, als ich sah, wie Marie, die Geldverleiherin, von der Fensterfront zum Schreibtisch ging. Sie setzte sich auf die Kante, sie legte ein Knie übers andere.

Schau, begann sie. Ich gab Geld für Plätze, die vorher dem Mob gehört haben. Jetzt gibt es dort Bistros und Brunnen. Geld, das ich mit meiner Schönheit verdient habe. Oder hast du nicht für meine Schönheit bezahlt?

Unsummen, Marie, meine Familie leidet noch heute darunter. Aber ich konnte nicht anders.

Unsummen, die ich eisern zurückgelegt habe, sagte die Geldverleiherin. Sie rauchte, und ihr Blick verlor sich; die Zigarette schien zwischen den Fingern zu schweben. Auf dem Gesicht des Präsidenten lag jetzt ein kindlicher Schimmer. Er lächelte und rückte einen der Sessel an den Schreibtisch heran, und Marie – der Name sprach mich im Innersten an – legte ihre Füße darauf. Sie schlug wieder ein Knie übers andere und sorgte dafür, daß der Volant ihres Kostümrocks genau entlang der Wadenkurve verlief. Der Präsident oder Altpräsident trat darauf ein paar Schritte zurück. Er trat neben die Pflanzen – ich hielt die Luft an –, er nickte und rief: Du bist es, Marie! Und ihre Antwort: So wie früher? Und seine Antwort: So wie in unserem Versteck.

Alles Weitere ließ sich nur noch in Stichworten festhalten, zunächst auf den Armen, später auch auf Bauch und Beinen, aber ich will nicht vorausgreifen – So wie in unserem Versteck, wiederholte die Geldverleiherin. Meinem Apartment über dem Kino, nicht wahr?

Über dem Turmpalast, ja. Und ich kam immer wann?

Du kamst gegen Abend, ich empfing dich im Schlafrock, er hatte die Zimtfarbe meines Geschlechts.

Und unten im Kino lief was?

Ein Film mit Cowboys und Indianern.

Und die Leute vor der Kasse . . .

Waren arm.

Man sah es ihnen an?

Sie trugen lächerliche Kleidung.

Und wir, Marie, wir?

Es war sehr warm in dem Apartment . . .

Richtig, ich besinne mich wieder. Und was geschah bei dieser Wärme?

Es kam sofort zu einem Handel. Damals wie heute.

Wie heute?

Oder geht es jetzt nicht auch um Geld?

Es geht immer auch um Geld. Im Geld steckt Leben, was soll man tun; es atmet. Wie wir.

Nein, es verfällt. Wie meine Brüste! Marie lachte hell, für mich Gelegenheit, das Hemd auszuziehen, während der Altpräsident auf das Geld zurückkam. Wieviel gab ich dir jedesmal?

Fünfhundert, und ich sagte: Komm. Komm, knie dich über mich. Und schau mich bitte nicht so an. Du erinnerst dich: Schau mich bitte nicht so an . . .

Himmelherrgott, rief der alte Herr, hör auf zu singen,

du machst mich schwach! Er hob beschwörend die Hände, und mit erhobenen Händen ging er langsam durch den Raum, vorbei an den Pflanzen, zum Greifen nah. Ich muß mit dir reden, sagte er.

Über mein Denkmal? Ich werde daliegen und lächeln.

Es soll ein Denkmal für die Menschen werden. Auf einen öffentlichen Platz gehört ein ordentliches Denkmal. Etwas nach der Natur.

Marie, wovon sprichst du?

Von poliertem Marmor.

Und der soll wo stehen?

Die Geldverleiherin flüsterte jetzt, der Präsident begann zu husten. Er hustete so laut, daß ich Gelegenheit hatte, auch meine Hose auszuziehen; die linke Hand und auch mein linker Arm waren vollgeschrieben, nun käme der Rest dran, aber wenn ich je ein Stück schreiben wollte, das auf sämtliche Bühnen käme, dann wäre es dieses.

Das kann doch nicht dein Ernst sein, stieß der alte Herr, immer noch hustend, hervor. Auf diesem historischen Platz dein Denkmal – ein Fressen für jeden Japaner. Du auf Millionen Erinnerungsfotos! Und sie, empört, nach einer Zigarette greifend: Bin ich etwa nicht mehr schön genug? Und er: Das ist gar nicht die Frage, Marie. Der Präsident gab ihr Feuer. Sie zog an der Zigarette und blies einen Speer aus Rauch über seine weißen Haare, einen Speer, der sich zu Fahnen teilte, Fahnen wie die Wölkchen, die draußen den Abend anzeigten. Mehr als die Tageszeit drang nicht durch die Scheiben, weder ob es Herbst war oder Frühling, noch ob Werktag oder Sonntag. Der Präsident lockerte seine Krawatte. Kaum verändert schaust du aus, sagte er. So wie dich alle Welt gekannt hat. Dich und deinen schnellen Mercedes.

Und heute kennt man mich nicht mehr?

Heute wimmelt es von schnellen Mercedes.

Es ist alles anders geworden, nicht wahr?

Wir sind geblieben. Wir und die D-Mark.

Und unser Spiel.

Unser Spiel! rief der Präsident und zog aus seinem Jackett eine Seidenlarve. Er setzte sie auf, die Geldverleiherin schickte ihm einen Kuß durch die Luft. Dann hob sie ihren Pferdeschwanz und ließ ihn durch die Finger gleiten. Mein Lieber, flüsterte sie. Wie geht es dir, wie lange bleibst du heut?

Ich muß noch zur Sitzung...

Wie immer.

Sie drückte die Zigarette aus, ich sah, wie sie den Kopf zurückwarf, jetzt schon mit meinem linken Schenkel als Papier. Also eilen wir uns, sagte sie – ich löse meinen Gürtel, der Schlafrock geht auf, ich streife ihn über die Schultern, er gleitet herab, es knistert an meinen Strümpfen. Ich stehe in der Wäsche da. Sie hat einen Pastellton und ist geknüpft wie ein Netz. Die Maschen sind eng, meine Haut scheint durch die Lücken...

Wie spät ist es zu diesem Zeitpunkt?

Es ist acht Uhr abends, wie immer, ich bin allein.

Bin ich nicht bei dir?

Ich bin allein, sagte Marie und verließ ihren Platz. Sie

ging umher und achtete auf ihre Füße, sie schritt die feinen Schatten ab, welche die Bambusstöcke warfen. Vor allem bin war nachts allein ... Ich habe Nacht für Nacht gebetet. Lieber Gott, gib Geld. Eine Million, und ich wär ausgewandert, nach Amerika, und hätte dort Eiscreme gegessen und wär ins Kino gefahren, mit einem Dodge. Und ich hätte die Wüste gesehen.

Ja, sagte der Präsident, die Wüste.

Denn im Grunde machte ich mir nichts aus den Dingen des Betts, aber sie kosteten mich auch kaum Überwindung, außerdem war ich geschickt. Und redete allen gut zu. Und ließ mich selbst mit Worten überschütten. Busenschwester, Ruhekissen, rote Fee. Und bei alldem behielt ich Stil. Ich war größer als mein Apartment. Tief geschlafen hab ich nie dort, es brannte immer ein Licht. Wenn ich wach wurde, ging ich ans Fenster und rauchte. Oder lief runter und fuhr mit dem Wagen, vorbei am Frankfurter Hof, die Kaiserstraße hinauf bis zum Bahnhofsring und über die Mainzer zurück, dann Opernplatz, Hauptwache und wieder Frankfurter Hof, und wenn jemand zustieg, ging es zu mir. Dort gab ich, was fehlte, auch jedes Getue, und löste aus, was gefragt war, das Grauen sogar. Küssen war schlimmer als Schlucken, von hinten war's mir lieber als von vorn, heiraten wollten mich alle, gegangen ist jeder. Und danach mein Gebet. Lieber Gott, gib Geld, und wieder das Fenster; ich rauchte und hatte Musik und stand an der Heizung, mein Innerstes schied ich aus, dabei ist es geblieben. Da, wo ich bin, vergißt man sich selber. Meine Pflanzen machen mir Freude; ich lese über Pflanzenhaltung mehr als über Bankgeschäfte. Ich muß mich nicht selbst überwinden, dazu gehören zwei. Selbst ist der Spinner; um mich umzubringen, bin ich zu einsam. Und meinen Mörder habe ich verpaßt. Seitdem vergeht die Zeit kaum mehr, meine Spiegel sind mit Tüchern verhängt. Natürlich hoffe ich das Beste für mich. Ich frühstücke gut. Und sich mit Geld befassen macht Spaß. Das Geld hat mich noch nie enttäuscht; die Liebe ist nicht mehr das Wichtigste in meinem Leben. Ich suche sie nicht mehr. Zur Automobilmesse war ich das letzte Mal unten, es hat mich niemand erkannt, und auch mir fiel kein Mensch auf; die neuen Mercedes sahen aus wie Panzer. Ich kaufte Samen in der Stadt und fuhr wieder nach oben, ich tat immer, was notwendig war. Ich schämte mich nie. Zur Scham gehören zwei. Manchmal wollte ich ein Kind, jetzt denke ich nicht mehr daran, es täte mir weh. Und wozu soll ich mir weh tun. Meinen Wunden geht's gut, ich nehme täglich ein Bad. Die Wanne ist mein Paradies, ich sprech mit meinen Knien, so sind wir zu dritt, Abend für Abend, eine kleine Familie. Zum Flirten bleibt der Badeschwamm, ich wringe ihn aus über meinem Gesicht, immer wieder, wenn's mir gefällt. Meine Spiegel sind mit Tüchern verhängt, das sagte ich schon, ich mache mich so schön es geht, auch ohne Spiegel. Noch heiß vom Baden, steh ich in der Wäsche da, sie hat einen Pastellton und ist geknüpft wie ein Netz, die Maschen sind eng, meine Haut scheint durch die Lücken…

Wie spät ist es zu diesem Zeitpunkt?

Es ist acht Uhr abends, wie immer, du bist in Eile.

Weil deine Rede so lang war – wo muß ich hin?

Eine Nachtsitzung deiner Fraktion.

Und ich komme woher?

Von einer Vorstandsbesprechung, wie immer.

Und unten wartet?

Dein schwarzer Dreihunderter, du stehst vor dem Kino.

Vor dem Kino ... Was zeigt man?

Einen Cowboyfilm mit Indianern.

Und die Leute, die aus der Vorstellung kommen?

Schauen deinen Wagen an. Ohne ihn zu berühren.

Und meine Hand, Marie?

Berührt mein Geschlecht.

Richtig, sagte der Altpräsident, ich besinne mich wieder. Und wahrscheinlich pochte mein Herz, es taugte noch nie viel; und trotzdem kam ich zu dir, ich konnte nicht anders, ich schlich mich, ich kroch, ich mußte dich sehen, Marie, und als ich zum Wagen zurückkam, war da schon wieder ein Stachel ... Die Mädchen vorm Kino, die Pferdeschwänze, die Spangen, ihr weißer Lippenstift, die Schottenröcke. Aber reden wir nicht von dem Bandwurm, Marie, der Begierde, reden wir lieber von deinem Arsch. Wie geschmeidig seine Haut war.

Ist sie es nicht mehr?

Der Präsident hob eine Hand und ließ sie fallen, und die Geldverleiherin oder Marie – am liebsten hätte ich laut ihren Namen gerufen, Marie, ich werfe mich Ihnen zu Füßen! – nahm seinen Kopf. Sie streichelte ihn, der alte Herr verdrehte den Blick – Nichts bleibt, hörte ich ihn flüstern. Es wimmelt jetzt von Mercedes, ein schwarzer Dreihunderter ist nichts mehr, Marie, und keinen schert es, wenn eine Hure umkommt, man weiß gar nicht, wie viele es sind dort unten. Unzählige Frauen kleiden sich heute wie Huren, unzählige Männer laufen wie Zuhälter rum, Abgeordnete in Nietenhosen, Banklehrlinge wie englische Herren, die Unterschiede sind verlorengegangen, das Vergnügen am Leben. Du würdest nichts wiedererkennen, es gibt keine Viertel mehr, nur noch Zonen, mit Brunnen wie gesprengte Bunker, mit Bänken wie elektrische Stühle. Instinkte haben gesiegt, nicht unser Wille, alles ist gleich. Trage ich grauen Flanell, nehme ich auch nur am Karneval teil. Es ist das Ende, Marie, die Straße hat uns erledigt, ich mag nicht mehr runter.

Wie geht es den Kindern?

Meinen Töchtern? Sie sind läufig. Nichts bleibt.

Wir sind geblieben, sagte die Geldverleiherin, wir. Sie rauchte schon wieder, ihr Blick verlor sich. Alle anderen sind verschwunden, alle, die ich bedient und erleichtert habe. Die meisten ließen sich täuschen. Ich leitete ihren Samen an mir vorbei. Ich hatte immer ein Händchen; es war die Zeit vor dem Kleenex.

Wir füllten deine Hand, ich erinnere mich. Du hast uns ausgeblutet. Und tust es schon wieder. Du verlangst zuviel für dein Geld.

Ich verlange nur ein Denkmal.

Neun Prozent, mein letztes Wort.

Und ich wünsche, daß nur mein Name darauf steht. Sprich ihn nicht aus!

Und die Frau, die man offenbar nur für zweifelhafte Projekte um Geld bat, schwieg, während der Altpräsident – es überraschte mich kaum noch – auf die Knie fiel und ihre Waden umschlang. Er liebkoste sie eine Weile, so daß ich einiges nachtragen konnte. Ich schrieb jetzt auf meinen Bauch, in kleiner, aber deutlicher Schrift. Es würde das Stück meines Lebens, dachte ich – nur zwei Personen und die Einheit von Zeit und Ort. Erst ein Geräusch ließ mich aufschauen: das knisternde Haar von Marie. Sie kämmte sich den Pferdeschwanz, ein prachtvoller Anblick. Du hast Angst vor meinem Namen?

Nur deinem vollen Namen, Marie.

Dann hast du Angst vor mir.

Wer hat die nicht... Der Präsident zog sich an der Tischkante hoch, er zitterte jetzt im Gesicht, Marie ergriff seine Hand. Leg dich lieber hin, sagte sie. Am besten gleich auf den Tisch! Sie fegte die Geldstapel herunter, und der alte Herr stieß einen Juchzer aus, als er die Scheine flattern sah, und bestieg den Schreibtisch, während ich, gleichsam als Regieanweisung, die Worte Verzweifeltes Glück in Klammern unter meinen Nabel setzte. Wie ein großes, gepflegtes Reptil lag der Altpräsident jetzt auf dem Tisch, Marie knöpfte sein Hemd auf.

Erzähl von früher, flüsterte er.

Wir starrten uns an, bis wir zu keuchen begannen.

Und die Leute, schauten sie hinauf? fragte er.

Ja, die Leute vor dem Kino, eine ganze Schlange.

Sie schlagen sich um Karten?

Es sieht so aus.

Ein Handgemenge, gräßlich; und wo ist meine Hand?

In meinem Po. Ich spüre einen Finger.

Einen Finger ... Wie mir das entfallen konnte!

Es ist der Finger, an dem du den Ehering trägst.

Ja, ich erinnere mich. Und wie spät ist es da?

Gegen halb neun, wir stehen am Fenster.

Und sehen was?

Daß die Leute deinen Wagen anstarren, obwohl es regnet; sie haben rote Nasen und nasses Haar.

Wir machen Witze über sie?

Wir schütten uns aus.

Das geht zu weit, Marie – man kann sie für ihre roten Nasen nicht verantwortlich machen.

Und in dem Moment – ich war längst an den Rand des künstlichen Dschungels getreten, um alles zu sehen – biß sich Marie ein Häutchen vom Finger. Wie weich du geworden bist, sagte sie. Soll ich dich verachten?

Dafür bist du zu einsam.

Und was geschieht ohne mein Geld? Es wird kein öffentliches Hochhaus geben ohne mein Geld.

Du kriegst dein Denkmal auf dem Römer.

Mit meinem Namen?

Dein Name würde keine Mehrheit finden.

Mein Name – und alles Geld gehört dir.

Ich bitte dich, flüsterte der Altpräsident.

Bitte mich lauter.

Und da brüllte der alte Herr plötzlich – Bitte, brüllte er und bäumte sich auf, aus seinem Mund traten Bläschen, ich sah, wie er zurücksank, Hände auf die Brust gepreßt. Marie aber beugte sich über ihn, Alles wird gut, rief sie, und er griff sich ans Herz. Muß ich sterben?

So wie jeder.

Aber nicht jetzt schon! Der Präsident verkrallte sich in ihr Kostüm, er keuchte vor Angst, und ich hielt es nicht länger aus in meinem Versteck. Nackt wie ich war, brach ich aus dem kleinen Dschungel hervor und rief, ich wolle nur helfen, nur helfen!

Unserer früherer Präsident zog die Beine an. Er lag nun da wie ein Kind, das gepudert wird, während Marie sich den Mund zuhielt. Sekunden vergingen, bis sie einen Ton von sich gab, als träfen Gabelspitzen auf Porzellan. Ich spannte alle Muskeln, und die Frau, die ich für einen Geldverleiher gehalten hatte, hob eine Hand. Was ich hier suche, fragte sie leise. Ich aber stand als offenes Buch vor ihr, unfähig, etwas zu sagen, für den Altpräsidenten Gelegenheit, aus seiner kindischen Lage zu finden. Er richtete sich auf, seine Seidenlarve zitterte. Wie haben Sie sich hier Zutritt verschafft, junger Mann? Sind Sie nicht dieser Künstler, den die Stadt unterstützt ...

Die Tür war angelehnt, sagte ich.

Und Sie wollten zu mir? fragte Marie.

Ich wollte mir Geld leihen.

Und warum haben Sie nichts an? Wie steht da auf Ihrem Bauch, Ihren Beinen? Sind Sie verrückt?

Ich bejahte die Frage, die Frage des Altpräsidenten,

ob ich nicht dieser Künstler sei, den die Stadt unterstützt, und er bildete mit zwei Fingern eine Art Lor-
gnon, um mich einzuschüchtern, vergebens – Wir
sahen uns auf Ihrem Empfang für die Künstler, sagte
ich. Vorige Woche. Ich hörte dort von der Adresse hier.

Was für ein Künstler sind Sie? fragte Marie

Ich schreibe.

Und brauchen Papier?

Nur im Moment.

Das sieht man – der Altpräsident strich sich über die
Nase, er stieß in kurzen Schüben Luft aus, anstatt zu
lachen. Armes Schwein, murmelte er.

Wieso arm?

Sie haben sich umsonst beschmiert. Es war alles nur
ein Spiel; wir spielen es jede Woche.

Immer dienstags, sagte Marie, und ich bückte mich
nach einem der Geldscheine: Ich sei nur deshalb gekommen. Ein Dramatiker, der etwas Bares bräuchte.

An welche Summe dachten Sie? fragte der Altpräsident und kam dabei langsam vom Tisch.

Ich zuckte mit den Schultern.

Sie wissen es nicht. Sie wissen gar nichts! Nur steht
das leider nicht da, wie wenig Sie wissen. Schade um Ihre
ehrliche Haut, wenn ich das sagen darf. Der alte Herr
hob ein Bündel Hunderter auf und warf es mir zu. Das
dürfte reichen. Und nun gehen Sie sich waschen.

Wieviel ist das? wagte ich zu fragen.

Marie griff nach ihren Zigaretten. Das sind fünftausend Mark. Welche Sicherheiten bieten Sie?

Meine Haut.

Lächerlich, rief der Altpräsident.

Ich wog das Bündel. Warum gerade Fünftausend?

Weil Sie so aussehen. Nach einem Kleinkredit.

Oder was wollen Sie noch? fragte Marie.

Daß dieser Herr seine Maske absetzt.

Der Altpräsident lachte. Das ist keine Maske, das ist eine Larve. Was vermuten Sie darunter? Mein wahres Gesicht? Armes Schwein.

Ich wollte etwas erwidern, aber es fiel mir nichts ein; Marie nahm mir das Bündel ab, sie sah mich an. Welche Sicherheiten bieten Sie?

Ich kann schreiben.

Was heißt das: Sie können schreiben?

Daß ich schreiben kann, was ich will. Eine Komödie über das hier, ein Trauerspiel; es läßt sich alles machen.

Oder nichts, sagte der Altpräsident. Es gäbe auch die Sicherheit, daß Sie einfach nichts schreiben...

Ich habe einen gewissen Namen in meiner Branche.

Den habe ich auch, warf Marie ein.

Ich weiß, ich kenne ihn. Ich weiß, wer Sie sind. Die einzige berühmte Hure, die unser Land hervorgebracht hat. Angeblich vor vielen Jahren ermordet. Ich glaube, erwürgt, in Ihrem Apartment über dem Kino.

Und die Angesprochene gab mir das Notenbündel mit einem Lächeln zurück. Die Sicherheit, daß Sie nichts schreiben, genügt mir.

Und ich nahm das Geld und trat wieder in den künstlichen Dschungel. Ich zog mich an, ich ließ mir Zeit, ich sah, wie der Altpräsident an eins der Fenster ging. Es war dunkel geworden, man sah Sterne am Himmel. Aber so sind diese Leute, hörte ich ihn sagen. Sie nehmen alles, was man gibt. Sie haben keinerlei Ehre.

So wie ich immer alles nahm?

Ja, Marie, aus meiner Hand.

Und manchmal auf offener Straße ...

Und man starrte uns an.

Auf mein Cabriolet starrte man.

Weil man es schamlos fand.

Weil ich es bar bezahlt habe. Mit einer gewöhnlichen Tüte voll Geld. Bei Mercedes. Der Verkäufer wurde rot und gab mir den schwarzen Wagen.

Ein herrliches Auto! Überall schauten die Leute, und wir winkten ihnen zu, mit zwei Fingern. Wir verkehrten mit ihnen auf scherzhaftem Fuß; wie spät ist es jetzt?

Du mußt bald gehen.

Ich geh dann auch, sagte ich und entfernte mich schon langsam zur Tür, während das Spiel, oder was es war, in meinem Rücken immer noch weiterging. Wo muß ich hin? fragte der alte Herr.

Eine Nachtsitzung deiner Fraktion.

Und du, Marie?

Ich werde beten. Lieber Gott, gib Geld. Eine Million, und ich wanderte aus, nach Amerika, und kaufte mir dort Eiscreme. Und sähe die Wüste.

Glauben Sie das wirklich? rief ich über meine linke, beschriebene Schulter zurück, aber bekam keine Antwort mehr. Da war nur noch ein Kichern zu hören, und ich lief weiter zum Fahrstuhl; ich betrat die Kabine, und lautlos ging es nach unten. Das Geld hatte ich in die Hosentasche geschoben, ich hielt die Hand darum. Es fühlte sich gut an, während die Schrift auf meiner Haut schon zu jucken anfing. Als erstes würde ich mir ein Jackett kaufen, eins von der unbezahlbaren Sorte.

Kindische Freude ergriff mich, und ich gönnte mir einen Blick auf das Geld. Die Scheine sahen aus wie neu. Aber sie waren es nicht, sie hatten ihre Zeit nur gut überdauert, so wie Marie – einen Dreck waren sie wert. Die Fahrstuhltür glitt auf, und ich rannte aus dem Gebäude. Ich rannte und rannte und warf das Geld dabei weg, am ganzen Körper brach mir der Schweiß aus, kleine bläuliche Bäche liefen an meinen Armen herunter. Und als ich endlich auf einem Platz mit Betonbrunnen haltmachte, war ich voller Ornamente.

Rund um den Brunnen saßen überall Leute, lachend und schwatzend, aber anders als am Tag zuvor; auf einmal war vom Spätsommer die Rede. Das fiel mir noch auf, bevor ich in den Brunnen sprang.

Hundenarr

Auf Drängen seiner Töchter, Zwillingen mit hoher Baby-stirn, hat der Altpräsident (noch ohne Nachfolger, keiner vermochte bisher in seine Fußstapfen zu treten) den be-kannten Autor P., der im Laufe einer Vortragsreise auch nach F. kam, für eine Lesung im privaten Rahmen ge-wonnen. Man erzählte, daß ein großangelegtes Werk im Entstehen sei, ein Zyklus der Begierden, und P., nach lan-ger Abgeschiedenheit, wieder Bereitschaft zeige, vor einem ausgesuchten kleinen Kreis zu lesen.

Und ein ausgesuchter kleiner Kreis hatte sich an die-sem herbstlichen Abend in der Villa des Altpräsidenten eingefunden. Da gab es vor allem den Hausherrn, dessen jährlicher Künstlerempfang selbst in kritischen Blättern mit Hurra vermerkt wurde, und seine schweigsame Frau, eine ihrer feinen mütterlichen Art wegen ge-schätzte Gastgeberin; und es gab die Zwillingstöchter, Gegenstand zahlloser Witze, hinter denen sich oft ausge-fallenste Wünsche verbargen, besonders der schon älte-ren Künstler, die im Hause verkehrten. Ferner war ein Zahnarztehepaar anwesend, beide am literarischen Le-ben, wie sie nie müde wurden zu betonen: äußerst inter-essiert, sowie ein Freund der Familie, ein früher vielbe-achteter, jetzt mit seinem Pessimismus etwas ins Abseits geratener Kritiker, auffallend nur noch als dichtbehaarter, vor sich hin brütender Mann; und, auf ihr Bitten hin, die Kulturdezernentin der Stadt, verflossene Geliebte des Gastgebers, eine Frau, die von sich selbst gern sagte, daß sie zärtlich sei.

P. kam mit leichter Verspätung. Er hatte den Text noch verändert; kleine Schaumkugeln, die ihm aus den Mundwinkeln traten, verrieten, daß ihm jede Gemütsruhe fehlte. Schon im Vestibül der Villa nahm ihn der Altpräsident in Empfang. Lieber, sagte er und wußte nicht weiter. Er half P. aus dem Mantel, er gab ihm Gelegenheit, seine Kleidung zu richten. P. wischte die kleinen Schaumkugeln fort und schritt dann auf eine weit geöffnete Tür zu. Sie führte in den Raum, in dem die Geladenen saßen. Sie saßen wie zwanglos, frontal zu einem Lesepult; unweit der Tür lag ein Schäferhund auf dem Parkett. Er war schwarz und trug einen Maulkorb, und aus dem dichten Fell stand ein Stück weit sein Glied, wie die Spitze einer roten, von Schmelz überzogenen Kerze. P.s Schritte wurden kürzer; um den Eindruck zu vermeiden, er zögere wegen des Hundes, zählte er die Textseiten nach. Und während er sich noch vertieft gab, kamen die Zwillingstöchter. Sie trugen lange nachtblaue Kleider, die um die Schultern herum silbrig besprizt waren – eine Anspielung auf die Milchstraße –, und sie fragten den Ehrengast leise, ob er sich erschrocken habe vor ihrem Hund.

Da muß ich Sie enttäuschen, sagte P.

Die beiden schauten sich an. Ihre Ähnlichkeit war erschreckend. Jede schien nur in ihrer Verdoppelung zu existieren; einstimmig sagten sie: Er ist unschuldig an seinem Zustand.

P. stimmte dem, aus biologischer Sicht, zu. Ein Hund sei schließlich kein Mensch. Aber irgendwie komme er einem auch hilflos vor – Warum der Maulkorb?

Wegen der Gäste, wegen Ihnen, sagten die zwei.

P.s Ohrläppchen schwollen an, ein altes Leiden, das ihn immer wieder verriet. Er warf noch einen Blick auf den Hund, auf dessen hartnäckige Schwellung. Wie in alle Hunde konnte er sich auch in diesen Hund einfühlen, in dessen Welt der Gerüche, in dessen hündisches Wesen. Die Zwillinge schnalzten, und das mächtige Tier sprang auf. Bei hohem Rückgrat reckte es die Schnauze, Zähne zeigend, soweit der Maulkorb es zuließ; ein Zittern lief durch sein Fell. P. sah ihm in die Augen.

Ist er denn bissig?

In diesem Zustand schon, sagten die Zwillinge, und in dem Moment spürte der Ehrengast des Hauses eine Hand auf der Schulter. Es war der Altpräsident. Er schleuste P. zu den übrigen Gästen, er stellte sie ihm einzeln vor, so, als sei jeder berühmt.

Genialster Brückenbauer, nannte er etwa den Zahnarzt, und P. versuchte, den Schäferhund zu vergessen.

Ich hatte Sie mir immer blasser vorgestellt, sagte die Zahnarztehefrau. Und etwas größer… Und der Zahnarzt selber sagte: Wir lieben nämlich beide Ihre Bücher. Die späten vor allem, nicht wahr?

Und P., der seine späten Bücher keineswegs über die

frühen stellte, bedankte sich und schüttelte die nächste Hand. Es war die Hand des stark behaarten Kritikers, der nur noch wenig Beachtung fand. Wir kennen uns, murmelte der pelzige Mann, und bevor P. noch etwas erwidern konnte, trat die Kulturdezernentin dazu. Daß er sich rar gemacht habe, raunte sie ihm ins Ohr. Sehr rar.

Ich hatte zu tun.

Auch nachts?

Vor allem nachts.

Und das Ergebnis?

Hundert Seiten, sagte P. und floh zum Stehpult; der Altpräsident bat um Gehör. Er hieß den Ehrengast willkommen und verlor ein paar Worte zu dessen Person. P. sah zur Tür, um das Lächeln der Geladenen nicht erwidern zu müssen. Er sah, wie sich die Töchter niederließen, an einer Stelle, die allein er von seinem Pult aus im Auge hatte; und zwischen die beiden legte sich der Hund auf den Rücken, Beine in der Luft; sein Zustand war unverändert.

Hören wir also etwas aus dem ersten Kapitel, schloß der Präsident oder Altpräsident – in seinem Haus war die Zeit stehengeblieben – die kleine Ansprache und gab durch ein Handzeichen gleichsam die Bühne frei für den Vortrag; eine Hilfe mit Schürzchen schaltete das Deckenlicht aus, und die Frau des Zahnarztes schneuzte sich noch, dann war es still in dem großen Raum.

Die Zuhörer saßen jetzt alle im Halbdunkel. Nur eine Stehlampe warf noch ihr Licht, schräg und von hinten fiel es zunächst auf das Pult, floß dann über den Teppich zwischen den Sesseln und erreichte schließlich noch die Milchstraßenschultern der Zwillinge, lag somit aber auch schwach auf dem Fell des Hundes, aus dem noch immer bedenklich das Glied hervorstand. P. schaute über den Rand seiner Lesebrille. Die beiden kraulten das Tier. Sie kraulten es wie nebenbei, aber dennoch gezielt. Und wie mit einem Augenpaar hingen sie ihm an den Lippen, als er die ersten Sätze auswendig sprach.

Der Schäferhund erschien ihm jetzt gewölbt, Hals, Brust und Bauch waren ein Bogen; er lag mit weit nach hinten geworfenem Kopf da, die Gitter des Maulkorbs berührten das Parkett. Seine Hinterbeine waren aufgeklappt, seine Pfoten hingen schlaff; die Zwillinge kraulten ihn zwischen den Beinen, und Buchstaben und Silben, ja, ganze Worte und Zeilen begannen unter P.s Augen zu tanzen, er versprach sich. Er sagte übelhaupt statt überhaupt, und von den Zwillingen kam ein kurzer glucksender Laut, den er zum Anlaß nahm, an dem Versprecher festzuhalten: Übelhaupt war das der Anfang vom Ende, sagte er und nahm er nun gar die Lesebrille ab, um auch alles Weitere frei vorzutragen, und keinem fiel auf, daß aus dem Nichts ein Hund in sein Anfangskapitel Einzug hielt. Der Hund gehörte einer Cousine, die P. zu seiner Heldin gemacht hatte, der unerreichbaren Cousine seiner Kindheit, und er nannte ihn Branzger, nach einem Mann, der in der Nachkriegszeit in die Wohnung seiner Großmutter einquartiert worden war, ohne daß er ihn je zu Gesicht bekommen hatte. Fast jeden Tag, sagte P. mit getragener Stimme, getragen von einem Text, den es nicht gab, spielte ich mit meiner Cousine und ihrem Hund, und eines Abends, wir waren allein, fragte sie mich, ob ich nicht sehen wollte, was Branzger so alles könnte, wenn man nur nett genug zu ihm sei ... P. blätterte um, obgleich es nichts zum Umblättern gab, ein Reflex; er überlegte sich den nächsten Satz. Die neue Seite glättend, sah er zur Tür. Beide Zwillinge reizten den riesigen Hund, der jetzt sein Kreuz am Boden wetzte, und nun gab ein Wort das andere. Schau doch mal, sagte meine Cousine, was Branzger dort unten hat, und ihre Hand glitt in sein Fell und kam mit etwas Rotem wieder zum Vorschein; das Ganze spielte sich in einem Schuppen ab, dem Schuppen, der auch unser Lazarett war, für allerlei Untersuchungen mit Hilfe eines Stöckchens ...

Der Schäferhund stieß einen kurzen Laut aus, einen Laut, der gar nichts Hündisches mehr hatte, und der Ehrengast am Pult wechselte in die Sprache seines neuen Helden. Er begann leise zu winseln.

In dem Zuhörerkreis kam Unruhe auf. Das Zahnarztehepaar hatte sich nach vorn gebeugt, Hände zwischen den Knien gefaltet, beide schüttelten sachte den Kopf. Der ins Abseits geratene Kritiker zwirbelte Härchen, die aus dem offenen Hemdkragen quollen. Der Altpräsident und seine Frau flüsterten einander etwas zu, die Aushilfe mit dem Schürzchen preßte sich gar ein Taschentuch auf den Mund, und die Kulturdezernentin rieb sich die Waden. P. aber nahm das alles nur am Rande wahr; er winselte und sah zu den Zwillingen.

Der große Hund zwischen den beiden bebte, aus

dem Maulkorbgitter kamen Blasen, dann verlor er seinen Samen. Die Zwillinge wischten ihn weg; hoch über dem Haus brummte ein Flugzeug. P. hatte aufgehört zu winseln, er sah in wächserne Gesichter. Falls Sie jetzt Fragen stellen möchten, sagte er, so können Sie es tun. Leicht über das Pult gebeugt, stand er da, und endlich hob jemand die Hand, der Zahnarzt.

Warum diese Perspektive? fragte er.

P. klappte das Manuskript zu und schob es sich unter die Jacke, während die Zwillinge im Hintergrund an dem Papier rochen, mit dem sie das Fell abgewischt hatten; auf ihren Babystirnen waren jetzt kleine Falten, die kleinen Falten von Kindern, die man Stille Kinder nennt.

Die Perspektive war wohl unvermeidlich, warf die Kulturdezernentin ein, und der behaarte Kritiker sagte: Eine Art Selbstauflösung oder auch Todessehnsucht. Dem hielt der Altpräsident und Hausherr entgegen, daß es sich hier doch eher um die Gattung der Tierfabel gehandelt habe, worauf seine Frau wissen wollte, ob es auch zu einer Rückverwandlung komme im Laufe des Buchs.

Ich weiß es nicht, sagte P. und fing einen Blick auf. Es war der Blick des Hundes, er stand jetzt in der offenen Tür, mit einem Ausdruck, als wollte er sagen: Komm, laß uns gehen. Es war ein brüderlicher Blick, P. erwiderte ihn, aber die Zwillinge glaubten wohl, sie seien gemeint. Und da überkam ihn die Wut – die Wut, die uns überkommt, wenn jemand unser offenes Herz übersieht –, und er bellte, und der Hund bellte ebenfalls; die Zuhörer aber saßen reglos da. Beide bellten sie sich aus, und während sich der Hund danach in den Flur trollte, versuchte die Zahnarztfrau mit einer Frage nach dem Alltag des Autors die Dinge wieder in ein Lot zu bringen. Ach, bitte, wovon leben Sie eigentlich?

Und P., vom Bellen noch etwas heiser, sagte: Lesungen. Ich trete in den führenden Buchhandlungen kleinerer Städte auf, gegen ein Abendhonorar von vierhundert Mark, welches die Lesung und eine Fragestunde sowie das gesellige Beisammensein nach der Fragestunde einschließt, bei Übernahme der Kosten von Fahrt und Logis durch den Verlag, der die Buchhandlungen auch mit Plakaten versorgt, die ein Bild von mir zeigen, das nicht der Wahrheit entspricht. Dort sehe ich aus wie ein Mensch.

P. blickte in die Runde. Es gab keine weiteren Fragen, und die Frau des Altpräsidenten machte der Aushilfe Zeichen, worauf diese eine Platte mit Schnittchen enthüllte; der behaarte Kritiker roch den Käse und Schinken und stand vorsichtshalber gleich auf. P. aber stürzte, an allen vorbei, zur Haustür und lief in den Garten mit frischem Laub auf den Wegen; hinter ihm raschelte es.

Sein Bruder, der Hund, umsprang ihn und ging vor P.s Augen in die Hocke; er sah ihn an und entleerte sich zitternd, ein kurzer ergreifender Akt, den die Zwillinge störten. Sie riefen den Hund, sie riefen ihn Branzger, das hatten sie einfach geklaut. Sie riefen mit einer Stimme, gleichzeitig flammte Gartenlicht auf – geblendet tappte er umher, unschlüssig, wo er hinfliehen sollte, noch dazu ohne Mantel, bis die zwei plötzlich vor ihm standen.

Ein Leib nur, in seinen Augen, ein Lächeln, ein Gesicht, und er stellte sich vor, daß sie mit ihm kämen, in sein Hotel Garni, in sein Einzelzimmer mit dem Willkommensbonbon auf dem Kissen. P. zog die Brauen hoch, und die Zwillinge fuhren sich durchs Haar. Gell, Sie verachten sich auch, sagten sie mit einer Stimme, und er trat einen Schritt zurück, damit er sie besser ansehen könnte, entschlossen, ihnen die Stirn zu bieten, doch war es ein Schritt in den Hundekot, der ihn hoffnungslos zu Fall gebracht hätte, wären die zwei nicht, von links und rechts, zu Hilfe gekommen. Sie packten ihn nach Polizeiart an den Armen, während er noch festen Boden suchte, schwankend zwischen Dankbarkeit und Bestürzung. So kann's gehen, sagten die zwei, und er riß sich von ihnen los und lief zum Gartentor, stieß es auf und rannte davon. P. glaubte, Stiefel zu tragen, so schwer wog der Klumpen, vermischt mit Laub, an seinen Sohlen, er rannte, bis es nicht mehr ging.

Außer Atem, das Gesicht schweißüberströmt, warf er sich schließlich auf eine Bank in den Anlagen, die zum Fluß führten, neben dem Laub jetzt auch noch Kieselsteine und Sand am Schuh, ein zähes Geklump. Er zog das Manuskript hervor und begann, damit das Geklump zu entfernen; es füllte die ganze Senke zwischen Absatz und Sohle, es füllte auch die Ränder aller Seiten, was aber nicht das Schlimmste war. Viel schlimmer war, es roch nach Mensch.

Fischgeschichte

Es hieß, Herr K. sei arrogant – aber was sagt man nicht alles über Alleinreisende. Er aß an einem separaten Tisch und sprach mit keinem der Gäste; es war sein vierter Urlaub in Brenzone. Herr K. schätzte den Gardasee, wo das Italienische noch gemildert erschien, durch deutsche Umgangsformen und erfrischende Winde. Auch sein Alleinsein wurde dadurch gemildert; es wurde belanglos, wie die Unterhaltungen um ihn herum, die sich um nichts als das Windsurfen drehten.

K. war ein vorzeitig ergrauter Mann ohne sportlichen Ehrgeiz. Tagsüber saß er auf dem Balkon und verfolgte mit einem Fernglas die in seinen Augen sinnlosen Anstrengungen auf dem Wasser. So kannte er schon sämtliche Manöver des Windsurfens, einschließlich der Kniffe; Sommer für Sommer hatte er vor allem die Frauen studiert. Er genoß ihren Anblick, so wie er die Lektüre eines guten Buches genoß – hin und wieder seufzend, ohne es zu merken. Unter den Gästen erzählte man sich auch, er sei ein Vikar. Es war ein leises, unschönes Gerede, bis zu dem Tag, als die Frau des bekannten Schauspielers W. im Hotel Zum Goldenen Segel erschien.

Sie war auffallend dünn und wußte sich im Bekanntenkreis nur dadurch zu helfen, daß sie sich selber verhöhnte – als dünne Gattin ihres Mannes. Es war ihr erster Urlaub allein, und sie wollte Fett ansetzen und das Windsurfen lernen; sie wollte auch ihren Mann, dessen gute Rollen ihr ebenso ein Greuel waren wie seine schlechten, für eine Weile vergessen. Gleich nach der Ankunft kürzte sie sich die Nägel, bis man den Anfang des blassen, empfindlichen Nagelbetts sah. Gegen Abend zog sie sich um. In einem Kleid, das ihre spitzen Schulterblätter freigab, erschien sie kurz vor acht im Speisesaal.

Die Kellner waren angewiesen worden, sie zu Herrn K. zu setzen, ein weiterer Versuch des Hotelbesitzers, seinen stubenhockerischen Gast doch noch in die große Familie der Surfer zu schleusen. K. löffelte die Tagessuppe, als er Gesellschaft bekam. Die dünne Gattin (oder der Einfachheit halber nur: die Dünne) wünschte Guten Abend und machte Mmm, als hätte sie die Suppe schon gekostet. Er nickte schwach und löffelte weiter.

Über den Löffelrand faßte er ihre Lippen ins Auge. Sie zogen ihn an. Und je mehr der ganze Mund ihn anzog, desto mehr befürchtete er, daß sie womöglich Fragen an ihn richten könnte. Doch sie lächelte nur ihrem leeren Teller entgegen. Sie lächelte, als läge ein Geheimnis in dem Teller, aber welches Geheimnis sollte das sein?

Ihr Mund, fiel ihm auf, hatte keine gewöhnliche, in die Breite gehende Herzform, sondern verlief fast elliptisch: Unter- und Oberlippe glichen einander. Es war eine verwirrende Symmetrie, es gab kein Oben und Unten. Von dem Mund ging eine Zudringlichkeit aus, daß K. sich wünschte, sie hielte ihre Serviette davor.

Ein Kellner brachte ihr die Suppe, und sie beugte sich herab, um an der Suppe zu riechen, was ihm Gelegenheit gab, seinen Blick etwas wandern zu lassen. Über kleinen steifen Brüsten wurde der Ausschnitt des Kleides von einer mehr als faustgroßen Brosche zusammengehalten, in der K. nur einen Riegel sah. Dann fing sie an zu löffeln, und er sagte ihr leise, daß die Suppe nicht gut sei.

Aber es ist eine Gemüsesuppe, erwiderte seine dünne Tischnachbarin, eine Minestrone.

Deswegen muß sie ja nicht schmecken.

Wollen Sie mir den Urlaub verpatzen?

Sie sind doch nicht wegen der Suppe gekommen...

Sondern? fragte sie lebhaft.

Sie möchten windsurfen. So wie alle, die hier sitzen; außer mir. Ich will es nicht.

Die Dünne blies in ihren Löffel. Die Suppe schmeckte wirklich nach nichts. Aber sie hatte sich vorgenommen, den Urlaub ohne ihren Mann, den bekannten Schauspieler, zu genießen, und also genoß sie auch die Suppe. Sie machte wieder Mmm, und ihr Gegenüber sah darin jetzt ein Angebot, an ihn, den ebenfalls Alleinreisenden.

Der Gedanke nahm K. dermaßen mit, daß er die Gabelzinken über das Tischtuch zog, wie ein Kind, das sich langweilt, ja das Tuch sogar, unter der Hand, beschriftete; auch als man am Nebentisch zu flüstern begann, fiel ihm nicht auf, daß er ein Wort in den weißen Stoff geritzt hatte. Der Kellner brachte den Hauptgang, zwei Kalbsschnitzelchen mit Blattspinat, und die dünne Tischnachbarin – die ihm jetzt irgendwie bekannt vorkam, als hätte er sie schon sonstwo gesehen – sagte: Lecker.

Das war zu viel für K. Er erhob sich, ohne den Stuhl abzurücken, und stand daher, ein wenig eingeknickt, hart an der Kante des Tischs. Die Dünne sah ihn an. Sie kostete eins der Schnitzelchen, sie lächelte in sich hinein; und mit der Serviette am Mund hielt sie ihm vor, daß es nicht recht sei, so ein Essen einfach stehenzulassen.

Aber mir ist schlecht, sagte K.

Schlecht wovon?

Er spürte auf einmal die Blicke der übrigen Gäste und glaubte den eigenen Namen zu hören, er neigte sich zu seiner Tischnachbarin, die ihm ein Ohr zudrehte, er sah in das schimmernde Ohrloch. Ich vertrage kein Fleisch, sagte er. Ich esse nur Fisch.

Die Kellner steckten jetzt die Köpfe zusammen, das allgemeine Tischgespräch verebbte. K. suchte nach Worten. Er spürte, wie er mit jeder Sekunde des Schweigens tiefer in eine Geschichte geriet, die von seinem Leben vollkommen abwich. Was wollte diese Frau von ihm? Er sah auf ihre hellen, geradezu durchsichtigen Hände, wie sie damit das Besteck auf dem Teller kreuzte, wie sie ihn mit jedem einzelnen Finger bekanntzumachen schien…

Ob das etwa an ihr liege? flüsterte sie, weil sie so dünn sei? Aber sie werde hier reinhauen. Und Fisch sei auch ihr am liebsten – den könnte man ja à la carte bestellen.

Das ist es nicht, sagte K. Er versuchte nun, mit beiden Kniekehlen den Stuhl wegzudrücken; er wollte seinen

Anblick verändern. Und während der Stuhl hinter ihm langsam kippte und umfiel, gestand er, es seien ihre Lippen. Es war ein weithin hörbares Geständnis, denn der Stuhl war inzwischen gefallen und die Gespräche ringsherum abgerissen. Der ganze Saal schwieg. K. senkte den Kopf. Sein Blick fiel auf das helle Tischtuch. Er las, was er geschrieben hatte, *bella*, und floh. Er floh ins Freie, auf den langen Badesteg des Hotels.

Am Ende des Stegs, neben gestapelten Surfbrettern und Segeln, saß ein Junge und hielt eine Angel. K. starrte aufs Wasser, er folgte dem Blick des Jungen. Der See war glatt und schwarz. Er dachte daran abzureisen; er dachte auch daran, sich das Leben zu nehmen, aber erst später. Erst einmal abreisen; denn solange sie ihm gegenübersäße, brächte er nichts mehr herunter. Nie hatte er sich heftiger gewünscht, die Lippen einer Frau zu küssen. Nie war es ihm aussichtsloser erschienen. Er starrte immer noch auf das weite Wasser; ab und zu sprang ein Fisch. Man hörte nur das Klatschen. K. wandte sich dem Jungen zu.

Es war kein harmloser Junge, das sah man. Er hatte für sein Alter, zwölf oder dreizehn, überentwickelte Züge, zum Beispiel ein kräftiges Kinn, aber nackt wie ein Ei. Er war die Parodie eines Erwachsenen. Als Köder verwendete er lebende Mehlwürmer, die er einer Dose entnahm. K. zwang sich hinzuschauen. Ohne Regung im Gesicht zog sie der Junge vom Schwanz her über den Haken, der die Größe einer Büroklammer hatte. Der letzte Mehlwurm wurde durch den Widerhaken aufgetrieben, sein Rumpf hing über die Spitze hinaus und schlug hin und her. Ob dieser Haken nicht zu groß sei, wollte er den Jungen fragen, als von einem der Balkone des Hotels eine Stimme ertönte.

Bärlein, zu Bett!

Der Junge gab einen Würgelaut von sich und warf mit pfeifendem Geräusch die Angel aus. Für ein paar Augenblicke war es still, dann klatschten Senkblei und Haken weit draußen ins Wasser, weit draußen. Und wieder die Stille und dann der zweite Ruf, Bärlein, zu Bett!

Nun erhob sich der Junge und stampfte mit dem Fuß auf den Steg. K. trat etwas dichter an ihn heran und hielt sich eine Hand vor den Mund. Die Wut des Jungen amüsierte ihn, doch wollte er die Schadenfreude verbergen. Er durfte ja aufbleiben, solange er wollte, da kümmerte sich niemand mehr. Der Junge zupfte an der Angelschnur; die Schnur schien lang zu sein, lang und fest. Und schließlich kam er mit einer Bitte, der Bitte, kurz auf die Angel zu achten, er sei auch gleich wieder da.

Aber ich kenne mich nicht aus, sagte K.

Wenn der Schwimmer untergeht, hochreißen, hoch.

Welcher Schwimmer?

Da draußen, der Punkt.

K. schaute und sah einen grünen Docht auf dem Wasser, ein phosphoreszierendes Stäbchen. Und du kommst mir auch wieder? fragte er, während die Stimme zum dritten Mal rief, jetzt mit Betonung auf Bett.

Ja, sagte der Junge.

Du mußt nicht schlafen gehen?

Ich bin nicht müde.

Aber du mußt deiner Mutter gehorchen ...

Der Junge schnitt eine Fratze und brachte das Gespräch auf die Angel zurück. Es sei eine teure Angel und eine teure Schnur: die halte selbst bei einem Riesenfisch. Wenn der Haken richtig sitze.

Gibt es hier denn Riesenfische?

Schon ab und zu, sagte der Junge.

Und hast du schon eine Freundin?

Ich angel lieber.

Und du möchtest auch keine?

Der Junge schüttelte den Kopf, dann rannte er über den Steg Richtung Hotel; K. schaute wieder auf den See. Das Wasser war so schwarz und glatt, daß ein Sog davon auszugehen schien. Dieser Sog dämpfte alle Geräusche. Er seufzte, und sogar dieser Seufzer ging unter; seufzend ließ er sich neben den Surfbrettern nieder und behielt den leuchtenden Schwimmer im Auge.

Natürlich dachte er an sie, an ihre Zwillingslippen. Was für ein Glück er gehabt hatte, daß sie ausgerechnet zu ihm gesetzt worden war! Und was für ein Unglück hatte sich daraus entwickelt. Es gäbe ja für sie keinen Grund, gerade ihm ihren Mund anzubieten. Andererseits sprach nichts Entscheidendes dagegen. Schließlich war sie alleine verreist. Und so bestand doch die Chance, daß sie es aus Gleichgültigkeit oder Langeweile zuließe.

Der Leuchtschwimmer verschwand, irgend etwas zog ihn steil in die Tiefe. K. riß die Rute nach oben und spürte ein Zerren. Die straff gespannte Schnur ging jetzt hin und her, die Rute oder Angel wurde gekrümmt, daß er glaubte, sie breche, er warf den Kopf herum. Hinter dem Balkon, von dem die Stimme herabgetönt hatte, war es dunkel. Wahrscheinlich lag der Junge im Bett und rieb sich am Kissen, während die Eltern noch an der Bar saßen. Oder lief es nicht so in dem Alter? Man war allein und rieb sich; und hatte man Pech, blieb es dabei.

K. grauste es vor dem Fisch mit dem Haken im Maul, ihm grauste es vor dessen Verletzung. Durch das Hochreißen der Rute mußten Haken und Widerhaken tief in den Kiefer gedrungen sein. Und er dachte: Nichts wie weg – und wollte schon aufstehen, als ihn wer von hinten ansprach. Es war seine dünne Tischnachbarin. Sie sagte: Gut zum Angeln jetzt, wie?

Und er: Was fängt man hier schon ...

Der Fisch hatte sich inzwischen beruhigt. Er schien Kräfte zu sammeln. K. ließ die Angel sinken, die Dünne setzte sich neben ihn auf die Kante des Stegs. Ihr Haar war frisch gescheitelt, eine kleine silberne Paillette glänzte darin, auf ihren Lippen lag jetzt Farbe. Was er bekäme, wenn er nun doch etwas finge, fragte K.

Suchen Sie es sich aus, sagte die Dünne.

Zum Beispiel ein Küßchen?

Würde Sie das glücklich machen?

In die Rute kam wieder Bewegung, das Gezerre ging weiter. Da hat ein Fisch angebissen, sagte K.

Dann ziehen Sie ihn hoch. Aber, mit Gefühl.

Ich bin mir nicht sicher, ob es ein Fisch ist.

Und da erwähnte die Dünne ihren Mann, den bekannten Schauspieler W., der sich seiner Sache immer sicher sei. Davor habe sie die Flucht ergriffen.

Das tut mir leid, sagte K. Er spürte nun deutlich den Fisch, sein wütendes Zerren, und drehte an der Rolle, der Fisch hielt dagegen. Natürlich kannte K. ihren Mann; wer Bücher verkaufte, mußte ihn kennen, denn der Schauspieler W. schrieb alle zwei, drei Jahre ein Buch mit sogenannten Film- und Fernsehanekdoten, und K. stellte sich vor, wie dieser Mann des Nachts den Körper seiner Frau befühlte und dabei schon die eine oder andere lustige Geschichte in spe an der Hand zu haben meinte.

Ihre magere Schulter stieß an sein Hemd. Ihm wurde warm auf der Haut, und er sagte: Ich habe einen riesigen Fisch an der Angel.

Dann ziehen Sie ihn hoch!

Und wenn er oben ist?

Dann töten wir ihn, rief sie und löste ihre faustgroße Brosche vom Kleid, der Ausschnitt sprang ein Stück auf. Sie zeigte ihm die Broschennadel, lang wie ein Zahnstocher. Damit stechen wir ihm in den Kopf, sobald der Kopf auf dem Wasser kommt – wir müssen ihn töten, ehe die Schnur reißt!

Und schon hatte sie sich flach vor ihm auf die Planken gelegt und zum Wasser hinuntergebeugt. Er sah ihr knochiges Kreuz und im selben Moment schon einen schlingernden Glanz. Es war der kämpfende Fisch, ein Geschlinger wie Sturm aus der Tiefe des Sees, und K. fühlte sich schuldig. Er wollte weg, er wollte nach

Hause; lieber zu Hause die Wände ansehen als diesen Fisch, dachte er und fragte sie, was ihr Mann für ein Mensch sei.

Er ist ein Schwein.

Und Sie lieben ihn?

Nein, aber ich brauche das Schwein, rief sie und griff nach der Schnur, das Wasser spritzte auf – er kam. Der Fisch schlug mit dem Schwanz, er schlug mit dem Kopf. Er zuckte so wild, daß man seine Gestalt noch nicht ausmachen konnte. Er war ein tobendes Bündel; das mit einem Mal stillhielt. Der Kopf sah aus dem Wasser, das Maul stand weit auf. Aus einem Auge lief Blut, es schien am Haken zu hängen. Der Fisch sammelte Kräfte, in das offene Maul hätte ein Apfel gepaßt.

Die Dünne zog nun an der Schnur, das eine Auge wurde, vom Kiefer her, nach innen gezerrt, ein Rasen lief durch das Tier. Es peitschte das Wasser, es schillerte im Schein der Steglampe. Erst als es ganz aus seinem Element war, hielt es zum zweiten Mal still. Der Fisch hing einfach nur da. Er hatte fast Armlänge und einen perlweißen Bauch, in den blaugrünen Schuppen gab es rötliche Spritzer. Die Brustflossen waren wie Fächer; das große Maul klaffte. Das Auge war starr. Aber sah ihn an.

Was mag das für ein Fisch sein, fragte er.

Ein Hecht.

Nein, eher ein Lachs.

Ein Lachs? Unmöglich. Eine Forelle.

Eine Riesenforelle! Und nun …

Setzen Sie sich auf meine Beine, rief die Dünne, geben Sie mir Halt!

Und K. nahm auf ihren sehnigen Kniekehlen Platz, sie aber beugte sich noch weiter zum Wasser. Er sah, wie sie die Broschennadel umbog, dann holte sie aus. Sie trieb die Nadel in den Fischleib, sie hob ihn an damit, sie warf das Vieh auf die Planken. Für ein paar Augenblicke blieb es liegen. Dann schlug es wie toll mit dem Schwanz, ja, es sprang. K. ließ sich auf den Rücken fallen. Er zog die Beine an und lag da wie ein Käfer. Der Fisch sprang unberechenbar. Durch die Lücke zwischen seinen Knien sah er, wie die Dünne an der Schnur zog, bis die Schnur wieder straff war, das blutige Auge im Fischkopf verschwand. Der gefangene Riese stieß einen Laut aus, ähnlich dem Schreiversuch eines Stummen, und lag danach wieder regungslos da.

Nun muß der Haken aus dem Maul, sagte die Dünne.

Ganz wie Sie meinen.

Und K. kam auf allen vieren gekrochen, in einem Bogen um den Fisch. Er legte eine Hand um die Schnur, sie legte ihre Hand um seine; gemeinsam rissen sie.

Wo das Auge gewesen war, war jetzt ein Loch. Ein Beben durchlief die Riesenforelle, die Dünne preßte ihr die Hände auf den Leib, spinatgrüner Kot trat aus einer Öffnung am unteren Bauch; das Maul ging auf und zu, ebenso die Kiemen. K. murmelte eine Entschuldigung, er griff um den Rücken des Fisches und spürte sofort dessen Kraft, ein Auf und Ab der Muskeln, das ihn beschämte. Wie klein er dagegen war, wie häßlich; sein

Blick glitt über die Planken. Die waren mit Schuppen übersät, der Haken mit dem Auge dazwischen. Doch Sieger war die Forelle, die immer noch lebte. Sie kotete, sie schlug mit dem Schwanz, Blutblasen zersprangen vor ihrem Maul; das eine Auge starrte, der Unterkiefer schob sich vor, und es entstand ein verächtlicher Zug, als wollte sie sagen: Nur zu, ich bin nicht elegant zu töten! Die Dünne reichte ihm die Brosche.

Warum ich? fragte K.

Sie haben ihn gefangen. Es ist Ihr Fisch. Dafür steht Ihnen auch noch ein Kuß zu. Aber erst totmachen.

Und er nahm die Brosche, als sei es ein Dolch; sie riet ihm, in den Bauch zu stechen. Er nickte ein paarmal, er sah hinaus auf den See. Am gegenüberliegenden Ufer funkelten auf den Berghängen Lichter. Mal erschienen sie gehäuft, mal als Kette oder vereinzelt, oder wie kleine Milchstraßen auch, so daß man kaum angeben konnte, wo die Lichtpunkte aufhörten und die Sterne begannen. Es war eine Kindernacht. Ein leichter Windstoß kam von Norden, und schon leckten schwache Wellen am Steg. Dann war es wieder still, bis auf sein Herz.

Woran denken Sie? fragte er leise.

Das möchte ich nicht sagen.

Ist es so schlimm?

Ekelhaft ist es.

Aber die Nacht ist so schön...

Sie ist schwarz, wie der See. Wissen Sie, wie tief dieser See ist? Fast vierhundert Meter. Ein unglaublicher Abgrund. Die ewige Nacht.

Und daran haben Sie gedacht?

Erlösen Sie jetzt lieber den Fisch, erwiderte die Dünne, und er drückte die Nadel in den glänzenden Bauch. Die Haut gab trichterförmig nach, erst als er kräftig zustach, riß sie. Die Nadel drang ins Innere, Maul und Kiemen klappten auf. Die Riesenforelle schien immer noch Kräfte zu sammeln; sie lebte und lebte. K. stocherte nun mit der Nadel, er kam auf seine Frage zurück: Woran sie denken würde beim Anblick des Sees.

Daran, wieviel Scheiße in diesen See passen könnte. Das heißt, wie viele Menschen wie lange scheißen müßten, um den See, sofern er ausgetrocknet wäre, bis an den Rand mit Scheiße zu füllen.

Kein schöner Gedanke, sagte K.

Ich hatte Sie gewarnt.

Und Sie haben es berechnet?

Nein. Mich hat nur die Frage beschäftigt. Schlitzen Sie jetzt mit der Nadel – ein Fisch muß ausgenommen werden, bevor man ihn ißt.

Und K. schlitzte, bis ein pralles Gedärm, das wie Tagliatelle aussah, durch den immer größer werdenden Riß trat. Der Fisch aber schlug erneut mit dem Schwanz, und die Dünne griff ihm ungeniert in den Leib. Sie zerrte die Innereien heraus und schüttelte sie von den Fingern; K. ergriff ihre Hand. Er fragte sie, wer sie sei.

Nur die Person, die sich hier für den Surfkurs angemeldet hat. Und Sie?

Ich bin nicht für den Surfkurs gemeldet.

Aber wenn Sie kein Surfer sind, was sind Sie dann?

K. spürte ihre Hand im Haar. Sie entwirrte es zärtlich.

Ich bin Verkäufer, sagte er.

Also angestellt. Bei wem?

Bei einer Frau. Die mich schneidet.

Weil Sie Luft für sie sind. So wie ich Luft für meinen Mann bin. Er atmet mich ein, er atmet mich aus. Er fährt mir über den Kopf im Vorbeigehen und sagt: Alles ist Scheiße, verzeih... Und wenn ich frage: Was bedeute ich dir? kommt: Du bedeutest mir alles.

Aber der Fisch, unterbrach K. ihre Rede, hat damit gar nichts zu tun...

Er hat auch nicht gelitten. Er wurde gefangen, getötet, ausgenommen. Ein Fisch muß damit rechnen, daß er gefangen, getötet und ausgenommen wird; ein Mensch muß damit rechnen, daß man ihn beleidigt. Er ist dafür geschaffen, beleidigt zu werden; dagegen gehört es zu den Bestimmungen eines Fisches, daß man ihn aus dem Wasser holt und am Ende aufißt.

Und? Essen wir ihn auf?

Soweit das möglich ist, ja – die Dünne legte ihre Brosche wieder an, dann griff sie nach dem Fisch, dessen Kiemen immer noch pumpten. Sie nahm das Vieh in beide Hände und öffnete ihren Mund mit den Zwillingslippen, sie schob sich den schlanken Rücken zwischen die Zähne. K. sah, wie sie zubiß, er hörte das Knacken des Fleisches. Die Dünne biß sich vorwärts; mit den Augen gab sie ihm zu verstehen, ihr von der

Unterseite des Fisches entgegenzukommen. Das Ganze, dachte er, war also angelegt auf eine Begegnung im Rohen.

Von Norden kam ein neuer Windstoß und gleich darauf ein weiterer. Seine Haare wurden nach hinten gedrückt. Es war einer jener heftigen, jähen Winde, deretwegen die Windsurfer an den Gardasee reisten; vom Hotel drangen Stimmen herüber. Sie drangen K. in die Ohren, aber er nahm sie nicht wahr. Er sah nur ihre Oberlippe über der schimmernden Fischhaut, er sah nicht die Schwanzflosse, die matt noch hin- und herging. Wenn es nur diesen einen Weg gibt, dachte er und grub seine Zähne in den Bauch der Forelle. Er schmeckte Blut und Bitteres, er kaute und schlang und spürte die Gräten. Aber er näherte sich. Der Geruch des Schuppenkleids trat schon zurück hinter dem Geruch ihres Haars, bald trennte ihn nur noch das Rückgrat von ihrem Mund.

Die Stimmen vom Hotel wurden lauter. K. schlang nun ohne Rücksicht; daß ihm eine Gräte in die Luftröhre käme, nahm er in Kauf. Es galt nur, sich durchzubeißen. Die Dünne schloß die Augen, und dann kam schon ihr Mund, ein Wunder im Gewirr der Gräten. Sie küßten sich, so gut es ging. Es war ein Schnappen nacheinander, in verbissener Freude. Bis auf einmal jemand sagte: Aber der Fisch gehört mir.

Es war der Junge, dem auch die Rute oder Angel gehörte; K. sah ihn aus den Augenwinkeln, noch immer seine Lippen an den ihren. Der Junge wich etwas zurück. Er trug einen elastischen Pyjama und hatte die Beine gegrätscht; seine Augen glänzten, stur wiederholte er: Der Fisch gehört mir.

Die Dünne löste sich von der Riesenforelle, sie trat auf den Jungen zu. So, warum denn? rief sie, während K. Fleisch und Gräten auf die Holzplanken spie.

Weil es meine Angel ist, meine.

Und da warf K. die angefressene Forelle mit einem Knall auf den Steg, und der Junge stürzte davon, auf eine Gruppe von Erwachsenen zu. Die waren alle weiß gekleidet und strebten zum Wasser. Sie empfingen den Jungen, man ließ ihn erzählen.

Was nun? fragte K. Wir müssen weg, aber wohin?

Und die Dünne rief: Wir haben Glück, der Wind steht gut. Und bläst auch schön. Und was wir brauchen, liegt schon bereit. Sie trauen es sich doch zu … Sie müssen.

K. sah auf die Bretter, die Segel; er fror. Ich habe immer nur zugeschaut, sagte er.

Also kennen Sie sich aus.

Ich kenne die Griffe.

Dann eilen Sie sich.

Und er nahm einen Mastbaum mit Segel und fixierte ihn auf einem der Bretter, so wie er es hundertmal beobachtet hatte. Er zurrte und prüfte, die Arme weit auseinander, geschäftig um sich greifend; er ging vor wie ein Besitzer, und jemand rief: Mein Segel, mein Segel!

In die weißgekleidete Gruppe kam jetzt Bewegung. Sie polterte auf den Steg, einer schwang einen Tennisschläger, eine Stablampe blitzte auf. Und mit einem

Schrei sprang die Dünne samt Kleidung ins Wasser; K. mußte handeln. Er nahm Brett und Segel, er warf beides hinunter, in Wellen, die schon Krönchen hatten. Dann sah er sich um. An der Spitze der Gruppe lief nun der Junge; ihm folgten zwei Männer in Trainingsanzügen vor dem eigentlichen Pulk. Es waren all die Gäste, mit denen K. noch nie ein Wort gewechselt hatte – er streckte ihnen die Zunge heraus und ließ sich fallen wie ein Taucher, rückwärts, blindlings, in einen eisigen See.

Seine Tischnachbarin hatte schon das Brett erreicht, sie versuchte, es ruhig zu halten, K. kraulte darauf zu, seine Stunde war gekommen: Frau in Not, er zur Stelle. Es regnete plötzlich. Er hievte sich auf das schwankende Brett und ging sofort auf die Knie; er sah zum Steg.

Einer der Männer im Trainingsanzug griff sich die Angelrute und befestigte etwas Blitzendes an der Schnur; der Junge hielt den angefressenen Fisch in die Höhe. Rufe der Abscheu kamen übers Wasser.

K. schlang sich das dicke Seil um die Hände, das Seil, mit dem der Mastbaum aufgerichtet wird. Und während er mit aller Kraft daran zog, kam er nach und nach auf die Beine. Er lehnte sich gegen die Böen, Wasser floß aus dem Segel, der Wind fuhr hinein; das Seil schnitt in die Hände. Doch K. zog und zog. Bis er die Haltestange packen konnte, bis Mast und Segel standen wie er. Die Dünne zog sich auf das Ende des Bretts, sie rief Hurra und: Los geht's. Und vom Steg dröhnte eine Stimme über die Wellen: Wir kriegen euch!

Wie denn? rief K., versucht es doch! Er lehnte sich

nun weit zurück, er suchte den Wind. Das Segel blähte sich, und er schrie – die Freude schien nicht aufzuhören, das Brett bekam Fahrt. Wir schaffen es, schrie die Dünne.

Und er, er dachte, daß dies das Glück sei, und sah über die Schulter zurück. Sie lag halb auf dem Brett, die nackten Beine in den Wellen. Auf ihren Wangen glänzte Wasser, ihr Mund stand halb auf. Das alles sah er und noch mehr: Wie der Mann im Trainingsanzug auf einmal weit mit der Angel ausholte. Dann war ein Sirren in der Luft, wie das von Wespen. K. zog das Segel an sich, das Brett schoß in die Dunkelheit; da fiel etwas auf seine Brust, als glitte ein Eisstück über die Haut.

Es war ein Blinker mit Drillingshaken, verfangen im Hemdstoff, und noch lief die Schnur. K. schüttelte sich, der Haken blieb hängen. Das Segel stand jetzt steil im Wind. Es wurde fast davongefegt, er brauchte beide Hände, der Haken schlitzte das Hemd auf, die Dünne schrie: Schneller! Und K. schrie zurück: Ob sie ihn eventuell lieben könnte?! Dann war die Schnur abgelaufen, und er hörte sein Fleisch, wie es riß, und glaubte zu verbrennen, als der Drilling hineinfuhr. Doch K. ließ das Segel nicht locker, sein Gebrüll war das eines Tiers. Die Dünne aber sah nichts von der straffen Sehne. Sie machte nur Mmm und war voller Leben.

III

1986/87

Olmayra Sanchez und ich

Ich spüre außer mir nichts, das war schon immer so und hat auch manchmal gestört. Wenn es um den Menschen an sich ging, konnte ich eben schlecht mitreden; ich dachte dabei gleich an mich und zog falsche Schlüsse. Und so wurde es mein Ziel, mich wenigstens ein einziges Mal in einen anderen hineinzuversetzen. Durch einen Vulkanausbruch in Kolumbien, der eine Schlammlawine ausgelöst hat, ergab sich schließlich die Gelegenheit. Das Fernsehen machte mich mit Olmayra Sanchez bekannt. Man sah, wie sie aus einem Wasserloch schaute und unter den Blicken der Welt über Tage hin starb. Als alles vorbei war, schloß ich mich ein und machte mir meine Gedanken.

Ich saß am Küchentisch und blickte lange auf ein Zeitungsfoto, eine gelungene Aufnahme. Da war Olmayra Sanchez in einem Reifenschlauch, auf den sie, scheinbar bequem, beide Unterarme gelegt hatte. Das braune Wasser stand ihr bis zum Hals, sie lächelte schwach. Es war fast ein Urlaubsmotiv, dachte man sich die zerschmetterten Balken und all das Schlammige ringsherum weg. Olmayra war erst dreizehn, so konnte man lesen, doch schon mit Zügen einer jungen Frau, das fiel mir auf. Ihre Füße und Beine, vielleicht auch Teile des

Rumpfes – ich konnte es ja nur vermuten –, mußten unterhalb des Wasserspiegels eingeklemmt sein; nach ihrem Tod hat man darüber nichts weiter erfahren, sie war dann in jeder Hinsicht gestorben (so ist es eben bei uns, in der zweiten Hälfte der achtziger Jahre, und es könnte noch ärger werden, man weiß es nicht).

Ich legte das Foto beiseite; es gab noch andere Fotos, die Zeitschriften waren voll davon. Ein Bild, das kurz vor ihrem Ende gemacht worden war, zeigte sie mit aufgeweichten weißlichen Fingern und den erloschenen Augen einer Greisin. Was war dem vorausgegangen? Ich versuchte, mich in die letzten Tage und Nächte der Sanchez, soweit es ging, hineinzudenken.

Begonnen hatte ja alles, wie schon erwähnt, mit dem Ausbruch eines Vulkans in Kolumbien, dessen Name kurze Zeit später bei uns Gegenstand eines Fernsehquiz wurde (solche lustigen Fragesendungen, werden zunehmen, fürchte ich); und es war auch das Fernsehen, welches den Verlauf des Ganzen festgehalten, wenn nicht gar gestaltet hatte. Die Blicke der Welt, sagte ich mir, haben es diesem Mädchen wahrscheinlich etwas leichter gemacht zu sterben, ja, sie haben Olmayra Sanchez zeitweilig in einen Siegestaumel angesichts des nahenden Todes gestürzt und sie sogar Humor beweisen lassen. Da gab es zum Beispiel einen Filmbericht, in dem sie winkte und zu den Kameras sprach und sich und der ganzen Welt, auch mir in meiner doch reizlosen Wohnung, Mut machte: Voller Zuversicht war sie, daß man sie aus diesem Loch herausholen und sie damit gleichsam über den Vulkan und also die Natur triumphieren würde, und wenn man ihr die Daumen drückte, drückte man sich damit selbst die Daumen; anfangs waren ihre Worte noch untertitelt, dann fand sich eine Synchronstimme, die man für ihre Stimme hielt, so, als beherrschte Olmayra mit einem Mal unsere Sprache.

Kurz vor ihrer ersten Rede in deutsch hatte man noch mit einem Flaschenzug an ihr gezogen und sie fast in Stücke gerissen; alles was fehlte, war eine tüchtige Pumpe. Das wußten die Leute in Europa, Amerika und Australien, und alle Welt wußte auch, daß diese Pumpe nicht mehr rechtzeitig eintreffen konnte; nur Olmayra wußte es nicht. Schon vom Tode ins Auge gefaßt und aller Rechte auf ihre Tragödie beraubt, wandte sie sich tapfer an die Öffentlichkeit; es waren auch dieser jähe Weltruhm und ihre besondere Art von Verblendung, die mein Interesse erregten. Ich selbst werde ja sterben, ohne die geringste Spur zu hinterlassen; ich werde nie naiv oder verblendet gewesen sein, aber auch nie berühmt. Wenn ich wenigstens ihr Retter geworden wäre! So aber habe ich nur ihr Sterben verfolgt, wie Millionen andere, und höchstens mich selbst gerettet, mit meinen Gedanken.

Sie mußte sich irgendwann in diesem Wasserloch wiedergefunden haben, nachdem die Schlammassen zur Ruhe gekommen waren, dachte ich. Und überhaupt stellte ich es mir ruhig um sie vor, ruhig und finster, die Luft noch von Asche erfüllt. Es herrschte weder Tag noch Nacht, als ihre Schmerzen begannen. Die Beine ließen sich nicht mehr bewegen. Jeder Versuch tat so weh, nahm ich an, daß ihr die Augen hervortraten. Sie glaubte, in einem Maul voller Zähne zu stecken. Teile von Hauswänden hatten ihr vielleicht die Schenkel gebrochen und beide Füße umschlossen, ein Armierungseisen war in die Kniekehle gedrungen. Anfangs reichte ihr das Wasser nur knapp bis zur Brust, ein Balken bot Halt. Ihre Zähne schlugen aneinander, begreiflicherweise; sie hatte Angst, und sie fror. Ab und zu gab es einzelne Rufe, wie fernes Hundegebell, man kennt das aus Filmen.

Der Schmerz beschleunigte ihren Atem, starr schaute sie ins Dunkle. Was war geschehen? Wo waren ihr Bett, ihre Kammer, ihr Dorf? Was war das für ein Maul, in dem sie steckte? Olmayra rief nach ihrer Mutter – wer würde das nicht tun –, erst leise, dann laut, dann wieder leise. Die Asche in der Luft schien alles zu schlucken, vor allem das Licht. Kleine schwarze Flocken legten sich auf ihre Arme. Sie hatte nur ein Leibchen an, ihr Nachthemd. Das Wasser stieg. Sie konnte es nicht sehen, aber sie fühlte es; der Tod kroch förmlich an ihr empor.

Als es heller wurde, waren schon fast ihre Schultern umspült, und die Angst zu ertrinken, ließ sie vorübergehend alle Schmerzen vergessen, davon kann man ausgehen. Es regnete jetzt graue Tropfen, die etwas Öliges hatten. Das Licht nahm zu, war aber ein strahlenloses stumpfes Licht; es gab keine Sonne. Olmayra sah den Rand des Wasserlochs und, keinen Steinwurf entfernt, den Kopf einer Kuh. Er ragte aus dem schimmernden

Schlamm, die Augen waren aufgerissen. Die Kuh war am Leben, doch sie brüllte nicht. Dafür schrie eine Frau, die durch den Regen taumelte. Es war eine Nachbarin, und ihr heiseres Schreien schien gar kein Ende zu nehmen, bis es ein immer stärker werdendes Brummen und Brausen so übertönte, daß es einer Pantomime gleichkam. Olmayra faltete bei diesem Brausen die Hände. Jetzt kommt Gott persönlich, schoß es ihr vielleicht durch den Kopf. Dann sah sie, wie die Nachbarin hinschlug und einfach im Schlamm liegenblieb, während sich das Wasser in dem Wasserloch zu kräuseln begann und aus dem Brausen tobender Lärm wurde. Ein Hubschrauber landete neben dem Loch. Er war nicht dunkelgrün, wie die Armeehubschrauber, sondern weiß mit roten Streifen. Das Maul der Kuh ging auf; Aschewirbel jagten über den Boden. Und für einen Augenblick schien sogar die Sonne.

Dem Hubschrauber entstiegen vier Männer, einer von ihnen trug eine Filmkamera; durch ein langes Kabel war er mit einem der anderen, der einen Kasten um die Schultern hängen hatte, verbunden. Der dritte hielt mit beiden Händen eine Stange, an deren Spitze etwas angebracht war, das einer Frucht ähnelte. Sie geben mir zu essen, dachte Olmayra – eine Kamera hatte sie schon öfter gesehen, einen Mikrofongalgen noch nie. Der vierte Mann hatte die Hände frei. Er trug eine Weste mit vielen Taschen und hatte silbrige Löckchen und einen Schnurrbart, mit Fingerzeigen gab er Befehle. Der Lärm hörte auf. Die vier Männer schauten zu ihr herüber, und Olmayra Sanchez begriff, daß nicht Gott oder das Militär, sondern das Fernsehen gekommen war, und dadurch erst recht alles gut würde. Denn Gott hätte womöglich geprüft, ob sie reinen Herzens genug wäre, um gerettet zu werden, und die Soldaten hätten auf Befehle gewartet oder einen Umschlag voll Dollars. Aber das Fernsehen wollte sie interviewen, und dazu mußte sie leben.

Der Mann, der die Hände frei hatte, kam näher. An der hingefallenen Frau vorbei stapfte er durch den schon steif werdenden Schlamm. Wie ist dein Name? rief er.

Olmayra Sanchez.

Und was ist mit dir? Kannst du nicht raus?

Sie erklärte ihm, daß ihre Beine eingeklemmt seien, und er sagte: Sprich nicht so hastig. Und dann sah sie auch schon, wie die lange Stange mit der Frucht an der Spitze zu ihr geschwenkt wurde. Sprich dort hinein und nicht zu laut, rief der Mann, der die Hände frei hatte, und sie nickte, und ihre Schmerzen waren für einen Augenblick weg. Sie wiederholte ihren Namen, der mit der Kamera begann jetzt zu filmen. Er kniete am Rande des Lochs, und Olmayra fürchtete, er könnte hineinfallen und böse werden auf sie. Sie versuchte, klar und deutlich zu reden, obwohl ihr Mund ganz trocken war trotz des Wassers um sie herum. Sie hatte großen Durst, aber nach etwas wie Durst war nicht gefragt worden. Schau zu mir, rief der Kameramann, und sie drehte sich ein Stück und riß den Mund auf: Es war, als sägte man ihr die Schienbeine entzwei. Olmayra biß sich tief in die Hand, der sicherste Weg, um nicht zu schreien – später sah man ein Foto von diesem Biß. Was ist das für eine Stelle hier? fragte der Mann mit den silbernen Löckchen, war hier euer Haus gestanden?

Olmayra Sanchez nahm die Hand aus dem Mund. Ich weiß es nicht, sagte sie. Was ist geschehen? Wo sind die Häuser, wo ist das Dorf? Sie wollte die Stange ergreifen, aber der, der sie hielt, schwenkte sie hoch. Euer Vulkan ist ausgebrochen, rief er ihr zu. Und dadurch kam der Schlamm und hat alles begraben!

Sie nickte jetzt nur, sie fühlte sich mitschuldig am Verschwinden des Ortes. Wie ihre Eltern und die Nachbarn, wie jeder hatte sie sich für klüger gehalten als der Vulkan, und also war jeder Vorwurf berechtigt. Immer zu mir schauen, rief der, der sie filmte, und Olmayra zeigte ein Lächeln. Sie beneidete die vier Männer; sie beneidete jeden, der nicht sie war, sogar die Frau im Schlamm, obwohl sie dalag wie tot. Wer nicht ihre Schmerzen hatte, dem gehörte die Welt – so mag sie gedacht haben.

Warum holt mich hier keiner raus? fragte sie, als das Wasser immer noch stieg. Hab noch Geduld, rief eine Stimme, und Olmayra versprach, Geduld zu haben, und neigte den Mund zum Wasser; wenn sie leben wollte, dann mußte sie trinken, das würden die Männer sicher verstehen, also sie nahm einen Schluck von dem Wasser, das nach Petroleum schmeckte, und spuckte es wieder würgend aus, und der mit den freien Händen wollte wissen, wie lange sie da schon drin sei, in diesem Loch.

Die Stange wurde gesenkt, und diesmal griff sie nicht

mehr danach. Ich weiß es nicht, sagte sie, es war dunkel, ich erinnere mich nicht.

Aber du mußt dich doch erinnern ...

Wir haben einen Film gesehen im Fernsehen. Dann sind wir ins Bett. Und dann ist das Haus umgefallen.

Wie hieß dieser Film?

Olmayra versuchte sich zu erinnern. Es war ein Film mit Musik und schönen Frauen.

Wurde geschossen? fragte der Mann.

Ich weiß es nicht.

Gut. Sag mir einfach, was du weißt.

Und sie nannte die Namen ihrer Geschwister und die ihrer Eltern und deren Eltern und auch den Namen der Straße, die der Schlamm zugedeckt hatte, und sagte noch einmal, daß sie vor dem Zubettgehen alle ferngesehen hätten, einen Film mit Musik, und daß ihr kalt sei und irgend etwas durch ihr Bein hindurchgehe.

Bald kommt die Sonne, rief ihr der Mann zu. Und wenn die Sonne kommt, wird dir warm. Und bald kommt auch Hilfe! Er sah auf die Uhr und besprach etwas mit den übrigen Männern, und der mit der Kamera filmte zuerst den Kuhkopf und schwenkte danach zu Olmayra, die jetzt ihr Kinn hob, um kein Wasser zu schlucken.

Wir kommen zurück, hörte sie den mit der Stange rufen und sah auch schon, wie die Männer in den Hubschrauber stiegen, und sich der große Propeller zu drehen begann und alles aufwirbelte mit seinem Wind, so daß es Wellen gab in dem Loch und ein Schwappen in

ihr Gesicht und dazu einen Lärm wie der von den ein-
krachenden Häusern während der Nacht, einen Lärm,
der dann aber leiser wurde und leiser, ja sich gänzlich
verlor, bis es nichts mehr gab außer dem feinen Rieseln
der Asche und von Zeit zu Zeit einem Schnauben der
Kuh und mal aus dieser, mal aus jener Richtung Laute,
als spreche der Schlamm, und eine Zeit anbrach, in der
jede Minute noch etwas schlimmer als die vorangegan-
gene war.

Olmayra Sanchez betete, das Fernsehen möge wiederkommen, und das Fernsehen kam wieder, und mit
dem Fernsehen kamen viele Leute. Man warf ihr einen
alten Reifenschlauch in das Loch, gut aufgepumpt, damit sie nicht absaufe, und gab ihr zu essen und zu trinken, damit sie bei Kräften bleibe, und sprach ihr gut zu,
damit sie den Verstand nicht verliere, und als es heißer
wurde gegen Mittag und die Sonne brannte, bekam sie
ein feuchtes Tuch auf den Kopf, das war rot, weil das
Fernsehen in dem grauen Einerlei eine Farbe brauchte.

Danke, rief Olmayra den Leuten zu. Ich werde es
schaffen, mit eurer Hilfe und der der Jungfrau Maria!

Und bei Anbruch der Dunkelheit flog der Hubschrauber mit den Männern vom Fernsehen wieder davon, und die Leute zerstreuten sich. Es regnete, und jeder
Windhauch trug einen fettig süßen Geruch durch die
Luft. Die nun folgende lichtlose Nacht, dachte ich, muß
Olmayra Sanchez endlos erschienen sein. Der Spieß in
ihr wurde zum Tier, das sich langsam zum Hirn fraß,
und sie umklammerte den Reifenschlauch und strei-

chelte ihn und starrte ins Dunkle und hoffte, die Kuh würde noch einmal muhen, aber alles war still, bis auf das Toben in Kopf.

Als es tagte, waren Olmayras Hände weißlich geworden und die Augen fast schwarz. Leute krochen heran, und man gab ihr zu trinken, das Fernsehen kehrte zurück, der mit den Löckchen winkte ihr zu; ein Kran wurde errichtet. Man legte ihr Seile um, und alle sprachen durcheinander, und die Seile wurden straff, und sie brüllte, als man ihr die Beine auszureißen begann. Die Leute wichen zurück, man ließ die Seile fallen. Bald kommt eine Pumpe, rief ihr der mit der Kamera zu und wartete, bis das Verzerrte aus ihrem Gesicht war, bevor er sie filmte – sie und das Loch und den Kran und das Firmenschild auf dem Kran. So verstrich dieser Tag, und die Pumpe kam nicht, aber dafür die Nacht, und mit einem Mal waren die Leute wieder alle verschwunden, und das Tier in ihrem Fleisch fraß weiter, und das Wasser stieg, und es stank von der Kuh, die längst tot war. Olmayra glaubte, Musik zu hören, die Musik aus dem Film, den sie sich angeschaut hatten, ehe der Schlamm gekommen war, aber es war ihr eigenes Wimmern. Bis zum Tagesgrauen hielt dieses Wimmern, bis noch mehr Leute zu dem Wasserloch strömten und nun drei Kameras aufgebaut wurden, statt einer Pumpe, und man ihr zurief: Olmayra, du bist jetzt berühmt, die ganze Welt kennt dich – sag ein paar Worte zur Welt ...

Und sie grüßte die Welt und verkündete, bald würde die Pumpe da sein, und alle könnten zusehen, mit welchem Triumph sie aus diesem Loch herauskäme, und die Fernsehleute waren zufrieden. Man baute den Kran wieder ab, und der Nachmittag kam und der Abend und gleich auch die Nacht, und sie war abermals allein. Und irgendwann in dieser Nacht, war zu lesen, soll sie gebrüllt haben, nur ein einziges Mal – zu dem Zeitpunkt, dachte ich, als sie das sichere Gefühl hatte, es sei keiner mehr in der Nähe, wenn sie der Welt, statt dankbar zu sein, ihr Gebrüll entgegenbrachte. Aber irgendwer hatte es gehört und weitererzählt, und ich fragte mich noch, was danach war, in den Stunden, ehe es hell wurde und man sie tot in dem Reifenschlauch fand; doch es blieb bei der Frage, während ich all die Fotos zerriß.

Die Frau hinter der Tür

Ich hatte mir vorgenommen, nie darüber zu sprechen, aber was nehmen wir uns nicht alles vor, wenn plötzlich der Boden unter uns wegbricht. Es begann mit einem der üblichen Anrufe nach meiner Sendung, irgendeine Frau, die mir aus ihrem menschenleeren Leben erzählte, jedoch Glück hatte, daß ich im Begriff war, etwas zur Einsamkeit vorzubereiten, ihr also zuhörte mit Moderatorengeduld, ja sogar Fragen stellte und einen Ton anschlug, der mir später, als ich das Band abhörte, geradezu warm vorkam, und endete damit, daß ich zum Töten oder etwas Ähnlichem ausholte.

Zwei Tage nach diesem Anruf klopfte es abends an der Tür meiner Wohnung, mehrmals und sanft. Ich hatte mir gerade Wein eingeschenkt und trank noch einen Schluck, um die Gelassenheit, die ich gern an den Tag lege, zu bewahren, dann stand ich vom Sofa auf; von meinen Bekannten besaß niemand einen Schlüssel zum Eingang, und zu den Nachbarn im Haus bestand kein Kontakt – wer also konnte das sein? Nach kurzer Pause klopfte es erneut. Ich sah durch den Spion, was einen ja von vornherein beunruhigt, und da stand jemand im Dunkeln vor meiner Tür, nur etwas Licht, das von den Lämpchen an den Fahrstühlen kam, im Haar.

Wer ist da? rief ich. Das wissen Sie doch, erwiderte eine Frauenstimme, und ich löschte die Lampen in der Diele, als könnte ich mich damit selbst auslöschen. Was wollen Sie von mir? Ein Kratzen drang durch das Holz, wie von Fingernägeln. Machen Sie auf, ich weiß doch, wie allein Sie sind! Es klang wie ein Befehl, und ich fragte, wer sie ins Haus gelassen habe. Ist das wichtig? drang es durch die Tür; wichtig ist, daß ich jetzt bei Ihnen bin. Oder stört Sie das etwa? Ich nickte vor mich hin und schwieg; auf Zehenspitzen lief ich in den Wohnraum. Nur nicht laut werden, sagte ich mir. Mein Blick ging aus dem Fenster, über die Stadt. Da klingelte es, und ich verfluchte mich leise; die Frau, die mich im Sender angerufen hatte, ließ nicht locker.

Ein paar Momente lang blieb alles ruhig, ruhig bis auf meinen Atem. Dann hörte ich sie reden – es klang, als stünde sie schon in der Diele. Sie sei so lebendig, sagte sie, eine der lebendigsten Frauen überhaupt; ja viele wünschten ihr den Tod, so sprühe sie vor Leben!

Ich wandte den Kopf um – Von mir aus können Sie so lebendig sein, wie Sie wollen, nur gehen Sie jetzt wieder, das ist die falsche Adresse!

Es klingelte erneut, und sie rief mich beim Namen, sagte, ich sei am Ende – am Ende sind Sie, mein Lieber!

Und darauf kehrte ich langsam zur Diele zurück, jedes meiner alten Möbel berührend – ich sammele Einzelstücke, Solides in Kirsche und Ahorn. Dann das dritte Klingeln, zweimal kurz, wie ein verabredetes Zeichen, und meine Menschenkenntnis sagte mir, daß diese Frau auch äußerlich abstoßend wäre; doch etwas, das anders war als mein Ich, ließ mich das Gegenteil glauben. Ich streifte den Garderobenständer, es gab ein helles Geräusch: Wo Stock und Schirme hingehörten, waren meine Golfschläger abgestellt.

Wieder da? fragte sie durch die Tür.

Ich wollte schon ja rufen, aber da fragte sie, warum ich so anders als am Telefon sei, so ungeduldig…

Ich bin nicht ungeduldig, was soll das heißen?

Sie lachte; erst leise, dann laut, lachte mir gleichsam ins Gesicht, als gäbe es keine Tür mehr dazwischen, und ich zwang mich zu einem vernünftigen Ton. Gehen Sie doch bitte, sagte ich.

Da klopfte es mit aller Härte, sechs- oder siebenmal: Hier ist Ihr Publikum. Machen Sie auf!

Ich schwieg und zählte die Sekunden. Eine halbe Minute verging, dann kratzte sie wieder. Wissen Sie, was ich getan habe seit diesem Anruf? Ich bin allein und unbewaffnet durch die Stadt gelaufen. Ich habe schwarze Farbe und Pinsel gestohlen, um meine Wohnung zu streichen. Die Leute kennen mich hier nicht, sonst würden sie mir alles schenken. Wer mich kennt, der liebt mich. Der schenkt mir alles, das ist die Wahrheit!

Ach, tatsächlich? Ich faßte mir an den Kopf und stieß in abfälliger Weise Luft durch die Nase. Was denn? Was denn? rief sie, bin ich verrückt?

Das könnte schon sein.

Nein – das sagen Sie nur, weil die Sprache es zuläßt!

Und wieder klopfte sie mit den Knöcheln und schien

sich dann an der Tür förmlich zu wetzen. Sie, ich habe einen Körper, rief sie.

Schön, dann verschwinden Sie mit diesem Körper!

Ein feiner Strahl fiel durch den Spion. Sie hatte Licht gemacht im Flur. Und so zögernd, als müßte ich einen Toten anschauen, brachte ich ein Auge an die Öffnung und sah nichts als ein anderes Auge, groß wie ein Ei. Sie kniff es zusammen. Keine Angst, ich will Sie nicht ansehen. Ich sehe Sie doch jeden Dienstag, zwanzig Uhr fünfzehn. Warum sagen Sie nichts? Auch so traurig, da drüben? Daß der Mensch Liebe braucht, ist beschämend, nicht wahr – wie denken Sie darüber?

Ich legte meine Hände aufeinander, wie vor Beginn jeder Sendung, und trat in die Mitte der Diele. Nehmen Sie Vernunft an, rief ich, gehen Sie nach Hause!

Nach Hause, wo ist das?

Dann gehen Sie eben einfach so.

Und warum sollte ich? Sie fragte das in aller Ruhe, und ich erwiderte, darum. Es sei vollkommen sinnlos: Man könne mich zu gar nichts zwingen. Im übrigen berühre sie mich auch kaum, wollte ich hinzufügen, da läutete das Telefon. Ich eilte zum Schreibtisch. Es war meine Cutterin mit Fragen zu einem Beitrag über Neue Sinnlichkeit und so weiter, wir sprachen über jeden Punkt. Ciao, ciao, sagte sie vor dem Auflegen, und ich sagte bene; das Italienische breitet sich ja jetzt bei uns aus, wer weiß, wohin das noch führt, am Ende kriegen wir die Lire hier oder sie unsere Mark. Leise wie ein Dieb schlich ich zurück in die Garderobe. Es war wieder dunkel im Flur, kein Laut drang herein. Ich machte Licht und griff nach der Klinke. Mit einem Ruck riß ich die Wohnungstür auf. Es war niemand zu sehen, es war alles wie immer. Am Ende des Flurs, wo ein Japaner wohnt, standen Schuhe auf dem Boden. Herr Sato ist also zu Hause, dachte ich noch, bevor ich mich einschloß.

Es folgte ein geglücktes Golfwochenende, Stunden des Vergessens in frischer Luft, bei überschaubarem Ehrgeiz. Ich wurde von allen Seiten gegrüßt, eine Begleiterscheinung meines Berufs, die mich nicht stört, im Gegenteil, ich empfinde dieses Gegrüßtwerden als durchaus natürlich, auch das wird noch zunehmen, denke ich: die kleine Kaste der Prominenten und die nützliche Masse, die ihr Leben vor dem Fernseher zubringt. Der Gedanke, ich sei einzigartig, kam mir übrigens relativ früh, nicht erst als Moderator, er kam mir schon im Kindergarten.

Am Montag traf ich dann meine Mitarbeiter, verläßliche Leute. Wir planten für die übernächste Sendung, ich gab den Rahmen vor, wer sonst; schon dunkelte es, ein Tag wie nichts. Und am Abend stand sie wieder vor meiner Wohnung. Es war kurz nach halb elf, die Nachrichten hatten begonnen, da kam dieses Gefühl in mir auf: nicht mehr allein zu sein. Wie auf Schienen lief ich von Raum zu Raum, bis an die Tür. Ich legte ein Ohr an das Holz, und in diesem Moment sagte sie: Ferngesehen, wie? Vielleicht machen Sie ja heute mal auf. Hier ist die Frau hinter der Tür.

Hinter der Tür bin immer noch ich!

Irrtum, mein Lieber – öffnen Sie.

Ich faltete die Hände im Nacken und gab keine Antwort. Es war, als müßte ich das Leben in seiner schrecklichen Gesamtheit einlassen. Wissen Sie, was ich heute den ganzen Tag über getan habe? fragte sie.

Was schon, rief ich.

Ich habe alles, was ich gerade finden konnte, schwarz gestrichen in meiner Wohnung. Ich bin noch halb betäubt von dem Lack. Aber schön sieht es aus, sehr schön... Ihre Stimme klang plötzlich beschwingt. So reden Menschen, die am Ziel sind, dachte ich. Dann schrillte meine Wohnungsklingel, zweimal kurz, zweimal lang. Menschenskind! schrie ich und sah mich im Garderobenspiegel und knipste das Licht aus. Mein Blick ging auf die Klinke. Ich wartete ab. Endlich holte sie Luft und pfiff ein paar Töne, wie ein Kind, das sich langweilt. Gut, gut, Sie bekämpfen Ihr Mitleid, das verbindet uns. Als ich noch am Meer lebte, besaß ich einen Hund. Ich warf ihn jeden Tag von einem höheren Felsen ins Wasser und versuchte ihn nicht zu bedauern. Schließlich war er mir so gleichgültig, daß ich ihn von einem ganz hohen Felsen herunterwarf. Er sollte ans Ufer schwimmen, aber kroch auf eine Klippe. Du hündischer Hund, brüllte ich, schwimm! Aber er rührte sich nicht. Eine Woche lang blieb er dort sitzen, ich hab ihm meine Reste zugeworfen, jeden Tag ein bißchen weniger. Zwei Schwimmer haben ihn dann ans Ufer geholt. Seitdem war alles aus zwischen mir und dem Hund. Wie lange sitzen Sie schon auf Ihrer Klippe, drei Jahre, fünf Jahre?

Jetzt reicht es mir, rief ich.

Um so besser – dann machen Sie auf!

Und da drohte ich ihr mit Konsequenzen, bis hin zur geschlossenen Anstalt, und ein wildes In-die-Hände-Klatschen hob an. Es klang wie Ohrfeigen, ich rannte zum Schreibtisch. Meine Hand griff den Hörer und legte ihn gleich wieder auf, ich lief in die Küche, das Klatschen ging weiter. Endlich was los! schallte es durch die Tür, als ich mit meinem Wein in die Diele zurückkam. Wissen Sie, daß ich neulich lauter Möbel in den Rhein geworfen habe, nur damit endlich was los war? Meine ganzen alten Sachen, plumps. Auch dieses Schwarzstreichen geschah nur, um nicht zu versteinern. Ich habe alles schwarz gestrichen, sogar das Bad, sogar die Klorolle!

Vielleicht sollten Sie sich selbst noch anstreichen!

Ich versuchte es jetzt mit Humor, aber sie hielt dagegen: Sie sei doch sowieso schon unsichtbar. Niemand erkennt mich in diesem Land, rief sie. Ist das nicht komisch? Woanders lieben mich alle. Die Dänen lieben mich. Die Türken lieben mich. Die Inder lieben mich, all diese vielen Inder. Die ganze Welt.

Ich liebe Sie nicht.

Sie schwieg, und ich lenkte ein: Nehmen Sie's nicht persönlich ... Ich trank einen Schluck, ich hörte sie flüstern. Eines Tages, drang es zu mir, werden Sie mich liebgehabt haben, was meinen Sie dazu? Ihre Nägel schleiften über die Tür. Ich stellte den Wein auf den Boden und berührte die Klinke. Geben Sie doch einfach auf, sagte ich und wollte noch etwas Nettes hinzufügen, da unterbrach mich ein Getrommel, sechs, sieben wütende Schläge, dann nur noch Atmen. Wie alt sie sei, fragte ich leise, und im Flur ging das Licht an. Warum fragen Sie mich nicht gleich, wie ich aussehe?

Wie sehen Sie aus?

Keine Frau hat solche Augen wie ich. Sie sind groß und golden. Ich wünschte, ich hätte nur Augen. Oder nur Augen und Wangen. Niemand erträgt meinen Anblick.

Und da zog ich die Tür auf und sah eine schmale Gestalt, die ihre Hände vors Gesicht schlug. Bin gar nicht da, sagte sie. In einem Singsang kam das, und ich bat sie zu gehen. Ich hätte ein Recht auf Privatleben, ob sie das nicht nachvollziehen könnte ...

Es gibt doch gar nichts, was ich nachvollziehen möchte, fiel sie mir leise ins Wort, gleichzeitig wurde es dunkel; ich wollte die Tür wieder schließen, aber schon hatte sie etwas dazwischen. Wir waren beide nie der Liebling eines Menschen, man sieht doch in Ihrer Sendung, wie Sie das ständig vertuschen, hörte ich sie.

Die Tür loslassen, rief ich und überlegte, ob ich nach ihr treten sollte. Nur ein einziger Satz noch, kam ihre Stimme von unten, ein Satz noch aus dem Publikum.

Ich trat zurück, ich stieß den Wein um. Also reden Sie jetzt. Und dann hauen Sie ab! Von der Küche her fiel ein Streifen Licht in den Flur. Ich sah ein dunkles Bündel; sie schien auf dem Abtreter zu knien. Also reden Sie jetzt, flüsterte sie von unten, das klingt ja wie: Sprechen Sie nach dem Ton Ihre Nachricht.

Ich sah, wie sie die Finger spreizte, ein Spinne vor meiner Tür, eine Spinne, die sprechen konnte. Wie Sie beben vor Wut, sagte sie, ich spüre es bis hierher – tut mir in der Seele weh. Leider gibt's für Schmerzen keine Beweise. Seit ich denken kann, befinde ich mich in Beweisnot. Und wie geht es Ihnen?

Mir geht's gut. Warum verbergen Sie Ihr Gesicht?

Welches Gesicht? Kann ich jetzt endlich herein? Sie erhob sich, und ich warf mich gegen die Tür, krachend fiel sie ins Schloß; es klingelte dreimal. Da schrie ich das schlimmste Wort für eine Frau, das ich kenne. Die Stille danach war wie die Stille während eines Tonausfalls. Dann kam ihr Applaus, dazwischen hörte ich Schritte. Es wurde hell im Flur. Ich bückte mich nach dem Weinglas und trank die letzten Tropfen. Nie hatte ich diesen Ausdruck benützt, außer im Spaß. Die Tür des Japaners ging auf und zu, ich schaute durch den Spion. Irgend etwas war anders als sonst. Der Flur wirkte kahl. Kurz bevor das Licht wieder ausging, merkte ich es: Vor der Tür von Herrn Sato fehlten die Schuhe. Ich drehte den Schlüssel herum und kehrte ins Wohnzimmer zurück. Der Fernseher lief noch. Die Nationalhymne wurde gespielt; so endete dieser Montag.

Das übliche Hin und Her vor meiner Sendung am Dienstagabend war für mich wie eine Droge, die den Verstand und die Sinne allein auf jene fünfundvierzig Minuten ab zwanzig Uhr fünfzehn lenkte und alles andere – Kleinkrieg mit Kollegen, Krankheit oder Urlaubsplanung und also auch die Frau hinter der Tür –

vergessen ließ. Ich war die Konzentration selbst an dem Tag und war doch wie betäubt. Die Stunden verflogen. Ebenso verflogen die fünfundvierzig Minuten. Alles lief ohne Fehler, als sei ich kein Mensch. Nach der Sendung noch ein Bier mit der Technik; gegen elf Uhr war ich zu Hause. Erst in der Wanne kam ich zur Besinnung. Ich hatte etwas über neue Formen der Geselligkeit gemacht, und die Gedanken und Gesten, die dazu notwendig waren, lösten sich nun von mir wie der Schmutz dieses Tages. Ich wusch meinen Körper und dachte an nichts und erschrak um so mehr, als es klopfte. Keine Eile, rief sie, erst abtrocknen!, und ich boxte gegen die Kacheln.

Nur in ein Handtuch gehüllt, ging ich mit tropfendem Haar in die Diele. Ihre Nägel schlugen jetzt einen Rhythmus an die Tür, der mir wie ein Zeichen zwischen Liebenden vorkam. Was wollen Sie? brauste ich auf. Lassen Sie sich sonstwo helfen! Sie wiederholte den Rhythmus und setzte einen Schlußakkord. Ich sah Sie vorhin bei mir und dachte: Ich komm mal vorbei. Oder haben Sie keinen Angenehmen Abend noch gewünscht? Angenehmen Abend noch, haben sie doch deutlich gesagt und hätten dabei fast gezwinkert; schon fertig gebadet? Ich habe ihr Wasser gehört. Und was heißt helfen? Ich hasse alle Helfer. Ich suche doch Leute wie Sie, ohne Mitleid. Wir zwei Unmenschen in Ihrer Wohnung, wie wär's? Sie lachte hell auf, und ich fror und wollte meinen Hausmantel holen. Wohin gehen Sie? schallte es durch den Flur. Sie gehen doch auch nicht mitten in der Sendung weg! Ich löste das nasse Handtuch von meinem

Körper und machte einen Knoten hinein, Sekunden vergingen. Dann seufzte sie plötzlich, und ich schlug den Knoten gegen die Tür. Wieder vergingen Sekunden, bis sie den Atem einzog und sich leise bedankte und mir riet, etwas anzuziehen, um mich nicht zu erkälten. Da schlug ich erneut zu, um sie zum Schweigen zu bringen, und sie sagte, He, und rieb an der Tür und machte Pschscht. Wir gehören ja beide zu der Sorte, die sich zu Hause selber umarmen. Gar nicht so einfach, stimmt's? Die Arme reichen nicht aus. Man steht wie abgebrochen da. Alles bekannt. Und ein Haustier hilft einem auch nicht. Selbst wenn man es liebt. Ich habe meinen Hund über alles geliebt, bevor ich gemerkt habe, wie hündisch er war. Warum sagen Sie nichts? Immer noch nackt?

Hauen Sie endlich ab.

He, das ist doch nicht Ihre Sprache! Sie sperren sich hier ein – das spricht für sich. Ich laufe wenigstens noch frei herum. Heute vormittag war ich im Theater und habe die ganzen Theaterplakate gekauft und dann zu Hause zerrissen. Ich hasse diese schönen Plakate. Nachts lauf ich durch die Stadt und zerkratze sie mit einem Messer. Medea, Nora, Käthchen, ritsch, ratsch. Niemand ist lebendiger als ich, keine Frau.

Ich ließ das Handtuch fallen und faßte mir an den Kopf. Dann rief ich, Hau ab!, und fügte hinzu, dies sei jetzt die letzte Warnung: Wenn sie nicht auf der Stelle verschwinden würde, geschähe ein Unglück!

Ein Unglück kommt selten allein, rief sie zurück, und ich hörte ein Geräusch, das wie das Hinstellen eines Eimers klang. Es wurde hell im Flur, ich legte ein Ohr an die Tür; alles war still. Sind Sie noch da? fragte ich. Nur keine Angst, war ihre Antwort. Da schaute ich durch den Spion, aber sah nichts als den Flur. Wahrscheinlich kniete sie wieder am Boden; vor der Tür von Herrn Sato standen auch in dieser Nacht keine Schuhe. Die Stille hielt an, und ich sagte: Sie haben mich also gesehen heut – wie fanden Sie's denn? Ein Auf und Ab, als wischte sie über die Tür, drang an mein Ohr. Wie ich die Sendung fand? Bis auf Ihr Beinahezwinkern war nichts los. Die normale Verachtung. Aber es gibt so Tage ... Manchmal bin ich schon froh, wenn ein Wind die Blätter bewegt. Warum haben Sie nicht richtig gezwinkert? Oder gleich gespuckt?

Ich legte meine Wange an die Tür und schloß die Augen. Müdigkeit überkam mich, wie ein plötzliches Fieber. Hören Sie, versuchte ich es noch einmal in vernünftigem Ton, ich muß langsam Schluß machen.

Langsam Schluß machen, wie geht das denn?

Die Frage hatte ich mir nie gestellt; ich schwieg und löste mich von der Tür, ich trat vor den Spiegel. Das Licht reichte aus, um meine Jammergestalt zu erkennen. Und schon ist man sprachlos, fuhr sie fort. Vielleicht sehen Sie sich mal in das werte Gesicht; langsam Schluß machen: daß ich nicht lache!

Ich hob den Blick – wie ein Kind, das weinen will, schob ich die Unterlippe vor. Dann kam ihr Lachen, und ich schrie, Verschwinden Sie! und schlug mit den Fäusten gegen die Tür. Es wurde dunkel im Flur. Ich hörte meinen Atem und dieses immer gleichmäßiger werdende Wischen und wieder ein Pschscht. Und da beschwor ich sie zu gehen, ja, flehte darum, und sie gab ihrer Verwunderung Ausdruck, mit einem Tzt-Tzt-Tzt-Tzt-Tzt, ehe sie vor sich hinmurmelte, wie man sich nur so erniedrigen und nur noch Mensch sein könne? Sie habe sich hier den angenehmen Abend versprochen, den ich allen Leuten gewünscht hätte, aber statt dessen… Ich sah förmlich, wie sie den Kopf schüttelte, während mir das Wischen nun vorkam, als zöge sie eine Linie. Was tun Sie da bitte? fragte ich ruhig. Ich streiche Ihre Tür schwarz, sagte sie; sie sagte es in aller Selbstverständlichkeit, und ich dachte im ersten Moment: Wer wird nun meine Sendung kriegen? Dann rief ich: Warum?

Warum? Damit mal etwas passiert; ich hasse die Zeit wie den Tod. Wissen Sie, woran ich glaube? Nur an den Schlaf. Dort liegt das Glück. Sie armer Wacher.

Ich griff mir an den Mund und machte einen Schritt auf den Garderobenständer zu. Ihre Stimme klang jetzt, als hätte ich Wachs in den Ohren. Ziemlich groß, Ihre Tür, sagte sie. Aber ich schaff's schon. Es wird wunderbar aussehen. Wo ich doch so viel Zeit an dieser Tür verbringe, muß sie auch schön sein. Es gibt ja keine schönere Farbe als schwarz; alles muß schön sein in meiner Umgebung. Es muß zu mir passen. So wie Sie.

Ich passe nicht zu Ihnen!

Wenn ich hier fertig bin, schon.

Im Ton eines Liebesversprechens sagte sie das, und ich streckte einen Arm und griff nach dem Golfzeug; sie redete weiter und weiter, wie es mir schien. Ich tastete, bis ich den bleigefüllten Treiber hatte und drehte mich um. Es war nach wie vor dunkel im Flur, aber sie strich noch immer die Tür. Da war dieses Pinselgeräusch – als striche sie mir meinen Rücken. Was habe ich Ihnen getan? sagte ich wohl als nächstes, ich habe doch nur zugehört am Telefon, ich war freundlich zu Ihnen ...

Von der anderen Seite keine Antwort, und ich packte die Klinke. Es roch jetzt nach Lack, bis in die Diele. Aber vielleicht, sagte ich, wollen Sie es allen erzählen, was Sie mir erzählt haben – bitte, ich lade Sie ein. Sie erhalten Gelegenheit, sich in der Sendung zu äußern. Ich habe vier Millionen Zuschauer, im Durchschnitt.

Und da glaubte ich sie lachen zu hören und den Farbeimer ausleeren und riß meine Tür auf, nackt wie ich war, und schlug mit dem Treiber ins Dunkle und traf etwas und holte aus und schlug wieder und wieder, ohne ein Wort, bis das Licht plötzlich anging und Herr Sato im Flur stand und sich ganz knapp verbeugte, ehe er in die Wohnung zurücktrat. Ich aber schaute mich um und sah ein Loch in der Wand und den Putz auf dem Boden und sah meine Tür, die immer noch braun war, bis auf ein großes schwarzes Kreuz, von dem noch in Bahnen der Lack herablief; und der Schläger in meiner Faust, der war ruiniert, ich habe mir das nie verziehen.

Der Badeanzug

War das ein Montag? Ich glaube schon. Ich kehrte meiner Frau den Rücken, statt auf den See oder ihre Kniekehlen zu schauen. Sie hatte sich ausgezogen und stand am Fenster, einen Schritt hinter mir und doch fern wie das andere Ufer. Ein Kontakt von meiner Seite wäre jederzeit möglich gewesen, ja sogar willkommen; geändert hätte er nichts. Ich kenne nur ferne Frauen, wie sehr ich mich auch an sie presse. Aber da war dieser Traum: daß es auch anders sein könnte, ganz anders – wir haben ihn beide geträumt, ich mit geschlossenen Augen, sie mit Blick auf den See. Der See war glatt und grau an dem Tag, wie der verhangene Himmel, ich kannte den Anblick. Es schien keine Grenze zu geben zwischen Wasser und Luft, was fiel einem nicht alles ein …

Ich stand mit dem Gesicht zur Tür, meinen lustigen Hut in der Hand, den Hut, ohne den ich das Hotel nie verließ. Ja, es war Montag, jetzt weiß ich es wieder; eine Woche zuvor war ich fünfzig geworden. Ich hatte alles hinter mir, bis auf das Glück, von dem freilich nicht sicher ist, ob es zum Leben gehört. Was mich ganz ausfüllte, war, in der Schwebe zu bleiben, oft wunderte ich mich, daß ich noch lebte. Es war die Stunde des Spaziergangs, doch nur ich stand bereit, fix und fertig angezogen, während sie mit ihrer Nacktheit noch ein Zeichen setzte: für den Fluch, der über ihrem und meinem Leben lag, das ein verkettetes, aber kein gemeinsames war. Und? fragte sie halblaut. Träumst du im Stehen?

Nein, sagte ich.

Meine Frau, die immer zuerst sprach, lachte kurz auf; mir war klar, was sie im Augenblick tat: Sie strich sich mit den Fingerkuppen über den Bauch, sie entfernte etwas Schmutz aus dem Nabel, sie riß sich ein einzelnes weißes Haar aus. Mir war auch klar, was in ihr vorging. Um sich an so einem Tag die Zeit zwischen drei und fünf zu vertreiben, wäre sie bereit gewesen, jede noch so wilde Gunst zu erweisen – aus freien Stücken hätte sie die Knie an die Schultern gelegt, nur zum Beispiel. Sie wiederholte ihren Gang. Linkes Bein, rechtes Bein, linkes Bein; und sonst geschah nichts.

Ich rieb jetzt den Türgriff. Wenn sie wenigstens stillgestanden wäre! Von den Gegebenheiten ihres ruhenden Körpers konnten meine Gedanken nämlich mühelos abschweifen, zu einer namenlosen engelhaften Gestalt, von der ich zu träumen begann, wann immer mir das Leben nicht im Wege stand. Ich drückte meine Stirn an die Tür und roch an dem Holz. Eine große Liebe, was ja doch hieß: ein großes Glück, das war das einzige, was ich noch vor mir zu haben glaubte. Als gäbe es ein Recht darauf, so verbissen waren meine Träume davon. Ist denn schon Zeit? hörte ich meine Frau sagen. Und meine Antwort: Es ist kurz nach drei.

So, Viertel vier bald ... Weißt du, was ich glaube? Daß ich dringend einen neuen Badeanzug brauche.

Ich drehte mich um. Es war das Beiwort *dringend*, das mich dazu bewegt hatte. Sie stand nun am offenen Fenster, leicht über die Brüstung gebeugt, das Knie des einen Beines sanft in der Kniekehle des anderen; kein Muskel war gespannt, auf ihren Hüften lag ein Schimmer. Von hinten hatte ich sie früher nicht ungern betrachtet, ja, die Beschaffenheit ihrer Hinterseite hatte mir sogar Freude bereitet. Inzwischen alarmierte mich das Gesäß meiner Frau aber eher, wie ein ungutes Vorzeichen: Was mich früher so beruhigt hatte daran, alles Weiche und Blasse und das Abnehmen des Lichts zwischen Rundung und Kerbe, erschien mir jetzt nur noch als Folge von Schatten, die einen zur Wachsamkeit anhalten. Ich sah durch die Balkontür auf die Liegewiese.

An was für einen Anzug denkst du? fragte ich und hielt Ausschau nach meinem Boot, wenn das wassertaugliche Gefährt, das mir gehörte, diese Bezeichnung verdiente.

Ich denke an einen Einteiler, sagte meine Frau.

Der könnte dir stehen.

Woher willst du das wissen?

Reine Vermutung, beeilte ich mich hinterherzuschikken und sah, wie sie den Kopf herumwarf. Ohne ein weiteres Wort zu verlieren, zog sie sich an. Ihre Bewegungen waren heftig. Sie schloß den Büstenhalter, als verdrehte ihr jemand die Arme. Nun, ich war es nicht; ich stellte mir nur vor, was sie dachte. Bestimmt hatte sie es für möglich gehalten, ich würde, anstatt spazierenzugehen, der Trägheit dieses Montags nachgeben und mich für ein, zwei Stunden neben sie legen; und sie vielleicht streicheln, so von den Kniescheiben aufwärts, und allem, was zwischen dem einen und dem anderen Bein klopfte, besondere Aufmerksamkeit schenken. Und aus dieser vorsichtigen Hoffnung ist dann wohl schlagartig der Wunsch nach einem Badeanzug geworden, ein interessanter Vorgang; derartige Wünsche erfüllte ich übrigens gern. Warum nicht, sagte ich mir und entdeckte dann endlich mein Boot. Es war aus Gummi und lag ohne Luft da, als könne es nie wieder fahrtüchtig werden. Ich hob den Blick. Nur selten war der See so vollkommen glatt, und ich stellte mir vor, daß diese weite Scheibe eine einzige Hautfläche wäre, die Haut meines Engels. Ein feines Splittern unterbrach diesen Gedanken. Es waren die Nägel meiner Frau: Sie schloß ihre Knöpfe an Bluse und Rock.

Offenbar hatte sie Mühe damit. Die Finger gehorchten nicht ganz. Sie schien noch nicht aufgegangen zu sein in ihrem Wunsch nach einem Badeanzug. Sie fragte sich wohl, weshalb die Lust in ihr nicht so zusammengefallen war wie die Hoffnung auf Liebe. Da existierte noch ein Juckreiz im Hinblick auf mich, vor allem in den Nachmittagsstunden. Ihre Fingerknöchel waren fast weiß von der Gewalt, mit der sie knöpfte. Sie sah mich an, und ich zeigte ihr ein fremdes Gesicht. Dann setzte ich meinen lustigen Hut auf. Er war aus buntem Stoff und hatte die Form eines Feuerwehrhelms. Vielleicht sollte ich mir auch etwas gönnen, war mein nächster Gedanke. Gäbe es für Männer noch Badeanzüge, ich würde sie kaufen. Alles, was den Körper verbarg, war mir willkommen. Meine Figur war, wie man sagt, pyknisch, und von Jahr zu Jahr wuchs die Zahl der athletischen Gäste. Ich verachtete diese Leute, deren Geschlecht mir weder männlich noch weiblich erschien, sondern sportlich. Es war eines der wenigen Gefühle, die ich mit meiner Frau angenehm teilte. Wir machten beide unsere Witze, kam jemand mit Wespentaille oder prächtigen Schultern vorbei. Meine Witze waren dumm, ihre waren bitter. Wir können, sagte sie enthusiastisch.

Vom Hotel bis zum Ortskern waren es nur ein paar hundert Meter. Man ging am See entlang, vorbei an glücklosen Anglern, vorbei an Brettseglern, die aufs unbewegte Wasser sahen. Ein Fahrradfahrer überholte uns, hinter ihm saß ein Kind mit Kapuze; ein Geistlicher kam aus der Gegenrichtung. Alle Sommergäste schienen zu schlafen. Trotz guter Lage war der kleine Ort B. kein besonders lebhafter Flecken. Es kam auch nur ein einziger, etwas abseits gelegener Laden in Frage, *Weltmode* stand über dem Fenster. Eine kurze steile Treppe führte zum Eingang hinunter; der Laden war früher ein Keller gewesen, das sah man. Ich nahm meinen Hut ab und achtete auf die Stufen. Im Kreuz spürte ich die Hand meiner Frau; sie drängte, wie immer, selbst im Bett drängte sie, Komm schon, war ihr Lieblingssatz. Als ich eingetreten war und den Kopf wieder hob, sprangen mir die verschiedensten Rottöne ins Auge. Grellrote Stoffbahnen bedeckten den Boden, an scharlachrote, wie Segel gespannte Tücher waren Einzelstücke geknüpft, mit dunklem Krapplack hatte man den Putz gestrichen, zinnoberrot war die Kasse, hinter der niemand stand. Wir waren allein – mit Badeanzügen und Blusen, mit Hemden und Gürteln, einem Korb voller Shorts, mit bunten Turnschuhen und allerlei nutzlosem Kleinzeug; und einer Stellwand, von der das obere Teil eines Leibchens herabhing, als müßte es jeden Augenblick fallen. Es war still in dem Raum, meine Frau sah mich an. Du solltest dir auch etwas kaufen, sagte sie halblaut.

Und was?

Shorts vielleicht.

Du weißt, ich habe keine Beine.

Ich ging in einem Bogen auf die Stellwand zu, meine Frau lief zu den Badeanzügen. Ich behielt sie im Auge. Mit Handbewegungen, als teilte sie Ohrfeigen aus, fegte sie Bügel um Bügel, an denen Anzüge hingen, über eine metallene Stange. Blitzartig schien sie sich um jedes Modell Gedanken zu machen. Was verhüllt dieser Anzug, was läßt er unbedeckt? Wo lenkt er ab, an welcher Stelle erregt er Aufmerksamkeit? Verwischt er die Mängel, betont er sie gar? Nach solchen Gesichtspunkten mußte sie wählen. Das erforderte Vorstellungskraft, aber auch ein rigoroses Bild von sich selbst; irgendwie tat sie mir leid. Ich wandte mich um und sah auf das Leibchen. Es gehörte wohl jemandem, der hinter der Wand war; ganz deutlich hörte ich ein Knistern, als würden sich Haare entladen. Ich roch an dem Stoff. Er duftete, schwer zu sagen, wonach. Gedankenverloren schnupperte ich noch ein paarmal daran. Bis mich ein kurzer, unvergleichlicher Schrei meiner Frau aus dieser Art Schwebe herausriß: das schreckliche Zeichen, daß sie sich in ein Ding verliebt hatte. Mit einem Auge schaute ich über die Schulter. Sie hielt sich einen schwarzweiß gestreiften Anzug vor ihren Körper, das eine Bein etwas streckend, als gäbe es da einen Zusammenhang zwischen beidem. Wenn hier bloß jemand wäre, sagte sie klagend, und eine junge Stimme rief: Moment noch.

Das Leibchen wurde weggezogen, und in dem Spalt zwischen den Flügeln der Wand wurde es abwechselnd dunkel und hell. Dieses winzige Schauspiel aus Schatten und Licht beschleunigte meinen Puls. Mehr brauchte ich gar nicht zu sehen – mein Bild von dem Wesen hinter der Stellwand stand fest. Es war das Bild, das ich schon ewig in mir trug, in meinem Herzen oder wo auch immer. Solange ich zurückdenken konnte, gab es diese engelhafte Gestalt, mit der ich die Möglichkeit verband, endlich lieben zu können. Es war eine Vorstellung, die weniger der Sehnsucht nach einem bestimmten Menschen entsprach als dem Heimweh nach einer Landschaft mit ihren Farben und Formen, den Gerüchen und Klängen. Auf die übliche Enttäuschung war ich gefaßt.

Beide Hände im Haar kam ein Mädchen hinter dem schmaleren, leicht nach innen gewinkelten Flügel hervor. Es trug das Leibchen, dazu flache Schuhe. Sie waren himbeerfarben, wie ihre kurze, lockere Hose. Ich wählte eine der offenen Achseln für meinen Blick und starrte folglich dorthin; ich konnte dem Mädchen kaum ins Gesicht sehen. Selbst auf den zweiten Blick gab es keine Enttäuschung. Schwindel befiel mich, wie nach zu raschem Aufstehen. Den Namen meiner Frau auf der Zunge, hob ich den linken Unterarm über die Augen, als wollte ich mich vor der Sonne schützen. Ich sah das Zifferblatt meiner Uhr. Es war gegen drei Viertel vier.

Ja bitte, sagte das Mädchen und fügte ein neckisches *prego* hinzu. Und meine Frau, ihren Kopf zurückwerfend: Wir möchten einen Badeanzug.

Ich ließ den Arm etwas sinken und fing sofort einen Blick meiner Frau auf. Sie hatte *Wir* gesagt, um Front zu machen gegen das Mädchen; sie betrachtete es jetzt von der Seite. In ihren Augen war es sicher ein Mädchen von unauffälligem Aussehen. Weder groß noch klein, weder hellhäutig noch dunkel, nicht schmal und nicht kräftig. Es hatte nichts Hervorstechendes und nichts Gewöhnliches an sich, und so war es wohl am erstaunlichsten, daß es überhaupt existierte.

Meine Frau drehte sich weg. Ich sah, wie sie Luft holte und den gestreiften Anzug gegen das Licht hielt, das von der Gasse in den Laden fiel; es war ein Licht, das einem alle Mühe machte, über den Augenblick hinaus zu denken. Sie seufzte, und das Mädchen ging auf sie zu. Es streckte eine Hand aus und warf ebenfalls den Kopf in den Nacken, wahrscheinlich ihr erster Fehler. Es bot sich an, den Anzug vorzuführen. Gott ja, sagte ich leichthin, so sieht man ihn mal in natura.

Wie er sich macht, steuerte meine Frau bei, und wir

nickten uns zu. Das Mädchen aber trat hinter die Wand, während an das Ladenfenster ein Steinchen flog. Ich sah auf die Gasse, doch es war niemand zu sehen. Dann hörte ich Schleifen von Stoff über Haut, auch Atemgeräusche und wieder knisterndes Haar, eine leise Musik für mein Ohr. Und je mehr ich mich zwang, den Vorstellungen, die sie hervorrief, keine Beachtung zu schenken, desto ausgelieferter war ich ihnen. Keiner sprach von uns dreien. Eine Lampe, die neben der Kasse stand, wurde sekundenlang schwächer. Ich kehrte meiner Frau den Rücken. Und plötzlich fragte ich: Sind Sie allein hier?

Ja, rief das Mädchen.

Aber sind nicht aus dieser Gegend?

Nein, rief das Mädchen.

Aber führen hier den Laden …

Während des Sommers!

Mehr wollte ich nicht wissen. Mehr hätte nur gestört, am meisten ein Name. Ihr Leibchen fiel über die Kante der Stellwand, fast wäre es zu Boden gefallen. So wie vorhin drohte es jeden Moment herunterzurutschen – ich sah darin ein Zeichen, das mir zugespielt wurde, und das, was man Liebeswahn nennt, begann von mir Besitz zu ergreifen, wie in jenen Träumen, die sich nur darum drehen, umarmt und geküßt zu werden, wieder und wieder, von einem weichen Mund, von einer zärtlichen Stimme, auch wenn Stimmen nicht küssen können, aber das spielt im Traum keine Rolle.

Ich trat ein paar Schritte zurück, und das Mädchen

erschien in dem schwarzweißen Anzug. Der Stoff sah aus wie auf die Haut gemalt: nichts von der Parodie eines Zebras, wie bei meiner Frau zu befürchten wäre. Das Mädchen drehte eine Runde, es zeigte sich von allen Seiten, und ich klammerte mich an eins der Regale. Und? wurde ich von der Seite gefragt, wie ist deine Meinung zu diesem Anzug?

Ich finde, er ist gut geschnitten.

Du weißt, ich habe keine Brust, flüsterte meine Frau, und ich widersprach dem nicht. Statt dessen umschritt ich langsam den Engel aus Fleisch und Blut, der nun abwartend dastand. Man bekommt ja nur selten ein Geschenk dieser Art und weiß gar nicht, was man damit anfangen soll; früher, als Kind, habe ich solche Geschenke, die schönen zerbrechlichen mit den Rädchen und Federn darin, innerhalb eines Tages kaputtgemacht, dann war es überstanden. Meine Frau faltete jetzt die Hände, alle Knöchel leuchteten wieder; ihr Blick sprang hin und her, von mir zu dem Mädchen und hastig zurück. Es konnte ihr nicht entgehen, wie ich das Mädchen ansah. Das war nicht jene Art Träumerei, aus der sie mich sonst immer zu wecken vermochte. Nein, ich sah, was ich sah. Und ich sah es nur mit den Augen. Das Mädchen lächelte. Lächelnd glitt es auf die Theke neben der Kasse, wodurch ihre Schenkel leicht in die Breite gingen, und sagte, die Badeanzüge seien natürlich in allen Größen vorhanden. Was hier ausliege, entspreche nur ihrer eigenen Größe. Der Laden sei nun mal klein.

Aber dafür sehr schön, fügte ich leise hinzu, während meine Frau einen gelben Einteiler mit tiefem Rückenausschnitt gegen das Licht hob. Wie findest du den hier?

Nun, man müßte ihn sehen.

Und wie im Vorbeigehen nahm das Mädchen den Anzug und verschwand wieder hinter der Stellwand. In der Gasse tönte eine Fahrradklingel, und in dem Spalt zwischen den Flügeln begann der Wechsel zwischen dunkel und hell. Ich achtete auf meinen Herztakt. Es war, als stiege ich Treppen. Nie hatte ich mich so beteiligt gefühlt. Es gab ja nur drei Dinge im Leben, für die ich Interesse empfand: Die engelhafte Gestalt, nach der ich mich sehnte, den Tod und meinen unglücklich ausgefallenen Körper. Von der Engelsgestalt hatte ich nie eine exakte Vorstellung besessen, und mit einem Mal war sie da. Ebensowenig vorstellbar war mir der Tod gewesen, und nun hatte ich einen Begriff davon, was es hieße, ausgelöscht zu werden: träte dieses Mädchen wieder aus meinem Leben. Allein mein Körper hatte mir von jeher ein Bild geboten, das nicht klarer sein konnte – der Block, in dem ich steckte. Ich drehte mich um und ging durch den Laden. Bis meine Frau mir in den Weg trat. Sie vermied es, mir in die Augen zu sehen. Ich glaube, der Glanz in meinen Augen flößte ihr Grauen ein, diese plötzliche Kraft. Sie war ja nur mit meinen Schwächen vertraut, auch mit dem Traum vom Engel. Es war abgemacht zwischen uns, daß ich davon reden durfte, sooft ich es wollte. Das erleichterte mich und kostete sie bloß ein Nicken; so war das bisher. Jetzt aber nickte ich, langsam und fortwährend. Meine Frau sah mich an. Ich weiß, was du denkst, sagte sie.

Das macht es mir leichter.

Und darauf sie: Aber du irrst dich.

Und ich: Das hättest du gern.

Und sie wieder: Was macht dich so sicher?

Die kleinen Muskeln in deinem Gesicht, das Auf und Ab an den Schläfen.

Und nun sah sie mich doch an, das war zu erwarten gewesen, und ich nahm eine Hand vor den Mund. Ich verbarg den weibischen Zug der Verliebten. Ein paar ermüdende Sekunden verstrichen. Wir standen unbewegt da. Ein weiteres Steinchen flog gegen die Scheibe, pling. Dann rief das Mädchen, Ich bin soweit, und kam auf uns zu. Es drehte sich, es ging auf die Zehenspitzen, es hob seine Arme. Der tiefe Rückenausschnitt reichte bis zum Steiß, man sah den Anfang eines feinen Schattens, einer Körperstelle, vor der ich mich hätte zu Boden werfen können. Wenn Sie das passend haben, sagte meine Frau nur, und das Mädchen lächelte erneut; anstatt zu antworten, bückte es sich, immer noch lächelnd, und schlug eine der Stoffbahnen, die den Boden bedeckten, zurück.

Breite Dielen kamen zum Vorschein, darin war eine Tür eingelassen. Mein Engel klappte sie hoch, man sah eine Stiege und unten Regale; rückwärts nahm das geliebte Wesen die Stufen, ich zwang mich, meine Frau anzuschauen; über ihren Scheitel hinweg fiel mein Blick auf die Gasse, die auf halber Höhe des Schaufensters lag. Ich sah den Unterkörper eines Kindes. Es stand auf einem Bein, wie festgenagelt, bis es einen Hüpfer tat und danach wieder regungslos dastand. Es spielte Himmel und Hölle, und meine Augen hingen jetzt an diesem einzelnen Bein. Erst ein Knarren löste mich von dem Bild. Mit dem gelben Anzug in passender Größe im Arm kehrte das Mädchen über die hölzerne Stiege in den Laden zurück. Es breitete ihn aus und trat beiseite.

Den solltest du probieren, sagte ich und griff nach dem Preisschild am Träger. Das Mädchen öffnete ein Schubfach und entnahm eine große Schere; es wollte das Preisschild entfernen, doch meine Frau trat dazwischen.

Ist mir zu gelb, sagte sie und wandte sich wieder den aufgereihten Einteilern zu, ich sah ihr an, was sie dachte. Wozu noch ein hautenger Badeanzug? Wo doch sein Engel jetzt aufgetaucht ist. Geh, laß mich, würde er in Zukunft sagen, in fast heiterem Ton: Geh, laß mich. Genau das dachte sie, weil sie mich kannte, der große Nachteil jeder Ehe: Man weiß zuviel vom anderen. Sie nahm einen dunklen, hochgeschlossenen Anzug vom Bügel, sie schwenkte ihn, Könnten Sie uns den vielleicht zeigen?

Und mein Engel legte die Schere auf die Kante der Stellwand und nahm den Anzug und ging. Wieder knisterte es, ich rieb mir die Hände hinter dem Rücken. Meine Frau hustete leise, ihre Art, mir ins Träumen zu pfuschen. Wolltest du dir nicht auch etwas kaufen?

Ich ging zu dem Korb voller Shorts. Ohne zu wählen, griff ich mir eine der knielangen Hosen. Sie war kariert und hätte früher gereicht, um ein ganzes Zirkuszelt zum Lachen zu bringen; ich würde auch heute, in unserer lächerlichen Zeit, wie ein Narr darin aussehen. Meine Frau nahm sie mir aus den Händen. Von hinten um mich herumgreifend, hielt sie das gute Stück wie ein Lätzchen vor meinen Bund, und ich suchte nach einem grundsätzlichen Einwand gegen die Hose. Und als ich eben sagen wollte, sie sei einfach zu knapp, in Länge und Breite, kam meine Frau mir, wie immer, zuvor. Todschick, hieß ihr Urteil.

Danach fiel kein Wort mehr, bis das Mädchen in dem hochgeschlossenen Anzug erschien. Vorwärts schreitend, zog es mit beiden unter den Stoff geschobenen Daumen den Schritt etwas tiefer (ein Bild, das mich noch heute verfolgt). Ich nahm die Shorts wieder an mich, ich knüllte sie, um mich nicht sonst zu vergreifen. Das Mädchen betrachtete mich, sie sah, was meine Hände taten. Ihr Mund ging auf und wieder zu. Mit ihm – oder ihr – zu leben, schied ja von vornherein aus. Wo überhaupt? Wie? Ja, mit welcher Begründung? Und aufgrund welcher Vorzüge meinerseits, auch das war die Frage.

Und auf einmal suchte ich den vernünftigen Blick meiner Frau. Ich sah mich daheim, mit schwerem Geist durch unsere Wohnung gehend, an all den Wochenenden, die sich schleppten: Ich sah mich vor Sehnsucht vergehen. Den Anzug da, sagte ich, solltest du nehmen. Mit dunkelblau macht man nie etwas falsch.

Wenn du die Shorts für dich kaufst, erwiderte sie und nickte mir dabei zu; es war mein Nicken, das sie vorwegnahm. Dann bat sie um den Anzug in ihrer Größe, und mein Engel stieg ins Lager. Und da dachte ich: Auflösen müßte er sich. Nur dagewesen sein sollte mein Engel, nicht aber Fortbestand haben; was war schon Trauer gegen Sehnsucht? Das ganze Leben war traurig. Ein Geräusch schreckte mich aus diesen Erwägungen hoch. Die Tür war aufgegangen, ein Kind stand im Laden. Es war das Kind, das Himmel und Hölle gespielt hatte, ich erkannte es an seinen Strümpfen. Es trug ein Regencape mit Kapuze und wirkte steif. Aus einem runden Gesicht sahen mir zwei schmale Augen entgegen. Über der kleinen Nase war ein deutliches Fältchen, und durch die Stirnmulden zogen sich Adern; es holte Luft und schloß kurz die Augen. Wie spät isses denn bitte?

Ich hob meine Hand. Obgleich ich Zeit so zuverlässig im Gefühl habe wie leichtes Fieber, warf ich einen Blick auf die Uhr. Halb fünf ist es, halb fünf.

Genau halb fünf?

Ich sah erneut auf die Uhr und hörte ihr feines Tikken. Es mußte ungewöhnlich still in dem Laden sein, sonst hätte ich es kaum gehört.

Eine Minute vor halb fünf ist es. Warum willst du es denn so genau wissen?

Das Kind wandte sich wieder zum Gehen.

Und möchtest du dich denn gar nicht bedanken für diese Auskunft? rief meine Frau hinterher.

Danke.

Das Kind zog die Tür auf, ich setzte ihm nach und erreichte es auf den Stufen zur Gasse; ein schwacher Regen fiel. Warum wolltest du die Uhrzeit so genau wissen?

fragte ich schnell, aber das Kind drängte sich an mir vorbei, die Kapuze glitt nach hinten, blondes Haar fiel ihm über die Ohren. Was bist du, ein Junge?

Es sah mich an, und ich schaute zu Boden, auf seine kleinen schwarzen Schuhe. Ich warte dort vorn, sagte es, als sei ich sein Vater, und ließ mich dann einfach so stehen. Ich konnte nichts tun. Ich hielt noch immer die Shorts und konnte nicht einmal rufen: Moment. Rückwärts nahm ich Stufe um Stufe nach unten. Daß ich etwas ausgeschlagen hatte, schoß mir durch den Kopf.

Wolltest du fort? Meine Frau trat hinter die Kasse; ich sah, wie der Kopf des Mädchens erschien. Es kehrte aus dem Lager zurück, den hochgeschlossenen Anzug im Arm. Wortlos nahm es die Schere von der Kante der Stellwand und schickte sich an, das Preisschild abzuschneiden. Da kam die Hand meiner Frau. Sie stoppte das Mädchen. Mein Mann will erst diese Hose probieren.

Ich sah ihr bebendes Kinn, und wieder hatte sie mein Mitleid, und ich trat mit der Narrenhose hinter die Stellwand. Dort hingen Söckchen und Wäsche über dem Rahmen eines Spiegels; ich roch an beidem, wie an Blumen. Die Wäsche duftete nach mildem Herbst, nach Fallobst in der Sonne. Ich schnaufte jetzt, ich berauschte mich an dem Duft. Und sicher hörte mich meine Frau, wie nachts, wenn ich neben ihr wach lag; mehr, dachte sie wohl, bliebe nicht übrig – an ihrer Seite dieses Schnaufen. Aber vernünftig wie sie war, dachte sie den Gedanken nicht zu Ende, sondern vertrieb ihn mit Erinnerungen. Und die gab es schon. Mit was für einem

Willen hatte sie mich früher an sich gepreßt, die Füße über mir gekreuzt, meinen nassen Kopf in den Armen – dieses Köpfchen, zu dem sie nun keinen Zugang mehr hätte! Ihre und meine Zeit, also unsere, war vorbei. Es gäbe keinen Ausbruch mehr, auch nicht den Rappel des Betts; aus gutem Grund hatten wir diese Dinge *rappeln* genannt, es war unser Ausdruck: seltsam, wohin die Liebe sich manchmal zurückzieht, wenn es sein muß, in ein Wort, das in keinem Lexikon steht.

Ich schwankte auf einem Bein, Gleichgewicht suchend, um dann ruckartig aus der herabgelassenen Hose zu steigen. Gewiß, ich war ein Monstrum, auch was mein Inneres betraf. Da gab es drei, vier grobe Wünsche neben drei, vier groben Ängsten. Aber auch ein Monstrum gewinnt andere lieb, was ebenso für meine Frau galt. Etwas nach vorne taumelnd, kam ich schließlich aus der Hose. Ich stand im Hemd da und verpustete. Und? Passen sie? hörte ich ihre Stimme, die Stimme meiner Frau.

Ich weiß es noch nicht! Hast du was gefunden?

Nein, es ist zum Verrücktwerden!

Dann solltest du weitersuchen!

Wenn du die Hose probierst!

Das kannst du haben!

Wir hatten schon lange nicht mehr so lebhaft miteinander gesprochen, aber warum sollte es in der Ehe nicht auch Überraschungen geben? Ich bückte mich und stieg in die Shorts, ich zerrte sie nach oben. An den Schenkeln wurde es knapp, ich wandte Gewalt an. Es gab ein leises, häßliches Geräusch – der Stoff war geplatzt. Nun kam es auf nichts mehr an, dachte ich, nun könnte man ebenfalls platzen. Ich sah in den Spiegel. Der Riß war lang und breit, die Shorts waren hinüber. Aus reinem Trotz behielt ich sie an; nach und nach hob ich den Blick und begegnete meinem Gesicht – da ertönte ihr Schrei: Sie hatte sich also schon wieder in etwas verliebt. Ich drehte mich um und schaute durch den Spalt zwischen den Flügeln der Stellwand. Wie ein Stück Beute hielt meine Frau einen Gürtel in der Hand und blickte dabei auf das Mädchen. Und wieder ahnte ich ihre Gedanken. Was ist denn schon dran an dem Wesen? Ein wenig Fett und die Knochen, Haare, Lippen, Augen, Näschen, Wangen und ein Kinn; das meiste ist ohnehin Wasser. Und trotzdem hat es Gestalt. Man kann es aufsuchen und es betrachten, und wenn es nur im Urlaub geschähe, einmal im Jahr. Den Herbst und Winter über könnte man sich erinnern daran und ab März darauf freuen. Was kostet der? rief sie.

Mein Engel nahm ihr den Gürtel sanft aus der Hand und ging damit zur Kasse. Keinen Badeanzug?

Nein.

Meine Frau sagte das ohne Groll und ging dann ebenfalls zur Kasse, wobei sie einen Umweg machte.

Und wie stehen dir die Shorts?

Sie passen zu mir.

Ich war nun ganz dicht an dem Spalt. Das Mädchen griff sich ins Haar. Ich sah ihre schattige Achsel und in dem Dreieck, das zwischen Armbeuge und Kopf entstand, meine Frau: Wie ihre Augen die Schere erfaßten. Kauft sie also doch etwas, dachte ich und wollte den Mann sehen, der für ihre Wünsche bezahlte, und sah folglich mich, aber auch meinen Engel im Spiegel, halb hinter die Stellwand getreten, als wollte er rasch aus dem hochgeschlossenen Anzug heraus, ein Träger hing schon über der Schulter. Komm, wollte ich sagen, komm, ich warte – doch jedes dieser Worte lag wie an Ketten.

Wange und Lippen des Mädchens erschienen im Spiegel, auch etwas von der Umgebung des Auges, und all das übte stärksten Zwang auf mich aus. Ich liebte es blind in diesem Moment, und mir war, als sähe ich einen Abglanz meiner Gefühle auf seinem Gesicht. Es lächelte mir zu. Als nächstes sah ich, wie der Spiegel beschlug. Ich rieb ihn ab und glaubte, Hals und Haar meiner Frau zu erkennen, auch ihren Arm und eine Hand. Ich wollte ihren Namen rufen, aber es ging nicht; sekundenlang war mir der Name entfallen. In diesem Zeitraum kam sie näher und sah, ganz anders als ich, die Dinge wahrscheinlich mit jedem Schritt schärfer. Was für mich jetzt hinter Schleiern lag – mein Engel mit dem losen Träger –, war ihr so deutlich vor Augen, daß es am Ende dastand wie ein Zeichen. Ich wollte mich herumwerfen, doch meine Knie gaben nach; das Mädchen schien mir entgegenzustürzen. Und halb im Fallen nahm ich die Faust meiner Frau wahr: wie sie zustieß mit der Schere.

Ich taumelte weiter, ich fing mich an ihr, sie bot mir hilfreich den Arm. Und ich sah mich dastehen, als Umarmter, und dachte: Das war mein Leben. Ich hielt den

Atem an und schaute. Es gab nichts mehr zu tun, so mein Eindruck. Was jetzt noch käme, wäre nur die Zeit danach. Ich hoffte auf ein Wort von ihr, doch sie sagte kein Wort, und ich bekam Angst; jetzt erst Angst (wie ich es später hervorhob), Angst und dieser Griff um mich, diese fünf gefeilten Nägel in meiner Seite. Ihre andere Hand hing herunter, mit weißen offenen Fingern; die Schere aber saß tief im Rücken des Mädchens.

Es schwankte, es drehte sich, fast wie zu schöner Musik. Es schrie nicht, und da war auch kaum Blut; ein kehliger Ton, das war eigentlich alles. Endlich sackte es ein und kippte vornüber, mit hohem Kreuz, und ich sah, wie es die Stiege hinabfiel, ohne größeres Gepolter, bis in das Badeanzuglager. Gleichzeitig spürte ich einen Stich in den Augen, als hätte ich mir ein Haar aus der Nase gerissen, und meine Frau murmelte etwas. Es klang wie mein Name, mir wurde schlecht; irgendwo suchte ich Halt, vielleicht an der Wand, während sie sich bückte und die Öffnung im Boden schloß. Mit ihrer Schuhspitze schob meine Frau die zurückgeschlagene Stoffbahn wieder darüber, eine kurze anmutige Bewegung, sie glättete sogar die Falten – was konnte ich jetzt noch tun?

Ich holte meine Hose und zog erste Schlüsse. Nicht spazierengegangen zu sein, war der Hauptfehler gewesen. Von nun an kein Tag mehr ohne Spaziergang! Das sagte ich mir und stieg in die Hose und blieb auf einem Bein stehen. Ich konnte die Balance halten, ein Gefühl von Dank ließ mich seufzen. Irgendwie hatte ich überlebt. Zwar wäre nichts mehr wie vorher, doch spürte ich schon die neue Schwebe in mir. Mit ein wenig Beeilung könnte man noch den Cappuccino zur gewohnten Zeit nehmen. Ich sah zu, daß ich fertig wurde; Knöpfe schließend trat ich meiner Frau entgegen, und sie machte Hm?, so wie ich sonst vor dem gemeinsamen Aufbruch. Dann verließen wir den Laden, der *Weltmode* hieß.

Es hatte aufgehört zu nieseln, aber man konnte das Pflaster noch riechen. Auf den ersten Blick war die Gasse ganz leer, aber auf einmal sah ich das Kind. Es stand in einem alten Haustor, bei einem umgefallenen Fahrrad, ein Stück zerschlagenes Glas vom Katzenauge zwischen den Fingern. Ohne uns abzustimmen, blieben wir vor dem Kind stehen. Es sah mich an. Ist es schon fünf?

Ich warf einen Blick auf die Uhr. In einer halben Minute; hast du das Rad umgeschmissen?

Über der kleinen Nase des Kindes erschien wieder die Falte. Es schwieg, und mir graute vor ihm.

Wo sind deine Eltern?

Ich fühlte die Hand meiner Frau.

Und ist es jetzt fünf? Das Kind blickte unverwandt zu mir auf, und ich schaute erneut nach der Zeit. Jetzt ist es fünf vorbei… Und da sah es mich durch das rote Glasstückchen an, und ich spürte den Wunsch, ihm die Scherbe ins Auge zu stoßen.

Ich kannte mich kaum mehr, aber meine Frau schob mich weiter, sie kannte mich; durch belebtere Gassen ging es nun, Gott sei Dank, und dennoch, trotz einiger

Menschen, blieb das Gefühl, durch eine verlassene Ortschaft zu laufen. Vor zwei Frisörläden standen die Frisöre, jeder sah in eine andere Richtung. Ein Mann trug ein Fernsehgerät über die Straße, eine Dame schloß ihren Mantel, ein Greis hob seinen Gehstock. Alle wahren sie den Schein, dachte ich und glich mich dem Schritt meiner Frau an. Wir gingen zurück zum Hotel, wieder am Ufer entlang, wieder an müßigen Brettseglern und glücklosen Anglern vorbei. Auf dem Kiesweg, der unter Weiden verlief, wurde beim Ausschreiten Steinstaub verwirbelt; ich sah mal auf den Boden, mal in die Luft. Es gab diese Wölkchen über dem Kies, und es gab Schleier aus schwärmenden Mücken. Und je mehr ich solche Feinheiten wahrnahm, desto lebhafter stellte ich mir etwas Gewaltiges vor, einen schwarzen Orkan, mit dem jede Kompliziertheit des Lebens verschwände, wenn nicht das Leben überhaupt. Der Weg wurde breiter, man sah das Hotel. Erst eine Urlaubswoche war vorüber, drei standen noch bevor; und mir fiel ein, daß ich die Shorts noch unter der Hose trug. Eine Asphaltdecke löste den Kies ab. Dadurch gingen wir leiser und hörten das Klatschen springender Fische. Warum krachte kein Schuß? Aber ebensogut hätte ich fragen können: Wer bin ich?

Meine Frau sagte etwas zu mir. Möchtest du erst noch aufs Zimmer? Und ich verneinte; denn es war höchste Zeit, wenn sich das Leben wieder einpendeln sollte.

Und am Rande der Liegewiese, wo einige Tische standen, nahmen wir dann mit etwas Verspätung unseren Siebzehnuhr-Cappuccino. Ich sah auf mein Boot, ich beschloß, endlich Flickzeug zu kaufen, während ich vorsichtig abtrank; meine Frau verschüttete indessen die bestäubte Haube aus Schaum. Auf ihrem Rock wuchs ein Fleck. Was ist mit deiner Hand? fragte ich und sprach so zum ersten Mal, ehe sie sprach.

Nichts. Es ist alles in Ordnung.

Aber ich habe doch Augen.

Dann schau mich nicht damit an, sagte sie und sah hinaus auf den See. Ich aber wandte mich ab und ahnte jeden ihrer Gedanken. Ihr ging dieser Fleck durch den Kopf – fast schon ein Grund, um einen neuen Rock zu kaufen. Und dabei dachte sie an morgen; morgen würde sie nach Malcesine fahren, dort gibt es viele Läden. Und in einem dieser Läden fände sie einen Badeanzug, und zwar genau den, der ihr stünde. Er müßte ihren Rücken zeigen, nicht aber die Rippen, er müßte den Oberkörper scheinbar ein wenig verlängern und die Schenkel in ihrer Wirkung um eine Spur kürzen; ferner die fehlende Brust überspielen und ihr Gesäß aus der Welt schaffen, so gut es ging. Und in diesem Modell flanierte sie dann hier auf und ab, fern von mir, mit beiden Daumen zöge sie im Gehen den Schritt etwas tiefer und ließe den Stoff dann zurückschnappen. Vor meinen Augen verschwammen die Dinge, kann sein, daß ich weinte; sie sagte noch einmal: Schau mich nicht an.

Wird nie wieder vorkommen, war meine Antwort.

Toter Mann

Unsere Städte sind nur gegen Kälte gewappnet, knallt die Sonne, ist man schutzlos. Eine Hitzeglocke lag über Frankfurt, die Menschen sahen aufgequollen und gerötet aus. Manche fielen einfach um, trotz guter Ernährung. Andere blieben zu Hause, hinter zugezogenen Gardinen. Und in jedem pochte ein Wunsch nach Erlösung, kaum einer fand Kraft für die Liebe. Schlaflosigkeit herrschte; tagsüber war es ungewöhnlich still in den Straßen. Und in allen Büros ging ein Wort um, Kiesgrube.

Ich mochte diesen Ort nie besonders, offen gesagt: Ich hatte Angst vor all den Nackten, die dort lagen. Der Anblick großer Mengen unbekleideter Menschen läßt mich an Kriegswirren denken, weniger an Freiheit. Neben diesem eher geistigen Motiv gibt es auch ein eher dumpfes: Nackte Frauen können mein Innenleben derartig ankurbeln, daß ich mir wie mit nach außen gestülpter Seele vorkomme, wenn ich mich zwischen ihnen bewege, noch dazu selbst nackt. Aber wir hatten nun mal diese tropische Hitze; schon beim Aufstehen fühlte man sich erschöpft, die Zubereitung des Frühstücks war von Schweißausbrüchen begleitet; jenes berühmte Wort *Wasser*, wie es in allen Filmen mit Wüstenszene früher oder später gestöhnt wird, wollte mir nicht mehr aus dem Kopf. Und an einem Sonntag, als das Thermometer auf achtunddreißig Grad kletterte, wurde ich weich. Die Kiesgrube lag Richtung Langen; man bog irgendwann von der flimmernden Hauptstraße ab – noch sah man nichts, nur Autos, die am Wegrand standen, mit Zeitungen und Lumpen bedeckt, auch kein friedliches Bild. In einem Waldstück tauchten dann plötzlich Polizeisperren auf, ich hörte Hubschrauberlärm, Sanitäter liefen umher. Ein böser Unfall? Eine Fahndung? Nein, die Kiesgrubenzufahrt. Ich wurde zurückgewiesen, bis an das Ende der parkenden Schlange. Dort stellte ich mein Auto ab, dann schlug ich mich durch den Wald. Der Weg war nicht zu verfehlen, denn Hunderte schlugen sich durch den Wald, Richtung Nordwesten, wie mir meine Kompaßuhr sagte. Viele trugen Gummiboote über den Köpfen, viele bluteten an Waden und Knien. Das Unterholz war scharf, auch ich holte mir Risse. Die Leute gingen vereinzelt oder in Gruppen; manche waren bereits nackt. Da sie Sandalen und in einigen Fällen sogar Strümpfe anhatten, wirkte ihre Nacktheit um so herausfordernder. Aber es gab kein Zurück mehr: Ich lief jetzt in einer Art Prozession. Wann war ich so zuletzt durch einen Wald gestapft? Ich glaube, als Soldat.

Endlich kam eine Straße; auch dort parkten Autos, man konnte neidisch werden auf die guten Plätze. Jenseits der Straße zog sich ein hoher Zaun bis zum Horizont hin, innen verkleidet, oben mit Stacheldrahtrollen versehen, wie man es von militärischen Anlagen kennt.

Unsere Gruppe, die den Wald passiert hatte, reihte sich in einen schier endlosen Menschenzug ein. Niemand sprach, viele keuchten vor Hitze, jeder hatte zu tragen. Ich sah Kühltaschen, Luftmatratzen, Klappstühle und Decken, ja sogar Grillvorrichtungen und ausziehbare Bänke.

Schließlich kam der Menschenzug ins Stocken, der Eingang konnte nicht mehr weit sein; es roch nach Teer. Alle schienen Geduld zu haben, nur ich nicht. Mit meiner Geduld war es noch nie weit her, vielleicht gab es deshalb keinen anderen an meiner Seite. Die Leute hielten jetzt Münzen bereit, man sah schon die Kasse. Und als ich zwischen Köpfen einen Streifen glitzernden Wassers erblickte, stieg ein Gefühl von Hoffnung in mir auf, so unglaublich es klingt. Es dauerte dann immer noch zwanzig Minuten, aber ich würde es schaffen, das war mir jetzt klar – ich würde diesen Hundstag irgendwie hinter mich bringen. Und gegen elf Uhr gelangte auch ich durch den Zaun; und da lag sie, die Kiesgrube.

Ich hatte sie viel kleiner in Erinnerung gehabt, als eine nicht ernstzunehmende Grube, doch sie war ein beachtlicher Krater, ein gewaltiges Erdloch, zu zwei Dritteln mit gelblich grünem Wasser gefüllt. Die Fläche war ganz unbewegt, mit blendenden Reflexen, sie glich einer von Messern zerkratzten Kunststoffplatte. Ich betrat das Gelände und versuchte die Dinge mit anderen Augen zu sehen. Trieben nicht auch bunte Schwimmreifen in der Grube, oder planschten nicht auch Menschen darin? Natürlich gab es das, ein lustiges Treiben; die ganze ufernahe Zone war ein Gewoge von Leibern und Utensilien. Und erst das Ufer selbst! Ringsherum war das zum Wasser führende, mal sanft, mal steiler abfallende Erdreich von Erholungssuchenden übersät. Die meisten lagen auf dem Bauch, so daß man, ohne Übertreibung, von Tausenden von Ärschen reden konnte, und ich war unfähig, mich irgendwo zwischen glänzenden Backen niederzulassen, es bot sich an, sofort ins Wasser zu gehen. Aber ich hatte Angst vor den Tücken der Grube, immer wieder ertranken hier Leute, hieß es. Und so setzte ich mich in den Uferschlamm und ließ mir die Füße umspülen.

Um keinen Anstoß zu erregen, hatte ich alles ausgezogen. Meine Kleidung war in einer Plastiktüte, der Packen lag in meinem Schoß. Dadurch gelang es mir, obwohl ich nackt war, meine Erregung zu verbergen. Sie war einfach da; ich konnte nichts für meinen Zustand, und es war mir ein Rätsel, weshalb er sich bei anderen Männern nicht ebenso einstellte. Es mochte an der Hitze liegen. Aber wahrscheinlich hatten diese Männer Verbindung zu Frauen oder anderen Männern, zu irgend etwas, das warm war und sich bewegte. Sie hatten regelmäßig Kontakte, das mußte es sein. Für mich aber war schon das Wort Frau gleichbedeutend mit Ferne. Frauen waren ferne Wesen, und wenn ich sie nackt sah, wurde die Entfernung nur größer – es stand nicht einmal in meinem geheimsten Belieben, mit ihrer Nacktheit einfach einen Tagtraum auszustatten. Was konnte ich also tun, um mich ihnen zu nähern? Im Augenblick blieb mir nur, das Verhalten der anderen zu studieren, um gegebenenfalls das eigene daran zu messen; eine verdammt schwere Aufgabe an so einem heißen Tag.

Auch innerhalb der Umzäunung waren übrigens nicht alle ganz nackt. Viele Männer trugen etwa weiße Turnschuhe und Söckchen oder hatten sonst irgend etwas Weißes am Leib, ein Stirnband, ein Handtuch, das über die Schultern fiel, eine elastische Binde um ein Gelenk, so, als benötigten sie ein Zeichen der Unschuld. Und noch etwas fiel mir auf: Die Gewohnheiten aus dem Bekleidetenleben blieben fast vollständig erhalten. Männer rückten im Gehen wie mit fliegenden Fingern ihr Geschlechtsteil zurecht, Frauen hatten einen Gang, als zeigten sie sich in neuer Garderobe; Pärchen liefen Hand in Hand, Einzelgänger bewegten sich mit sonderbar verlangsamten Schritten – wie wenig der Mensch geschaffen ist für die Pirsch, war unübersehbar. Und jeder starrte auf den anderen, doch so, als starrte er woandershin, unzählige halbe Blicke also. Richtig oder schamlos betrachtet wurden nur die durchgehend Braunen. Sie waren ja auch schon nicht mehr nackt vor lauter Bräune: beneidenswerte Menschen; ich werde nur rot, und schon springt mir die Haut. Der Sommer ist nicht meine Zeit.

Sie sollten sich einschmieren …

Als hätte mich jemand von hinten geohrfeigt, so fuhr ich herum. Da stand eine junge Kollegin, groß und weißhäutig, ohne sich zu genieren, und der ganze Schrecken, den mir das Menschliche einjagen kann, packte mich. Die Höflichkeit gebot es, aufzustehen. Da wir nicht auf gleicher Höhe standen (das Gelände war abschüssig, nur zur Erinnerung), überragte sie mich um einen Kopf. Dazu kam, daß der Uferschlamm unter meinen Füßen noch nachgab: Ich schien immer kleiner zu werden. Die Sekunden verrannen. Sie lächelte; und ich zeigte mit einem Finger zum Himmel. Was für eine Sonne, sagte ich. Warum kühlen Sie sich nicht ab?

Kühlen wir uns doch beide ab!

Sie gab mir die Hand, wir holten die Begrüßung nach, mir war ihr Name entfallen, dafür wußte sie meinen, also die schlimmstmögliche Kombination; ich versuchte ihr in die Augen zu schauen, um nicht auf ihre Brüste zu starren. Sie rutschte nun auch ein wenig den Hang herab, und schon standen wir dicht voreinander, kein Dritter kam hinzu. Die Kollegin schien alleine zu sein, das wunderte mich. Sie saß die Woche über am Empfang und galt in der ganzen Firma als hübsch. Wir hatten beruflich kaum ein Wort miteinander gewechselt, aber bei jeder Gelegenheit, die sich zum Träumen bot, stellte ich mir viel Süßes zwischen ihr und mir vor. Ein Hubschrauber kam im Tiefflug über den Industrieteil der Grube.

Also dann, hörte ich sie durch den Lärm.

Was heißt: Also dann?

Also dann gehen wir ins Wasser!

Sie schritt an mir vorbei, ich drehte mich um. Allein der Anblick ihrer Kniekehlen setzte mir zu, vom Hintern will ich gar nicht reden, seine Helligkeit blendete mich, sie drang sogar durch das gelbgrüne Wasser. Denn schon war sie bis zu den Hüften untergetaucht, ich folgte ihr nach. Das Wasser, dachte ich, könnte meine Erregung verbergen, eventuell sogar abklingen lassen; und ich warf die Tüte mit den Kleidern ans Ufer und stürzte mich kopfüber ins Nasse. Sie schwamm bereits – ich sah ihr Haar. Schon nach ein, zwei Metern spürte ich keinen Grund mehr; sie sollen ja tief sein, diese Gruben, man weiß es nicht so genau. Ich kraulte jedenfalls, so gut ich konnte; oben bleiben, war die Devise, aber auch unten bleiben; ich schwamm wie ein Hund, kein Wunder, daß sie schneller war als ich. Ihre Schultern glitzerten in der Sonne. Da fiel mir ihr Name ein, und ich rief ihn, aber sie hörte mich nicht in dem Lärm – der Hubschrauber stand inzwischen über der Grube, seine Windkraft wirbelte das Wasser auf, ich rechnete mit dem Schlimmsten. Doch dann drehte er ab, es schien niemand ertrunken zu sein. Meine Füße gerieten in eine eisige Strömung; ich schrie und kraulte wie wild. Der Abstand zu meiner Kollegin war etwas kleiner geworden, vielleicht nahm sie Rücksicht auf mich. Sie war jetzt der einzige Schwimmer vor mir, oder die einzige Schwimmerin, wie man wohl sagen sollte, alle anderen badeten in Ufernähe; bald hatten wir die Mitte der Grube erreicht. Allmählich wurde es stiller.

Sie wandte den Kopf und winkte mir zu, ich holte immer mehr auf. Ich pflügte das Wasser mit meinen Armen, eine Körperlänge trennte uns noch. Ich sah ihren Rücken und den schimmernden Po, ihre Beine verschwanden im grünlichen Dunkel. Sie schwamm nun mit großen, langsamen Zügen auf einen Bagger zu, der aus der Grube ragte; die Farbe des Wassers veränderte sich. Es wurde erst silbrig, dann grau. Alles, was noch an Lauten vom Ufer herklang, flaute ab, auch das Kreischen spielender Kinder. Und mit einemmal war es vollkommen still, oder kam mir so vor; ich sah mich um. In lautloser Hitze schwammen wir tief im gewerblichen Teil der Grube, wir waren die einzigen Menschen. Ein Spritzer traf mich ins Gesicht, so dicht war ich herangekommen. Ich holte Luft und tauchte, ich riß die Augen auf. Sie schwamm genau vor mir. Zog sie die Schenkel an, öffnete sich einen Moment lang ihre sonst verborgenste Stelle. Ich glaubte zu ersticken, doch ich wollte dieses Auseinanderklappen in einem Kranz blonder Haare noch einmal und noch einmal sehen, wie man sich auch alte Fotos immer wieder ansieht. Atemlos tauchte ich endlich auf, lauthals rang ich nach Luft, ein Röhren ohne Schall, wie es schien.

Wasser geschluckt? fragte sie nur und schwamm weiter. Schon war der Abstand wieder größer, gekonnt zog sie davon, in all ihrer unerreichbaren Nacktheit. Ich aber hatte keine Kraft mehr, vor meinen Augen tanzten Punkte, ich strampelte nur noch, um über Wasser zu bleiben, und plötzlich stießen meine Füße – oder ich selbst in Gestalt meiner Füße – an etwas Nachgiebiges und doch Festes unter mir im Dunkel des Wassers, ein versenktes Kabel, ein Teilstück des Baggers, eine treibende Leiche, alles war denkbar. Ich riß den Mund auf vor Entsetzen, kein Laut kam mir über die Lippen; nur die Erregung klang schlagartig ab.

Von meiner Kollegin war nichts mehr zu sehen, da war auch kein leises Klatschen zu hören; sie war einfach weg. Seltsam geformt, an ein gesprengtes Schiffswrack erinnernd, erhob sich der Bagger. Wie bei einem Eisberg schien der gewaltigere Teil unter Wasser zu sein, und ich breitete die Arme aus und streckte die Beine. Ich suchte eine Rükkenlage. Dann schloß ich die Augen, mein Atem ging jetzt wieder ruhig. Fast alle Männer schwammen besser als ich, und jeder hatte mehr Glück bei den Frauen. Doch kaum einer konnte, was mich an diesem heißen Tag vor dem Ende bewahrt hat: den Toten Mann.

Vierzig werden

An meinem vierzigsten Geburtstag regnete es – warum nicht. Und über diesen Regen würde ich auch kein Wort verlieren – und schon gar nicht ein weiteres Wort –, wenn nicht auch die wenigen Eingeladenen, als hätten sie sich abgesprochen, ferngeblieben wären. In einer gemieteten Wohnung am Ostufer des Gardasees hoffte ich noch bis zum frühen Nachmittag auf das Erscheinen der Gäste und ein Ende des Regens. Erst ab zwei Uhr begann ich damit, mir alle Hoffnung aus dem Kopf zu schlagen; es war ein Sonntag, das kam dazu. Kurz nach drei verließ ich die Wohnung. Ich ging in das benachbarte Hotel, setzte mich in die Cafeteria und verfolgte am Bildschirm das Endspiel der offenen englischen Meisterschaften von Wimbledon. Ein dummer Zufall hatte es gewollt, daß dieses Finale, unter Beteiligung eines Deutschen, dessen Vater ich hätte sein können, ausgerechnet auf meinen vierzigsten Geburtstag fiel. Es war schon ein Elend: Der Deutsche war jung und wurde bejubelt, und ich wurde alt und war allein.

Mein Alleinsein – von der Einsamkeit sprechen wir später – legte sich auch nicht mit den vielen Landsleuten um mich herum, im Gegenteil: Sie kannten ja nur ihren jungen Blonden mit Schläger, mich kannte keiner. Wenn sie klatschten, klatschte ich auch, ein Reflex. Ich hielt sogar Daumen. Die meisten Ballwechsel waren kurz. Man blies sich in die Handschalen, zack und Punkt; die Herzogin von Kent lächelte müde und erinnerte mich dabei an Mamachen. Und der Blonde kämpfte: das verkörperte vierte Gebot – ein Sohn, dachte ich, an dem sich die Götter die Zähne ausbeißen. Ich ertrug es nicht länger, ihm zuzuschauen, ich sah in der Cafeteria umher, wie man es eben macht, wenn man Anschluß sucht.

Fast alle Männer waren in meinem Alter; nicht in den besten Jahren, sondern in den lächerlichsten. Sie plapperten die Ausdrücke ihrer Kinder nach und trugen noch blütenweißere Sportkleidung als ihre Frauen – durchtrainierte, sonnenverbrannte, magersüchtige Wesen, nur mit einem Gedanken beschäftigt: Wie aufregend das Leben sein könnte, wenn sie Mutter eines Asse schlagenden Wunderkinds wären. Und da gehörte ich nun irgendwie dazu, mit meinen geschlagenen vierzig Jahren! Es war so hoffnungslos, daß ich schon drauf und dran war, mich wieder für den Endkampf zu begeistern; da traf mich ein Blick. Es war der Blick einer Frau, der einzigen nicht sportlich gekleideten Person außer mir. Wie eine Komplizin sah sie mich an, und ich fühlte, daß dieser Tag noch nicht verloren war.

Was für die anderen der Bildschirm war, war für sie mein Gesicht, ein Gesicht, das nur den wenigsten überhaupt auffiel. Sie aber schien etwas darin erkannt zu haben; ich bedeutete ihr nichts, keine Frage, ich erfüllte nur ein paar Bedingungen, mit meinen Augen, meiner

Nase, meinem Mund. Im Grunde ein recht simpler Vorgang, den die moderne Waffentechnik kopiert: Intelligente Geschosse suchen sich ihr Ziel, indem sie die Landschaftsoberfläche mit einem eingegebenen Programm vergleichen. Sind genug Bedingungen erfüllt, dann funkt es, wie im Moment des Sichverliebens; unsere Waffentechniker haben sich auf ihre menschlichste Seite gestützt. Aber zurück zu mir. Es hatte gefunkt, ich war ein klar erkanntes Ziel. Was nun? Sicher könnte man einwenden, es sei doch erfreulicher, das Endspiel von Wimbledon zu verfolgen (unter Beteiligung eines Deutschen), als seinen vierzigsten Geburtstag in der Rolle eines Objekts zu beschließen – akzeptiert, nur ich sehe es anders. Denn ich bemerkte sofort die Art ihres Blicks. Es war dieser irrsinnige, allem Alltäglichen, aber auch allen Manieren, ja sogar der berüchtigten Selbstachtung spottende Wunsch, sich möglichst rasch zu vereinen, es noch vor Ablauf des Finales zu tun, gleichsam im toten Winkel des blonden Idols. Und ich erwiderte den Blick; bei fünf zu vier verließ ich meinen Platz und trat in den Regen hinaus.

Ich trat in eine tiefgraue, nasse Welt. Der See war unruhig, von einer Farbe, die es nicht lohnt zu beschreiben. Verwegene Windgleiter vollführten ihren Tanz mit Segel und Brett; das schroff emporsteigende andere Ufer, ein Felsmassiv von siebenhundert Metern Höhe mit einem Kloster auf dem Grat, war in den Wolkenschwaden fast verschwunden. Das schlechte Wetter kam von Norden. Es würde tagelang so bleiben, mit kalten

Füßen auch in der Wohnung, trotz doppelter Socken. Neben mir seufzte jemand leise, dann eine Stimme: Man könnte wahnsinnig werden … Ich drehte meinen Kopf ein Stück, und da stand sie und fror. Ja, sagte ich, das könnte man.

Oder man stemmt sich dagegen, nicht wahr.

Regentropfen liefen ihr über die Wangen; im Hintergrund wurde gestöhnt. Es war dieses fassungslose Stöhnen nach einem Passierschlag, der genau an der Linie entlanggeht. Und womit? fragte ich.

Nun, man könnte seine Träume ausleben.

Wir machten ein paar Schritte im knirschenden Kies, nebeneinander. Ob das nicht Illusion sei, gab ich zu bedenken; es war ein rein rhetorischer Einwand, und ich spürte für einen Moment ihren Arm. Wir verließen das Hotelgelände, ich sah sie von der Seite an.

Aber an Tagen wie heute gerät man beim Träumen oft in den schärfsten Gegensatz zu sich selbst! Mein Einwand ließ sie etwas kräftiger ausschreiten; sie trug einen Trenchcoat und lief barfuß. Gott sei Dank, war ihre Antwort. Dann legte sie sich eine Hand auf den Mund, als wollte sie mir ihre Finger zeigen, die kurz, aber nicht zu kurz waren, mit schönen ovalen Nägeln, ohne jeden Versuch, die Finger auf diesem Weg zu verlängern; es waren die Finger einer selbstbewußten Hand, die es natürlich nicht gibt, also die einer selbstbewußten Person; ich schätzte sie auf Anfang Dreißig. Sie hatte ein Gesicht, das Vertrauen einflößte, so wie einem das Gesicht mancher Arzthelferinnen gleich Vertrauen einflößt. Wir hatten die Wohnanlage neben dem Hotel erreicht, ein spinatfarbenes Gebäude, und blieben bei einer Palme im Kübel stehen. Dort oben wohne ich zur Zeit, entfuhr es mir.

Und sie sofort: Allein?

Ja.

Ich sagte das mit größter Leichtigkeit; dann bat ich sie, mich zu besuchen.

Aber nur auf einen Sprung.

Und wir gingen nach oben, ohne ein weiteres Wort. Ich vermied es, den Lift zu benützen; seine Kabine ist eng, und das Licht macht einen häßlich. Also nahmen wir die Treppe, und bei jeder Stufe ging ihr Mantel etwas auf, ich sah ein Stück Bein.

Die Wohnung, die ich gemietet hatte, bestand aus einem einzigen Raum mit Kochnische und Schlafecke, in der Mitte des Raumes ein runder Tisch. Auf diesem Tisch lagen die eingegangenen Glückwünsche, zwei Telegramme und ein Brief. Ich zog die Vorhänge zu, das war ein Reflex; die alles entscheidende Minute unserer Begegnung hatte begonnen. Wir standen uns jetzt aufrecht gegenüber und achteten auf jede noch so kleine Regung des anderen. Ein unbedachtes Wort, ein Anflug von Zaudern, ein vorschneller Griff, ein schiefes Lächeln, und wir müßten uns voreinander davonstehlen. Bleiben Sie, wie Sie sind, wollte ich gerade sagen, streifen Sie nur den Trench hoch, doch da hatten ihre Augen schon eines der Telegramme erfaßt. Sie strich sich das feuchte Haar aus der Stirn und wiegte den Kopf.

Gratuliere zum heutigen Vierzigsten, Mamachen! – ohne jede Ironie in der Stimme las sie das vor und gab mir die Hand. Alles Gute für Sie.

Ich behielt ihre Hand in der meinen. Wenigstens diese unverfängliche erste Verknüpfung unserer Körper sollte Mamachen, die mich heute vor vierzig Jahren auf die Welt gebracht hatte, herbeigeführt haben. Ein warmer Atem traf meinen Hals. Also schön, gab ich im Tonfall eines Überführten zu, ich habe Geburtstag, es tut mir leid. Ein Anlaß, an dem ich von jeher mehr unter dem Einfluß des Sentimentalen als der Vernunft stand.

Meine Bekanntschaft im Regenmantel nickte – das verstehe sie gut. Und es müsse mir nicht leid tun.

Doch. Denn im Augenblick stört es; möchten Sie vielleicht ein Glas Sekt mit mir trinken?

Der Kühlschrank war reichlich gefüllt. Ich hatte alle Vorkehrungen für eine Feier getroffen.

Sind Sie denn wirklich alleine an so einem Tag?

Jawohl, erwiderte ich, und in meiner Stimme schwang Trotz neben Stolz.

Dann müssen Sie doch sehr unglücklich sein, oder?

Ich küßte ihr die Hand – das hatte mir Mamachen beigebracht – und schüttelte sachte den Kopf; und schon waren die Weichen anders gestellt, ich merkte das an ihrem Atem. Er wurde ruhiger. Was eben noch zu hastiger Verrichtung gedrängt hatte, drohte nun in einer nichts als anspielungsreichen Szene zu enden. Warum unglücklich? fragte ich zurück, und der Druck ihrer Hand wurde stärker. Ich senkte den Blick. Ihre Füße hatten etwas Solides, wie die Hände, trotz der lackierten Zehen.

Und wenn jetzt doch die Gäste kommen, hörte ich sie nachdenklich sagen. Ich lächelte vor mich hin; mit dieser Bemerkung war wieder alles offen. Das Wenn räumte die Möglichkeit einer Umarmung ein, das Jetzt erinnerte daran, diese Möglichkeit sofort und rückhaltlos zu nutzen. Bitte glauben Sie mir, es gibt keine Gäste, versicherte ich. Alles hängt von Ihnen ab. Das heißt, nicht ganz – es hängt auch an dem jungen Mann im Endspiel; das Finale von Wimbledon geht bekanntlich über drei Gewinnsätze, fünf Sätze sind dabei keine Seltenheit.

Und niemand wird mich während dieser fünf Sätze vermissen, führte sie meine Überlegung zu Ende. Falls es jemanden gibt, der mich vermissen könnte.

Davon gehe ich aus.

Sie sah mich an, und wieder nahm sie die Hand vor den Mund, und ich sah den feinen hellen Streifen am Ringfinger; wir hatten uns also verstanden. Das Thema Zeit war berührt, ein wesentlicher Umstand unserer Begegnung: die von außen diktierte, unkalkulierbare Spanne. Und der Geburtstag, fragte sie besorgt. Sie werden heut vierzig, geht das nicht vor?

Was hat dieses Datum mit uns beiden zu tun?

Sie wissen doch genau, wie traurig man anschließend sein kann. Möchten Sie das an diesem besonderen Tag?

Heute ist kein besonderer Tag!

Doch. Sie werden vierzig. Das ist ein Einschnitt.

Und da hatte sie recht. Mit der Deutlichkeit eines Fiebers fühlte ich jetzt dieses ungewollte Jubiläum und wog mein bisheriges Leben ab. Außer diesem Alter hatte ich nichts erreicht, höchstens noch, daß ich nicht im Gefängnis saß. Meine Unfähigkeit zur Bindung an Menschen oder überhaupt an Lebewesen hatte mir eine gewisse lokale Bekanntheit gebracht. Ich galt als kaputt. Mit der freien Hand begann ich mein Hemd aufzuknöpfen; es mußte ja irgendwie vorwärtsgehen. Und während ich mich auszog, befand ich dieses bisherige Leben, auch unter Hinzuzählung meiner Publikationen, für entschieden zu leicht. Aber da war nichts zu ändern. Ich hatte nichts anderes gelernt, als gewisse Gelegenheiten zu nutzen. Dann feiern wir diesen Tag eben, rief ich und sah, wie sie den Trench ablegte.

Sie trug weiße, baumwollene Wäsche darunter, die Schatten schwerer Brüste schienen hindurch. Gibt es hier vielleicht irgendwo eine Kerze? fragte sie mich. Zu einer Geburtstagsfeier gehört eine Kerze.

Dem konnte ich schwer widersprechen, und also holte ich eine der Kerzen, die für Stromausfälle vorgesehen waren. Sie steckte sie an und stellte sie auf das Telegramm von Mamachen. Und da brannte sie nun, und ein Schimmer lag auf dem Text; aber das flackernde Licht fiel auch auf die Schenkel meiner namenlosen Bekanntschaft, ja, es feierte, so kam es mir vor, ein kleines eigenes Fest auf diesen Schenkeln. Ist es nicht schöner so? fragte sie und schaute mich an, als beginne jetzt gleich die Bescherung, und ich hatte nur noch den Wunsch, die Sache so zu erledigen, daß es mir hinterher nicht schlechter ginge als vorher (was ja schon viel verlangt ist, wie jeder weiß, der sich mit Alleinsein auskennt).

Sie bückte sich und hob mein Hemd auf, das ich hingeworfen hatte; ich trug noch Shorts und Strümpfe. Sie ging zum Bett und legte das Hemd dort zusammen, ich zwang mich, über ihr Verhalten kein Wort zu verlieren. Es war mir unbegreiflich; neben zuviel Gerede gibt es im Vorfeld dieser Dinge keinen größeren Fehler, als über den Umweg von Mütterlichkeit oder Väterlichkeit einander näherzukommen. Ich wußte nicht weiter. Ich stand nur da und sah diese Schatten unter der Wäsche und sah ihr Haar und ihre Kniekehlen und zitterte leicht.

Nervös? fragte sie mit einem Lachen.

Ich stieg aus den Shorts. Vom Hotel kam Jubel herüber, der Jubel nach einem Break. Wenn der so weitermacht, sagte ich, ist die Sache nach drei Sätzen entschieden.

Ach, beim Tennis ist alles möglich, entgegnete sie.

Aber in Wimbledon spielt man auf Rasen. Da zählt nur der Aufschlag. Es wird ein Blitzsieg, fürchte ich.

Sie legte ihr Oberteil ab, sie sagte: Fangen wir doch einfach an... In ganz natürlichem Ton sagte sie das, mehr als ermutigend: Ich hätte sie drücken können, hatte aber vorher noch nie einen Menschen gedrückt, warum also jetzt damit anfangen? Keine Frage jedenfalls: Das mit dem Blitzsieg, das hatte gesessen.

Ich sah, wie sie ihr leicht geplustertes Höschen abstreifte und anschließend auf den Bauch sank, quer übers Bett, das eine Bein ein wenig angewinkelt. Ich betrachtete ihre Einzelheiten, zum Beispiel den Steiß und die Fesseln. Wie abwechslungsreich war doch der Körper einer erwachsenen Frau, wahrscheinlich Mutter zweier Kinder, gegenüber dem eines Mädchens! Sie schob ihr Haar aus dem Nacken und drückte die Stirn in mein Bettzeug. Als ob sie es ahnte: Wie sehr mich gerade dieser Anblick traf. Ich ließ mir jetzt Zeit. Ich zog die Strümpfe aus und legte sie auf den Stuhl, über dessen Lehne ihr Trench hing; aus einer der Manteltaschen ragte die Ecke einer Fotografie. Ich zog daran. Es war ein Schwarzweißbild, im Vordergrund ich und hinter meinem Kopf der Wolfgang-See bei St. Gilgen. Ich stopfte es zurück in die Tasche, ich zitterte jetzt nicht mehr vor Verlangen; ich zitterte an sich. Unfähig, mich zu bewegen, sah ich zum Bett. Sie hatte sich das Kissen unter ihren Bauch geschoben, als sei es das Natürlichste der Welt, so dazuliegen. Wer sind Sie? fragte ich langsam.

Der einzige Gast an Ihrem Geburtstag.

Vergessen Sie diesen ganzen Geburtstag!

Meine Stimme, sonst immer klar, überschlug sich fast, sie aber drehte nicht einmal den Kopf nach mir um; statt dessen sprach sie ins Kissen und hob dabei noch ihr Hinterteil. Sie werden heute vierzig Jahre alt, das ist ein Höhepunkt in Ihrem Leben, und so viele Höhepunkte hat ein Leben nicht ...

Und diese Worte lösten mich aus meiner Starre, ich näherte mich dem Bett. Sie zeigte sich noch immer bereit, bereit zu allem, was ich mit ihr anstellen wollte; offenbar entging ihr nicht nur, daß die Gestaltung runder Geburtstage kein Bereich unserer Übereinstimmung waren, sondern sie merkte auch nichts von meinem Verdacht, daß sie den Auftrag hatte, mir diesen Tag zu versüßen. Ich riß sie herum – sie schien damit gerechnet zu haben. Die Beine öffnend, summte sie Zum Geburtstag viel Glück, das muß man sich vorstellen: ihr offener Schoß und dazu dieses Liedchen. Ich wartete mit Schaudern das Versiegen ihrer Nächstenliebe ab oder was sie da an den Tag legte, der mein Geburtstag war; daß sie mir dieses idiotischste aller zu Gemüte gehenden Lieder vorsummte, konnte unmöglich Bestandteil ihres Auftrags sein, so infam, dachte ich, wäre niemand. Ich zog Rotz hoch und rieb mir die Augen.

Aber nicht doch, nicht doch, hörte ich ihre Stimme, und die Art, wie sie mein Gerührtsein billigte, bestätigte meine schlimmste Ahnung. Ich wollte sie an der Brust packen, und schon lag sie erneut auf dem Bauch, ihre bevorzugte Lage, so schien es, genaugenommen aber mein bevorzugter Anblick, den sie mir bot, und ich kniete mich nun über ihre Beine; von drüben erneuter Jubel.

Danach war es still. Sie hatte aufgehört zu summen. Ganz leise schlug der Regen an die Fenster. Ich sah, wie ihre Hände mir den Weg freimachten, sie kümmerte sich wirklich um alles. Die Umstände stimmten; sogar die Tageszeit kam mir entgegen. Sie schien sich stur an Mamachens Instruktionen zu halten. Und ich streckte die Arme und spreizte die Daumen und fragte, ob sie so etwas öfter mache, also gewerbsmäßig. Und wenn ja, wie Mamachen auf sie gestoßen sei. Und wie es nun weitergehe. Ob es ein festes Programm gebe. Und ihre ganze Antwort: Sie verlieren sich in einem Irrgarten.

Und da warf ich mich über sie und legte die Hände um ihren Hals, aber sie schrie nicht. Sie zeigte überhaupt keine Angst; ich spürte ihre Finger, die mir helfen wollten. Sie bildeten ein warmes Futteral. Nur da ließ sich nichts machen. Sie versuchte, mir das Gesicht zuzudrehen. Ich warte, kam es aus ihrem Mund.

Wer gab Ihnen das Foto von mir?

Welches Foto?

Das in Ihrer Manteltasche. Sie haben es von meiner Mutter, nicht wahr? Damit Sie mich erkennen.

Ich hätte Sie auch so erkannt.

Woran?

An Ihrer Traurigkeit.

Und woher wußten Sie, daß ich in der Cafeteria wäre, an meinem Geburtstag?

Es war die einzige Abwechslung, dieses Endspiel. Und Sie waren völlig allein.

So! Und woher wußten Sie das? – Wir keuchten jetzt beide, sie unter meinem Griff, ich unter der Wahrheit.

Ihre Frau Mutter sagte es mir. Es sei nicht damit zu rechnen, daß Sie Besuch bekämen.

Das waren ihre Worte?

Ja.

Aber ich hatte Zusagen. Von vier Leuten.

Es sei noch nie jemand zu Ihrem Geburtstag erschienen, sagte mir Ihre Frau Mutter. Sie würden es im Grunde nicht wollen. Nur daß jemand käme und bald wieder ginge. So wie ich. Ihre Mutter scheint Sie zu kennen.

Sie kennt mich nicht! Ich krümmte meine Finger wieder, ich würgte jetzt an jedem Wort. Wieviel hat sie bezahlt? Mamachen war noch nie kleinlich ... Ich spannte alle Muskeln, sie griff nach meinen Handgelenken. Aber wollen nicht alle Mütter das Beste, keuchte sie.

Was sollen sie denn sonst schon wollen! Wie lautete Ihr Auftrag?

Sie glücklich zu machen.

Dann hätten Sie komplett versagt, rief ich und spürte auf einmal das Oval ihre Nägel, während die Stimme etwas Heiseres bekam, Das tut mir leid, drang es noch aus ihrem Mund oder dem Kissen, denn da hatte ich schon mit dem Würgen begonnen, eine ganz selbstverständliche Handlung. Sie geschah im ersten Moment völlig unter der Hand; ich drückte ihr einfach die Kehle zu, als sei es eine Alltagsverrichtung. Und als ich Gejapse vernahm, dachte ich nur, was für häßliche Laute. Es war, wie wenn ich nie etwas von Ursache und Wirkung gehört hätte; hemmungslos wandte ich alle Kraft auf, die ich besaß, jedenfalls soweit ich mich erinnern kann an diese Minuten. Erst als sich ihre Nägel in meine Pulsadern gruben und ich das Blut rinnen sah und ihr warmer Körper wie unter Stromstößen zuckte, kam mir in den Sinn, daß ich dabei war, sie zu töten oder etwas zu tun, das dem gleichkam. Doch schon überwog der Gedanke, daß ich zu Ende führen mußte, was ich angefangen hatte, oder konnte man mitten im Töten sagen, genug für heute, Feierabend? Mamachen hatte sie bestimmt nicht dafür bezahlt – nicht dafür, daß sie sich von mir halb umbringen ließe. Mich trieb ein Wille, der immer noch wuchs. Und da war keinerlei Schmerz trotz der Nägel, ich zitterte und spürte nur: Ich mußte da durch. Einer ihrer Füße traf mich im Kreuz. Ich fluchte laut – und das an meinem vierzigsten Geburtstag; ich verfluchte mein ganzes Leben und die Leute, die es in Gang gesetzt hatten. Dann spreizten sich ihre Finger, und irgendwie wurde es ruhig, in mir und um mich herum.

Ich weiß nicht, wie lange ich da noch so auf ihr gehockt bin oder gehockt habe (auch in diesem Punkt: Unsicherheit – Mamachens großes grammatikalisches Versäumnis an mir); ich weiß nur, daß unten in der Cafeteria auf einmal Geschrei ausbrach, und ich mich freute für den sympathischen jungen Landsmann. Der hatte nun seinen verdammten Sieg; und ich hatte meinen.

Desire

Einmal hatte ich Glück, das war in Singapur. Um dieses Glück zu verstehen, muß man sich folgendes vorstellen: Halbfertige, an einen schweren tropischen Himmel stoßende Großbauten, so weit das Auge reicht, nachts unter Flutlicht, Funkenregen aus den offenen Geschossen rund um die Uhr; daneben fertige, aus sumpfigem Boden gestampfte Komplexe, eisig verspiegelte Banken, Wohnblöcke wie massives Gebirge, neonhelle Hochhausklötze über kilometerlangen Passagen mit Aberhunderten von Läden voll digitalem Delirium, selbst in den Tunnelsystemen, die in Rohbauten enden – und zwischen alldem, verschwindend klein, ein jungfräulich weißer Bau, mit seinen vielen schmalen Fenstern und den zierlichen Firsten mehr einem alten Flußdampfer ähnlich als einem festen Gebäude, wäre er nicht von steilen Palmen umgeben, würden nicht seine Seitenflügel einen botanischen Garten umrahmen, gäbe es nicht Suiten, die nach bedeutenden Literaten benannt sind, Männern von Format, an die sich manche der greisen Hausdiener noch respektvoll erinnern: Raffles Hotel – Ort meines Glücks.

Ich kam auf dem Landweg von Melaka und wollte dort wohnen, um jeden Preis. Der Herr vom Empfang streifte mich mit den Augen und empfahl mir eine Standard-Suite, er nannte die Summe pro Nacht, ein kleines Vermögen. Darauf folgte eine Art Szene mit mir selbst, ein Ringen zwischen Vernunft und Verlangen, ich ging auf und ab. Der Portier verzog unter seinem Tropenhelm keine Miene, er kannte solche Szenen wohl. Als es entschieden war, ergriff er wortlos mein Gepäck.

Die Standard-Suite hatte mehrere Räume, darunter zwei Bäder; die Bäder machten mir mein Alleinsein deutlicher als das Doppelbett. Ich benützte sie beide, ehe ich feststellen mußte, daß es keine der Suiten war, die einst ein berühmter Literat bewohnt hatte; das ließ die enormen Kosten in neuem, sinnlosen Licht erscheinen, und verärgert über mich selbst, verließ ich Suite und Hotel, um irgendwo preiswert zu essen.

Im Lärm der Großbaustellen lief ich über planiertes Gelände und wechselte über sechsspurige Straßen, die etwas Sonderbares hatten. Es gab keinen Abfall. Ich lief durch eine Stadt ohne Reste. Als ich an einer Baugrube, die mir tief wie ein Cañon erschien, stehenblieb, befand ich mich, laut Reiseführer, mitten im Chinesenviertel. Ich suchte einen Straßenzug mit Garküchen, von dem ich gehört hatte. Die Beschilderung war gut, bald erreichte ich die Straße. Sie war sauber eingeebnet, auf der großen brachen Fläche stand nichts als ein Zelt. Um das Zelt scharten sich Leute. Ich ging hin und stellte Fragen. Es fand eine Zeremonie statt. Sie galt einem Verstorbenen, der an der Stelle sein Haus gehabt hatte. Man sagte mir auch, daß die planierte Straße mit den Garküchen jetzt in den Untergeschossen eines Wohnkomplexes liege, gleich dort, wo die Kräne seien, neben der Tokyo Bank.

Mühelos fand ich hin, denn es gab keinerlei Abwege, jedenfalls keine sichtbaren. Der Komplex umfaßte fünf Blöcke mit je tausend Wohnungen – leicht zu berechnen: Stockwerke mal Balkone. Und in den fußballfeldgroßen Untergeschossen standen tatsächlich die Garküchen, die es früher am Straßenrand gegeben hatte, wie Abbildungen in meinem Führer bewiesen. Es waren unzählige Stände mit vier, fünf Tischen davor. Doch wurde nicht nur gekocht; auch Wahrsager, Gesundbeter, Handleser und Lotterieagenten übten in Nischen ihr Gewerbe aus. Ich zog durch das Gewimmel, von Duft zu Duft, wie ich sonst nur meinem Blick folge. Es schien alle Küchen Chinas zu geben, wahllos strich ich umher. Endlich setzte ich mich zu einem jungen Mann und fragte ihn nach seiner Lieblingsspeise. Er riet mir zur Kanton-Küche, zu dem geschnetzelten Huhn, ohne Fett, ohne Knochen; er bestellte es für mich. Ich lud ihn zum Bier ein, er trank auf mein Wohl. Kaum war das Essen da, begann er zu erzählen, ungeordnet und mit halben Sätzen, als sei er eben, nach langer Einsamkeit, wieder unter Menschen gekommen. Sein Englisch klang wild; Chinesisch, erfuhr ich, spreche er weniger fließend: Englisch sei Muttersprache für ihn. Er spreche es gern, schon wegen der Abkürzungen; gern würde er auch mehr als ein Bier mit mir trinken, doch fehle ihm die Zeit dazu. Denn wenn er nicht schlafe, esse oder Einkäufe mache, dann arbeite er. Er arbeite eigentlich immer. Seine Freizeit seien die Überstunden, so lebten hier alle. Arbeit gebe es reichlich. Er habe zwei Arbeitsplätze, das sei normal. Etliche hätten auch drei Arbeitsplätze; ein fast perfekter Staat.

Er redete schnell und in Kürzeln, er redete ökonomisch. Und trotzdem wiederholte er sich; wenigstens ein Wort schien ihm viel zu bedeuten – *desire*. Sein *desire*, sagte er, sei sein Problem. Das sei auch in den neuen Shopping Plazas nicht zu lösen, und die alten Orte für das *desire*, die gebe es nicht mehr: Die Regierung habe auf alles ein Auge. Es entgehe ihr nichts – bis auf das *desire* der Menschen, denn damit rechne die Regierung nicht. Er sah mich an, als sei ich mit schuld an diesem Problem, und ich erzählte ihm von Westdeutschland – von viel zuwenig Arbeitsplätzen und viel zuviel Wind ums Begehren; es tröstete ihn nicht, das war mein Eindruck. Er stand auf und ordnete seine Erscheinung. Die Bedrücktheit fiel von ihm ab. Er begann von seiner Zweitarbeit zu schwärmen, zu der er nun aufbreche; Überlegenheit schwang dabei mit. Ihm gehörte die Zukunft, nicht mir. Als sei ich nicht wenige Jahre, sondern dreißig Jahre älter, so nahm er Abschied. Ich ging dann auch; irgendwie hatte ich es versäumt, das Huhn zu genießen.

Überall brachen nun junge Männer zur Nachtarbeit auf. Vielleicht hätte ich ihm noch sagen sollen, daß ich mit meiner Lebensart hier nichts weiter begehrt hatte, als ein paar Tage in einem alten Hotel zu verbringen (den Wunsch nach Begleitung einmal beiseite gelassen, ich meine den Wunsch, nach gewöhnlicher Nähe, ohne weitere Wünsche).

Mit gespielter Selbstverständlichkeit betrat ich die Halle des Raffles. Ich durchquerte sie und kam in den Ball- und Speisesaal. Die Decke war dort hoch wie in einem Theater, und es gab Galerien. Über allen Tischen hingen Ventilatoren. Dort, wo gegessen wurde, drehten sie sich in beschaulichem Tempo; langstielige Pflanzen neben den Tischen nickten sachte in dem Windzug von oben. Sonst bewegte sich nichts; die Menschen zählten kaum. Also kehrte ich in die Halle zurück, in der das milde Licht eines Herbariums herrschte, und folgte den Schildern zum Palm Court, dem Garten, den die Seitenflügel umrahmen. Dort stieß ich auf zahlreiche Leute. Sie standen oder saßen zwischen giraffenhalsschlanken Palmen und breiten, zu Fächern gestutzten Stauden. Sie hielten keine Drinks in der Hand, nicht einmal Pfeifen oder die Times. Sie sahen durch Fotoapparate und blitzten – sich selbst, den kleinen Pool, die Fächerpflanzen, Korbstühle vor den Suiten, die an den Garten angrenzten, eine alte Dame in einem der Stühle, das Kammerorchester, das unter einer Markise zum Dinner aufspielte, die Kellner in ihren Kostümen; und mich fotografierten sie auch. Es waren keine Gäste, es waren Neugierige. Sie verhielten sich wie Zoobesucher. Und zu den seltenen Tieren zählte schon jeder, der nicht fotografierte. Das begriff ich allmählich und versuchte mich nun auch wie ein echter Gast des Hotels zu benehmen.

Ich bummelte an den Seitenflügeln entlang, als bewohnte ich eine dieser besonderen Suiten. Sie liegen auf zwei Etagen, mit langen, überdachten Gängen davor, von halb heruntergelassenen Bambusjalousien gegen die Sonne geschützt, welche den Palm Court, als es noch keine Hochhäuser gab, den ganzen Tag über erreicht haben mußte. Ich ging auf Zehenspitzen, aber das Holz knarrte trotzdem. Die Lady im Korbstuhl schien mich nicht zu bemerken. Einen Augenblick lang dachte ich, sie sei aus Wachs; über der Tür, vor der sie saß, stand der Name Somerset Maugham. Alle Palm-Court-Suiten waren Literaten gewidmet. Es waren berühmte und weniger berühmte darunter, zweifelhafte und über jeden Zweifel erhabene. Eine trug den Namen Hermann Hesse. Die Tafel wirkte recht neu, und das brachte mich auf einen Gedanken. Ich fragte am Empfang, ob es Material zu Hesses Aufenthalt gebe, und bekam eine Broschüre. Sie enthielt Hesses Notizen über seinen Abstecher nach Singapur, ins Englische übertragen. Er beklagte unter anderem seine Schlafstörungen wegen der lauten jungen Leute. When we returned at one o'clock, hieß es da, a few tipsy young Englishmen played around the hall with the brutality of football players and fought with each other half the night like pigs. Das war neunzehnhundertelf; im Nachspann zu den Tagebuchnotizen fand ich auch einen Hinweis auf Hesses Verlag. Das brachte mich auf eine Idee, die meinem gaunerhaften Wesen entsprach. Ich nahm eins der Bücher, die ich abends im Bett las, mein Lieblingsbuch auf dieser Reise, und tauschte den Namen des Autors – über den Umweg einer kleinen chinesischen Druckwerkstatt – gegen meinen Namen aus.

Anderntags bat ich darum, den Hoteldirektor sprechen zu dürfen. Mit der Broschüre und einem Buch in der Hand erschien ich in seinem Büro. Der Direktor hieß Pregarz und war ein hochgewachsener Mitteleuropäer. Er schüttelte mir kräftig die Hand, ich kam sofort zur Sache. Hermann Hesse, dem man hier kürzlich eine Suite gewidmet habe, und ich seien Kollegen. Ich hielt ihm mein Buch und die Broschüre zum Beweis hin, und Mr. Pregarz fragte, was ich trinken wolle. Dann erzählte er aus seinem Leben. Er kam aus Triest und führte das Raffles seit über zwölf Jahren. Das Hotelfach hatte er auf einem Luxusdampfer gelernt, war dann aber seekrank geworden, auf einer Fahrt nach Singapur, und so hier hängengeblieben – als es erst tausend Betten in der Stadt gegeben habe. Inzwischen seien es mehr... Aber er fürchte den Wettbewerb nicht. I don't try to create a new cocktail, faßte er seine Ansichten zusammen, und ich fragte ihn, ob das Raffles nicht eher ein Zoo oder Museum sei. Mr. Pregarz stand auf. Er hatte etwas von einem Heldentenor, man erwartete jeden Moment einen geschmetterten Ton. Er bestritt meine Behauptung und verband das mit einem Vortrag über Singapur und dessen schönstes Hotel. Dabei sprach er Raffles nie mit ä aus, sondern stets mit vollem a, so daß es wie der Name einer Süßspeise klang. Schließlich erwähnte er noch die zurückgelassene Heimat. Er sei mit seiner Frau, einer Singapur-Chinesin, letztes Jahr in Italien gewesen, da hätten sie auf der Straße einen Streikzug gesehen. Den habe seine Frau immer wieder fotografiert, so wie die Touristen hier eine chinesische Beerdigung fotografierten; sie habe es gar nicht fassen können, daß Menschen der Arbeit aus dem Weg gehen wollten. Nein, schlug er den Bogen, das Raffles sei kein Museum, hier werde Umsatz gemacht. Leute aus aller Welt liebten das Haus und kehrten immer wieder zurück. Weil eben alles so sei wie früher...

Bis auf die Gäste, fiel ich ihm ins Wort, und Mr. Pregarz lächelte. Ja, die Klienten seien jetzt in der Tat gemischt. Aber diese Mischung sei gut fürs Geschäft – und dank der Mischung sei das Haus nun auch als Denkmal geschützt. Keine Planierung – dafür eben Turnschuhe und etwas Lärm. Aber Hesse habe das ja auch schon vermerkt; es sei nun mal ein lebendiger Ort hier. Ein Ort zum Menschenstudium! Manche Schriftsteller hätten monatelang im Raffles logiert... Ich sah ihn an und nickte. Ich sagte, das seien dann aber Bestsellerautoren gewesen, und er wiegte den Kopf. Ich wartete ab. Keineswegs, erwiderte er nach einer Pause. Denn Schriftsteller bekämen selbstverständlich einen Sonderpreis in diesem Hotel; das sei Tradition und habe wohl auch schon für meinen Kollegen gegolten. Auf jeden Fall gelte es für mich. Er wünsche mir noch ein paar nette Tage mit dem Writers Discount, alles Gute und viel Erfolg. Ach, und wenn ich in die Hesse-Suite umziehen wolle: sie würde morgen frei. Ich bedankte mich für den Sonderpreis, ich schenkte ihm das Buch mit Widmung.

Er gab mir die Hand, wir gingen zur Tür. Ich würde es vorziehen, sagte ich leise, in meiner Standard-Suite zu bleiben, sie sei ja schon zu groß für mich ... Mr. Pregarz blieb stehen. Er schlug mein Lieblingsbuch auf und las ein paar Zeilen, und ich verließ rasch sein Büro.

In der Halle wurde ich wieder fotografiert, und ich zog mich in meine Standard-Räume zurück; dort benutzte ich beide Bäder und wälzte mich später schlaflos auf dem gewaltigen Bett, entschlossen, am nächsten Tag abzureisen. Im Morgengrauen trat ich vor die Tür und sah den Funkenregen aus den Hochhausbauten, wie Sternschnuppen. Mir fehlte ein Mensch, gar keine Frage; aber in der Hesse-Suite am Palm Court wäre es sicher noch schlimmer geworden mit meinem *desire*.

Tschakwau

Seit kurzem war ich wieder in Bangkok und lebte für mich. Die Regenzeit war vorbei, eine heiße Sonne trocknete die Stadt, doch längs des Flusses stand noch viel unter Wasser. Ich saß fast jeden Tag an einer Landungsstelle und sah den Kindern zu, die einen kleinen Fährdienst betrieben. Sie brachten die etwas Wohlhabenderen, die ihre Schuhe und langen Hosen schützen wollten, bis zur nächsten, nicht überschwemmten Straße. Die Kinder schoben und schleppten die Leute in selbstgezimmerten Kähnen durch das glitzernd braune, knietiefe Wasser. Die meisten dieser Kähne waren nicht größer als eine Badewanne; es gab sogar ein paar schnittige Modelle darunter, manche mit Namen.

Mehrmals täglich ließ ich mich übersetzen. So eine Tour von gut hundert Metern kostete umgerechnet dreißig Pfennig. Und weil ich ein häufiger Kunde war, freundete ich mich mit den Kindern vom Ta-Chang-Pier wie von selbst an. Am vertrautesten wurde mir Puan, ein dreizehnjähriger hübscher Junge (hübsch, wenn man nur Mund und Augen herausgriff, dazu noch das Haar und ein bißchen Phantasie). Er erzählte mir, daß seine Gruppe von fünf Kindern am Tag bis zu vierhundert Baht verdiene, knapp vierzig Mark, was über einhundertfünfzig Fahrten erfordere. Abends bekomme das Geld dann ihr Chief, der für sechs Familien die Verantwortung trage; sie alle lebten vom Hochwasser. Puan wurde mein Dolmetscher, und ich erfuhr noch manches über das Viertel (auch manches, das man gar nicht wissen will, wenn man sich für hübsche Augen und Münder interessiert, es stört nur den Blick).

Als das Wasser immer mehr zurückging, wurde es ruhiger am Fluß, und ich verlor die Lust, dort zu sitzen. Ich ging nicht mehr hin, ich blieb im Hotel, um zu schreiben. In der Bangkok Post las ich ein paar Tage später, die Flut sei besiegt, die Bewohner längs des Chao Phya hätten wieder festen Boden unter den Füßen...

Puan hatte mir auch erzählt, daß viele aus dem Viertel rauschgiftsüchtig seien. Und da die Kinder oft als Überbringer eingesetzt würden, säßen auch Kinder im Gefängnis, die jüngsten seien sieben. Das brachte mich auf den Gedanken, etwas über die gefangenen Kinder zu schreiben. Ich wandte mich an unsere Botschaft und fragte den Rechtsreferenten, ob es möglich sei, in ein thailändisches Gefängnis zu gehen. Der Rechtsreferent machte eine Aktennotiz und verneinte. Es sei nicht möglich für mich, leider, aber er besuche regelmäßig die Gefängnisse der Hauptstadt, um seine Leute zu sehen. Ich fragte, welche Leute, und weshalb sie in den Gefängnissen seien und wie lange, und er antwortete: Es sind junge Deutsche. Ein paar davon haben dreißig Jahre und mehr abzusitzen. Wegen dreißig Gramm Rauschgift. Jeder hat fünfundvierzig Zentimeter Raum, um zu schlafen. Mit den Jahren rückt man auf und bekommt einen Platz an der Wand; diese Laufbahn fängt neben der Pißrinne an... Er holte Luft, um fortzufahren, aber ich bedankte mich und ging. Ich gab es auf, über etwas von öffentlichem Interesse schreiben zu wollen.

Die Sonne brannte von Tag zu Tag heißer; ich begann mit einer anderen Arbeit. Ich fand früh aus dem Bett und saß bis zum Mittag auf meinem Balkon – daß es Mittag war, sagte mir der langgezogene Ruf eines Fahrradküchenmannes, der auf der Gasse vor dem Hotel kleine Fischpfannkuchen briet. Ich kaufte ihm jeden Tag zwei davon ab, er servierte sie mir in einer Schale, die aus zusammengewirkten Blättern bestand. Diese Stärkung kostete nicht mehr als eine der Kahnfahrten. Manchmal hätte ich lieber einen Hamburger oder ein Sandwich gegessen; das Exotische an sich bedeutet mir nichts. Nach einer kurzen Pause setzte ich das Schreiben fort, bis die Sonne versank (Schreiben woran? – an einer Novelle über die Liebe eines Journalisten zu einer jungen Frau und einem Soldaten, vielleicht aber auch über mich selbst, über die Frage, warum mich immer wieder die gleichen Gesichter anziehen, bis zur Verzweiflung). Gegen sieben Uhr begann dann mein Abend in Bangkok.

Als erstes ging ich zum nahen Grace-Hotel, durch die Soi Nana, eine schrille Nebenstraße mit kleinen Garküchen entlang des Gehsteigs; schrill, weil es dort von Bars und Läden wimmelt, die auf die Wünsche der Araber zugeschnitten sind. Ich ging mit wachen Augen, um auf keinen der Bettler zu treten, die oft wie geplättet neben dem Bordstein lagen, schon fast eins mit dem Boden. Sie hielten Plastikbecherchen in beiden Händen; es war das einzige, was sie als Bettler legitimierte. Sie umklammerten diese Becher, sofern sie Finger besaßen, oder preßten sie zwischen die Reste von Händen und Armen. Kurz hinter den Bettlern bog ich nach rechts, in die breite Zufahrt zum Grace-Hotel. Früher war dieses Haus das größte Bordell Südostasiens gewesen, der berühmte Coffee-Shop ein lärmendes Meer von drei- oder vierhundert Mädchen, nach Mitternacht eine Vorhölle, durch die Betrunkene wankten, Japaner und Inder, Araber und Deutsche, Unglückliche aus sämtlichen Erdteilen. Inzwischen war der Coffee-Shop im bayrischen Stil renoviert worden, und die Männer und Mädchen wurden vermutlich irre an dem Gefühl, sich nach wie vor in einem Morast zu bewegen, für den es keine äußeren Zeichen mehr gab. Natürlich hatten sich einige Nischen gebildet; ich ging ins Grace-Hotel, um die Toilette zu benützen.

In der Toilette arbeitete ein Junge in weißem Hemd mit schwarzer Fliege, der jedem, der vor ein Becken trat, von hinten Schultern und Nacken massierte; dabei achtete er stets darauf, das eigentliche Geschäft nicht zu behindern. Erst wenn man zu pinkeln begonnen hatte, spürte man seine Hände, und kaum war man fertig, hörte er wieder auf. Er war ein sehr ernster Junge, und er war schön, nicht hübsch. Zwischen seinen runden Augen erschien oft ein senkrechtes Fältchen, und wenn er beim Empfang des Trinkgeldes lächelte, schwang ein

Schuß Ironie darin mit. Er hatte es nicht immer einfach, das war klar, und klar war auch, daß ich ihn nie vergessen, ja die Erinnerung an ihn festhalten würde. Die Golfaraber, die im Grace-Hotel wohnten, verstanden den schönen Toilettenhelfer-Jungen gern falsch: Sie machten ihm Offerten oder wiesen seine vermuteten Zusatzdienste zurück. Ganz anders die Deutschen: Sie rissen Witze und pißten sich an. Am besten begriffen ihn noch die Amerikaner: Sie fragten gleich, was die Massage koste. Und so fühlte ich mich zwischen zwei Marines am wohlsten auf der Toilette; lachten sie über den Jungen, dann lachten sie auch über sich selbst, und ich fragte sie, wo sie herkämen, und wir wechselten ein paar Worte über Kansas City oder Oklahoma. Häufig erkundigte ich mich auch, wo sie stationiert seien und was sie da machten, und sie erzählten es mir; und während sie ihre Hosen schlossen, rief einer von ihnen: Hope you're not from East Germany, man! Sie hatten wohl ziemlich viel Angst vor Spionen, sogar auf dem Klo, ich konnte sie aber immer beruhigen. Bevor ich ging, drückte ich dem Jungen Geld in die Hand, ja schloß seine Hand mit meiner Hand um die Münzen. Er hätte nie um das Geld gebeten und bedankte sich auch nur mit einem Verkleinern der Lippen, einem Zeichen, das es mir schwer machte, nicht den Gedanken an einen Kuß zu hegen (und das es mir leicht machte, in ihm eine schicksalhafte Figur für meine Novelle zu sehen).

Nach der Massage im Grace-Hotel ging es zum Essen; ich aß jeden Abend im selben Lokal. Dazu mußte ich die Sukhumvit Road überqueren, keine ungefährliche Sache. Es gab kaum eine Lücke im dichten Verkehr. Stockte er kurz, suchte ich mir mit angehaltenem Atem die Gasse zwischen den Autos. Hinter Lkws und Bussen war die Luft so schwarz, als regnete es Asche. Fast alle Fahrer bohrten in der Nase; die Klümpchen, die sie hervorholten, waren so dunkel wie die Fassaden der Häuser; die Menschen wurden nasebohrend mit der Luftverschmutzung fertig, auch in den teuren Autos. Auf der anderen Straßenseite bog ich in die Soi Sam Samran, und im zweiten Haus links lag das Lokal. Es heißt Suki Yaki, nach einem Gericht, und ich kann es empfehlen. Als Vorspeise verlangte ich oft die Krabbenfleischbällchen, die in Minzesoße gestippt werden; danach zwei gebratene Frösche mit Knoblauch, und mein Hauptgericht bestand meistens aus einem in verschiedenen Gemüsen gesottenen Fisch. Dafür zahlte ich keine zehn Mark, umgerechnet. Träge geworden vom Essen, ging ich dann regelmäßig in das nahe Chao-Phya-Badehaus.

Im Erdgeschoß des Badehauses saßen etwa zwei Dutzend Mädchen hinter einer Glaswand; sie sahen fern oder strickten, und das seit zehn Uhr früh. Ich wählte immer das Mädchen, das mir am erschöpftesten vorkam. Es holte mich an der Kasse ab, und wir zogen uns in einen der Räume im oberen Stockwerk zurück. Dort machten wir uns namentlich bekannt. Während sie Vorkehrungen für mein Bad traf, zog ich mich aus. Auf ihren Wink hin setzte ich mich in die Wanne, und sie wusch meinen Körper von oben bis unten. Ab und zu mußte sie husten; sie war nicht kränker als die anderen Mädchen auch. Es war ja Dezember, an manchen Tagen sank das Thermometer auf dreißig Grad, es litten viele an Erkältung. Nachdem sie mich abgetrocknet hatte, führte sie mich zu einer Liege. Kaum lag ich auf dem Bauch, bestreute sie meinen Rücken mit Puder, bevor sie ihn zu massieren begann. Anfangs stöhnte ich, aber schon bald verloren ihre Hände an Kraft; ich forderte sie auf, sich neben mich zu legen. Ich bedeutete ihr, daß sie den Rest der Zeit schlafen könne (bezahlt war für einein-halb Stunden). Doch sie massierte mich verbissen weiter. Es dauerte noch eine Zeitlang, bis ihre Müdigkeit stärker wurde als ihr schlechtes Gewissen. Dann legte sie sich neben mich, und ich hielt ihren Kopf. Aber selbst im Lie-gen tat sie noch so, als massierte sie mich, ich mußte ihr die Hände festhalten; daraufhin schlummerte sie ein. Ich aber blieb wach und dachte an meine Arbeit.

Das Mädchen schlief jetzt fest, ich lauschte auf ihren Atem. Er war so leise, daß mir bange wurde. Vielleicht war sie mehr als erkältet. Doch daran wollte ich nicht denken; nie will man sich das ja vorstellen: daß jemand, der jünger ist als man selbst, einfach so stirbt neben einem. Ich strich durch ihr schwarzblaues Haar, benei-denswert dicht, und wünschte ihr das Beste. Kurz vor Ablauf der eineinhalb Stunden weckte ich sie. Ohne ein Wort kam sie hoch und brachte ihr Make-up in Ord-nung; ich zog mich unterdessen an. Im Treppenhaus verabschiedeten wir uns formlos; so geht es nun mal.

Ich kehrte zurück ins Hotel, in die Soi Seven, und besuchte die Bar des Hotels. Diese Bar hieß früher Stube und dann Bambus-Club und hatte, als sie noch Stube hieß, den größten Zulauf gehabt. Doch der Besitzer, ein Chinese (wie die meisten Besitzer in Bangkok), wollte einen mehr westlichen oder verruchten Stil. Alles, was nur rot sein konnte, war jetzt rot in der Bar und stand im rechten Winkel zueinander, und es gab so viele Spiegel, daß einem übel werden konnte. Außerdem schuf der Chinese den Posten eines Managers der Bi-Bi-Bar, wie sie nun hieß, und gewann dafür Ernesto, einen vorher stellungslosen Schweizer. Die zwei saßen Abend für Abend nebeneinander und schauten den Mädchen zu, die abwechselnd tanzten, auch wenn ich der einzige Gast war. Etwa jede Stunde sagte Ernesto, daß alles anders werden müsse, alles, und der Chinese lächelte und zählte seine Mädchen mit den Fingern.

Ich kannte diese Mädchen seit Jahren, sie hatten schon in der sogenannten Stube und im Bambus-Club getanzt. Hinter der Theke standen Lek und Ead; Ead war schwanger und durfte sich in Abständen setzen. Vor der Theke standen Surii, Linda, Ang und Dau. Sie waren zum Animieren da und zum Tanzen. Für ihren Auftritt gab es eine kleine Bühne, über der sich eine Lichtorgel drehte. Die Mädchen bewegten sich dort wie im vergangenen Jahr, die Umbauten waren an ihnen vorübergegangen. Wenn sie nicht auftraten, schwatzten sie laut, und Ernesto, ein Platzanweiserlämpchen in der Hand, funkte dazwischen: Die Mädchen sollten nicht schwatzen, sondern die Türe im Auge behalten, falls doch noch ein Gast käme. Ernesto suchte den Erfolg. Dem Chinesen war es im Grunde egal, ob Gäste kamen oder nicht; er freute sich an seiner roten Bar. Da er noch Restaurants besaß, war dieser Nachtbetrieb sein Stekkenpferd, einschließlich Ernesto: So zählte zu seinem Besitz auch ein Schweizer, wer kann das schon von sich sagen. Ernesto ahnte das und haßte den Chinesen. Er wurde von Tag zu Tag bedrückter, was seiner Schweizer Natur gar nicht entsprach; schaute tatsächlich mal ein Gast herein, drehte er auf. Er scheuchte die ganze Truppe zum Tanzen, fing wild an zu klatschen und rief in einem fort: Post ab!

Nur wenn ich gegen zehn Uhr hereinkam, blieb alles sitzen. Ich war schon fast ein Teil der Depression. Ernesto hob nur die Hand und sagte: Morgen wird's besser, morgen sind neue Mädchen da! Die Mädchen besorgte ein Händler. Der Händler kaufte sie vorher einem anderen Händler ab, der die Mädchen wiederum ihren Eltern abgekauft hatte. Ihr Eigentümer war jetzt der Chinese, der auch die Pässe der Mädchen verwahrte. Wäre ihm eines davongelaufen, die Polizei hätte es wiedergebracht. Doch die Mädchen schätzten den Chinesen, der sie jeden Abend zählte, es gab schlimmere als ihn. Das wußte ich von Linda, mit der ich ein bißchen befreundet war, wie ich überhaupt alles über die Mädchen von Linda wußte. Und das, obwohl wir kaum miteinander redeten. Denn solange ich schwieg, schenkte mir Linda einen gewissen Glauben und machte die nötigen Andeutungen, damit ich mir darauf meinen Reim machen konnte; Worte von anderer Seite, also auch meiner, waren für sie gleichbedeutend mit Lügen. Sie vertraute eher meinen Gesten. Linda war seit drei Jahren in Bangkok, aber erst jetzt, in diesen Tagen, lernte sie durch mich die Stadt etwas kennen. Wir fuhren zum Ta-Chang-Pier und aßen mit den Kindern, die nach Rückgang der Flut keine Arbeit mehr hatten, wir kauften für Puan eine Hose und gingen später spazieren. Linda staunte über den Großen Palast und die Banken und das Oriental-Hotel, wo wir Tee auf der Terrasse tranken; ich glaube, sie war einigermaßen glücklich an diesem Tag.

Abends tanzte sie dann wieder in der Bi-Bi-Bar, und dort schlief sie im übrigen auch, so wie die anderen Mädchen. Fragte man Linda nach ihrem Beruf, sagte sie Dancing, und es klang stolz. Und hätte ich Lust gehabt – wer ein besseres Wort weiß, möge es sagen –, wäre sie natürlich mit mir aufs Zimmer gegangen, gegen Geld, versteht sich. Aber ich war zum Arbeiten da, und ich hatte sie gern. Ich schlief also nicht mit Linda und lernte dafür ein Wort aus ihrer schrecklich schweren Sprache kennen. Es heißt tschakwau und ist ein etwas grober Ausdruck für die selbst verschaffte Lust. Ich nahm ihr das nicht übel, im Gegenteil: Mit diesem Wort, dachte ich gleich, ließe sich einiges anfangen.

Die Tage und Wochen vergingen, ich lernte noch ein paar weitere Worte, und wenn ich abends in die Bi-Bi-Bar kam, freute sich Linda. Ich setzte mich dann neben sie, rauchte und trank oder sah zu, wenn sie tanzte. Ich vergaß, wer ich war, etwas Besseres konnte mir nicht passieren, jedenfalls in dieser Zeit; hin und wieder zahlte mir Ernesto ein Bier, einmal sogar der Chinese. Erst wenn die Mädchen zu Bett zu gingen, auf ihre Matten oder Decken, brach auch ich auf. Sie winkten mir noch nach und riefen tschakwau, was wollte ich mehr.

B. I. gewidmet

Das Grübchen

Niemand wird gezwungen, in einem Fahrstuhl zu sprechen, gar keine Frage. Aber was wollen Sie machen, wenn Sie sich plötzlich angesprochen fühlen? Und das nicht durch Worte, sondern von Blicken, den Blicken einer Frau, die einem den Puls beschleunigt mit ihrer bloßen Anwesenheit. Einer stets in einen Pelz (natürlich echt) gehüllten Unbekannten, die mich betrachtet, als suchte sie den Kontakt zu mir. Und damit nicht genug: Wenn unter dem knielangen Pelz die wohlgeformtesten nackten Waden hervorsehen und über dem Kragen des Mantels ein noch vom Schlaf erhitztes Gesicht – ja, wenn alles dafür spricht, daß der kostbare Mantel nur rasch über einen unbekleideten Körper geworfen wurde, um nach der Post zu schauen und anschließend wieder in die noch warmen Kissen zu fallen ... Natürlich kann ich mich auch irren; denn all meine Kontakte sind Wackelkontakte, so kann man es sagen – aber gehen wir davon aus, daß ich mich nicht geirrt habe.

Und damit Sie die Geschichte richtig verstehen, muß ich vorausschicken, daß mein Äußeres so gut wie unscheinbar ist; daß ich immer noch an den Nachwirkungen der Geschlechtsreife leide, ist mir nicht etwa als ungestümer Zug anzumerken, im Gegenteil. Ich kämpfe mit einem stets an neuer Stelle wiederkehrenden Pickel, von dem Kollegen behaupten, er sei mein Freund, und meine Augen sind, in Ergänzung oder als Kontrast zu diesem Pickel, ganz wie man will, von angeblich unbestimmbarer Farbe. An mir und meinem Leben gibt es nichts, was diese – ich sage das in aller Sachlichkeit – lüsternen Blicke einer so schönen Frau rechtfertigen könnte. Seit vielen Jahren bearbeite ich den Buchstaben O in einer mittleren Versicherungsgesellschaft. Die Bezirksstelle, in der ich beschäftigt bin, verteilt sich über vier Etagen eines Hochhauses, dessen Obergeschosse verschwenderische Privatwohnungen sind, mit Zimmern, nehme ich an, von der Fläche unserer Großraumbüros. Meine Arbeit entspricht mir, sie steht in keinem Gegensatz zu meiner Erscheinung, würde ich sagen. Und erwähnt werden sollte vielleicht noch, daß ich die wenigen weiblichen Personen, die mein Dasein gestreift haben, in Vereinen kennenlernte (Bowling, Gesang, Tischtennis) oder beim Fasching; es waren die Übriggebliebenen, von herzlichem Wesen zwar, aber rundherum blaß. Und nun, seit kurzem, solche Wahnsinnsblicke.

Es begann an einem Montagmorgen (ich hatte die Frau vorher niemals gesehen, sie mußte am Wochenende eingezogen sein), und am Dienstag und Donnerstag setzte es sich fort; ich benützte den Aufzug, um mal in die Chefetage, mal zum Kaffeeautomaten zu fahren, und da stand sie dann an der hinteren Wand der Kabine, mit ein, zwei Briefen zwischen ihren schmalen

Fingern, wenn sie von unten kam, oder nach warmem Bett und feuchten Haaren duftend, wenn sie, gleichsam von ihrer Höhe herab, den Weg Richtung ebener Erde nahm, und blickte mich wie aufgewühlt von meiner Gegenwart an.

Etwa drei Wochen nach ihrem Einzug, und ohne daß bisher ein Wort gefallen war, faßte ich mir endlich ein Herz. Ich hatte sie einige Tage lang nicht gesehen, und wieder stand sie, nur flüchtig in den Pelz gehüllt, an der Rückwand und schien jäh zu erröten, als ich den Aufzug betrat, um nach oben zu fahren. Kaum war die Tür zu, fragte ich, die Dinge völlig auf den Kopf stellend vor innerer Spannung, ob an mir vielleicht irgend etwas sei, das sie störe.

Sie rieb sich Schlaf aus den Augen, die Mantelschöße gingen ein Stück auseinander. Nein, sagte sie, da sei nichts, jedenfalls nichts, das sie störte ... Mehr sagte sie nicht, denn schon war die Chefetage erreicht, und ich verließ die Kabine (später sollte es dann heißen, ich sei in den Flur getaumelt, aber Kollegen sind ja immer gehässig). Tatsache ist, daß ich an diesem Tag zum ersten Mal zwei ähnlich klingende Namen der von mir betreuten Versicherungsnehmer verwechselte, was die erste kleine Beargwöhnung meiner Laufbahn nach sich zog.

Unter lächerlichsten Vorwänden benützte ich bis zum Feierabend noch so oft es ging den Aufzug, aber sah sie nicht wieder. Die anschließenden Stunden des Alleinseins waren quälend. Meine Erinnerung an sie wurde so heftig, daß mir die Augen weh taten, und ich sah das Leben, das ich führte, mit einem Mal unter anderem Blickwinkel: als verfehltes Leben, sollte sich herausstellen, daß ich am Ende das gewisse Etwas besäße oder immer besessen hätte, jedoch ohne die Fähigkeit, es zu nutzen.

Erst am folgenden Freitag, kurz nach Büroschluß, stand ich ihr erneut gegenüber, allerdings nicht alleine. Unser ewiger Hausbote, Herr Glaser, ein Mann, dem ein Ohr fehlt (vermutlich Kriegsverletzung, was ja heutzutage schon eine Rarität ist), war mit im Aufzug. Und wie in vorangegangenen Fällen einer Fahrt zu dritt oder viert trat an die Stelle ihrer Blicke eine Maske der Gleichgültigkeit, die im Lichte dessen, was sich schon abgespielt hatte, ebenso vielsagend war. Ich sah auf den schimmernden Mantel, von einer Tierart, die vermutlich bedroht war, also irgendwie verwandt mit mir. Und obwohl ich gegen billige Phantasien im allgemeinen gewappnet bin, überschwemmte mich jetzt der Gedanke, daß sie nicht nur nackt sei unter dem Pelz, sondern auch geradewegs aus dem Bett komme und, noch naß auf dem Rücken und in den Beinen ein Flattern, in die Arme ihres Geliebten zurückkehre. Im siebten Stock verließ Herr Glaser den Aufzug, und wie immer blieb mir der Eindruck, er habe seine Kopfhaltung so gewählt, daß man auf das fehlende Ohr geradezu gestoßen wurde. Zwei ganze Stockwerke hatten wir die Kabine für uns – im neunten erwartete mich mein Chef, der Bezirksstellenleiter –, und ich nahm sofort den alten Faden auf. Wenn Sie nichts an mir stört, sagte ich, ja, wenn das Gegenteil der Fall zu sein scheint, wie Sie angedeutet haben, was ... Und weiter kam ich nicht.

Sie strich sich eine Haarlocke aus ihrem ungeschminkten Gesicht – einem Gesicht, das keiner Stifte und keines Puders bedurfte; es war oval und lebte von weichen glänzenden Augen, Augen, die alle Knoten meines Lebens zu entwirren schienen, wenn sie mich ansahen. Ihre Nasenflügel wurden weiter. Darüber sollte man nicht reden, entgegnete sie, und schon hielten wir wieder, die Tür glitt auf. Ich trat rückwärts hinaus; das letzte, was ich von ihr sah, war etwas Knie und eine Handbreit Schenkel.

Wie betrunken durchschritt ich das Vorzimmer und übersah unsere Frau Übelacker (auf die ich zurückkommen werde) und trat in das Chefbüro ein. Ohne nachzudenken, entschuldigte ich dort meinen Zustand mit dem Tod eines Verwandten. Ein mir sehr lieber Onkel, sagte ich, und meine Fahrigkeit wurde noch ärger. Mit einer Handbewegung, die zum Ausdruck bringen sollte, daß ich Herr meiner selbst sei, fegte ich einen Aschenbecher vom Tisch. Ob ich mir nicht freinehmen wollte? fragte mein Chef besorgt; er war so verständnisvoll, daß man in der ewigen Furcht lebte, irgendeinen Bogen zu überspannen. Um Gottes willen, gab ich zur Antwort, und mein Chef kam auf die Tagesbelange, die für mich nur noch Belange zwischen den verschiedenen Etagen waren, auf die sich unsere Büros verteilten.

Später, in meinen vier Wänden, trat ich dann vor den Garderobenspiegel und betrachtete mich. Ich trug nur die Boxershorts, die ich mir vor Geschäftsschluß noch rasch gekauft hatte. Viel zu lange war ich meiner alten Unterwäsche treu geblieben, damit war nun Schluß. Ich stopfte alle elastischen weißen Modelle in einen Müllsack, weg damit! Diese ersten Boxershorts waren nur ein Anfang in meinen Augen; ich betrachtete mich gründlich. Mein Körper verriet, daß ich keinen sportlichen Ehrgeiz besaß, und mein Gesicht, daß mir ganz allgemein der Antrieb fehlte – von einer Kleinigkeit abgesehen. Man könnte sie als das Gegenteil eines Schönheitsfehlers bezeichnen: als meinen Unscheinbarkeitsfehler. Ich hatte ein Grübchen am Kinn. Es war ein ererbtes Merkmal, dem ich keine Bedeutung beimaß, ich hatte es praktisch vergessen; auch bei Frauen fand es bisher kein Echo. Es verlieh meinem Kinn, an dem, neben dem wiederkehrenden Pickel, nur vereinzelt der Bart sproß, eher etwas von einem ausgeprägten Popo als von deutlicher Entschlossenheit. Dennoch war und blieb es ein Grübchen. Mit anderen Worten: ein gewisser Reiz. Das fiel mir an diesem Abend zum ersten Mal auf.

Am folgenden Tag trug ich den Kopf ein wenig höher als gewöhnlich, wenn ich den Aufzug betrat, und kurz vor der Mittagspause sah ich sie wieder. Sie stand an die Wand gepreßt und blickte mir so in die Augen, als würde sie beim nächsten Atemzug die Lust oder ein Gefühl dieser Art überkommen (es gibt dafür kein geeignetes Wort, keins, das nicht abgeschmackt wäre). Wir fuhren nach unten; quer über ihre Wange lief noch ein Kopfkissenabdruck. Ich denke, ich weiß nun, worum es sich handelt, sagte ich leise.

Sie hob eine Hand und lächelte schwach, ein Streifen glänzender, fest gespannter Brust schien unter dem Mantelausschnitt hervor. Dann bewahren Sie Stillschweigen darüber, tun Sie uns den Gefallen, lautete jetzt die Entgegnung. Ich sah auf ihre nackten Waden. Sie waren lang und doch schön gerundet oder geschwellt und gingen über in handgelenkschmale Fesseln. Der Aufzug hielt, und etwas, das kühner war als mein Ich, ließ mich fragen, ob sie etwa ganz nackt sei unter dem Pelz.

Selbstverständlich.

Sie sagte das höflich, sogar etwas steif, und entschwand durch die offene Tür. Ich wagte nicht, ihr hinterherzugehen. Ich konnte es auch gar nicht; aufgelöst wie am Vorabend eines Umzugs fuhr ich wieder nach oben. Ich stürzte auf die Toilette und schloß mich ein. Während der gesamten Mittagspause versuchte ich meine Gedanken zu ordnen; offenbar hatte ich alle Chancen, Herz und Kopf einer Frau zu gewinnen, die mein Leben auf einen Schlag in eine andere Bahn lenken würde. An ihrer Seite wäre ich nicht mehr der Sachbearbeiter des Buchstabens O, sondern beneideter Liebhaber mit geheimnisumwitterten Kniffen. Doch auch äußerlich erschiene ich den Menschen verändert. Man sähe mein ganzes Gesicht auf einmal im Lichte des Grübchens – das Grübchen wäre der Schlüssel für alle übrigen, nichtssagenden Züge. Und so gesehen war es auch einleuchtend, daß ich ausgerechnet oder eben nur im Fahrstuhl das Interesse einer sonst unerreichbaren Frau zu wecken vermocht habe; denn wo sonst sucht sich das

Auge so unwillkürlich einen Punkt zum Verweilen, wo sonst konnte das Grübchen all seine Macht entfalten?

Mit heißem Kopf und kalten Händen kehrte ich an meinen Schreibtisch zurück. Ich beugte mich über einen Vorgang, die Buchstaben schienen zu tanzen; nach und nach ergriff mich ein tiefer, lähmender Haß auf alle Namen mit O. Ich geriet zum ersten Mal in Verzug. Fast stündlich lief ich zum Fahrstuhl. Ich holte im fünften Stock Zigaretten, ich fuhr in den sechsten, um zu fotokopieren; ich fuhr wieder hinunter und wieder hinauf, vergebens. So war es an diesem und an drei weiteren Tagen, auf meinem Schreibtisch häuften sich die Vorgänge; dann rief Frau Übelacker an, die ein Auge auf mich gehabt hatte, bis sie Chefsekretärin wurde. Ich solle nach oben kommen, sofort. Sie sagte das in spitzem Ton, als sei sie Schauspielerin in einem Büro-Schwank. Ich ging in den Flur, zu allem entschlossen. Der Aufzug kam von unten, ich sah es an dem leuchtenden Pfeil. Die Tür glitt auf, mir stockte das Herz. Da stand sie wieder und schaute, ein gelassener und doch klarer Blick.

Sie hielt ein Netz mit Brötchen und einer Milchtüte in beiden Händen, obwohl es schon später Nachmittag war; die Schnallen ihrer Schuhe berührten den Boden. Sie waren offen. Ich hob den Kopf und wollte gerade sagen: So ein Zufall!, da wurde die zugleitende Tür gewaltsam gestoppt. Mit einem Seitenblick erkannte ich Herrn Glaser. Er zwängte sich noch schnell in die Kabine, einen Korb voller Akten im Arm, und kehrte ihr und mir seine Kriegsfolge zu. Es empörte mich, aber ich schwieg. Wie alle jüngeren, nicht in den Krieg verwikkelten Kollegen hatte ich Angst vor Herrn Glaser. Alles an ihm war verdrießlich, sogar die Art, wie er atmete. Aber er roch nicht, was ich roch und empfand nicht, was ich empfand. Ich sah ihr Knie und ahnte den Schwung ihrer Hüften; ich roch den Geruch von Nachmittagsschlaf: nach süßer Fäulnis, wie sie aus Kinderbetten aufsteigt. Ich war bereit, mich ihr zu opfern. Drei Brötchen zählte ich übrigens – sie konnte also allein sein, allein und verfressen, oder ihr Geliebter war eine halbe Portion. Unentwegt sah sie mich an, doch ihr Blick, daran bestand kein Zweifel, galt dem Grübchen.

Der Aufzug hielt, wir waren im sechsten Stock. Herr Glaser blieb stehen, um mir den Vortritt zu lassen, das gehörte zu seinem unappetitlichen Repertoire. Doch ich rührte mich nicht. Er drehte den Kopf etwas weg, man sah die ganze gräßliche Narbe. Aber wo wollen Sie denn hin? fragte er fast mit einem Unterton der Entrüstung, und wieder sprach etwas Fremdes aus mir: Nach oben, wenn es Sie nicht stört... Ein leises Zischen drückte seine Verwunderung aus, er verließ die Kabine. Lautlos schloß sich die Tür; lautlos schloß sich auch meine Personalakte, wie es mir schien. Ich entschwebte der Versicherungsgesellschaft, meinem ruhigen, abgepolsterten Leben. Ein, zwei Momente lang war ich fast stolz. Dann drehte ich mich ruckartig um.

Sie schaute mir ruhig in die Augen, ich sah nur ihr Gesicht. Erst mit einer kleinen, unbegreiflichen Verzögerung bemerkte ich, daß sie den Pelz geöffnet hatte. Die

Beine sanft gekreuzt, die Hände auf dem Haarbusch gefaltet – das Netz mit Brötchen und Milch lag jetzt wie Müll auf dem Boden –, stand sie gelassen da, zum Greifen nahe und doch wie hinter Glas. Sie hatte alles, was mich hilflos machen kann. Ihr Hals war schmal und faltenlos, die Brüste waren von blendendem Weiß. Kein Streifen Sonnenbräune verdarb das Licht dieses Körpers; nichts von jener öden Natürlichkeit, die man Farbe nennt, störte das Bild ihrer Haut; nirgends ein sinnlos antrainierter Muskel – nur daß sie überhaupt so dastand, war ein Klischee. Aber da mein Leben von allen möglichen Klischees bestimmt war, kam es auf ein weiteres nicht an.

Ich bückte mich und hob das Netz auf. Über meinen Kopf hinweg ging ihr Blick zu den blinkenden Zahlen der Stockwerke. Wir schienen ganz nach oben zu fahren. Sie zog ein Bein an und legte eine Hand um das Knie. Ich sah die Fülle ihres Schenkels und schaute wie in Panik zu Boden, auf eine kleine helle Lache vor meinen Füßen. Die Milchtüte tropfte. In diesem Augenblick war mir, als würde ich träumen. Mir widerfuhr etwas, das keine Verbindung hatte zum gewöhnlichen Leben. Der Aufzug hielt, aber die Tür blieb geschlossen. Sie lächelte plötzlich. Hier oben ist die Tür nur mit einem Schlüssel zu öffnen! Und sie zeigte mir diesen Schlüssel und ließ ihn wieder in der Tasche ihres Pelzes verschwinden. Ich überlegte mir, ob ich gewonnen hatte oder verloren, begehrt wurde oder nur gequält. Sie hob einen Finger. Es war wie eine Warnung: Berühren verboten; dann fragte sie mich, wofür ich sie hielte.

Ich dachte angestrengt nach. Noch immer tropfte Milch aus der Tüte. Alles hing jetzt von meiner Antwort ab, die Gegenwart, die Zukunft, ja die Sicht auf meine Vergangenheit. Etwa für käuflich? Sie sagte das mit einer Liebenswürdigkeit, die mich energisch den Kopf schütteln ließ. Davon abgesehen, glaubte ich es auch nicht. Es hätte alles zerstört. Nein, sie war eine unglücklich verheiratete Frau mit krankhafter Neigung zu Grübchen. Ich suchte noch nach schonenden Worten für diese Annahme, da streckte sie eine Hand nach mir – nicht um den Abstand zwischen ihr und mir zu verringern, nur um ihn anzuzeigen: mit leicht erhobenen Fingern. Und da entfesselte sich, irregeleitet, etwas von diesem Haß, der sich in mir angestaut hatte, von diesem Haß auf alle Namen, die mit O anfangen; ich packte ihre Hand und drückte sie auf das Grübchen. Ist es nicht das, was Sie wollten?

Sie tun mir weh.

Ich ließ sie los und wiederholte meine Frage, sie schloß für einen Moment ihre Augen. Gleichzeitig stieß sie in kleinen Schüben Luft aus der Nase, und ihre Wangen bebten. Es war vielleicht gut gemeint, flüsterte sie. Aber das wäre nicht nötig gewesen, dieses Berühren. Ihr Grübchen erinnert mich an jemanden; es zu sehen, genügte mir völlig, ich glaubte für einen Augenblick, derjenige würde noch leben. Ich bin Ihnen dankbar. Daß ich mich hier so zeige, meinte ich Ihnen schuldig zu sein. Sicher werden Sie begreifen, daß ich nicht weitergehen kann. Es wäre mir nicht einmal lieb, wenn Sie mich anfassen würden. Aber betrachten dürfen Sie mich. Was das angeht, gehöre ich Ihnen. Sie haben den Anblick verdient.

Und damit drehte sie sich langsam, und ich starrte sie an; ihre Besonnenheit wirkte vernichtend. Ich spürte die Kluft zwischen uns und war dennoch in einer Weise erregt, die ich nur zu schildern vermag. Wir waren eine Mann und eine Frau, die zwei Geschlechter und weiter nichts. Die ganze Welt war auf diese Tatsache zusammengeschmolzen. Ich stand gleichsam dicht vor der Weltherrschaft, unfähig, den letzten Schritt zu tun. Sie drehte sich einmal um die eigene Achse und blieb dann an die Wand gelehnt stehen. Ich suchte nach einem Wort, das alles herumreißen könnte. Ihre Brust hob und senkte sich im Abstand einer Sekunde. Mein Hirn war wie leer, das Grübchen juckte. Aber ich wagte nicht hinzufassen: gehörte es doch einem Toten. Bitterkeit stieg in mir auf. Doch ich fühlte auch, daß alles wieder seine Ordnung hatte. Ich war der alte, der, der ich immer sein würde. Sie sind sehr gut zu mir, sagte ich leise.

Es ist nicht der Rede wert.

Aus der Tiefe des Aufzugschachts kam ein Geräusch; sie löste sich von der Rückwand und ging zu den Knöpfen. Ich wandte den Kopf um. Ich sah nicht, was sie tat. Ich sah nur ihre Hinterseite. Nun haben wir wieder eine Minute, sagte sie und kehrte zurück. Ich kann von hier oben den Aufzug blockieren. Oder vermißt man Sie im Büro? Bekleiden Sie dort einen wichtigen Posten? Wenn nicht, dann genießen Sie noch diese Minute.

Ich hob die Tüte vom Boden auf, meine Finger verkrampften, Milch rann mir über die Hand. Die Sekunden vergingen, jede einzelne schien mir kostbar zu sein. Sie drehte sich noch einmal um die Achse, dann bat sie mich um die Tüte, und ich fragte sie, wer der Tote sei, an den ich sie erinnert habe.

Ihr Grübchen hat mich erinnert, nicht Sie. Und dieser Tote war mein Mann.

Sie nahm mir die Tüte ab, Milch tropfte über den Pelz: eine stillende Wölfin, dachte ich. Ihr Mann – und wie ist er gestorben? Meine Herz klopfte bei dieser Frage, ich sah, wie sie die Tüte an den Mund nahm. Ganz elend, sagte sie, er sei ganz elend gestorben. An gebrochenem Herzen... Sie riß die Tüte auf und trank von der Milch, weiße Fäden liefen ihr über den Hals bis zur Brust; die Fahrstuhltür glitt auf, und sie entschwand in eine Wohnung, die ich niemals betreten würde, in eine andere unerreichbare Welt, und was von mir jetzt vielleicht in ihr war, das nahm sie einfach mit.

Kaum war die Tür hinter ihr zu, ließ meine Starre nach, und ich drückte auf den Erdgeschoßknopf. Quer durch mein Leben lief jetzt ein Riß. Ich wußte nun, was das Leben war oder wäre: jemanden wie sie zu besitzen; ich war der alte und war es nicht. Irgendwie gab es mich kaum mehr. Der Aufzug wurde langsamer. Er hielt im sechsten Stock, und ich trat zurück an die Wand. Die Tür glitt auf, mein Chef und Frau Übelacker erschienen. Sie waren bester Dinge und übersahen mich im ersten Moment, ich wollte sterben. Dann klatschte die Übelacker in ihre stets gebräunten Hände, und mein Chef legte los. Mensch ... Er habe schon gedacht, ich sei aus dem Fenster gesprungen. Aber prima, nun sei ich ja da. Sozusagen von oben gekommen, vom Himmel gefallen! Er habe sich nämlich Gedanken gemacht ... Und die Übelacker begann plötzlich zu nicken, als stammten diese Gedanken von ihr, und dabei sah sie mal auf mein Grübchen, mal auf die Milchpfütze am Boden. Gedanken, fuhr unser Bezirksstellenleiter fort, was meine Arbeit betreffe. Und er sei zu dem Ergebnis gekommen, daß ich ab morgen den Buchstaben P bearbeiten solle, der Kollege sei zu einem Wechsel bereit. Das werde mir guttun: Endlich mal weg von dem ewigen O! – So seine Worte.

Der Aufzug hielt, mein Magen hob sich. Einverstanden? fragte er beim Hinausgehen, und ich muß dieser Art von Karriere wohl zugestimmt haben. Denn mit einem lustigen Handzeichen, dem emporgestellten Daumen, entschwand mein Chef, und ich stand mit unserer Frau Übelacker allein vor dem Hochhaus. Sie schaute mich an, als spielten irgendwo Geigen, aber das war auch mit viel Phantasie nicht der Fall. Auf ihren Wangen, mit einer Haut wie auf gebrutzeltem Fischzeug, erschienen winzige Falten. Und? fragte sie. Noch auf ein Weinchen?

Mein Blick fiel auf den Mund der Übelacker, er trug Lippenstiftspuren. Sie öffnete ihn ein wenig und ließ mich ihre Zähne sehen, ja sogar ein Stück der Zunge. Sie hatte so gar nichts Geheimnisvolles, diese Frau, und der Gedanke an das Weinchen mit ihr wog wie eine Lebensaufgabe. Ich wollte weg, aber da hatte sie sich schon eingehakt, und wir gingen über die Straße, in ein Lokal, das Der Keller heißt. Und dort tranken wir dieses Weinchen und fanden noch in derselben Nacht in ein gemeinsames Bett. Und während wir uns wälzten, sie und ich, und aneinanderklebten wie zwei Pflaster, gestand sie mir, daß es die kleine helle Lache im Fahrstuhl gewesen sei, die sie verrückt gemacht habe, und ich vergrub mein Grübchen in ihrem Busen. Und muß ich noch sagen, daß ich danach nie mehr den Aufzug benützt habe und durch das viele Treppensteigen jetzt fast eine gute Figur in meinen Boxershorts mache?

Im Operncafé

In den Kreisen der lebensfroheren Intelligenz – Sie wissen schon, was ich meine – erzählte man sich in diesem Herbst, dem Herbst der ersten privaten Fernsehsender, daß jetzt im Operncafé gelegentlich ein Herr erscheine, an dessen Seite immer wieder Damen mittleren Alters Platz nähmen und mit unbewegtem Gesicht Erzählungen lauschten, die in so leisem Ton hervorgebracht würden, daß auch vom Nebentisch nichts aufzuschnappen sei; von wenigen gelassenen Gesten begleitet, etwa einem halben Öffnen der Hand, habe das Gemurmel offenbar eine Wirkung, der man sich nur mit Ignoranz entziehen könne.

Wochen vergingen, bevor ich mich mit jener Plötzlichkeit, zu der die zaudernde Erwägung einer Tat führen kann, neben den Flüsterer setzte, wie er inzwischen unter den jungen städtischen Berufsmenschen hieß, deren Bühne jenes Café war, das ich nach wie vor vergebens zu meiden bemüht bin. Und auch noch ein Wort zu diesem Zaudern: Ich bin keine Dame mittleren Alters, ich bin ein Mann an der Schwelle zu den mittleren Jahren, kann mich aber gut in jede Dame mittleren Alters hineinfühlen und wäre manchmal selbst gern eine. Früher wollte ich Schauspieler werden, heute gehe ich ins

Operncafé; ich erscheine dort in immer neuen Aufmachungen, oft erkennt man mich kaum, ja mein eigener Anblick in der Spiegelwand des Cafés kann mich in Erstaunen versetzen. Und wie immer mit kühner Frisur und kunstvoll geschminkt, erstmals jedoch ganz in Seide und die Nägel lackiert, nahm ich an einem Freitagabend aus Neugier neben dem Flüsterer Platz, entschlossen, nur den Kopf zu schütteln oder zu nicken.

Ich aß ein Stück Torte und trank einen Tee und sah in die Spiegel an der Wand vis-à-vis; ich sah dort mich und fand das Weib zum Verlieben, und ich sah ihn. Er mochte fünfzig sein, und man konnte ihn für einen Literaturkritiker halten, die ja bekanntlich so aussehen, wie sich das Publikum einen Schriftsteller vorstellt. Nach einer Weile trafen sich unsere Blicke im Spiegel, und er beugte sich zu mir: Ob ich auf seine Anzeige hin gekommen sein, flüsterte er. Ich schüttelte sachte den Kopf, sachte wegen der kühnen Frisur, und er betrachtete mich kurz von der Seite. Also dann auf Empfehlung...

Ich nickte und drehte mich etwas, ich sah sein Profil. Er war hager, ohne der Typ des Hageren zu sein. Erledigen wir zuerst das Geschäftliche, sagte er und bewegte kaum die Lippen beim Sprechen. Ich nahm einen großen Bissen Torte, um nicht irgend etwas erwidern zu müssen; er bestellte ein Glas Mineralwasser. Bis es gebracht wurde, fiel kein weiteres Wort. Er trank einen Schluck und wandte mir das Gesicht zu, auf seinen Wangen erschien eine Stafette winziger Falten. Sie wünschen also, daß ich Ihnen etwas erzähle... Erneutes Nicken meinerseits, und er öffnete eine Tageszeitung, die vor ihm auf dem Tisch lag. Ein Vertrag kam zum Vorschein. Unterzeichnen Sie ihn, wenn Sie einverstanden sind. Ihre Initialen genügen, es ist ein privates Abkommen... Ich überflog die wenigen Zeilen. Der Vertrag verpflichtete einen, über das Zugeflüsterte Stillschweigen zu wahren und auf ein angegebenes Konto einen bestimmten Betrag zu überweisen. Bei Nichteinhaltung verscherze man sich jeden weiteren Kontakt; man könne sicher sein, wie Luft behandelt zu werden. Das erschien mir, unter den gegebenen Umständen, maßvoll, und ich setzte meine Anfangsbuchstaben darunter. Der Flüsterer legte eine Hand auf das Blatt. Geschickt wie ein Taschendieb ließ er es in seinem viel zu weiten Anzug verschwinden, mit der anderen Hand reichte er mir ein Kärtchen – es gab nichts weiter als die Bankverbindung an. Ich steckte es ein. Eine Gespanntheit wie vor der Liebe ergriff mich, ganz im Gegensatz zu der Behäbigkeit um mich herum. Es war die ruhigste Stunde im Operncafé, in das die lebensfrohere Intelligenz erst hineindrängt, wenn in den nahe gelegenen Geldinstituten und Werbefirmen die Lichter ausgehen. Die Kellner lehnten müßig an der Theke, mit einem Auge sahen sie herüber. Sie erkannten mich nicht; ich erkannte mich ja selbst kaum. Der Flüsterer strich mit dem Mittelfinger über den Glasrand, ohne den Ehrgeiz, einen Ton zu erzeugen. Ich aber holte aus meiner Handtasche einen Stift und schrieb auf den Rand der Zeitung die Worte *Was nun?*

Erzähl ich Ihnen von der Lust.

Und darauf muß ich ihn ungläubig angesehen haben, denn er fragte mich, ob ich wegen etwas anderem gekommen wäre. Ich schüttelte den Kopf und fing an, das herabhängende Tischtuch zu kneten. Schließlich warf ich ihm einen Blick zu, und wieder strich er über den Glasrand, diesmal mit Ton. Was sehen Sie mich so an, flüsterte er. Noch nie bin ich hier so angesehen worden...

Ach, tatsächlich, hätte ich fast erwidert, aber statt dessen sah ich woanders hin, ich sah zur Tür. Er hatte übertrieben, aber es schmeichelte mir; die ersten meiner vielen Bekannten kamen mit großem Auftritt in das Café. Es waren hochbeinige, mit den feinsten schimmernden Stoffen bekleidete Inhaberinnen von Modegeschäften und anderen Salons, die gerne über meine Späßchen lachten. Erfolgreiche Frauen mit ledrigen Hälsen und Pflastersteinknien, die mir, bei allen Düften, die sie verströmten, doch den Geschmack am anderen Geschlecht nehmen konnten; es mochte ihnen ähnlich ergehen, was mich betraf, und vielleicht waren wir deshalb Bekannte. Ich lächelte in ihre Richtung, während der Flüsterer ohne einführende Worte von einem Zimmer erzählte, in das wir uns zurückgezogen hätten, im ersten Stock eines alten Hotels, Straßengeräusche seien zu hören – Aber Ihr Atem übertönt bald das Stimmengewirr der Passanten. In kurzen Schüben stoßen Sie Luft aus, kleine Schweißperlen erscheinen auf Ihrer Stirn...

Ich aß die Torte zu Ende, ich versuchte, das Geflüster nicht auf mich wirken zu lassen. Meine Bekannten standen jetzt an der Theke und gaben sich weltstädtisch, ein lustiger Anblick; der Flüsterer aber fuhr unbeirrt fort.

Sie machen ein Hohlkreuz, ich halte Ihr heißes Gesicht, meine Hände sind kühl. Sie möchten sprechen, aber sind nicht imstande dazu. Ich nehme Ihre Arme und lege Ihnen die Hände hinter den Kopf, ich küsse Ihre Achseln. Mit meinen Lippen schreibe ich Ihnen das Wort Glück auf die Brust. Ich glätte Ihr durchnäßtes Haar. Sie sehen mich an, als trieben Sie auf einen Abgrund zu, immer wieder sagen Sie: Nein. Da richte ich mich auf und breche Ihren Widerstand ...

Und womit, wenn man fragen darf.

Mit der Überlegenheit meines Alters.

Ich tupfte mir die Lippen ab, ich betrachtete ihn. Ein großer Ernst umgab diesen Mann. Er war eine geordnete Erscheinung, im Gegensatz zu all den anderen in dem Café, ob es die Werbebürschchen waren in ihren Leinenanzügen oder die Autoverkäufer mit Nadelstreifen und Tüchlein, die Frisörgehilfen mit Fliege, alle, die sich hier zum Narren machten, mit mir als Obernarren. Daran dachte ich, während er bereits weitererzählte. Wir beide wissen, flüsterte er, daß es keinen zweiten Versuch gibt. Gemeinsam müssen wir durch ein Nadelöhr, für das jeder alleine zu groß wäre in seiner Begierde. Nur wenn wir einen Augenblick lang alles aufs Spiel setzen, schaffen wir es vielleicht. Noch kontrolliere ich mich und schenke Ihnen damit Zeit; auch darin zeigt sich die Überlegenheit meines Alters. Doch ich lasse Sie auch fühlen, daß ich mich jederzeit vergessen könnte.

Ich halte Sie in dieser Schwebe, längst glänzt ihr ganzer Körper. Ab und zu reden wir leise. Jedes unserer Worte ist wie eine zusätzliche, geschickte Berührung. Wir verzichten auf Kosenamen für mein Geschlecht. Wir nennen es Schwanz. Unsere Bäuche entzweien sich und haften erneut aneinander, dabei entstehen Geräusche, die zum Lachen reizen. Sie greifen mir blind ins Gesicht, Ihre Nägel schleifen meinen Rücken. Sie reißen den Mund auf, und ich bedecke ihn sanft. Von der Straße dringt der Ruf eines Bettlers nach oben; unser Hotel liegt in einer heruntergekommenen Hauptstadt. Sie erstarren für einen Moment, und auch ich halte inne. Dann genügt eine einzige schwache Bewegung, und ich spüre das Verkrallen Ihrer Finger. Eine Elektrische fährt unten vorüber und erschüttert den Boden. Ihre Zähne schließen sich um meine Hand. Ich dämpfe Ihren Schrei ...

Er sah mich prüfend an und strich mit den Daumen über das Tischtuch; er verstand sich auf die Kunst einer Pause. Wer er sei, wollte ich fragen, aber fand keine Worte – als wären alle Worte bei ihm und alle Sprachlosigkeit bei mir. Die Hände faltend, fuhr er fort. Ein Strom leiser musikalischer Sätze drang in mein Ohr. Ich schloß die Augen, ich vergaß den Vertrag, ich vergaß, daß ein Mann zu mir sprach. Als käme all das aus dem Mund einer bezaubernden Frau, so verwirrte es mich. Ein lautes unverwechselbares Lachen eines meiner Bekannten – er hat mit Wertpapieren zu tun – klang wie aus weiter Ferne. Ich war ganz woanders, in diesem Hotel, mein Geschlecht schrie stumm nach Frieden.

Sie ringen nach Luft, ich streichle Ihr Haar, der ganze Nachmittag liegt noch vor uns. Wir schweigen und keuchen. Sie haben diesen aufwärts gerichteten Blick eines Menschen, der sich weigert, seinen Traum aufzugeben. Sie träumen von der vollkommenen Lust, einem Versinken darin. Ich berühre Ihr Knie, Sie murmeln Ungereimtes; Kissen und Bettuch liegen längst auf dem Boden. Die Haut über Ihren Brüsten ist wie das Fell einer Trommel gespannt. Kleine, helle Schaumflocken liegen auf Ihren Lippen, sie stoßen einen rauhen, fast männlichen Ton aus. Und ich umarme Sie mit all meiner Kraft. Auf dem Trottoir schreien Losverkäufer ihre Nummern. Es ist drückend heiß in dem Zimmer. Sie bäumen sich auf. Fünf, sechs, sieben Herzschläge lang sind Sie nur mehr ein Geschöpf, das sich auflöst. Ich betrachte Sie jetzt aus einer gewissen Distanz. Ich sehe, wie Sie sich vergessen. Dann geht ein Flattern durch all Ihre Muskeln, und Sie erschlaffen, eine schöne Blässe überzieht Ihr Gesicht, es nimmt einen kindlichen Zug an. Sie beginnen zu frieren, so erschöpft ist Ihr Körper; Sie fragen mich nach meinem Namen. Ich flüstere ihn, und Sie wiederholen ihn leise. Kurz darauf kommt die Eintönigkeit. Sie hat keine Vorboten, sie ist plötzlich da. Und Sie wenden sich der Wand zu, während ich mir Mund und Hände abtrockne. Mein Blick fällt auf die Vorhangfalten. Wie spät mag es sein, frage ich mich. Um gegen meine Müdigkeit zu kämpfen, komme ich auf Ihre Gefühle zu sprechen. Ich möchte wissen, was Sie für mich empfinden. Und zur Wand hin antworten Sie: Nichts.

Das würde ich nie sagen.

Diese Worte waren mir herausgerutscht, zwar nicht mit tiefer Stimme, aber auch nicht im Ton einer Frau. Der Flüsterer sah mich an. Sein Gesicht trug Spuren von Schlaflosigkeit, das fiel mir jetzt auf. Erzählen Sie, oder erzähle ich? fragte er nur, gleichzeitig spürte ich etwas Warmes. Seine Hand ruhte auf meinem Arm: Davon war im Vertrag nicht die Rede gewesen. Er lächelte für einen Moment, und die Art, wie seine Lider dabei schwer wurden und dem Blick etwas Gebrochenes gaben, sagte mir, daß er diesem Gewerbe nur nachgehen konnte, weil ihm die Frauen nichts oder nichts mehr bedeuteten. Er schien sie alle zu verachten, nachdem er eine von ihnen vergeblich geliebt hatte. Mit dem kleinen Finger schob er seine weiße Manschette zurück, eine eingefleischte Bewegung. Er trug keine Uhr, doch sah man einen hellen Hautstreifen rund ums Gelenk. Er hat sie versetzen müssen, die Uhr, schoß es mir durch den Kopf, er ist völlig am Ende, nur seine Sprache konnte er retten.

Ist die Geschichte schon fertig? fragte ich unsicher.

Er sah mir in die Augen, und ich schloß sie erneut. Deutlich hatte ich unser Hotelzimmer vor mir; seine ersten Worte hörte ich kaum. Dann hob er die Stimme, als seien wir allein. Es ist dunkel geworden, flüsterte er, und ich bestelle ein Essen für uns, Meeresfrüchte und eine Schale mit Obst, frischgepreßten Saft aus Orangen, zwei klare Fleischbrühen. Ein junger Kellner bringt es aufs Zimmer, er kommt und geht geräuschlos. Wir essen im

Bett. Anschließend sinken wir in einen Schlummer; erst der Lärm des Nachtverkehrs weckt uns auf. Über uns steht die Luft. Ich greife um deine Hüften, es dauert nur Sekunden, bis wir vereint sind; wir sprechen nicht mehr. In die lauter gewordenen Rufe der Bettler mischt sich dein Jetzt – ich halte dich, bis es verklingt. Wir liegen nebeneinander. Gehen wir noch ein wenig in die Nacht, schlage ich vor... Er schwieg und leerte sein Glas, ich nickte ihm zu. Ich hatte keinen anderen Wunsch, als mit ihm aufzubrechen und in die Nacht zu gehen und irgendwann zurückzukehren in unser Hotel. Bis ich die Augen öffnete, bis ich ihn fragte: Mann, wer sind Sie?

Das gehört hier nicht hin.

Er lächelte wieder, und dieses Lächeln galt dem Mann in mir; ebenso wie ich schien er jetzt nicht mehr Komödie zu spielen, und sein Gesicht kam mir plötzlich bekannt vor. Ich erglühte in der Überzeugung, neben einem namhaften Menschen zu sitzen, einem, der seine Haut gewechselt hatte. Die Hand auf meinem Arm wurde schwerer. Und? Sind Sie zufrieden mit meiner Geschichte?

Ich winkte dem Ober. Zum zweiten Mal versuchte ich, Zeit zu gewinnen. Meine Antwort sollte wohlüberlegt sein, denn ich war mehr als zufrieden. Ich war verliebt. Und sicher spürte der Flüsterer meine Schwäche für ihn, ließ es mich aber nicht wissen. Er besaß Takt, auch das unterschied ihn von all den anderen im Operncafé. Er erschien mir jetzt wie ein Mensch, der voller Gelassenheit auf den verfehlten Aufbau seines Lebens sieht. Der Ober kam an den Tisch, ich verlangte nach trockenem Wein. Die Abendzeitung wurde angeboten, Schlagzeilen sprachen von zahllosen Toten bei einem Zugunglück, es berührte mich nicht: Weder er noch ich waren darunter, so mein Gedanke. Ich sah zur Theke. Eine seltsame Stille herrschte auf einmal, als seien an allen Plätzen die Fäden gerissen. Von den Frauen mit den ledrigen Hälsen kamen schamlose Blicke; ich hatte mit keiner näheren Umgang, aber jede brüstete sich mit Vertrautheit zu mir – und das, obwohl sie mich mit halber Seele abstoßend fanden. Aber so ist das Leben. Ich äffte sie nach, indem ich die Kühnheit meiner Frisur überprüfte (steil über der Stirn aufgerichtetes Haar in Form einer angehaltenen Woge); alle waren sie in ständiger Sorge um ihren verwegenen Kopfschmuck, nur ich nicht. In ihrem Innersten schrie nichts, und alles Aufbäumen über dem Scheitel war verlogen, während es bei mir kaum die Woge, die mich immerzu fortriß, auszudrükken vermochte. Alles, was ich war, trieb auf einer Schaumkrone aus Verlangen nach Nähe. Ich wollte verschlingen und verschlungen werden, das Loch und der Schlüssel sein, alles und nichts oder alles in einem. Ihre Geschichte, sagte ich hörbar, Ihre Geschichte war verdammt schön.

Jetzt ist sie leider zu Ende.

Zu Ende, wieso? Ich meine, sie hat noch gar nicht begonnen. Ich möchte wissen, wer Sie sind.

Der Flüsterer sah mich an, das heißt, er sah meinen Mund an, den Mund, den ich manchmal an einen Spiegel drückte, vergebens. Würden Sie mich, unter Umständen, nach Hause begleiten? fragte er beiläufig. Der Ober kam mit dem Wein. Ich trank einen Schluck, ich sagte, ja. Und der Flüsterer faltete die Hände im Nacken und beugte sich an mein Ohr. Er nannte mir seinen Namen.

Ich stellte das Glas ab, schon wieder erglüht, diesmal vor Scham, Scham gegenüber einem wirklichen Schicksal (während meins doch nur ein Schicksal des Blicks ist, der ganz speziellen Trägheit meiner Augen). Er war jener schillernde Mann, dessen Geldvermehrungsfirma vor einiger Zeit wie eine Seifenblase geplatzt war, nachdem er sie, allein durch Redebegabung und eine lächerlich hypnotisierende Wirkung auf jeden, der ohne Arbeit reich werden wollte, schnell in schwindelerregende Höhen geführt hatte, damals Tagesgespräch im Operncafé. Drei Jahre war er eingesessen, und keiner erkannte ihn mehr. Wie er zu diesem neuen, leisen Gewerbe des Erzählens gekommen sei, fragte ich ihn, und zum ersten Mal lächelte er. Seine einzige Gabe, ließ er mich wissen, sei es, mit nichts als Worten aus dem Nichts etwas zu schaffen. Diese Gabe für die Geldvermehrung zu nutzen sei ihm auf Lebenszeit verboten worden, also nutze er sie jetzt anders, nachdem er sich, drei Jahre lang, selbst Geschichten erzählt hätte, um der Verzweiflung zu entgehen. Und nun, fügte er hinzu, sollten wir besser abhauen, es wird allmählich zu voll hier.

Aber Sie müssen noch weitererzählen, drängte ich.

Tut mir leid, die Geschichte ist aus.

Dann überlegen Sie sich eine Fortsetzung.

Alle Geschichten enden, wenn man sie zu lange fortsetzt, mit dem Tod – also lieber nicht.

Er sah mich an, und ich zweifelte an seinen Motiven; ich hielt es für möglich, daß er aus Geschmacksgründen schwieg. Denn wie sollte er das Gesagte noch steigern, wenn nicht mit Abgeschmacktem? Ich fragte ihn, ob er jeder Dame das gleiche erzähle.

Es gibt Varianten. Doch enden sie alle an der gleichen Stelle, was auch etwas mit mir zu tun haben könnte.

Und hatten Sie nicht eine sehr schöne Frau?

Sie hat sich scheiden lassen, flüsterte er, und ich fragte ihn, warum, und wieder wurde seine Hand auf meinem Arm etwas schwerer. Die schöne Frau habe sich nicht nur scheiden lassen, sagte er, sie habe auch sein letztes Geld genommen oder zugesprochen bekommen – deshalb seine Flucht in dieses Gewerbe.

Und nun leben Sie allein?

Ja. In einer Pension. Aber Sie sollten mich besser nicht dorthin begleiten. Am besten, Sie begleiten mich gar nirgendshin; es war kein guter Vorschlag von mir.

Ich sagte dazu nichts, aber er sagte noch etwas. Das Erzählen sei für ihn langweilig geworden, ein gewöhnlicher Betrug.

Für jede Situation habe er inzwischen die passenden Worte, die Lust fuße nun einmal auf Wiederholung. Er sehne sich nach Neuem.

Dann stellen Sie sich doch vor, flüsterte ich, wir wären zusammen in Ihrer Pension ...

Es ist eine sehr schlichte Pension, ich warne Sie.

Dann lassen Sie sie etwas eleganter werden. Große weiche Betten, schwere Vorhänge; Stuck.

Ein schöner Gedanke.

Und seit Stunden liegen wir nebeneinander...

Er lachte kurz und tonlos, und mir fiel auf, daß er die Neigung zum Tränenlachen besaß; mit beiden kleinen Fingern nahm er die Nässe von den Lidern. Dann fragte er, wo wir stehengeblieben seien, und ich antwortete: bei der Eintönigkeit. Worauf er nochmals die Augen schloß und seine Hände faltete und die Lippen bewegte, noch bevor er zu mir und überhaupt in den Raum sprach.

Sagen wir besser: der Müdigkeit. Wir waren bei der Müdigkeit stehengeblieben. Es ist Nacht, Sie liegen auf dem Bauch, die Stirn tief im Kissen, ich sitze neben Ihnen und atme den Duft Ihrer Haut. Obwohl wir uns zweimal geliebt haben, ist unsere Intimität noch nicht gefestigt. Wir vermeiden das Du. Ich küsse Ihren Rük-ken. Sie seufzen... Und er sah mich kurz an, und ich seufzte, ich konnte nicht anders. Dann zog er unseren Vertrag aus dem Anzug und zerdrückte ihn langsam, während er fortfuhr, mit angehobener Stimme. Niemand außer ihm redete jetzt im Operncafé. Ich nahm eine Serviette und wischte mir das Rot von den Lippen, ich wählte das Lächeln, mit dem ich am meisten Erfolg habe bei Menschen; ich kämmte mir die Woge aus der Stirn. Die Gesichter im Café erstarrten. Man begann mich zu erkennen, mich und auch ihn. Den Abgefeim-testen meiner Bekannten stand plötzlich der Mund auf. Sie glaubten es nicht. Mein neuer Freund sprach jetzt zu allen. Er zog seinen Schlußstrich, das spürte jeder. Er führte das Du ein. Dein Kreuz, rief er, wird hohl. Du greifst nach hinten, und unsere Hände berühren sich, du öffnest dich mir. Ich küsse dich, wo dich noch niemand geküßt hat!

Er machte eine Pause, das Café hielt den Atem an. Ihr aber könnt mich am Arsch lecken, schloß er und begann in einer Weise zu lachen, die jede soziale Wiederanknüpfung ausschloß. Er bellte fast, und ich stimmte mit ein, wir waren die Hunde, die sich losgerissen hatten.

Und was dann, möchten Sie wissen, was geschah dann noch? Nun, das Publikum war wie gelähmt. Den jungen städtischen Erfolgsmenschen fehlten die Worte. Ich sah in blanke sture Augen und kam allmählich wieder zu mir. Es war so still, daß man vor dem Café die Passanten vorbeigehen hörte. Noch außer Atem und heiß im Gesicht, erfaßte ich doch jede Kleinigkeit – die wandernden Adamsäpfel in den ledrigen Hälsen, die verhärteten Hände, das feine Klingeln von Schmuck, die Gänsehaut unter den Kettchen. Angespien von einem früheren Geldmacher und einem Narren wie mir standen und hockten sie da, auf die gewöhnlichste Weise empört. Ich sah nichts als bedrückende Dummheit, die Scherben einer lebensfroheren Intelligenz. Mein neuer Freund aber legte Geld auf den Tisch und erhob sich. Er bot mir den Arm, wir schritten an der Theke vorbei. Niemand sagte ein Wort, keine Hand rührte sich, jeder wich meinem Blick aus. Erst vor der Tür, im Freien, glaubte ich Stimmen zu hören – eine Welle der Erregtheit, die sich auf wunderbare Weise mit meiner Art von Erregung verband. Wir gingen, ohne zu sprechen; er, ganz alte Schule, rechts von mir, ich, nach Frauenart, an seinem Arm; ab und zu lachten wir noch, aber leise.

Die Pension lag in der Nähe des Bahnhofs. Vor dem Eingang reichten wir uns förmlich die Hand. Leben Sie wohl, sagte ich und schlug einen Haken. Ich floh geradezu. Sein Zimmer stellte ich mir klein und feucht vor; auf dem Kopfkissen läge vielleicht ein Riegelchen Schokolade, das hätten wir sicher geteilt. Ich fühlte keine Traurigkeit, nein, es war gut so. Etwas idiotisch war nur diese Art von Erregung. Sie klang einfach nicht ab.

Etwas schärfer, wenn's geht!

Von irgend etwas mußte ich damals leben, und weil ich schon immer viel herumerzählt hatte, versorgte ich ein gewisses Magazin mit gewissen Geschichten, wobei es in jeder Geschichte um einen springenden Punkt ging, aber wie das Wort *springend* schon sagt, war dieser Punkt nicht festgelegt, sondern lag im Belieben des Lesers, für das Magazin also ein Risiko.

In der Regel umfaßten diese Geschichten neun bis zehn Schreibmaschinenseiten und erzählten von kurzen Begegnungen zwischen Mann und Frau. Und dabei kam es nie zu dem, was der gehobene Volksmund *Verkehr* nennt, aber in jedem Fall bestand Anlaß zur Hoffnung auf einen ebensolchen. Aus dem Unvorhergesehenen der Begegnung und dem Erscheinungsbild der Frau – sie war meist von komplizierter, ja verwirrender Schönheit – ergaben sich für den Mann plötzlich Winke; und durch ein weiteres Moment – vielleicht die Räumlichkeit oder eine bestimmte Redefigur, ein Stückchen Garderobe oder entblößte Haut, ein an sich läppisches Detail – geriet die ganze Begegnung ins Wanken.

War die Geschichte vorläufig fertiggestellt, sandte ich sie an das gewisse Magazin und wartete ab. Und nach ein bis zwei Wochen kam endlich der Anruf vom zuständigen Redakteur, den ich bis heute nicht zu Gesicht bekommen habe und der mir dennoch unvergeßlich bleiben wird: als Herr Schlotzer, wie er von mir umbenannt wurde, ein Mann mit feinschmeckerischen Mundgeräuschen und dem etwas unseriösen oder nicht ganz appetitlichen Dialekt eines Wahlmünchners.

Hatte ihm mein Stoff grundsätzlich gefallen, so wies er mich nämlich, nach einem leisen Schlotzen oder Abschmecken meiner von ihm zusammengefaßten Aussage, auf bestimmte Stellen hin, die man noch verbessern müßte. Fast immer ging es dabei um den Schlußteil der Geschichte, also um den gewünschten Höhepunkt der Handlung in Verbindung mit dem erwähnten springenden Punkt, der in jedem Fall ein klar gesetzter erotischer Punkt sein sollte – für nichts anderes bezahlte man mich. Und ich wandte dann jedesmal ein, daß es nicht leicht sein dürfte, hier noch eine Steigerung zu erzielen, ohne abzurutschen, doch Schlotzer glaubte fest an mein Fingerspitzengefühl und natürlich seinen Einfluß auf mich. Sie richten das schon, sagte er mit rollendem R, um dann mit seinem Lieblingssatz zu enden: Und gegen Schluß etwas schärfer, wenn's geht.

Damit waren diese Telefonate beendet, und ich setzte mich an den Schreibtisch. Vor mir lagen die kritischen Seiten, und die Aufgabe stand fest: Ich sollte aus einem scharfen Text einen schärferen machen, um nichts anderes ging es. Aber schon die Bitte: Etwas schärfer, wenn's geht, klingt ja nach Boulevard – dagegen mußte ich mich wehren. Der Eros ist eine ernste Sache, er bewegt sich am Rand eines Abgrunds – worauf es ankam, war noch ein Schrittchen weiter zu tun, ohne abzustürzen. Der Eros hat aber auch eine leichte Seite, die auf den Abgrund pfeift, ja ihn ins Lächerliche zieht, was man aus Stücken wie dem Sommernachtstraum oder Mozart-Opern weiß. Und ich erinnere mich besonders an eine Geschichte, die zum Schluß hin beide Karten, die ernste wie die leichte, ausgespielt hat – mit den entsprechenden telefonischen Einwänden nach etwa zehn Tagen.

Die Geschichte hieß *Neugier* – kein aufregender Titel, aber einprägsam. Ein Mann geht ins Café und findet auf dem Nebenstuhl einen liegengelassenen Block. Er nimmt ihn an sich und blättert darin. Der Block enthält nichts als eine ins Auge fallende Bleistiftzeichnung, mit dem Vermerk *nach C. S.*, offenbar die Referenz an einen anderen Künstler. Im Innersten angesprochen von dem Motiv, ruft der Mann nach dem Ober, um das Fundstück wie eine heiße Ware loszuwerden. Kurze Zeit später tritt eine junge Frau an den Tisch. Sie ist von provozierender Kühle und veranlaßt den Mann zu der Frage, ob sie vielleicht einen Skizzenblock suche. Ihre Erscheinung und die Art, wie sie verneint, lassen ihn annehmen, daß sie lügt. Sie setzt sich zu ihm, und je länger er sie betrachtet, desto überzeugter wird er, daß die unerhörte Zeichnung von ihr stammt. Er verschüttet seinen Tee, es kommt zu einem Gespräch. Dabei erwähnt der Mann die Skizze, und die Unbekannte bittet ihn, sie ihr zu beschreiben. Er zögert, wodurch die Neugier der Frau noch gesteigert wird, und kommt dann der Bitte nach – und mit seiner Bild- oder Zeichnungsbeschreibung begann jener Teil der Geschichte, der, auf Drängen des Redakteurs, verschärft werden sollte, in meinem alten Manuskript genau drei Seiten, die ich hier ungekürzt wiedergebe, einschließlich einer Häufung des Wortes *liebkosen*, an der sich Herr Schlotzer besonders gerieben hatte.

Es war eine feine, mit wenigen durchgehenden Strichen ausgeführte Bleistiftzeichnung. In der Mitte des Blattes lag eine Frau auf dem Rücken, mit etwas abgewinkelten Beinen. Sie trug leichte Straßenschuhe und einen schlichten knielangen Rock. Rittlings auf ihrem Gesicht saß eine zweite Frau, die nur Strumpfhalter und ein Leibchen anhatte und von der ersten Frau zwischen den Beinen liebkost wurde. Die Liegende hatte eine Hand auf dem Schenkel der Liebkosten, die mit vorgebeugtem Oberkörper über ihr kniete. Beide Arme der Knienden waren zu ihrem gespreizten Schoß hingestreckt, die Hände verschwanden darunter. Offenbar hielten sie den Kopf der Liegenden fest, um den Genuß zu regulieren. Die Liebkosende wirkte durch ihre Beinstellung gelöster als die Liebkoste, und zusammen gesehen, erweckten sie den Eindruck eines illusionslosen Paars. Von anderer Seite wurde dieser Eindruck noch unterstrichen. Einmal durch ein weiteres Paar am Rande der Zeichnung, ferner durch den Hinweis auf einen abwesenden Dritten. Links oberhalb der beiden Frauen sah man nämlich ein künstliches Glied, mit Hodenteil und Schnallen, beschnuppert von zwei schwarzen Katzen, einem alten Gespann, wie es schien. Deren Kopfhaltung gab einem das Gefühl, die beiden Tiere unterhielten sich über die sonderbare Prothese und seien gleicher Meinung, was ihren Zweck betraf, aber auch die Sinnlosigkeit ihrer Anwendung. Jede der beiden Frauen wirkte dagegen, als sei sie ganz für sich, ja im Grunde allein, die eine beim Liebkosen, die andere in gespannter Erwartung der Lust; ihr Mund – der Mund der letzteren – war fest verschlossen, in den kleinen, auf den Boden gerichteten Augen aber lag Resignation... Der Mann und Finder der Skizze holte Luft. Er staunte über sich selbst: Wie genau sich ihm die kleine Zeichnung eingeprägt hatte.

Und warum Resignation? fragte die Frau, von der er immer noch annahm, daß sie nur ihren Block suche. Das müßten Sie doch wissen, erwiderte er. Oder haben Sie sich beim Zeichnen gar nichts gedacht? Und durch die Schultern der Frau ging nun ein Beben, sie lachte mit geschlossenem Mund. Und der Mann sagte: Da war auch ein Hinweis auf dem Blatt: Nach C. S. Was hat das bitte zu bedeuten? Die Frau sah ihn an – Vielleicht, daß diese Zeichnung eine Kopie ist, nach einer Vorlage von einem Mann, der die Initialen C. S. hat.

Wieso muß es ein Mann sein?

Weil es mich sonst kaum so berührt hätte, entgegnete die Frau und stand auf. Wohlerzogen wie er war, stand der Mann ebenfalls auf. Sie gehen schon? Wohin?

Ich gehe nach Hause.

Und was werden Sie tun dort?

Die Frau legte sich eine Haarsträhne auf die Lider.

Ich weiß es noch nicht. Aber vielleicht wissen Sie es. Was werde ich tun? Sagen Sie es …

Und der Mann – nicht mehr ganz sicher, ob er eine Künstlerin vor sich hatte –, dachte sofort, daß sie sich zu Hause auf den Boden knien würde, vor ihrem inneren Auge die Zeichnung, und suchte noch nach Worten dafür, als ein hochgewachsener schmaler Junge mit Schläfenlocken und breit geschwungenen Nasenlöchern hinzutrat und einen Blick auf den Stuhl warf, auf dem der Skizzenblock gelegen hatte. Ein dunkler Schopf fiel ihm über die Stirn, er strich ihn zurück und sah auf, sein Atem ging schnell. Der Mann gab dem Ober ein Zeichen, der Ober brachte den Block; der Junge streckte die Hand danach aus. Er lächelte für einen Moment.

Gehört das Ihnen? fragte der Mann.

Er dachte nämlich, es gehöre mir, sagte die Frau.

Aber ich erkenne Sie wieder, bemerkte der Ober zu dem Jungen – Sie saßen hier und zeichneten.

Und der Junge oder Jüngling – sechzehn mochte er sein, höchstens siebzehn – nickte und fuhr sich erleichtert übers Gesicht. Dann ergriff er den Block, und die Frau legte ihm eine Hand auf den Arm. Ich möchte, daß du mich zeichnest, sagte sie rasch, und der Junge lächelte wieder; die beiden verschwanden ohne ein Wort. Der Mann aber sah ihnen nach und zitterte plötzlich, ein Zittern, als würde seine Seele abwechselnd mit Eiswasser übergossen und mit Salz bestreut.

So endete meine Geschichte in der ursprünglichen Fassung; ihre Zuspitzung auf den Schluß hin läuft, wie man gesehen hat, über drei Stufen – Beschreibung der Zeichnung, Gespräch im Anschluß daran, Auftritt des Jungen oder Jünglings. Die drei Abschnitte fußen aufeinander, Grundlage ist die Beschreibung, und hier vor allem der Kernsatz: Rittlings auf ihrem Gesicht saß eine zweite Frau, die nur Strumpfhalter und ein Leibchen anhatte und von der ersten Frau zwischen den Beinen liebkost wurde ... Und was tat ich nun, um Schlotzer zufriedenzustellen? Ich machte nach *anhatte* einen Punkt und strich den Rest; daraus ergaben sich natürlich Konsequenzen. Ich änderte auch den folgenden Satz und fügte einige Worte hinzu. Nun hieß es: Eine Hand der Liegenden ruhte auf dem Schenkel der anderen, die mit weit vorgebeugtem Oberkörper über ihr kniete. Dabei machte sie ein Hohlkreuz, ihr runder Po und ihr spitzes Gesicht ragten als Gegensätze jeweils ins Leere ... Und so weiter.

Doch worin lag die Verschärfung, was war der Effekt, der mir am Ende mein Geld gebracht hat? Nun, das ohnehin umstrittene *Liebkosen* ist zurückgestellt worden, es taucht jetzt erst in der erweiterten Bemerkung auf: Die Liebkosende wirkte durch ihre Beinstellung und eine Falte im Rock gelöster als die Liebkoste ... Dazu kamen der Hinweis auf den Gegensatz im Ausdruck von Po und Gesicht sowie die Feststellung, daß diese beiden Teile des Körpers jeweils ins Leere ragten. Und das eröffnete wohl einen neuen Blick, jedenfalls für den Redakteur und Wahlmünchner Herrn Schlotzer – beiden Frauen fehlte ja nun der sichtbare Halt, ein Bett oder die nackte Erde, und so gesehen spürte man, daß der einzige

Angelpunkt des Motivs im Verborgenen blieb, nämlich Mund, Nase und Augen der Liebkosenden, die im Geschlecht der Liebkosten vergraben waren wie in einem Kissen. Diese unsichtbare Naht zwischen den Frauen war vorher mit keiner Silbe erwähnt worden; doch als leeres Zentrum stellte gerade sie den Ort des Eros dar, sowohl im Erleben als auch im Text. Es war – oder ist – der einzige Punkt in der Zeichnung, der die Phantasie blühen läßt, und als etwas Verborgenes wäre er in der Bildbeschreibung fehl am Platz gewesen, ich aber machte ihn jetzt zum Bestandteil des Gesprächs, das sich anschloß. In ihren kleinen, auf den Boden gerichteten Augen lag Resignation, mit diesen Worten hatte der Mann geendet, und in der zweiten Fassung ließ ich es so weitergehen:

Warum Resignation? fragte die Frau, die mit unbewegtem Gesicht zugehört hatte. Vielleicht ist das Ihr eigenes Empfinden. Denn bis auf das künstliche Glied haben Sie ja nichts verloren in der Zeichnung. Im Grunde enttäuscht Sie doch dieses Motiv. Denn was Sie zu sehen wünschen: die Berührungsstelle zwischen den zwei Frauen, wird ihrem Auge vorenthalten. Wie eine Maske bedeckt das Geschlecht der Knienden das Gesicht der unter ihr Liegenden; was sieht sie da über sich? Was schmeckt sie? Was riecht sie? Was tun ihre Lippen? Und was spürt die andere? Sie können sich davon keinerlei Vorstellung machen. Also resignieren Sie.

Und Sie? erwiderte der Mann. Sie besitzen diese Vorstellung – weil die Zeichnung von Ihnen stammt! Ja, weil Sie eine der zwei Liebenden sind – die verdeckte.

Durch die nackten Schultern der Frau ging ein Beben, sie lachte mit geschlossenem Mund. Der Mann aber hob auf einmal die Stimme. Oder sind Ihnen die Initialen C.S. etwa fremd?! Es wurde still in dem Café, die Frau begann zu flüstern. Diese Zeichnung ist eine Kopie, flüsterte sie. Es sind die Initialen des eigentlichen Künstlers... Sie lächelte und erhob sich, der Mann stand ebenfalls auf; er spürte die Blicke der Gäste. Sie glauben nicht, daß es auch eine Künstlerin gewesen sein könnte?

Dann hätte es mich kaum erregt, versetzte die Frau und suchte nach Trinkgeld. Der Mann sah ihre Hand, die in Münzen wühlte. Was werden Sie jetzt tun? fragte er.

Ich gehe nach Hause, was sonst. Sie zog einen Schein zwischen Münzen hervor und legte ihn auf den Tisch.

Und dort? Was werden Sie tun?

Was glauben Sie denn? Sagen Sie es...

Und der Mann wiegte den Kopf, als ein hochgewachsener Junge hinzutrat... Und so weiter und so fort.

Die Passage war also länger geworden, alles Wesentliche kam nun aus dem Mund der Frau. Sie sprach das Verborgene aus und bezeichnete damit das Unmögliche. Sie stellte die Falle der Erotik, und der Mann tappte hinein; wortlos brachte sie das Thema Geld ins Spiel und baute ihm mit ihrer Frage, was sie seiner Meinung nach zu Hause tun werde, eine schwankende Brücke. Doch ehe er antworten konnte, trat der vergeßliche Kopist dazwischen. An den folgenden Schlußsätzen gab es dann nur wenig zu ändern. Gehört das Ihnen? bemerkte der Mann, worauf der Junge oder Jüngling die Augen schloß und sich erleichtert übers Gesicht fuhr; und die Frau ergriff seinen Arm. Ich will, daß du mich zeichnest, flüsterte sie, und der junge Kopist blickte sie an, und schon gingen die beiden davon. Der Mann aber sah ihnen nach und zitterte; er hielt noch den Block in der Hand, wie ein Stück seiner selbst.

Ich ließ also die Zeichnung bei ihm, der Kopist vergaß sie ein weiteres Mal. Seine Augen sahen nichts als die Frau, von der nun jeder annehmen konnte, sie habe die Erotik mit Löffeln gefressen. Und den geänderten Text hatte ich unverzüglich zur Post gebracht, und schon zwei Tage später der Schlotzersche Anruf. Also ich habe Ihre Seiten gelesen, ja, ja… Doch. So ist es besser. Auf den Punkt.

Und ich zu ihm: Wenn Sie mir dann möglichst bald meinen Scheck… Und er zu mir: Nur vielleicht eine Kleinigkeit noch – der Titel, nicht wahr, dieser Titel… ist blaß. Und ich: Wieso blaß? Und er: Kein – wie soll man es sagen, kein…

Und ich hörte seine Feinschmeckerlaute und dazu ein Fingerschnippen, bis endlich und mit rollendem R der unvermeidliche Satz kam: Also gegen Schluß hin etwas schärfer, wenn's geht… Und weil die Zeit drängte, das nächste Magazin schon bald in den Satz ging, machte er mir gleich einen Vorschlag, und ich stimmte dem zu, wie man auch in der Ehe von einem bestimmten, nicht mehr springenden Punkt an wohl nur noch zustimmen kann, und die ganze dunkle Geschichte war damit gestorben; ich weißhaariger Kerl aber lebte.

Frühes Ende

Abschließend über mein Leben nur das: Ich war auf dem besten Weg, eine Persönlichkeit zu werden. Alles, was ich tat, sah mir ähnlich, ich selber glich immer mehr der Umgebung, die ich mir schuf – die ganze Wertpapierabteilung empfand Sympathie für mich. Doch dann war diese Sache passiert, die nie hätte passieren dürfen.

Unsere Banken warfen ja, wie man weiß, ihre Schatten auf die gewissen Häuser in Nähe des Bahnhofs – woran sich auch nichts geändert haben dürfte: sie werfen also nach wie vor ihre Schatten auf diese Häuser –, und ich war nach langen Abendstunden im achtunddreißigsten Stock, nach Telefonaten in alle Welt und dem üblichen Jonglieren mit schockierenden Zahlen, schließlich in eins jener Häuser gegangen, um mich treiben zu lassen.

Es war schon spät, das ganze Haus mit seinen rötlich beleuchteten Fluren schien mir zu gehören, ich sah hier und dort in eins der Zimmer. Einige Frauen schliefen bereits, hatten aber die Türen noch offen, andere saßen herum und riefen sich Dinge in ihrer Sprache zu; aber dann, ganz am Ende eines afrikanischen Flurs, plötzlich doch ein vertrautes Wort, Komm… Und ich wandte mich der offenen Tür zu, Fehler Nummer eins, und sah sie da auf ihrem Bett, über ein Heft gebeugt.

Ende Zwanzig mochte sie sein, und sie bat mich regelrecht in ihr Zimmer, eine Frau aus der Umgebung, wie unschwer zu hören war, vielleicht die letzte Einheimische in diesem Viertel, brünett, mit runden Knien und schmalen Händen; bekleidet war sie eigentlich nur mit roten, wollenen Beinwärmern, die bis zur Mitte ihrer Schenkel reichten – selbstgefertigten Wärmern, das erkannte ich auf Anhieb: Lohn mühsamer Jahre mit strickenden Frauen. Sie saß in der Mitte des Bettes, eine Hand auf dem Heft, und fragte, ob ich Englisch könne.

Und kaum hatte ich die Frage höflich bejaht – zweiter Fehler –, zeigte sie mir ein Bild in dem Heft, und ich zuckte zurück, obwohl's eher zum Davonlaufen war, aber davonzulaufen sah mir nicht ähnlich. Das Bild war eine peinlich genaue Zeichnung, die ich auch auf den zweiten Blick für das Polizeifoto eines Selbstmörders hielt – ein Mann Mitte Dreißig, also in meinem Alter, heruntergesprungen etwa vom zwanzigsten Stock, auf dem Pflaster zerplatzt und ausgelaufen; jedoch noch im Anzug und ein Aktentäschchen in der Hand. Unterschrift: *Yuppie's Abortion*. Was das bedeute, wollte sie von mir wissen, mit einem ehrlichen Interesse an meiner Antwort.

Ich setzte mich neben sie und vermied es, durch die Nase zu atmen. Sie roch nach Zimt und Kindercreme, nicht irgendeinem Aufputschzeug; umwerfend roch sie, und ich hatte kein Bargeld bei mir. Passen Sie auf, sagte ich, das ist ganz einfach. Yuppie ist eine Abkürzung und bedeutet Young Urban Professional, was soviel wie junge städtische Berufstätige heißt; frei übersetzt: Erfolgstypen. Und dieser Typ nun, will die Zeichnung uns sagen, wächst schon im Mutterleib heran. So daß im Falle einer Abtreibung – Abortion gleich Abtreibung – etwas herauskäme, was dieser Darstellung gliche. Das ist der ganze Witz. Wenn es ein Witz sein soll ...

Ich schob das Heft beiseite und schaute zur Tür. Der Flur war jetzt wieder belebter, eine Art Mitternachtsanstrom, Durchreisende und Messebesucher, vielleicht auch Leute wie ich, schwer zu sagen; jedenfalls niemand, dem ich hätte die Hand geben wollen.

Ist das alles? fragte die junge Frau (man weiß ja nie, wann man die Grenze ziehen soll zur gänzlich erwachsenen Frau – zieht man sie zu früh, macht man etwas falsch, zieht man sie zu spät, erst recht). An was dachten Sie denn? fragte ich zurück.

An einen tieferen Sinn.

Das fehlte noch, rief ich, nicht ohne Erstaunen über ihr Nachhaken, ja eine gewisse Impertinenz oder fast bissige Ironie mir gegenüber. Ich hatte ihr doch eine erschöpfende Auskunft gegeben, oder nein? Auf ihrer Stirn erschien eine tiefe, ehrliche Falte (nicht dieser Ausdruck falscher Sorge, wie in der Wertpapierabteilung).

Na, dann eben kein tieferer Sinn, erwiderte sie und bot mir eine Zigarette an. Ganz selbstverständlich hielt sie mir das Päckchen hin – das allein hätte mir schon etwas sagen müssen, eine derartige Aufmerksamkeit in einem Puff! Ich bediente mich und machte es mir ein bißchen bequemer. Und dann geschah dies: Mein Büffelledermäppchen in der einen Hand, in der anderen die Zigarette, begegnete ich ganz überraschend meinem Gesicht. Ich sah mich in einem mannshohen Spiegel und bemerkte, daß es noch mehr Spiegel gab, an jeder Wand und sogar an der Decke. So weit, so gut; nur sah ich aus, als hätte mir jemand ein Dutzend Backpfeifen verpaßt (was zwar ein altmodisches, aber zutreffendes Wort ist). Wie ein Kindskopf hockte ich da, mit glühenden Wangen, und die junge Frau oder Beinahefrau reichte mir Feuer. Ich versteh's einfach nicht, sagte sie.

Also schön, begann ich von vorn. Zunächst der Titel des Bildes, Yuppie's Abortion gleich Abtreibung eines ...

Wieso eines? unterbrach sie.

Ich stieß den Rauch durch die Nase. Sollte ich mit ihr über den Genitiv streiten? Sie machte mir einen gescheiten, aber keinen gebildeten Eindruck. Einundzwanzig mochte sie sein; auf ihrem Nachttisch lag eine Brille. Also bitte: Sagen wir Erfolgsmensch-Abtreibung, paßt Ihnen das?

Ja. Aber ich verstehe es immer noch nicht. Wen soll das Bild denn erreichen? Diese Erfolgstypen, um ihnen klarzumachen, daß sie schon im Mutterleib so ausgesehen haben? Wendet es sich etwa an die Abgetriebenen selbst? Wohl kaum ... Sie zog ihre Beinwärmer bis an den Schritt und lächelte, daß mir der Atem wegblieb. Dann fügte sie leise hinzu: Wer also, frage ich Sie, ist in diesem Titel das Subjekt?

Ich stieß einen kurzen Pfiff aus und schaute zu Boden. Ihre Frage war natürlich berechtigt; abgesehen davon bewegte sie mich. Wie lange hatte ich dieses schöne Wort nicht mehr gehört? Seit meinem Eintritt in die Wertpapierabteilung nur noch in abfälligem Sinne (Sie Subjekt, Sie! etc.). Gar kein Zweifel, antwortete ich zwischen zwei Zügen, Yuppie ist das Subjekt.

Und was tat sie? Sie winkte nur ab. Unsinn. Der junge Erfolgsmensch ist Gegenstand der Abtreibung, tut mir leid! Und damit strich sie mir beiläufig über den heißen Kopf, und ich spürte ihre Hände, als sei kein Haar mehr dazwischen. Soweit ich mich an meine Studienzeit – ich meine, die gelegentlichen Abschweifungen während dieser Frankfurter Zeit – erinnern konnte, hatte sie wiederum recht. Aber irgendwer, meinte ich trotzig, muß doch hier das erkennende Ich sein! Worauf sie nur sagte: Ja sicher. Denn unser Yuppie ist doch ein Objekt mit Köpfchen! – gleichzeitig reichte sie mir einen Aschenbecher. Oh, ich bewunderte sie in diesem Moment; die wenigsten in unserer Abteilung waren so gescheit. Ich wollte sie ansehen, doch sie war beiseite gerückt. Wieder sah ich nur meiner Wenigkeit ins Gesicht; offenbar verzerrten all ihre Spiegel. Ich sah einen Menschen mit vorspringender Stirn und einem Radieschen von Nase. Unsicher geworden, wollte ich wissen, ob sie studiert habe.

Ich und studiert? Ich lese. Meine Kunden bringen mir Bücher, Sachen, die sie nicht mehr so gerne zu Hause stehen haben, ich weiß nicht, warum. Hier, meine Sammlung ... Und damit zog sie einen flachen Karton unterm Bett vor, voll mit Büchern, die mir vertraut waren wie Straßenecken aus meiner früheren Gegend. Ein ganzer Karton Dialektik, wenn Sie so wollen, Broschüren, Raubdrucke, Sonderausgaben, teils liebevoll geflickt, teils mit Zeichen der Empörung versehen. Sie warf das Haar zurück. Warum liefern all diese Männer all diese Bücher hier ab, könnten Sie mir das bitte erklären?

Die junge Frau – auch wenn ich einen Augenblick gedacht habe: das Weibsbild – schob den Karton wieder unter das Bett, und ich sagte nachdenklich Tja...

Was heißt Tja?

Nun... Ich griff noch einmal nach dem Heft und vertiefte mich wieder in das scheußliche Bild. Sehen Sie, fuhr ich mit leiser Stimme fort, in diesen Büchern steht eine Auffassung vom Menschen, die man heute belächelt. Und gewisse Texte sind sogar zu einer seelischen Belastung geworden; wie alle angehäuften Dinge befinden sie sich auf der Seite des Todes. Abgesehen davon können sie die ganze Komposition einer Wohnung stören. Und mehr. Der Persönlichkeit schaden. Wer heutzutage als gestylt gilt, wird in diesen Büchern noch frank und frei als analer Charakter beschrieben...

Wie ein peinlicher Geruch erfüllten diese Worte plötzlich das Zimmer; wir schwiegen eine Zeitlang, bis sie mich fragte: Und wie ist heute die Auffassung vom Menschen, wissen Sie das?

Ich schlug das Heft zu und sah mich im Spiegel erschrecken. Meine Schuhe berührten den Boden nicht mehr; ich saß auf einem Bettrand, ohne Kontakt mit dem Boden! Vielleicht eine optische Täuschung, auf keinen Fall wollte ich mir etwas anmerken lassen. Also, sagte ich, es gibt zwei Grundauffassungen heute. Die einen behaupten, es gebe gar kein Subjekt, wir existierten höchstens als Sprachrohr – die anderen lassen dagegen das Ich triumphieren, sie glauben unerschütterlich an die Welt, aus der sie hervorgehen.

Und Ihre Auffassung?

Ich versuchte die Füße zu strecken, doch es nützte nicht viel – aber womöglich besaß sie ein mechanisches Bett, das seinen Abstand zum Boden vergrößern konnte, um eine Art Himmelsgefühl vorzutäuschen. Nun, wenn Sie mich fragen – das Subjekt ist bloß eine Hoffnung... Ich warf ihr das so hin, obwohl ich natürlich fest an die frei verfügbaren Kräfte des Menschen glaubte, nur schien es mir im Augenblick vernünftiger, mich einer Auffassung anzuschließen, die meinen Halluzinationen entsprach. Nein, betonte ich nochmals, es gibt kein Subjekt. Man kann niemanden für sich selber verantwortlich machen, basta.

Die junge Frau nahm meine Hand, die fast ganz in der ihren verschwand, und zum zweiten Mal erschien die ehrliche Falte auf ihrer Stirn. Wenn das so ist, sagte sie, kann ich ja aufhören zu lesen; ich sollte wieder zu stricken anfangen! Sie ließ mich los und langte über das Bett, in einen Korb, sie zeigte mir einen halbfertigen Beinwärmer in Schwarz, eine lange, silbrige Nadel steckte darin. Ich sah dieses Strickzeug, und ich sah sie da neben mir liegen, so auf dem Bauch, mit einem Hohlkreuz wie eine Schaukel. Warum hatte ich kein Bargeld bei mir? Warum nur diese Plastikkärtchen? Alles bekam man dafür, bloß keine Zärtlichkeiten. Ich erwog, ihr ein Tauschgeschäft anzubieten – ihren Körper, meinetwegen auch nur Teile davon, gegen meine vollständige Uhr aus der Schweiz. Dann hörte ich etwas und horchte auf. Im Flur wurde mit einem Mal heftig geflüstert, und ich schlug vor, die Zimmertür zu schließen.

Mit einer fließenden Bewegung – unnachahmlich – kam sie vom Bett hoch. Sie schloß die Tür und drehte den Schlüssel herum; das hätte mir eine weitere Warnung sein müssen. Hoch aufgeschossen wie sie war, mit Hüften wie von einem Sattler (sicher ein überholter Vergleich, aber nicht der schlechteste), blieb sie an die Tür gelehnt stehen und sah auf mich herunter. Es tut mir so leid, sagte sie im Ton einer Mutter.

Was tut Ihnen leid? Ich war jetzt alarmiert, als würde der Ölpreis nach oben gehen, mein Verstand war hellwach. Sie kam einen Schritt auf mich zu, unwillkürlich hob ich die Arme, wenn meine Arme diesen Namen noch verdienten: Es waren nicht mehr als drollige Ärmchen; ich sah mich da sitzen und fuchteln, meine kleinen Füße trommelten gegen das Bett. Im Vorbeigehen streichelte sie mir über den Kopf, und ich nahm allen Mut zusammen, den ich noch hatte. Entschlossen stellte ich mich auf das Bett, die Füße auf dem Handtuch, das in der Mitte jedes Hurenbetts liegt – keine Frage, ein Gewinn, befand ich mich nun wenigstens auf Augenhöhe mit ihrem Busen. Groß und weiß und glatt sah ich ihn vor mir, und sie kam immer noch näher. Irgendeine

Schnulze summend, löste sie ihr Oberteil und bot mir die Brust, so muß man es sagen. Ich schwankte. Ohne rechten Halt auf der weichen Matratze, ruderte ich mit meinen Ärmchen, und sie packte mich einfach, ein Griff im Nacken und unterm Po, wie um mich auf den Topf zu heben.

Aber nicht doch, nuschelte ich, als fehlten mir sämtliche Zähne. Ich wollte mich losstrampeln, aber schon drückte sie mein Gesicht an ihr warmes Gewoge. Und da klebte ich nun, klebte und verlor etwas Speichel, jedenfalls wurde es feucht um meinen Mund. Worauf sie hinter sich griff und eins der berühmten Allzwecktücher aus der Spenderbox zog; sie tupfte mir die Wangen ab, ich durfte mich schneuzen, kurz: Sie war gut zu mir. Das gebrauchte Tuch knüllte sie ohne ein Zeichen von Ekel und warf es in den Eimer für die unvermeidlichen Abfälle im Zusammenhang mit ihrem Beruf; dem Umstand, daß sie den Eimer nicht wieder schloß, schenkte ich keine Beachtung. Meine Gedanken waren woanders: Sollte ich jemals Kinder zeugen, müßte die Mutter dieser Kinder ihr Herz und am besten auch gleich ihre Brüste haben, dachte ich. Sie wollte mein Bestes, gar keine Frage; im allgemeinen seien Frauen wie sie ja herzlos, hieß es in unserer Abteilung, ein Vorurteil; ihr Gemüt galt sogar als einfältig, ihr Verstand als beschränkt. Man sah sie eigentlich nicht als Menschen, billigte jedoch die Ansicht, daß ihre Dienste zu beanspruchen durchaus menschlich sei. Ich stand noch immer auf dem Bett bei diesem Gedanken, während sie den Eimer mit den geknüllten Tüchern etwas mehr in ihre Nähe brachte. Man kann also niemanden für sich selbst verantwortlich machen, zitierte sie mich. Und was bedeutet das?

Ich überlegte nicht lange, ich sagte: Man selber ist nichts, sogar der Selbstmord ist Illusion; selbst ist der Spinner. Eines Tages wird uns die Hirnforschung den Beweis bringen, daß wir für nichts etwas können.

Auch nicht für Mord? fragte sie.

Ich denke, ja.

Tatsächlich? – Sie gab mir einen Schubs, und ich fiel auf den Rücken, ich sah, wie sie die Brille aufsetzte. Sie zog mich aus; und obwohl sie aufgerichtet über mir stand, war ihr ganzer Körper von leichter Bewegung erfüllt, nur das Gesicht wirkte ruhig. Nein, mir war nie ein weiblicheres Wesen begegnet, nicht einmal im Traum. Sie wiederholte ihre Frage, in den Augen ein Lächeln, und recht unbeholfen spielte ich nun an meinem Ding, damit es groß würde oder wenigstens etwas größer, doch es schrumpfte nur noch mehr, es erinnerte an eine getrocknete Feige, bestäubt mit den Schuppen meiner Haut. Und was ich am Leib gehabt hatte – weiß Gott nicht die billigsten Sachen – sammelte sie und warf es, Stück für Stück, in den Eimer: ein Spiel, schoß es mir noch durch den Kopf, aber welches?

Nun, sagte ich mit kindlicher Stimme, man kann zwar einen anderen töten, aber Mörder *sein* kann man nicht, auch diese Form der Entfaltung ist nur Illusion. Sind Sie jetzt enttäuscht?

Sie schüttelte den Kopf, ich hörte ihr knisterndes

Haar. Wie in Sorge um mich nahm sie mein Händchen und führte es an ihren Schoß, um kein anderes Wort zu gebrauchen. Behutsam wies sie den winzigen Fingern den Weg. Ist es nicht das, was Sie wollen?

In gewisser Weise ja, rief ich ihr zu. Daraufhin nahm sie auch mein anderes Händchen und brachte es ebenfalls unter, samt Arm, bis meine Finger dort waren, wo vermutlich das Leben entsteht. Und ich wollte nun doch etwas einwenden, ob das nicht alles zu weit gehe, aber da nahm sie mich überhaupt beim Schopf oder Schlafittchen und schob mich sachte zwischen ihre Beine, wobei sie nur eins etwas aufklappte; ihr gestutztes Haar kitzelte mich an den Schultern, und die Ohren gingen mir zu durch das Gelee auf ihren Lippen. Es tut mir so leid, hörte ich sie wie von fern noch einmal, so leid…

Bitte, was tut dir leid? In meiner Panik duzte ich sie, eine der schlimmsten Moden dieser Jahre, alle Welt zu duzen: aus Schwäche, das wurde mir einmal mehr klar.

Daß gerade Sie es waren, dem ich das Bild gezeigt habe. Gerade du… Sie weinte jetzt sogar, sie sagte, so könne ich ja wohl nicht mehr unter die Menschen…

Und da begann ich zu begreifen – erst als ich ihre Tränen sah, den Kummer über mein Schicksal. Ihr Mund wurde schmaler, sie zog ein Knie an, schon beugte sie sich weit übers Bett; mein Blick fiel in den Spiegel an der Decke. Da war nur ihr Leib zu sehen und von mir praktisch nichts. Jemand pochte gegen die Zimmertür, und ich dachte: Meine Kollegen, gleich wache ich auf, der neue Tag beginnt, in Tokio stehen schon die Kurse fest.

Und dann dachte ich noch, es könnte auch eins meiner künftigen Kinder sein, bereit, mich hier herauszuhauen. Und einen Augenblick später sah ich schon die silbrige Stricknadel in ihrer Hand.

IV

1992–1998

Verdunklung

Schon immer war da diese Krankheit, hinsehen zu müssen; nichts konnte meinen Blick aufhalten oder trüben, auch nicht die Nacht, und alles, was mir ins Auge sprang, mußte ich zeichnen, so wie andere alles verlauten lassen, das ihnen je widerfahren ist. Längst hatte ich Radio und Fernseher stillgelegt, besonders letzteres Gerät; wenn es nur noch Prahler und Witzbolde, Schwachköpfe und Wichtigtuer zu sehen gibt, vergessen wir am Ende die Worte für solches Gelichter, es bleibt nur ein Schatten ihrer Bedeutung, und wenn es Nacht wird, verschwindet auch der. Ich aber brauche Klarheit für meinen Strich, er ist mein Leben oder war es, denn ich erzähle hier davon, also muß dieses Leben hinter mir liegen, wie ein Abfall, der schon vor sich hin fault, wenn man kehrtgemacht hat und in Kauf nimmt, sich nach ihm zu bücken ...

Ich schuf oder entwarf jene Motive, die sich lange Zeit auf den schachtelartigen Hüllen befanden, in denen Videokassetten aufbewahrt wurden – an die sich wohl kaum noch jemand erinnert, geschweige denn an diese Schachteln oder Hüllen mit Deckel und die bildhaften Darstellungen auf den Deckeln, immer farbig, immer lebhaft, meist Leute, die einander erschossen, oder Männer und Frauen, die einander begehrten, die Männer stets etwas mehr; häufig auch Automobile, sich überschlagend. Meine Bilder oder farbigen Zeichnungen hatten den ganzen Wahnsinn der Schöpfung enthalten, wenn auch in kindlicher Vereinfachung; der Erlös aus dieser Arbeit hielt mich am Leben, kleine Überschüsse investierte ich. Denn trotz des groben Sujets benutzte ich feinste Pinsel und Federn, griff nur zu ausgesuchten italienischen Stiften und mischte meine Farben selbst; und manchmal überkam mich beim Arbeiten sogar eine unaussprechliche Lust, als hätten meine Augen eine Welt hinter der trostlosen Welt, die ich festhalten mußte, entdeckt, und meine Hände wären in der Lage, auch sie einzufangen. Vieles zeichnete ich nach der Natur und war damit dem Spott jedes Künstlers von Rang preisgegeben. Oft streifte ich von früh bis spät durch meine Stadt, die ich von ganzem Herzen hasse, auf der Suche nach einem guten Schurkengesicht; die Gesichter aller Hauptdarsteller aus den Filmen, die ich zu bebildern hatte, waren mir vertraut wie mein eigenes. Gewalt und Leidenschaft, worauf es ja vor allem ankam, erfaßte ich ungleich besser als jeder, der hinter denselben Aufträgen her war; die Verleihgesellschaft, in deren Dienst ich stand, drückte mir regelmäßig ihre Zufriedenheit aus. Ja, hinter vorgehaltener Hand war schon gesagt worden, meine Bilder seien unterhaltsamer als die Filme, für die sie warben. Aber das alles gehört, wie gesagt, der Vergangenheit an.

Selbstverständlich hatte ich einmal den Wunsch gehabt, Malerin zu werden. Ich bin gescheitert. Einen ge-

wissen Trost fand ich nur darin, daß mir die Nichtigkeit
fast aller Bilder, die das Publikum bewundert, offenbar
geworden war. Wenn mich noch etwas interessiert, dann
die Frage, warum ich so gelitten habe. Es gab kaum etwas, das mir Freude machte. Fast allem gegenüber empfand ich Abneigung, ja Haß. So haßte ich die vom vielen
Anfassen oft klebrigen Folien, welche die Kassettenhül-
len und damit meine Bilder umgaben. Alle Farben verloren darunter, die Perspektiven verzerrten sich. Und
ich haßte auch die Menschen, die aufgrund meiner Arbeit zerstreut ihre Wahl trafen; jahrelang war es mir nie
in den Sinn gekommen, mich einem jener Tag und Nacht
geöffneten Verleihgeschäfte, in denen die bunten Hüllen
auslagen, auch nur zu nähern. Zum Glück befanden sie
sich alle in reizlosen Gegenden, meist in Häusern, die
allein zum Abstellen von Automobilen erbaut worden
waren und doch Ausmaße von Kathedralen hatten. Ich
mied diese neueren Viertel und dehnte meine täglichen
Gänge auf das Flußufer und die Gegend um den Bahnhof aus. Mein Zimmer, in dem mich später monatelang
niemand gefunden hat, lag diesseits des Flusses, im ver-
nachlässigten Ostteil der Stadt, in einem Haus aus den
sogenannten sechziger Jahren, mit einem Lift, für dessen Benutzung noch die Aufzugsverordnung vom 8. September 1926 galt, ein Datum, das ich ebenfalls haßte,
wurde es mir doch, zusammen mit den zehn kleinlichen
Punkten dieser Verordnung, die es in allen neueren Gebäuden mit großzügigeren Liften nicht gab, täglich
mehrmals vor Augen geführt.

Ich suchte also die eleganteren oder ganz und gar verkommenen Bezirke der Stadt auf, um Häusern wie dem meinen, die ja nichts weiter als zu Stein gewordene Niedertracht waren, möglichst auszuweichen. Wenn ich nach Hause kam, schaute ich als erstes in den Briefkasten, das machen wohl die meisten Leute; aber als zweites floh ich oft wieder und unterschied mich also hoffnungslos von den übrigen Menschen. Meine Wege auf diesen Fluchten verliefen alles andere als gradlinig. Sah ich ein Gesicht, das zu zeichnen mir lohnend erschien, folgte ich der betreffenden Person oft bis an entlegene Orte, um sie dann, etwa wenn sie sich erschöpft auf einer Bank niederließ, rasch zu skizzieren. Und so geriet ich eines Tages, beim Verfolgen eines heruntergekommenen, mir irgendwie bekannt erscheinenden Mannes in eine jener Gegenden, in denen das Videokassettenverleihgeschäft blühte und womöglich immer noch blüht, und der Zufall wollte es, daß jener Heruntergekommene ausgerechnet in einem dieser Läden verschwand; da mir aber sein Gesicht inzwischen fast vertraut erschien und noch ein anderer, höchst merkwürdiger Umstand hinzukam: ich nämlich mit einem Mal Zweifel hatte, ob es sich bei dem Menschen, dem ich seit Stunden gefolgt war, überhaupt um einen Mann handelte, geschah etwas, das nie hätte geschehen dürfen: Ich betrat das Geschäft, an meinen Händen noch die Farbspuren der Tagesarbeit und wenig oder nichts im Magen (immer tun wir das Verkehrteste auch noch in einem Zustand der Schwäche, mit Kopfweh oder leerem

Magen oder von Fieber geschüttelt, statt daß wir im Bett bleiben).

Es war gut besucht, das Geschäft, und in den ersten Sekunden glaubte ich, alle Leute müßten mich kennen, mit gelben Raucherfingern auf mich zeigen und rufen: Das ist sie! Die Malerin der Bilder auf den Hüllen! Doch keiner beachtete mich. Vor den Regalen, in denen nur die Hüllen mit dem Lockbildern auf dem Deckel auslagen, während die Kassetten unter Verschluß waren, standen übernächtigte Menschen mit Körben und Taschen, Köchinnen, wie mir schien, und Frisörgehilfen; Witwen, Bahnbeamte und Mechaniker und wohl auch Arbeitslose oder solche, die ein Asyl suchten, eine Gesellschaft jedenfalls, die eigentlich der Mühe des Malens nicht wert war und in der auch ich nicht weiter auffiel. Diese Ausleihkunden also, von mir sonst sorgsam gemieden, strichen hier an meinen Werken entlang, ja berührten sie sogar mit den Fingern. Vor einem Motiv, einer schwarzgelockten Frau, die den Helden des Film mit einem Messer bedrohte – ihr Vorbild hatte ich in den Schächten unter dem Bahnhof getroffen –, herrschte fast schon Gedränge. Ich hörte zwei Kommentare, die das Gemüt der Frau betrafen, und floh in die hinteren Bereiche des Ladens, in einem dieser Häuser, die nach dem großen Krieg eilig und lieblos errichtet worden waren; seit einiger Zeit fand man in den Erdgeschossen solcher Häuser Cafés und Geschäfte, ja Galerien, die bei eiligem Hinsehen an Cafés und Galerien von Weltstädten erinnerten, auf den zweiten Blick jedoch das ganze Trostlose meiner Stadt wiedergaben oder gar zu steigern vermochten.

Ich eilte also in den rückwärtigen Ladenteil, auch weil ich die fragliche heruntergekommene Person dort vermutete, denn im Hauptraum hatte ich sie nirgends entdeckt. Die Beleuchtung in diesem Bereich war schlechter als vorn, und ich erfaßte auch gleich den Grund: In den Regalen lagen die Hüllen minderwertigster Filme, teils illustriert von einem jüngeren Kollegen, Zeichner ohne Vorstellungskraft, ein Speichellecker der Fotografie. Dieser unfreundliche Bereich bildete jedoch noch nicht das Ende des Ladens, denn er mündete in einen schmalen, durch Plastikfäden abgetrennten Raum, in dem sich einige Tagelöhner herumdrückten, die ich vom Gemüsemarkt kannte. Die Hüllen der verbotenen und doch erlaubten Filme lagen dort in rötlichem Licht, wie sonderbare Früchte in einem großen Brutkasten. Einige waren auch von mir bebildert, die Modelle hatte ich in Vergnügungshäusern unweit des Bahnhofs gefunden, unter rabenschwarzen Afrikanerinnen und hellhäutigen Frauen aus den östlichen Gegenden unseres Kontinents. Doch war auch das nicht das Ende des Ladens; die Rückwand des schmalen, korridorartigen Raumes bildete ein roter Vorhang. Er war aus dem schweren Samt alter Kinovorhänge, und durch einen kaum sichtbaren Spalt blitzte Licht. An der Wand aber, von welcher der Vorhang herabhing, war eine kleine Messingtafel angebracht, darauf die Worte: Nur für Frauen. Und es schien, als ob außer mir niemand im Laden diesen Kinovorhang oder gar die

Tafel bemerkt hätte; weder herrschte ein Kommen und Gehen in entsprechender Richtung, noch machte irgendwer Anstalten, dieses hinterste, Frauen vorbehaltene Abteil auch nur zu betreten. Es gehörte sozusagen mir, wie ein ferner Erdteil, den ich zufällig entdeckt hatte. Ich wartete noch, bis die Tagelöhner mit ihren Hüllen unter dem Arm gegangen waren, ehe ich näher trat und den Vorhang berührte. Er fühlte sich schwer an, schwer und warm, ja fast lebendig, und bevor ich ihn teilte, versorgte ich meine Lunge mit Luft, als gelte es, lang zu tauchen.

Mein Blick fiel in einen fensterlosen, doch wie von Morgenröte erleuchteten weiteren Raum, und man stelle sich das Herzklopfen vor, als ich eintrat. Der Raum enthielt keine Regale und also auch keine Hüllen mit Bildern. Da stand nur ein schmales Sofa an der hinteren Wand, neben einer Tür mit der Aufschrift Exit. Auf dem Sofa saß eine Frau, die Hände vor dem Gesicht, doch wußte ich gleich, daß sie jung war. Ich machte noch einen Schritt, da sagte sie: Halt. Selbstverständlich blieb ich stehen, ja entschuldigte mich für mein Eindringen, worauf sie langsam die Hände aus dem Gesicht nahm und die eine Hand schon in Richtung der nahen Türklinke streckte. Von dieser Hand, die mir vertraut erschien, ging mein Blick zu ihrem Gesicht, und das Herz stand mir still, wie man ja gern etwas übertrieben sagt, nur stand es mir tatsächlich still: Das war ich selbst, die mich da ansah, noch einmal zwanzig, ohne Falten, wie frisch geschält. Sie lächelte mit meinen Lippen und machte mir mit meiner Hand ein Zeichen: nicht näher zu kommen. Und bevor ich noch etwas sagen konnte, war sie schon durch die Tür mit der Aufschrift Exit ins Freie getreten, in eine dunkle Nacht, obwohl es doch, als ich den Laden betreten hatte, noch heller Tag gewesen war.

Noch ganz benommen von dieser Begegnung, zögerte ich einen Moment, dann eilte ich ebenfalls aus der Tür. Sie führte auf eine Straße, die mir unbekannt war, mir, die ich die Stadt doch seit Jahren durchstreifte. In den Häusern sah man nirgends Licht, und es brannten auch keine Laternen. Ich lauschte in die Nacht und hörte kurze leise Schritte; es konnten nur die der Frau, also meine eigenen, sein. Die Dunkelheit erschwerte es, dem Geräusch zu folgen. Ich sah nicht mehr als die Schemen abgestellter Automobile und vor mir aufragender Hausecken; doch schließlich hörte ich das Brüllen der Löwen im Zoo und fand zum Haupteingang des Tierparks, den ich von meinen Streifzügen gut einzuordnen wußte, so, daß von dort ein Weiterkommen möglich war. Längst hatte ich das Geräusch der Schritte verloren, nahm aber an, daß meine verjüngte Hälfte dieselben Plätze aufsuchte wie ich, und tastete mich darum zunächst Richtung Innenstadt; Wolken hatten sich vor die Sterne geschoben, ohne sichere Ortskenntnisse wäre man verloren gewesen. Ich fragte mich übrigens nicht, in was für eine Art Traum mich das Betreten des Kassettenverleihladens gestürzt hatte, ich dachte nur an die Feen aus den Märchen, die ja oft rätselhafte Geschenke machen, zum Beispiel eine Büchse, die den Zauber jener Stunde enthielt. Denn obwohl alles um mich wie eins erschien, ein einziges schwarzes Loch, und ich mich von Haus zu Haus tasten mußte nach Art eines Blinden, lag in dem Umstand, daß gleichzeitig alles vorhanden war, jeder Winkel der Stadt, einschließlich meiner Sehkraft, um ihn zu erkennen, und eben nur das nötige Licht fehlte, ein dunkler Zauber – dunkel wie der meines Anfangs nach dem Krieg, als sie mich aus den Armen einer Frau geholt haben, die tot war, erschlagen beim Trümmeraufräumen von einer Hauswand, während ich mit dem Schrecken fürs Leben davonkam. In ihrer Todesstunde, an einem Montagmorgen, war ich genau vier Wochen alt; ein kleiner kalendarischer Schwindel hatte mich zum Sonntagskind werden lassen. Bald nach dieser Tragödie kehrte mein Vater aus der Gefangenschaft zurück und tröstete sich in den ersten Nächten mit einer Gelegenheitshure, die später meine Stiefmutter wurde. Mein übertriebener Haß auf die Aufzugsverordnung vom 8. September 1926 rührt sicherlich daher, daß meine neue Mutter an diesem Tag geboren wurde; sie verwöhnte mich wie einen kleinen, feigen Hund. Jede ihrer besonderen Aufmerksamkeiten sollte mir für alle Zeit Beschränkungen auferlegen: Ich wurde seltsam und blieb es. Schon im Mädchenalter litt ich an Kynophobie (Angst vor Hunden/Tollwut) sowie an Musophobie (Angst vor Mäusen) und, selbstverständlich, an Phasmaphobie (Angst vor Gespenstern), während der Pubertät kam noch Erythrophobie dazu (Angst vor Erröten); zwei Ausbildungen mußte ich später wegen Hypegiaphobie (Angst vor Verantwortung) abbrechen; mir blieb nur das Künstlertum, in welcher Sparte auch immer, aber ich will nicht vorgreifen. Mein ausgefallener Name begünstigte dann diese Entwicklung, und ich möchte, was diesen Namen betrifft, nur sagen, daß er sich nicht für Verkleinerungsformen eignet, wie überhaupt an mir als Kind kein Kosewort hängenblieb. Meistens rief man mich einfach bei meinem Familiennamen, der an sich schon etwas beschämend Geringes hat, Sumser. Oft träumte ich davon, später Besitzerin der Sumser-Werke zu sein, zur Herstellung schwerer Maschinen, oder wenigstens die Namensgeberin für eine neue Richtung der Malerei, der Sumser-Schule; meine Stiefmutter nährte solche Träume, indem sie mir jeden Abend vor dem Einschlafen eine großartige Zukunft ausmalte. Schon damals war mir bewußt, daß diese Person mich nicht wirklich liebte. Stets hatte sie mehr Sorgen um ihre Seidenstrümpfe gehabt als um mich, was nur eins von vielen Beispielen ist, und während mein Vater allerhand Anstrengungen unternahm, um sich als Erfinder einen Namen zu machen, ließ sich seine neue Frau bereits mit Frau Doktor anreden. In den sogenannten fünfziger Jahren kam mein Vater sogar zu bescheidenem Wohlstand. So geht die legendäre Krawatte mit Gummizug auf ihn zurück, ebenso der Dosenöffner mit eingebautem Magneten, um die feinen Späne beim Öffnen anzuziehen; und aus Liebe zu meiner Stiefmutter erfand er schließlich einen Laufmaschenkleber, sie hat es

ihm nie gedankt. Wenn sie mich abends wusch, spürte
ich ihre Verachtung für uns beide; sie wusch mich wie
ein kleines Auto, mit Schwamm und Ledertuch, ich bekam davon Kopfschmerzen, die mir bis heute geblieben
sind. Wie beneide ich alle Menschen mit wechselnden
Schmerzen, mal vom Bauch kommend, mal von den
Zähnen; ständige Pein an ein und derselben Stelle, und
noch dazu nicht nachweisbar, ist die größtmögliche
Strafe. Mein bis heute verkniffener Mund ist das Ergebnis dieser abendlichen Waschungen, dafür lege ich die
Hand ins Feuer. Ich lernte es nie zu lächeln; im Alter von
vier konnte ich bereits jedes Gruppenbild ruinieren. In
dieser Zeit sah ich meinen Vater nur an Wochenenden,
er war inzwischen zweiter Sekretär der Erfindervereinigung geworden, das heißt, die Ideen hatten ihn verlassen. Unter der Woche hielt er Vorträge in kleineren
Sälen, am Sonntag kam er in mein Zimmer und schwieg.
Allein die Anwesenheit meines im Mondlicht mit dem
Rücken zum Fenster sitzenden Vaters, sein aufmerksa-
mes Schweigen, konnte mich für Stunden von mir selbst
erlösen. Manchmal bat ich ihn, mit mir zu reden, und er
sprach über einschläfernde Dinge wie den Jahresbericht
der Erfindervereinigung; ich liebte seine matte Stimme.
Bevor er aus dem Zimmer ging, um sich nebenan mit
meiner Stiefmutter zu vereinen, bat ich ihn immer, mich
zu streicheln. Er konnte es nicht besonders, gemessen an
der Geschicklichkeit seiner Frau, doch gerade diese
Unbeholfenheit erhöhte die Wirkung. Es war, als über-
springe er immer wieder seinen Schatten für mich, nie

wurde man argwöhnisch, wenn er einen berührte. Aber dann ging er nach nebenan, in das Bett seiner Frau, und ich lag wach, ein Ohr an der Wand; uns treibt es ja alle in fremde Betten, weil wir die Einsamkeit überwinden wollen, doch davon wußte ich damals noch nichts. Wir wollen sie hinausdrücken, unsere Einsamkeit, wie den Eiter aus einer Beule, mit einem Schrei des Schmerzes und der Befreiung; meine Zunge leidet noch heute von all den Bissen darauf, während ich mit mir allein war, das Ohr an der Wand, Sonntag für Sonntag, und die Befreiung ausblieb. Unter der Woche stieg mir dagegen der Anblick von Sonne und Sternen zu Kopf. Die Sonne, dachte ich, wanderte nur über den Himmel, um mir zu gefallen, und die Sterne strahlten nur, weil ich es so wollte: Da war die Saat des Größenwahns, die meine Stiefmutter gelegt hatte, schon aufgegangen, und der Wunsch, die Welt durch Zeichnung und Malerei neu zu erschaffen, keimte in mir, besorgniserregend höchstens für mich, die ich schon früh das Gefühl hatte, selten bei Trost zu sein. Unter dem Druck, mir ein eigenes Weltreich zu schaffen, wuchsen jedoch meine Fertigkeiten im Umgang mit Stift und Papier. Im Alter von neun konnte ich schon alles zeichnen, was ich nicht hatte – Kinder, die mit mir spielten, Eltern, die mit mir ins Kino gingen, Schiffe, die mich beförderten, Flugzeuge, die mich über Kontinente flogen, ja, die fremden Kontinente selbst und alles, was darauf vorkam. Ich war endlich meine eigene Herrin und sagte mir: Das hast du gut gemacht! Natürlich gab es auch Rückschläge. Hatte ich

am Abend ein neues Blatt mit einem neuen Reich gefüllt, so warf es die Frau meines Vaters gleich in den
Müll, damit keine Unordnung herrsche. Nicht eine einzige meiner Welten ist erhalten geblieben. Etwa mit neun-
einhalb zeichnete ich die erste Frau; wenige Monate später erschütterte mich erstmals ein Höhepunkt, als ich
neben einem abfahrenden Zug herlief, in dem meine
Stiefmutter saß, im Begriff, ihren Mann zu betrügen.
Nach ihrer Rückkehr entzog ich mein Geschlecht ihren
Blicken; in dieser Zeit lernte ich den Verkehr mit mir
selbst und hatte bald eine Erklärung dafür, daß ich nicht
größer als ein Zaunpfahl war; später schoß ich dann
allerdings in die Höhe und überragte bald den Mann,
der mich gezeugt hatte, um meinen kleinen, lasterhaften
Kopf; die vielen Bisse auf meiner Zunge brachten meine
Stiefmutter schließlich dazu, mit mir ein ernstes Gespräch zu führen. In einer Nacht, in der schreiende Katzen ums Haus strichen, setzte sie sich an mein Bett und
erklärte mir ohne Umschweife den Vorgang des Ge-
schlechterverkehrs; es ist das einzige, wofür ich ihr
dankbar bin. Aber als meine Zunge jeden Morgen bluti-
ger war, überredete sie meinen Vater, mir das Zeichnen
und Malen zu verbieten, da es meiner Seele schade, ein
Wort, das sie völlig schamlos in den Mund nahm; erste
schlechte Noten, die ich aus der Schule mitgebracht
hatte, waren ein zusätzliches Argument. Stifte, Pinsel,
Farben und Papier wurden also aus der Wohnung ver-
bannt, ich schrie und weinte. Doch man kann nicht ewig
weinen und schreien, und so lernte ich verbissen und

wurde Klassenbeste; unter meinen Mitschülern führte ich bald das Leben einer Verbannten, wie ich es auch heute noch führe. Eines Tages bot mir ein älterer Junge Geld, wenn ich ihm zeigte, was zwischen meinen Beinen war. Ich zeigte es ihm und kaufte mir von dem Geld Pinsel und Farbe, ich begann heimlich zu malen. Und so entstanden erste Bilder, die das Entzücken meiner Mitschüler hervorriefen. Was immer ihnen verwehrt war: Heldentaten, rote Cabriolets, Frauen mit großen Brüsten, ich konnte es aufs Papier zaubern. Ohne es zu merken, legte ich im Alter von vierzehn den Grundstock für die spätere Laufbahn als Schöpferin jener Bildchen, welche die Verpackungen einer Erfindung zierten, an die damals niemand auch nur im Traum gedacht hätte. Nur einmal, ich war gerade sechzehn, malte ich noch ein richtiges Bild. Es hieß Der Gartenriese, und ich schenkte es meinem Vater zu Weihnachten, und siehe da, er sprach von Talent. Und am folgenden Wochenende küßte mich beim Tanzen ein Junge; nach diesem Kuß lebte ich im Vorgefühl eines herrlichen Tages, der aber bis heute nicht kam. So sah ich bald nur noch im Tod einen Sinn, sofern mein Tod ein Steinchen im Plan des Alls wäre, das womöglich ins Wanken geriete, erfolgte dieser Tod früher als vorgesehen – was aber, wenn mein Selbstmord genau jenes Steinchen im Plan des Alls wäre, welches seinen Bestand garantierte? Dieser Gedanke ließ mir keine Ruhe, und so verschob ich den Sprung von einem in meiner Stadt zu dieser Zeit gerade neu errichteten Hochhäuser so lange, bis ich ihn aufgab;

und noch am selben Tag fand ich in der Nähe des Osthafens jenes Zimmer, das ich noch heute bewohne, mehr tot als lebendig oder schon ganz tot, und das in einer Zeit ohne jedes Gedächtnis, wo einfach der das letzte Wort hat, der den anderen überdauert.

In dieser Wohnung unter dem Dach, in einem Haus mit der Nummer neun, hatte ich einen alten Nachbarn, Herrn Fodor aus Ungarn, der jeweils in der Stunde vor der ersten Straßenbahn aus dem Schlaf fuhr und Katastrophe rief, immer nur dieses Wort, Katastrophe, so, daß ich mir alle Mühe gab, ihm nicht im Flur oder gar im Lift zu begegnen, doch eines Tages prallten wir vor seiner offenen Tür aufeinander, und er zog mich in sein Zimmer, das noch kleiner als meins war, und zeigte dort mir die Papiere seines Lebens, ausgebreitet auf dem bleichen Linoleum, von der Geburtsurkunde bis zu den Zeugnissen dreier Schulen und dem Militärpaß einer Armee, die noch den Säbel in ihrem Wappen trug, von diversen Emigrantenausweisen bis zu den Invalidenbescheinigungen zweier Systeme und einer Blanko-Sterbeurkunde, obgleich er noch lebte, auch wenn der Totenschädel schon durch seine Haut schien, weshalb ich ihn auch gleich bat, mir Modell zu sitzen. Herr Fodor hatte nichts dagegen, und so machte ich auf der Stelle eine Skizze seines Gesichts, die er mir aus der Hand riß und vor sich hinhielt wie einen Spiegel. Er sah sich an und lachte, ein Lachen, das bis auf die Straße drang und besorgte Mitmenschen den Blick zum Dachgeschoß heben ließ, darunter ein junger Mann, der mich, die Ausgelachte, am Fenster sah und sogleich in das Haus kam, die fünf Treppen nach oben lief und mir seine Hilfe anbot. Und mit einem Mal war ich, Herrn Fodor sei Dank, nicht mehr allein.

Der junge Mann bot an, mich regelmäßig zu besuchen, wenn ich ihn streichelte und umgekehrt; wir verständigten uns auf die Art und Weise des Streichelns, und trotzdem kam es zu Mißverständnissen, seine Stimmung entsprach nie ganz meiner Stimmung, und wenn ich ihn gestreichelt hatte, konnte er danach so bedrückt sein, daß ihm die Gegenleistung nichts als Mühsal bereitete und mich nur in seine Schuld brachte, statt um den Verstand. Aber es gab noch andere Probleme. So war es zum Beispiel ganz und gar unmöglich, ihn an Dienstagen zu sehen; denn schon lange vor unserer Verbindung hatte er einem sich selbst beobachtenden Kreis junger Leute angehört, die heute alle Kinder besitzen oder Kinder betreuen und sich noch immer hartnäckig dienstags, neunzehn Uhr dreißig, am selben Ort treffen, soweit mir bekannt ist. Eine Gruppe also, in der inzwischen wohl keiner mehr weiß, woher sie kam und wohin sie strebt, und die noch immer nach ihrem Gründer benannt ist, einem Mann der Sozialforschung, Verfasser kleinerer Schriften, Dr. Leber, damals auf dem Höhepunkt seiner Laufbahn, heute längst im Ruhestand, wenn nicht verstorben; die Leber-Gruppe also, für die schon Urlaube verlegt oder abgebrochen wurden und gegen die ich nie einen Einwand erheben durfte, nicht den geringsten, als sei sie zusammengesetzt aus lauter

Heiligen, die sich noch im nächsten Jahrtausend, zitternd und taub, im sogenannten Pädagogenbunker wöchentlich einfänden, um nach zwei Stunden – nie konnte mein Streichelfreund mir erklären, worum es dabei letztlich ging – in den Schloßhof zu wechseln, ein populäres Schnitzellokal an der Grenze zum Stadtteil Bockenheim: zu dem ich mich vorzutasten hoffte in der Dunkelheit, die mich noch immer umgab.

Natürlich saß mir auch mein lieber Freund Modell, was zu weiteren Problemen führte: Ich zeichnete, was ich sah, und was ich sah, war oft nicht schön. Er wusch sich nur selten das Haar, kürzte sich lieblos die Nägel und verwandte auch wenig Sorgfalt auf seine Kleidung, um den einfachen Leuten, wie er mir sagte, verbunden zu sein, obgleich sich diese doch, im allgemeinen, täglich das Haar waschen und äußerste Sorgfalt auf ihre Kleidung verwenden. Wir begannen uns zu streiten, und schließlich willigte ich in ein sogenanntes Partnerschaftswochenende ein, wie sie damals sehr beliebt waren, ein Wochenende, in dessen Verlauf Paare unter Aufsicht einer Fachkraft ihre Mißstimmungen erforschten. Diese Erforschungen gingen jedoch weiter, als ich angenommen hatte. Gegen Abend des zweiten Tages weinten alle Beteiligten oder zerschmissen eigens dafür angeschafftes Mobiliar, um danach in einer Art Versöhnungstaumel übereinander herzufallen; Seufzer und Schreie hallten durch die Begegnungsstätte auf dem Vogelsberg. Kurz: An diesem Wochenende schlief ich zum ersten Mal mit meinem lieben Freund oder, besser gesagt, er mit mir, das heißt, es fand überhaupt zum ersten Mal ein Verkehr statt, an dem ich beteiligt war, und da er gegen die meisten mir nur aus Filmen bekannten Positionen der Liebe Vorbehalte hatte, saß ich schließlich auf seinem Bauch. Leider waren wir an einem Ort ohne jeden Komfort untergebracht, es gab nicht einmal warme Duschen. Noch schweißverklebt, zerkleinerte ich am anderen Tag wieder Tische und Stühle und tobte eine Wut aus, welche der Leiter des Wochenendes als späte Wut über den entgangenen Milchreichtum meiner leiblichen Mutter ansah. Ich aber war nicht bereit, diese lächerliche Auffassung zu teilen, und so kam es zwischen mir und meinem lieben Freund zur Trennung. Geblieben sind mir nichts als ein paar Skizzen, immer wieder sein Gesicht, nachdem ich ihn gestreichelt hatte und alles Leben daraus entwichen war, bis auf jenen Rest an Verzweiflung, der ihn Woche für Woche in seine Gruppe hat gehen lassen.

Die folgenden Monate waren furchtbar. Ich verließ mein Zimmer nur noch, um die nötigsten Lebensmittel zu kaufen, bezahlt von den knappen Zuwendungen meines Vaters, der inzwischen nicht nur nichts mehr erfand, sondern sich auch als Erfinderfunktionär nur noch in eingefahrenen Gleisen bewegte; und wieder einmal zeichnete ich alles, was ich entbehrte. Am Ende zerriß ich sämtliche Zeichnungen und behielt nur ein einziges Blatt Papier, auf das ich hastig ein Wort gemalt hatte: Liebe. Was sollte ich nun machen? Ich lebte von Luft und altem Gebäck und starrte auf das Blatt an der Wand. Dann starb mein Vater, und auch die knappen Zuwendungen gehörten nun der Vergangenheit an. Meine Nächte wurden zur Qual, nur der Ruf von Herrn Fodor, Katastrophe, Katastrophe! gab mir eine gewisse Sicherheit: das Gefühl, einem anderen könnte es noch schlechter gehen als mir. Doch dann blieb der Ruf eines Nachts aus, und ich spürte alsbald, daß Herr Fodor tot war, aber wollte davon nichts wissen; erst zwei Wochen später überzeugte ich mich, und sein Anblick ließ mich wieder zeichnen, ja sogar malen, in den Farben Schwarz und Kardinalsrot. Ich war nun ganz allein und schuf mir eine Welt aus Bildern, die ich nebeneinanderhängte, bis sie eine Geschichte ergaben, so verging die furchtbare Zeit. Die Geschichte handelte von einem jungen Mann, der mich liebte, er fraß mir sozusagen aus dem Bleistift oder Pinsel. Das Vertrauen, das er mir entgegenbrachte, belastete mich allerdings – ich konnte mit ihm machen, was ich wollte, für mich, begreiflicherweise, ein Erlebnis, ja, das Glück, für ihn womöglich das Gegenteil. Und trotzdem fehlte mir etwas, aber in der Nähe sicheren Glücks wird einem ja oft das Herz schwer. Unseren täglichen Liebeshöhepunkt verlegte ich hinter eine Tür. Ich zeichnete nur die Klinke der Tür und einen Schlüssel; kein Bildnis, kein Gleichnis, nur das Zeichen der Liebe, das war mein Ziel. Die Bilder wurden so immer karger, und nach dreihundertelf Blättern war es aus zwischen dem jungen Mann und mir. Meine Wände waren bis auf den letzten Zentimeter bedeckt, und die siebziger Jahre gingen zu Ende. Es muß im Januar neunzehnhundertachtzig gewesen sein, also zu einer Zeit, als nur noch die Dummen das Leben im Elend einem Leben im Wohlstand vorzogen, als ich die zehn besten Blätter von den Wänden riß, Bilder, auf denen er und ich am glücklichsten erschienen, ohne jeden Ausdruck, wie zwei Masken, die nichts als maskenhaft sind, die Blätter sorgsam verpackte und damit zu einem Galeristen im vornehmen Westviertel der Stadt ging – ein Mann, von dem ich gehört hatte, er glaube an Frauen, ja sehe das Menschliche in ihnen, vor allem anderen.

Der Galerist war unrasiert, seiner Zeit also leicht voraus, und nach einem Blick auf meine Blätter lud er mich zu einem Empfang oder Fest ein, in einem zum Abriß bereitstehenden Haus; ich aber stürzte davon, voller Angst vor den Leuten auf diesem Fest, und floh in die noch vollständig erhaltene Ruine der Alten Oper; meine Blätter hatte ich einfach liegenlassen, und was später damit geschah, kann ich getrost als mein Schicksal bezeichnen. Ich strich sie jedenfalls aus meinem Gedächtnis und lebte einige Zeit von Gelegenheitsarbeiten auf dem Gemüsemarkt; auch der Galerist hatte die Blätter offenbar vergessen, jedoch nicht weggeworfen. Denn im Jahre neunzehnhundertdreiundachtzig, als der Siegeszug der Videokassette begann, gerieten sie auf jenen abenteuerlichen Wegen, die Kunstwerke schon immer genommen hatten, in die Hände eines Mannes, der gerade eine Kette von Kassettenverleihgeschäften aufmachte und für zugkräftige Illustrationen auf den Packungen der Kassetten einen begabten, aber preiswerten Künstler suchte. Er verfolgte den Weg der Blätter bis zu dem Gale-

risten, dem ich von meiner Arbeit auf dem Gemüsemarkt erzählt hatte, und mit Hilfe eines Detektivs, der
mich ausfindig machte, nahm der Mann – ein besessener
Libanese – schließlich Kontakt mit mir auf. Ich hatte
mich nun schon ganz auf eine klägliche Existenz eingestellt und war auch unsicher, ob ich überhaupt noch
einen Stift führen könnte, doch gerade meine Zweifel
und mein heruntergekommenes Äußeres bestärkten
Herrn Tafik nur in der Ansicht, daß ich sein Mann beziehungsweise seine Frau sei.

Wir kamen ins Geschäft. Abul Tafik, ein mit allen
Salben geschmierter Mensch, verstrickte mich bald in
Verträge und versorgte mich mit der nötigen Ausstat-
tung für meine Arbeit. Ein sogenanntes Videogerät, einschließlich Fernseher, um mir die Filme, für die ich wer-
bende Bilder zu malen hatte, vorher anzusehen, aber
lehnte ich ab. Ich bestand auf kurzen schriftlichen In-
haltsangaben, und Herr Tafik gab in diesem Punkt nach.
So ging es los, und was da als Probe begann, sollte bald
mein Brotberuf werden, also mein Leben. Ich stürzte
mich in die Arbeit, ich gab mein Bestes. Mir in dieser
Weise selbst zu begegnen war eine bisher unbekannte
Wohltat.

Schon nach einem Jahr war ich eine umworbene
Illustratorin, und eine krampfhafte Lebendigkeit befiel
mich. Herr Tafik sparte nicht mit Komplimenten in
französischer und auch meiner Sprache, und obwohl ich
Leuten mit gekrümmten Fingernägeln im allgemeinen
mißtraue, ließ ich mich einwickeln von ihm. Ich illu-

strierte die verabscheuungswürdigsten Filme und machte sie damit noch verabscheuungswürdiger. In dieser ersten Zeit meiner Laufbahn rissen die letzten Verbindungen zu anderen Menschen. Mein Umgang mit anderen beschränkte sich darauf, daß ich ihnen nachschlich, um sie in einem günstigen Augenblick zu skizzieren. Herr Tafik hatte mir mehrfach nahegelegt, doch einen Fotoapparat zu benützen oder noch einfacher: die Vorbilder meiner Gestalten in Zeitschriften und Magazinen zu suchen, doch das hätte mich noch mehr an mein Zimmer gefesselt; ein Rest von Stolz ließ mich außerdem an dieser hergebrachten Methode, nach der Natur zu zeichnen, festhalten. Dennoch muß man sagen, daß ich, für die Kassettenverleihfirma arbeitend, mein Leben versäumte; so leicht mir diese Arbeit fiel und so mühelos sie mich ernährte, so sehr verletzte sie mich. Herr Tafik verlangte nur feile Motive, auch das kleinste Rätsel, das ich dann und wann in die Bilder einfügte, stieß auf seine Ablehnung; ich mußte es übermalen, mit einem Nabel oder einem Revolver. So blieb mir zur Selbstdarstellung, neben der altmeisterlichen Technik, nur übrig, daß alle kleinen Gauner und betrügerischen Ehemänner, alle Witzbolde, Verlierer und trüben Charaktere meine unverwechselbaren müden Augen bekamen, ein Detail, das Tafik entging. Diesen Mann interessierte nur der Erfolg. Und offenbar lockten die Bilder auf den Hüllen der Kassetten, die seine Firma verlieh, mehr und mehr Menschen in jene Läden, die bald das Gesicht unserer Vorstädte prägten.

Nach zwei Jahren ununterbrochener Tätigkeit hatte ich schließlich genug Rücklagen, um monatelang zeichnen und malen zu können, wonach mir der Sinn stand, es gab also einen Grund, mich zu verabschieden, und ich teilte Herrn Tafik meine Absicht mit, worauf er nur feindselig die Lider hob und Schokolade zu essen begann, eine Angewohnheit, die mich von Anfang an eingeschüchtert hatte. Es lag etwas Tierhaftes in seinem Schokoladenverzehr, und ich hatte Angst vor ihm wie vor einem fremden Hund. Am Ende einigten wir uns, daß ich auf einer beliebten Insel im Mittelmeer Urlaub machen konnte, um etwas Abstand zu gewinnen, wobei ich jedoch als Aufgabe mit auf den Weg bekam, Motive für Ferienkomödien zu suchen. Nur zwei Tage später fuhr ich zum Flughafen, und während des Fluges saß ich inmitten eines lärmenden Urlauberpöbels, überwiegend tätowierten Menschen, alten und jungen; wir bewohnten dann auch alle dasselbe Hotel, als pferche man die Tätowierten und Leute von meiner Gemütslage in eben dieses Haus an einer befahrenen Straße, damit man sich bequem vor ein Auto werfen kann. Bei meinem ersten Streifzug entlang des Strandes geriet ich, fast zwangsläufig, wie mir später klar wurde, an den zweiten Mann in meinem Leben, einen Kioskbesitzer aus Bad Sowieso, mit dem ich aber nur für eine Nacht verbunden war, da er am folgenden Morgen abflog. Durch diese Eroberung kühn geworden, kam es jedoch bald zu einer weiteren Begegnung, ich sprach einen ziemlich hellhäutigen Herrn an, den ich vom Sehen kannte, und hatte Glück: Schon

nach einer Stunde ließ er sich von mir den Rücken ein-
cremen, was ja immer ein gutes Zeichen ist, wir wurden
noch am selben Tag ein Pärchen. Er war Buchhändler
in meiner Heimatstadt, und Sonne, Meer und Wein ver-
wirrten ihn ebenso wie mich; erst als sich der Himmel
nach einer Woche bewölkte, kam es zu einem längeren
Gespräch. Es stellte sich heraus, daß er mich gewählt
hatte, um seine Freundin zu betrügen, inzwischen jedoch Zuneigung zu mir empfand, also eine klassische
Komödiensituation, und nun bei mir bleiben wollte. Er
lebte in einer sogenannten Wohngemeinschaft, die ich
nach dem Urlaub hin und wieder besuchte. Meine Tätigkeit stieß dort auf heftige Ablehnung, überhaupt
meine ganze ihrem Wesen nach doch eher stubenhocke-
rische Existenz. Ein Bursche mit Zopf gab in der Wohnung den Ton an, ich zeichnete ihn mehrfach, denn er
glich jenen Stadtsoldaten, die jetzt immer öfter die Filme
bevölkerten, die Monsieur Tafik in Form von Kassetten
unters Volk brachte. Wie alle Gutaussehenden bat einen
dieser Wohngemeinschaftshäuptling ständig um kleine
Gefallen, die ich ihm auch erwies, und verhöhnte obendrein meine Arbeit. Dazu bediente er sich einer weiblichen, auf die Gefühle der Frau besondere Rücksicht
nehmenden Sprache, die ihm den Beifall der drei Mitbe-
wohner eintrug, vor allem den meines Buchhändlers,
welcher nach der Rückkehr von der Wein- und Sonnen-
insel den körperlichen Verkehr mit mir so gut wie eingestellt hatte und mich zu geschwisterlichen Beziehungen
anhielt. Er wollte mich als Frau, aber das Weibliche in

mir ausmerzen, eine Operation, für die es, trotz einer gewissen Verbreitung in diesen Jahren, in unserer Sprache noch kein Wort gibt. Meine Arbeiten litten unter diesem Prozeß, Frauen und Männer sahen sich plötzlich zum Verwechseln ähnlich, Tafik platzte bald die Geduld. Eines Abends erschien sein Schwager und Mann fürs Grobe und setzte mir die Pistole auf die Brust. Ich sollte wieder richtige Weiber und echte Kerle zeichnen, und so trennte ich mich von meinen neuen Bekannten und kehrte zum Altbewährten zurück, voller Haß auf mich selbst oder meine Schwäche, der ich nicht zu entkommen vermochte. Ich war nichts, und eines Tages würde ich mich auf ein freies Grundstück legen, wie man sie in meiner Stadt noch als immer wertvoller werdende Kriegsnarben fand, und mich auf diesem kostbaren Grund nicht mehr rühren; Krähen, wie sie im Herbst über der Stadt und ihren Hochhäusern zu Abertausenden kreisten, stießen vom Himmel herab und ließen sich neben meiner Wenigkeit nieder, um mir, sobald ich zu matt wäre, meine Hände zu heben, die Augen auszupicken.

Und genau in dieser Stimmung tastete ich mich vorwärts, auf der Suche nach der jungen Frau, die ich einmal war und die es noch immer zu geben schien, und erreichte schließlich den Anfang der Breiten Gasse, wo seit dem Mittelalter die Dirnen zu Hause sind; auch hier waren alle Lichter aus, bis auf ein Flackern in einem der Fenster, wie von einer Ölfunzel. Ich machte ein paar vorsichtige Schritte, die Arme schützend gestreckt, und hätte fast aufgeschrien, als mich plötzlich wer ansprach, eine der Alten, die auf der Straße ihre Kunden suchen. Sie ließ ein Feuerzeug aufflammen, der Lichtschein fiel auf ihren zerbeulten Pelz und ein Gesicht voller Flecken, und ich erinnerte mich, diese Frau ganz am Anfang meiner Laufbahn gezeichnet zu haben. Ich riß mich los von ihrem Anblick und machte, daß ich weiterkam, immer dicht an den Häusern entlang, bis zu einer Straße. Die überquerte ich und kam auf einen nackten Platz, jedenfalls gab es keinerlei Mauerwerk mehr, nur den glatten, kalten Boden, das mußte die Konstablerwache sein, der Platz, den ich für den verabscheuungswürdigsten der ganzen Stadt halte. Zu der Dunkelheit, die mir ein Rätsel war, kam jetzt noch ein feines Schneetreiben, doch ohne winterliche Kälte, und all das ließ wenig Hoffnung zu, die Dinge könnten sich noch einmal ändern, ja, das Umhertasten in der dunklen Stadt schien bereits gang und gäbe zu sein.

Erschöpft setzte ich mich auf die Stufen zu einem Untergrundbahnschacht, den ich an seinem Geruch erkannte, und ganz allmählich gab es doch wieder eine Art Licht, von der feinen Schneedecke, die sich rings um mich bildete. In ihrem Schimmer sah ich die Fassaden aus dem Jahrzehnt nach dem Krieg, um so furchtbarer, wenn sie gewissermaßen geschminkt waren durch hinzugefügte Erkerchen aus Glas und Stahl. Ein klöppelndes Geräusch ließ mich herumfahren. Eine Prozession von Langläufern hielt auf die Hauptwache zu, auf ihre Rücken hatten sie schwarze Aktenkoffer wie Schulranzen geschnallt. Ich setzte ihnen nach, konnte sie aber nicht mehr einholen; in einem Zustand zwischen Halbschlaf und Ohnmacht erreichte ich den Goetheplatz. Ich tastete mich bis zum Denkmal des Dichters und warf mich ihm dann gleichsam zu Füßen. Die Hoffnung, mein jüngeres Ebenbild noch wiederzufinden, schwand mehr und mehr. Und doch war mir klar, daß ich nur jetzt, in dieser Nacht, ihr überhaupt noch einmal begegnen könnte. Ich mußte also weiter und tastete mich bis ins Viertel der Banken; mein Ziel waren jene öffentlichen Häuser, welche die giftigen Banken wie noch giftigere Pilze umgaben.

In den windgeschützten Eingängen der Banken lagerten Bettler, ein gewohntes Bild; neu war nur, daß einige mit ihrem Kot Wörter an die Marmorwände schrieben; und neu war auch, wie ich später bemerkte, daß Putzkolonnen aus Schwarzen dieses Geschmier noch vor Sonnenaufgang wieder entfernten. Die Wörter aus Kot waren also ein ebenso scharfer wie unbemerkter Protest, nur Leute wie ich wurden davon behelligt; an den Stellen, die besonders häufig beschrieben worden waren, hatten sich Flechten gebildet, welche die Bankherren nicht entfernen ließen, ja sogar sorgsamer Pflege anvertrauten, wohl um ihren Beitrag zur Begrünung des Stadtkerns zu leisten. Ein Nachtwächter streifte mich. Ich wollte ihn nach der Zeit fragen, auch nach den Gründen der Dunkelheit und des Wetterumschwungs, doch da war er schon im Dunkeln verschwunden. Am Brunnen vor der Dresdner Bank, auf dem nackten Platz, der nach dem erschossenen Herrn Ponto benannt ist, verschnaufte ich erneut; die Häuser mit meinen Modellen lagen jetzt nur noch einen Steinwurf entfernt, und vielleicht hatte die junge Frau mit meinem Gesicht ja dort ihr Versteck.

Und wieder erschreckte mich ein Geräusch, wie von huschenden Katzen. Doch es waren keine Katzen – in dem leeren Brunnen auf dem Platz spielten Kinder ohne Aufsicht, vermutlich kleine Rumänen oder Zigeuner, aber das kann auch ein Vorurteil sein. Ich sah sie, als würden sie von innen her glühen, wie Kohle, wenn es Zeit ist, das Fleisch auf den Grill zu werfen. Ich gab ihnen Münzen, meine letzten, und sie schlitterten auf dem nun schon vereisten Pflaster davon. Neugierig geworden, eilte ich ihnen nach, um zu sehen, wo sie das Geld ausgaben. Die Rumänen- oder Zigeunerbrut, Kinder einer ambulanten Minderheit, wie es wohl im Amtsjargon heißt, bog in die Kaiserstraße, wo ein einzelnes Restaurant erleuchtet war, während sonst nirgends Licht brannte.

Ich kannte diesen Ort von früher. War ich mir besonders wertlos vorgekommen, hatte ich mich dort unter die Leute gemischt und nach Brottaschen mit gehacktem Fleisch angestanden, ein Gericht, das man für wenig Geld erhielt; offenbar lag dem Unternehmen daran, möglichst vielen sein Zeug zu verkaufen. Die Kinder konnten sich von meinen Münzen jedoch nur in Öl gebackene Kartoffelstückchen erlauben, eine Portion, um die sie sich rissen wie magere Hunde um ein paar Knochen. Ich bestellte eine Brottasche mit besonders viel Hackfleisch, denn der Weg durch die Dunkelheit hatte mich hungrig gemacht; einen einzigen Geldschein besaß ich noch. Und natürlich war da die Frage, warum gerade an diesem Ort Licht brannte, bis mich ein Blick traf, wie eine Antwort auf alles Ungereimte dieser Nacht: Ich sah mir wieder selbst in die Augen. Die junge Frau, die mir die gefüllte Brottasche brachte, bekleidet mit der Uniform des Eßzeugunternehmens, das war ich, und kaum ging meine Hand in ihre Richtung, verschwand sie wie beim ersten Mal durch eine Hintertür. Ich ließ meine Brottasche fallen und eilte nach draußen.

Wieder empfingen mich feines Schneetreiben und Dunkelheit. Ich bog in die Elbestraße, tastete mich an mehreren Häusern entlang und erreichte unbeschadet die Taunusstraße; dort mußte sie oder ich vom hinteren Bereich der Schnellgaststätte das Freie erreicht haben. In meiner Verwirrtheit rief ich meinen eigenen Namen; die Antwort war ein fernes Echo, und wie auf dieses Echo hin folgte ein Stöhnen. Es kam aus dem Eingang zu der großen unterirdischen Ebene unter dem Vorplatz des Bahnhofs. Von einer aberwitzigen Hoffnung getrieben, eilte ich die Treppen hinunter und stolperte fast über eine Frau in den Wehen, in der Hand ein Pappschild, das sie mir flehentlich entgegenhielt. Ich überflog die mit Bleistift geschriebenen Zeilen auf dem Schild, sie wimmelten von Fehlern. Die Frau bat darum, ihr beim Gebären behilflich zu sein, es war sogar aufgeführt, was man zu tun hätte: Heißes Wasser und Tücher besorgen und später die Nabelschnur durchtrennen, falls sie selbst dafür zu schwach sei. Ich war noch in die Zeilen vertieft, als die Frau, unter heiserem Stöhnen, zu pressen begann. Da rief ich um Hilfe und rang meine Hände, aber rang auch mit mir, denn ich hatte noch nie eine Straßengeburt gezeichnet. Eine Handvoll junger Leute kam johlend die Stufen hinauf, ich konnte sie gut erkennen, denn in der unterirdischen Ebene brannten da und dort kleine Feuer. Die jungen Leute trugen Indianerschmuck; aus ihren Venen hingen Nadeln, was ein Zeichen war, daß sie nicht angreifen würden. Ich rief sie heran, und offensichtlich hatten sie mit Straßengeburten Erfahrung. Einer hielt den Kopf der Frau, ein anderer drückte ihr die Fäuste auf den Bauch, ein dritter schob ihren Rock hoch und suchte den Kopf des Kindes; der vierte sprach beruhigende Worte. Ich aber wich etwas zurück und schloß die Augen, als die Gebärende einen Schrei ausstieß. Ein letzter Rest Scham bewahrte mich davor, mir ihr verzerrtes Gesicht einzuprägen. Der nächste Schrei war der des Neugeborenen; ich öffnete die Augen wieder und sah einen der jungen Indianer das blutbeschmierte Bündel hochhalten, ein Mädchen. Sein Kamerad biß die Nabelschnur durch, ein anderer schien es im Gesicht zu streicheln. Dann reichten sie der schweißüberströmten Mutter das Kind und ließen sich einfach, unter Hochrufen auf unser Land, die Treppe herabrollen. Ich trat zu der erschöpften Frau, ich sah auf das Kleine, das jetzt reglos dalag. Zwischen seinen Augen steckte tief eine Spritze, auf seine Brust war mit Blut geschrieben: Raus. Fast augenblicklich knickte ich ein und schleppte mich dann auf allen vieren davon, zum sogenannten Roten Haus, das ich schon oft in Männerkleidung besucht hatte, um dort meine Skizzen zu machen.

Vor dem Haus saß der Zuhälter in seinem Mercedes, einem polierten Panzer mit Felgen wie ein aufgerissener Mund voller Goldzähne. Der Zuhälter wachte über alles in dieser Gegend, also auch über mich. Ich hatte ihn schon zweimal gezeichnet und zog im Vorbeigehen die Mütze, doch er sah durch mich hindurch, wie es sich für solche Männer gehört. In seinem Mercedes brannte Licht, und Musik lief, die Scheiben zitterten von den Bässen; ich sah, daß er sein Geld zählte und eilte mit schnellen Schritten vorbei und ging in den ersten Stock des Hauses; dort schleppte ich mich einen düsteren Gang entlang, offene Türen zu beiden Seiten, in den Türen schwarze Frauen auf Schemeln. Sie kochten oder dösten; einige zeigten mir ihre Zunge. Es roch nach Fladenbrot und Schweiß. In den Kammern brannten Kerzen, ihr schwacher Schein reichte nicht aus, mein Gesicht zu zeigen, und das Haar trug ich ohnehin kurz; ich ging von Kammer zu Kammer. An manche Bettpfosten waren graue Schweine gebunden; an den Wänden hingen Liebeshilfen aus Elfenbein. Klopfenden Herzens durchquerte ich diesen Kontinent innerhalb des Hauses und nahm die nächste Treppe, die ins Nachbarhaus, nach Asien führte. Wie magere Katzen hockten dort die Mädchen vor den Türen, in der einen Hand etwas Reis, in der anderen kleine Schilder, auf die der Zuhälter Leistungen und Preise geschrieben hatte, wie auf einer Speisekarte. Kleine braune Hände griffen nach mir; ich stieg über Säcke voller Papiertaschentücher und wich den äthiopischen Gehilfen des Zuhälters aus, langen dunklen Männern mit groben Hirtenstöcken und italienischen Schuhen. Über eine Art Tunnel gelangte ich in die sogenannte Weiße Etage. Hellhäutige Frauen aus den Ostgebieten lagen oder saßen dort auf den Betten – wie erschrak ich, als sie mich in meiner Sprache anredeten, wenn auch in ungewohnter Sprechweise. Einige rauchten, andere schauten sich Filme an; ich sah Hüllen mit Bildern von mir. Keine der Frauen klagte; überhaupt war es so still in dem Haus. Ein Mann in grauem Kittel mit einem Korb voll Brezeln ging von Tür zu Tür. Er begegnete den Frauen mit Respekt, und auf einmal hatte ich das Verlangen, von meinesgleichen gestreichelt zu werden. Ich ging einen Stock höher, wo die Preise niedriger waren, und traf auf alte Rumäninnen, die nichts als Kopfhauben trugen; über eine Verbindungsbrücke wechselte ich noch einmal das Haus und stieg dann weiter und weiter hinauf. Im Schein der Kerzen, die auf den ausgetretenen Stufen standen, sah ich die Wandmalereien der Häuser, sich paarende Leute, Frauen wie Männer, überschmiert mit Symbolen, welche die Geschichte unserer Zeit nach dem großen Krieg wiedergaben. Über einem mit Leuchtfarbe gemalten Pfeil, der zum Dachgeschoß wies, stand ein kleiner, von Hand geschriebener Hinweis: Zur Einsiedelei.

Seit langem oder schon immer hatte unter dem Dach dieses Hauses, Moselstraße siebenundvierzig, eine stumme und nahezu blinde Frau gelebt. Kaum einer traute sich mehr in ihr Revier, sie lebte von wenigen beherzten Gästen, die ihre Dienste oft nur mit Wurst oder billigem Wein bezahlten, doch konnte es auch vorkommen, daß sich wochenlang keiner nach oben wagte, und sie gewiß verhungert wäre, wenn ihr nicht der Zuhälter durch seine Äthiopier immer wieder Brottaschen heraufgeschickt hätte, weil sie nämlich seine Amme gewesen war. Nur ein einziges Mal erst hatte ich mich samt meinem Skizzenblock in diese Höhe begeben und auf halber Treppe mit gesträubtem Haar kehrtgemacht; in dieser Nacht ohne Licht aber betrat ich den Dachstock der Einsiedlerin.

Die Treppe mündete in einen Raum, dessen Decke so niedrig war, daß ich mich nur gebückt bewegen konnte. Durch ein schräges Fenster drang der Schneeschimmer herein; irgend etwas ließ mich glauben, ich könnte die Frau, die ich gewesen war, hier oben finden, in der Nähe der Einsiedlerin. In dem niedrigen Gang gab es keine Türen, er erinnerte mich an den Gang, der in das Innere der Cheopspyramide führt, man kommt nur gebückt darin vorwärts und glaubt zu verdursten; in besseren Zeiten hatte ich ja einige Reisen unternommen, nicht nur zu der Badeinsel, auch nach Ägypten und Marokko, zum Beispiel in die Stadt Marrakesch – daran mußte ich plötzlich denken, an diese Stadt mit ihrem Platz der Märchenerzähler, auf dem es nachts ebenfalls dunkel war, dunkel und still, bis auf eine einzige Garküche, in der es immer noch glimmte, dort hatte ich oft bis zum Morgen gesessen, neben einem Jungen, der abends die Gäste lockte mit seiner Schönheit, Hayat Feddouli, den ich geliebt habe, geliebt und gezeichnet, ich nutzte seinen Schlaf für meine Skizzen, aber er hat es bemerkt und mir am Ende alle Blätter geraubt, und ich mußte mir sagen, daß ich ihn im Grunde abstoßend fand – am Ende verrät man sich immer selbst, um einen Verlust zu ertragen, und geht gekrümmt seiner Wege, so wie ich gekrümmt durch den niedrigen Gang auf das Reich der Einsiedlerin zuging. Ich ballte die Fäuste, um sie notfalls abwehren zu können, und trat auf Zehenspitzen, bei immer noch gekrümmtem Rücken, an einen Vorhang am Ende des Ganges heran. Durch den Spalt fiel ein milchiges Licht; ohne zu zögern, teilte ich ihn mit einem Ruck, wie den Vorhang in dem Filmverleihladen, und schlug mir augenblicklich auf den Mund. Tatsächlich lag auf einem Sofa die junge, mir wie aus dem Gesicht meiner Jugend geschnittene Frau, während die Alte, in Decken gehüllt und abgewandt, auf dem Boden saß. Ich winkte mir zu, ich fragte: Wer bist du?, und sie zuckte mit dem Kopf, wie ich es aus Nervosität oder Übermut häufig tue, und da löste sich meine Starre, und ich tat einen Schritt vorwärts; im selben Moment drehte sich die Einsiedlerhure um, und ich sah wieder in mein eigenes Gesicht, darin zwei erloschene Augen.

Laut um Hilfe rufend, stürzte ich die Treppen hinunter, schlug hin und stand wieder auf, und erreichte end-

lich, an Knien und Nase blutend, die Straße. Am Mercedes des Zuhälters vorbei rannte ich Richtung Innenstadt, durch die Stille einer Winternacht, für die es keine
Erklärung gab; ich wollte zum Dom, wo aller Spuk vielleicht ein Ende hätte, doch am Kaiserplatz – leicht zu erkennen an seinem runden Brunnen – verließen mich die
Kräfte. Ich legte mich zwischen andere, die schon dort
lagen, und schlief auf der Stelle ein.

Tief in der Nacht erwachte ich, wie einst auf dem
Platz in Marrakesch. Ich war ganz allein, so selbstverständlich allein, wie andere zu mehreren waren. Wer
kannte mich schon, was wußte man schon von mir? Von
mir wußte man nur, daß ich aß und trank, Darm und
Blase entleerte, atmete und schlief; ob ich träumte, durfte
man schon bezweifeln – aber man kann auch ohne
Zucker leben, dieser Satz fiel mir ein; wie Luftblasen
steigen sie in mir auf, solche Sätze, Kann ich nicht, gibt
es nicht, Das Leben ist hart, et cetera. Statt Knochen und
Knorpeln trug ich Wörter und Bilder in mir, alle waren
sie entzündet oder sonstwie krank und steckten sich
noch gegenseitig an, zu einer großen, umfassenden
Krankheit, bestehend aus Geschichten, die nicht stattgefunden haben, und einer Fülle von Erinnerungen: an
Menschen, die es nie gegeben hat, an die Kindheit, die
mir fehlt, mit immerzu anwesenden, Nachsicht üben-
den Eltern, und eine Jugend, von der ich nur träumen
kann, erfüllt von Musik und dem Geruch von Sonnenöl
auf einem braunen Nacken.

Mit dem ersten Morgenlicht stand ich auf, nicht

durchfroren, nur zerschlagen, und folgte einer zierlichen Vogelspur im Neuschnee. Sie führte mich in die Gegend, die mir am vertrautesten war, also in die Nähe des Ostbahnhofs, aber ich kannte mich dort nicht mehr aus, ich wußte nur: das Haus, in dem ich wohnte, stand auf Ruinen; fast die ganze Stadt steht ja übrigens auf Ruinen, und in letzter Zeit haben sie auf den Ruinen auch die einstigen Häuser nach alten Fotografien nachgebaut, zur Freude aller Reisenden aus fernen Ländern, die nun glauben, eine schöne Reichsstadt zu sehen; vielleicht kommt auch noch jemand auf den Gedanken, nach alten Fotografien die Verschütteten nachzubauen, wie etwa meine Mutter...

Neben diesen Nachbauten stehen Häuser, die man eilig und preiswert auf die Ruinen gesetzt hat, graue Blöcke mit kleinen Balkonen und einem Lift, in dem die Aufzugsverordnung vom 8. September 1926 hängt. Plötzlich, ich weiß nicht, wie, erreichte ich den Eisernen Steg, auf dem Tag für Tag, Woche für Woche, Jahr für Jahr ein Krüppel sitzt. Er hat brandige Beine, die im Sonnenlicht schimmern, von den Flußmücken umschwirrt, sobald der Sommer kommt. Der Krüppel verkauft Zündhölzer und Ansichtskarten, aber auch Bruchbänder für lastentragende Kinder, und immer wieder fallen kleine Stücke seiner Beine ab, er verwest bei lebendigem Leib. Natürlich hatte ich sein Gesicht schon mehrfach gezeichnet, doch kommt es nur sehr selten vor, daß man auf einer Filmkassettenhülle im Hintergrund einen Bettler möchte. Ich warf ihm ein Stück Brot zu, das ich vom Vorabend übrig hatte, er konnte es nicht fangen;

langsam ging ich weiter und sah auf den Fluß. Dort trieben Autowracks. Zwei Schlittschuhläufer kamen mir entgegen. Sie trugen Anzüge und Aktenkoffer und glitten auf dem eisigen Boden des Stegs Richtung Stadt; ich kannte sie aus einem Straßencafé, wo die Leute bei jeder Witterung draußen sitzen und sich gern südlich geben; gerade von diesen Cafés geht, für mein Gefühl, eine besonders verderbliche Wirkung aus. Seit einiger Zeit schon geht es bei uns ja jetzt allgemein recht südlich zu, als befinde man sich überall ein bißchen im Urlaub, selbst in Bierstuben mit ihren Eichenwänden hängen Ventilatoren, und auf unseren gut befestigten Straßen sieht man mehr und mehr schwere Wüsten- und Urwaldfahrzeuge, allerdings sehr gepflegt, viel gepflegter als die gewöhnlichen Fahrzeuge; auch solche Monster auf Rädern trieben im Fluß. Dann kam ich in den Stadtteil auf der anderen Wasserseite, zu dem Ufer mit dem Trödelmarkt am Samstag; wie ich diese Leute haßte, die stolz darauf waren, solche Abfälle in ihren Wohnungen zur Schau zu stellen! Überhaupt haßte ich diese ganze Feststimmung, die auf der anderen Flußseite herrschte und in den Stadtteilen diesseits des Flusses schon nachgeäfft wurde. Seit Monaten tobten dort Straßenfeste vor sich hin, die sinnlosesten Wettspiele fanden statt, erwachsene Menschen krochen durch künstliche Tunnelsysteme oder spielten mit riesigen Schaumstoffwürfeln. Sie hüpften und tanzten, saßen auf elektrischen Pferden und machten sich damit von morgens bis abends zum Narren, aber davon sollte man gar nicht reden.

Ich war also auf der anderen Flußseite, wo, trotz des Schnees, ein ungebremstes Sommertreiben herrschte; und eigentlich war ich nur dort, weil ich es vermied, nach Hause zu gehen. Ich hatte Angst vor meinem Nachbarn, der jetzt im Zimmer des verwesten Herrn Fodor wohnte, einem angeblichen Ingenieur, der mit winzigen Abhörgeräten handelte, stets trug er sein ganzes Sortiment mit sich herum; dazu kamen die Äthiopier im Haus, von denen ja niemand weiß, wie sie denken. Mein Weg führte mich dann, vom Flußufer weg, in den alten Bezirk des Stadtteils, wo ich mich in einem Gewirr kleiner Gassen verlor, die mir unbewohnt erschienen, aber das stimmte nicht; bei genauem Hinsehen sah ich, hinter Eisblumen, die Gesichter von Vietnamesen, die ja nun auch wieder, so hörte ich kürzlich, auf der Flucht seien – Flucht, dieses Wort ließ mich jetzt laufen, und eine kindliche Erregung überkam mich; atemlos blieb ich schließlich vor einem Lokal stehen, das Balalaika hieß, und wußte wieder, wo ich war. Ich hatte diese Wirtschaft schon als junge Frau gekannt. Seit neunzehnhundertachtundsechzig, was jetzt doch schon lange her ist, sitzen dort dieselben Leute, trinken Bier und lauschen, müde und verzückt, alten Liedern, welche die Wirtin zu Gitarrenklang singt. Sie tragen noch dieselben Haare und dieselben Hosen, die nach unten hin weit werden, sie vertreten dieselben Ansichten, schmieden dieselben Pläne, hegen immer noch ihr altes Mißtrauen und streicheln einander auf dieselbe, sich lausende Affenart, und eine furchtbare Angst ergriff mich, ich glaube, die

Angst, lebendig begraben zu werden, ich floh weiter. Und durch Zufall kam ich in eine U-Bahn-Station, in der ein Licht brannte. Ich trat gegen den Automaten, bis ein Billett und sogar ein paar Münzen aus dem Schlitz kamen und nahm dann einen Zug, der zur Alten Oper fuhr, bei der es sich ja auch um eine Ruine handelt, die aber so geschickt in einen intakten Zustand versetzt worden ist, daß sich in ihrer Umgebung jetzt die allerfeinsten Leute aufhalten. Doch als ich am Opernplatz ausstieg, taumelte mir ein zerzauster Alter entgegen; zwischen seinen gelben Zähnen stieß er, halb keuchend, halb pfeifend, ein Lied der Beatles hervor, und zwischendurch stöhnte er manchmal, so, daß man den Eindruck bekam, er ergieße sich in Abständen, was mir, wegen seines Alters, jedoch unwahrscheinlich erschien.

Kalter Schweiß rann mir den Rücken herunter, ich lief in den kleinen Park hinter der Oper, und plötzlich taute es, die Sonne brannte. Über einem schmutzigen Ententeich jagten Windgleiter, und große tote Goldfische trieben auf dem Wasser; überall parkten Jeeps am Ufer. Einer der Brettsegler winkte mir zu, und ich haßte ihn, wie ich alle Sportler hasse. Dann verdunkelte eine Wolke die Sonne, es begann zu regnen, und die Blätter fielen, dazwischen schon erste Schneeflocken, und die Windgleiter wechselten rasch ihre Anzüge, auf einmal glitten sie auf Skiern dahin; ich lief weiter, weiter durch die Anlage, bis ich wieder zum Opernplatz kam; eine Sekunde lang erwog ich, in das mir äußerst verdächtige Operncafé zu gehen, aber dann sagte mir eine Stimme, ich müßte doch nach Hause oder wenigstens in den Osten der Stadt, in die Gegend mit den Gebäuden Nummer eins, zwei und drei, wo man die Alten und Erschöpften trifft, die Häßlichen und die Unbeliebten, sie finden dort noch ein Lächeln, wenn sie ihr Geld auf den Tisch legen.

Doch auf dem Weg in diese Gegend traf ich einen Mann, mit dem ich einmal befreundet gewesen war. Er erkannte mich nicht, aber ich erkannte ihn; letzte Gewißheit gab mir ein Fingerling, den er schon damals getragen hatte, als sei dies kein Ausnahmezustand, sondern die Regel. Nie hatte ich die Ursache dieses Verbandes erfahren; war es ein erschreckender Stumpf, war es eine Wunde, die nicht verheilte? Jedenfalls floh ich in die Schächte einer nahen U-Bahn-Station; eisiger Wind entlockte den Treppen und Gängen fast menschliche Töne. Vor einer Reklametafel für Sommerurlaub in Spanien warf ich mich der Länge nach hin. Ich schlief dort eine Stunde oder zwei. Mir träumte von einer Stadt, in der Straßenbahnen fuhren und die Menschen am Flußufer in der Sonne saßen; kitzelnde Schneeflocken weckten mich.

Eine junge Frau hatte sich neben mir den Mantel ausgeschüttelt – ich blinzelte und sah in meine Augen; die Frau ging lachend davon. Sie bestieg einen Zug, ich erreichte gerade noch den letzten Wagen. Eine Station weiter stieg sie aus und betrat eine der unterirdischen Spielhallen der Stadt. Die Frau trat vor einen der Schirme und spielte ein Spiel, bei dem sich Männer und Frauen bekämpften. Die Spieler konnten selbst bestimmen, welche Gruppe gewinnen würde, sie konnten dies aber auch dem Zufall überlassen; die Frau, die wie ich aussah, zog das Prinzip des Zufalls vor. Ich stellte mich vor den Nebenschirm und sah dort die Stadt aus meinem Traum, nur schöner. Ich verlor mich einige Sekunden lang in den Bildern; als ich wieder aufsah, war die Frau verschwunden. Ich rannte aus der Spielhalle, ich rief meinen Namen. Nichts, nur Blicke, nur Gelächter. Überall saßen Schwarze auf dem Boden; ich fragte einen nach der Zeit, und er sagte, es sei Weihnachten. Ich hielt das für eine afrikanische Übertreibung, fuhr jedoch mit der Rolltreppe nach oben, um mich zu überzeugen, ob es Weihnachtszeit war oder nicht. Nirgends konnte ich ein Zeichen von Weihnachten sehen, war mir aber immer noch nicht sicher. Darum ging ich noch einmal zum Eisernen Steg, wo der bekannte Krüppel zur Weihnachtszeit immer kleine Engel anbietet. Doch er hatte nur Zündhölzer und Ansichtskarten, es war also keine Weihnachtszeit. Auf der anderen Flußseite setzte ich mich zu zwei rumänischen oder albanischen Anglern, treuherzigen Männern, die den ganzen Tag am Fluß verbringen. Ich mag die Menschen, deren Sprache ich nicht verstehe, sofern sie etwas tun, das mir nicht fremd ist, wie etwa angeln. Natürlich fingen sie nichts oder nur entstellte Fische, was so gut war wie nichts; daß sie diese Fische dennoch auf einen Grill warfen, machte die Männer nur noch sympathischer; sie boten mir sogar einen der schuppenlosen, fast durchsichtigen Fische an, den ich in meinem Hunger roh verzehrte, und wahrscheinlich bin ich daran später zugrunde gegangen. Schon auf dem Heimweg wurde mir übel; im Aufzug mit der verhaßten Verordnung übergab ich mich dann, schwankend erreichte ich mein Zimmer, riß mir die Kleider vom Leib und sah in den Spiegel; ich verfluchte meine Brüste, meine Schenkel, meinen Nabel, ich verfluchte mein kleines Zuhause, dieses ganze alte elende Zimmer, wo mein Geschlecht schon morgens nach Frieden schrie.

Blasse Motten zigeunerten um meine einzige Lampe, ab und zu fiel eine zu Boden. Ich ging ins Bett und wartete auf die Zeitzeichen meiner Uhr; es gibt nicht viel, auf das man sich verlassen kann, auf den stündlichen Mäuseton einer billigen Uhr jedoch immer. Sie war gut zu mir, meine Uhr der Marke Timex, das muß man sagen, achtmal gab mir ihr Ton neuen Auftrieb. Und so fand ich gegen Abend oder Morgen, schwer zu sagen, noch einmal aus meinem Bett, und mir fiel ein – wenn es mir nicht schon vorher eingefallen war, im Halbschlaf –, was ich vorgehabt hatte, nämlich in die Gegend der mit roter Farbe unübersehbar numerierten Häuser zu gehen, damit man mir ein Lächeln verkaufte; vielleicht würden die Münzen aus dem Fahrscheinautomaten, gegen den ich getreten hatte, ja für ein kleines Lächeln reichen. Ich zog mich an und ging zur Tür und wollte schon die Klinke drücken, da drang etwas zu mir herüber, Geräusche wie von Besteck und klirrendem Glas, und die Angst vor meinem neuen Nachbarn überkam mich erneut, vor dem Mann mit den winzigen Abhörgeräten, der immer zu Hause war und an mir gewiß die Verläßlichkeit seiner Erfindungen prüfte, und ich gab meinen Plan auf oder gab überhaupt auf – ja, rückblickend muß ich sagen: Das war der Moment der Aufgabe, als ich meine Hand von der Türklinke zurückzog. Ohne mich auszuziehen, ging ich wieder ins Bett.

Ich deckte mich zu, es gab kein Entrinnen mehr; jeder Versuch, der jungen Frau, die mein Gesicht hatte, doch noch habhaft zu werden, war wie der Versuch, sich den eigenen Nacken zu küssen. Mir blieb nur das Grauen, vor meinem Nachbarn und vor mir selbst: wie es wohl zu Ende gehen könnte mit mir, wenn ich mich, gleich allen anderen, schrillen Zeichen der Verhöhnung beugte, grün gefärbtem Haar oder einem Ring durch die Zunge, bis ich völlig verschwunden wäre, wie die guten alten Worte für das Gelichter in meiner Stadt, ehe sie dunkel wurde, die Zuhälter und Großmäuler, die nur mehr durch meine Träume gehen, die Aufschneider, Taugenichtse und Pechmaries, von denen bloß noch Schatten da sind, Schatten, die keiner zu zeichnen vermag.

Nachruf auf eine Namenlose

Erst hieß es, sie sei krank, käme aber nach Weihnachten wieder. Dann blieb ihre Tür auch zwischen den Jahren zu, und wir wußten nicht, wohin mit uns in den stillen Tagen. Und Anfang Januar plötzlich ein Zettel an der geschlossenen Tür, darauf ein einziges Wort – verreist –, ein Wort, das uns alle getröstet hat, bis der Zettel im Februar verschwand, über Nacht, und die Frauen in den Nebenzimmern nur noch den Kopf schüttelten, wenn wir vor der nackten Tür hin- und hergingen, unruhigen Tieren gleich; und als dann am Ende des Winters die Tür mit einem Mal wieder offenstand, lag eine Dunkelhäutige auf dem Bett und schaute zur Decke, der Decke mit dem Riß, der über die Jahre länger und länger geworden war.

Sie dagegen hatte ihren Riß bis zuletzt verborgen, in all den Jahren war sie immer dieselbe für uns: helle Augen, kurzes Haar, im Nacken nur Flaum, dazu ihr Kleid aus schwarzem Jersey, mit einer einzigen Bewegung abzustreifen; niemals Strümpfe, bloß das Kleid und schmale, halbhohe Schuhe, die sie um jeden Preis anbehielt. Anfangs war sie noch auf der Straße gestanden, in einem Regenmantel auch bei Sonne, dann zog sie in das Haus Nummer eins jener Gegend, die wir immer noch aufsuchen, als sei nichts geschehen. Ihr Zimmer lag im dritten Stock – wenn man den Flur betrat, das zweite auf der rechten Seite, und ihre Zeiten waren die ganzen Jahre über dieselben: täglich, außer Montag, von zehn Uhr früh bis sechs Uhr abends. Und auch ihr Preis war über all die Jahre stabil, kaum mehr als ein Frisörbesuch. Sie war die erste Adresse der Alten und Schwachen, die noch am Leben festhielten. An ihrer Tür, klein, ein Name, mit Maschine geschrieben, darunter die Zeiten, abgekürzt; ein schöner Name, so schön wie falsch. Natürlich konnte sie jeder nennen, wie er wollte, wenn ihm das half. Der Name ist ja oft nur eine Eselsbrücke, um mit sich selbst in Kontakt zu treten – sie konnte darauf verzichten. Gelegentlich sprach sie jedoch von sich in der dritten Person, wie es Politiker tun. Gottesanbeterin nannte sie sich: Die, die uns eines Tages überleben würde. Wir aber sind die, die sich Woche für Woche ins Haus Nummer eins jener Gegend geschlichen haben (und immer noch schleichen, in dem Wahn, sie käme zurück), um dort auf dem Treppenabsatz neben einem Glaswürfelfenster zu warten, daß ihre Tür endlich aufgehe, ein geduldiges Lauern, oft eine Stunde und mehr, mit Zigarette in der hohlen Hand.

Sie hat ja nie einen Hehl daraus gemacht, daß es die anderen gab, wie etwa den, der immer in Trauer zu sein schien und sein Haar mit Wasser kämmte, oder den Einbeinigen, dessen Invalidenrente ihr zufloß, aber auch den mit dem ewigen Halstuch, der sich beim Warten die Nägel machte, um nur drei zu nennen: als sollten wir uns alle, wenn sie irgendwann nicht mehr wäre, zusammen-tun wie Hinterbliebene. Nie hatte ein freundlicherer Blick auf unseren Armen und Beinen gelegen, und allein ihre Zunge hat jeden an den Rand gebracht, zart und feucht wie der Film auf dem Bauch der Forellen. Komm doch herein, sagte sie und ließ schon ein Stück Zunge se-hen: von noch blasserem Rot als das Licht in ihrem Fen-ster. Dort stand eine kerzenförmige Lampe, auch von der Straße aus zu sehen, wenn sie an war, als Zeichen ihrer Bereitschaft: für uns. Komm und leg das Geld aufs Bett, dreißig fürs erste, und nimm dir eins von den Zitronen-bonbons in der Schale, die auf dem Tisch steht, während ich den Vorhang schließe und meine Hände eincreme. Bringe noch etwas Geduld auf, bis ich das Kleid hebe und du meinen verrücktschönen Hintern siehst ...

So hatte sie, sinngemäß, zu uns gesprochen, wieder und wieder, Jahr für Jahr, während der Riß in der Decke über dem Bett wuchs. Sie war keine von der Sorte, die das Blaue vom Himmel erzählt, sie zwang uns sanft in die Knie, eine Schwester, die selbst in die Knie ging. Wir waren eins in ihrem Zimmer, ein Bündel Mensch für eine Viertelstunde; das bißchen Schutz zwischen ihr und uns hat daran nichts geändert. Sie entnahm es einer wei-teren Schale, neben der für die Zitronenbonbons, und hielt eine Rede darauf, die es in Luft auflöste. Dies, sagte sie, ist eine Hülle aus besonders dünnem und elasti-schem Material, zu einem Kranz zusammengerollt. Richtig angewandt, schützt sie vor Krankheiten und verhindert die Befruchtung, ohne dein Anliegen an mich, dank eines beutelartigen Fortsatzes, zu behindern… Immer wieder nahm sie uns, wenn vor ihrem Fenster die Sonne schien und das Zimmer, trotz des Vorhangs, mit Tageslicht erfüllte, die Scheu vor dem kleinen Schutzartikel, und überhaupt verstand sie es, den Tag aufzuwerten. Die Nacht, sagte sie, sei die einfallsloseste Zeit für den Besuch bei einer Käuflichen; immer wieder hat sie uns einen Schrecken eingejagt mit diesem Wort, und wenn wir dem auch noch so leise widersprachen, etwa durch Zusammenziehen unserer Brauen, sagte sie: Nichts anderes bin ich in diesem Haus, eine wie jede hier. Ist euch aufgefallen, daß die Briefschlitze unten am Hauseingang zugeklebt sind, bis auf einen? Dieser eine genügt, denn im Grunde wohnt hier auch nur eine einzige Frau, verteilt auf vierundzwanzig Zimmer. Aber warum dann überhaupt ein Briefschlitz? Nun, damit ihr mir Ansichtskarten aus euren Urlauben schicken könnt. Die hänge ich an der Wand hinter dem Bett auf, wie man sieht, um jeden daran zu erinnern, daß er nicht der einzige ist. Die vielen Kartengrüße an der Wand sollten euch die letzte Gewißheit geben, wenn das Warten im Treppenhaus dazu nicht gereicht hat – bei laufendem Radioprogramm aus einem Lautsprecher, dem Programm der Autofahrer, die man von ihrer Verzweiflung im Stau etwas ablenkt. Man will sie bei der Stange halten durch dieses Programm, sie sollen die Autobahn nicht verlassen, so, wie ihr ausharren sollt, bis meine Tür endlich aufgeht. Unter euch Brüdern im Stau gilt dann eine gewisse Rangfolge, auch wenn ihr darüber nicht einmal Blicke getauscht habt. Und doch weiß jeder, wer der nächste ist, und fügt sich. Nur das, was ihr vorher durchmacht, verbindet uns, nicht die Minuten, die ihr mit mir im Zimmer verbringt. Ihr wißt so gut wie ich: Dies ist kein Ort des Glücks, sondern der Ort, das Unglück zu verringern. Die Blicke, die dir begegnen, sind leer. Sie machen dich traurig, wie sie mich traurig machen. Ich sehe eure Augen, wenn alles vorbei ist, aber die Herzen noch klopfen, wenn das Blut eure Beine schwer macht, im Hirn dagegen nur spärlich fließt, gerade genug, um dort ein Gefühl der Scham mit Sauerstoff zu versorgen, während ich den Schutz von euch abziehe, der nun das Gewicht einer Münze hat ...

So sprach sie zu uns, nachdem der Vorhang geschlossen war, aber ihr Kleid noch nicht angehoben, sie hatte nur die Hände am Saum und stand mit dem Rücken zum Bett, auf dem wir alle gelegen waren und nie wieder liegen werden, und sprach über die Schulter, die noch vom Stoff bedeckt war, den Kopf leicht verdreht. Ihr eines Auge, das linke, sah aus einiger Höhe herab auf uns, die wir meist schon auf der Bettkante saßen, mit dem Öffnen der Schuhbänder oder unserem Haar befaßt, das wir noch eilig über dem Hinterkopf zusammenkämmten, als gäbe es nur diese eine kahle Stelle an uns. Und in Wahrheit betraten wir nackt ihr Zimmer und verließen es nackt, da halfen kein Mantelkragen und kein getöntes Brillenglas, kein Bärtchen und kein Halstuch, wir erkannten einander. Es war die Art zu rauchen und vor sich hinzustarren, die uns verriet, auch die mit dunklen

Gläsern im taillierten Mantel, Kamelhaar, die Zigarettenpackung in der Faust, oder jene mit beigen Sandalen und Hut, die ihre Riemen lösten, während sie über die Schulter herabsah und noch gar nicht daran dachte, sich das Kleid hochzustreifen; ihre bleichen Kniekehlen ließ sie uns sehen, das war alles.

Auch ein paar wenige Minuten, mag ihr Gedanke gewesen sein, können fünf Akte haben, und wir waren noch im ersten Akt. Sie dachte in unserem Sinne, nicht in ihrem. Nach der Zeit des Wartens sollte die Belohnung kommen. Manche standen einen Nachmittag lang auf dem Treppenabsatz vor ihrem Flur, immerzu rauchend, den Blick auf die Fliesen gerichtet; sie hörten es, wenn ihre Tür aufging und bewegten sich mit gesenktem Kopf in Richtung des Zimmers, um dem Bruder, der das Zimmer verließ, nicht in die Augen sehen zu müssen. Wir drückten uns an der Wand entlang, vorbei an zwei, drei Schwarzen, die keinerlei Versuch unternahmen, uns abzufangen. Und wenn wir ihr Zimmer in der Mitte des Flures betraten, so sahen wir sie nicht etwa gleich, sondern fanden sie hinter der Wand, die das Bad umgab, an einem schlichten Tisch vor einem Kreuzworträtsel, als hätte sie die ganze Zeit über nichts anderes getan, als so dazusitzen, die nackten Beine übereinandergeschlagen; erst nach Ausfüllen einer Kästchenreihe wandte sie sich, wie überrascht, uns zu. Ach, sagte sie, du – und gab uns, im Aufstehen, die Hand. Ihre Höflichkeit ließ uns von einem Erstaunen ins andere fallen. Sie stellte Fragen zur Gesundheit, zum Beruf, zur Familie, ja zu den Haustieren, wenn man sie je erwähnt hatte. Wie geht es den Katzen, ist die eine immer noch krank? Was macht der Hund deiner Tochter, oder ist sie schon aus dem Haus? In all den Jahren hatte sie immer ein Auge für die vergehende Zeit, vielleicht weil ihr Blick während der Arbeit, wieder und wieder, zur Decke ging, zu der Fieberkurve des Risses darin; sie wußte, wann Töchter älter werden und Söhne die ersten Erfahrungen machen – aber die Jugend, merkte sie beruhigend an, kommt nur nachts in diese Gegend. Und dann erfuhr sie Neuigkeiten über Kind und Kegel und neckte uns dabei schon mit ihrem Knie, bis wir windelweich waren und sie endlich das Kleid über die Schultern hob, den Kopf noch immer zur Seite gedreht, damit wir uns ansehen konnten: Nur um den Preis ihrer Augen, der kleinen Falten ringsherum, wenn sie uns aufmunternd zulachte, gab es das andere, dem sich jeder gebeugt hat; und von ihrer Seite nichts als Geduld. Ja, während wir gestarrt haben, wie es Menschen sonst nur an Klippen tun, wenn sie ans Springen denken, schien sie auf den Ansichtskarten über dem Kopfende des Bettes die verschiedenen Grüße in nahezu gleicher kindlicher Schrift zu lesen. Sie tat das, um nicht zu drängen, die Zeit drängte von ganz allein, schon war der dritte Akt angebrochen. Noch von uns abgewandt, ermittelte sie unsere Wünsche, nicht die immer selben, nur die Tagesvariante, und fand an unserer Stelle die Worte dafür, wir hatten sie nur nachzusprechen. Doch es genügte auch ein Blick, und ihr war klar, was zu tun wäre oder zu lassen.

Sie wußte fast alles von uns und wir fast nichts von ihr; das wenige hätte nicht genügt, um sie aufzuspüren, wenn das Haus Nummer eins jener Gegend am Abend hinter ihr lag. Nie war es einem von uns gelungen, sie beim Verlassen des Hauses zu sehen oder sich gar an ihre Fersen zu heften, bis sie die Bahn erreichte, mit der sie die Stadt verließ. Wir haben wohl immer nach der Falschen Ausschau gehalten, der Frau, die sich vor uns gebückt hatte; sie aber hat das Haus Nummer eins aufrecht verlassen. Das einzige, was wir wußten: daß sie Kinder hatte, die morgens zur Schule gebracht werden mußten, daher ihr früher Arbeitsbeginn; acht Stunden brannte dann im Fenster das blaßrote Licht, keine Minute länger. Anschließend löste sie sich in Luft auf; es gab sie nur in dem Zimmer mit den Zitronenbonbons auf dem einen Tisch und dem Rätselheft auf dem anderen, mit den Ansichtskarten an der Wand und dem Riß in der Decke, in dem keiner ein Vorzeichen sah. Achtzehn Jahre lang hatte sie dieses Zimmer mit schmalem Garderobengang und winzigem Bad (wenn man hereinkam, rechter Hand), mit zwei Fenstern nebeneinander und einer Bettnische. Die Tür stand nur selten auf; wenn überhaupt, dann am totesten Punkt des Nachmittags, um zehn nach drei, und wer vom Flur aus hineinsah, der sah im Hintergrund das Fenster mit dem blaßroten Licht. Von ihr war nur etwas Bein und ein Schuh zu sehen, denn sie saß ja um die Ecke, über das Rätselheft gebeugt; vor ihr an der Wand hing ein Kalender, längst abgelaufen: Es zählten die Zacken vom Riß in der Decke. Neben dem alten Kalender Van Goghs Nachtcafé im Glasrahmen, einziger Wandschmuck neben der Ansichtskarten. Und das Bett, wie erwähnt, in einer Nische, darauf die immer selbe Tagesdecke in Form einer Raute, milchweiß. Zwischen dem Fußende des Bettes und dem zweiten Fenster der Tisch mit den Bonbons, vor einem Sofa an der Wand; könnten wir all das je vergessen, wäre unser Leben vielleicht wieder im Lot, aber es bleibt uns wie die Narben von einem Brand. Wir traten dann ein – oder sind bereits eingetreten oder sahen uns eintreten wie beim letzten Mal und den Malen, die wir noch vor uns hätten – und durchschritten den Gang, wie wir immer den Gang durchschritten haben, in banger Erwartung. Und in den Spuren des Immerselben traten wir seitlich neben sie, die noch Kästchen ausfüllte, und schon kam die Frage nach unserem Befinden, jedesmal. Und jedesmal die Antwort eine falsche, denn unser Befinden war schlecht, sonst wären wir dem Haus Nummer eins nämlich ferngeblieben, ja hätten die ganze Gegend links liegenlassen und wären in den Zoo oder ein Café gegangen. Und natürlich auch ihre Gegenantwort eine falsche: Es gehe ihr gut! Und nie hat diese Antwort unser Mißtrauen erregt, bei keinem von uns, kein einziges Mal. Sie dagegen hat keinem geglaubt und jeden mit Umsicht behandelt, bis wir mit unseren Klagen herausrückten, über die Frauen, über das Geld, über die Knochen und unsere Drüsen. Erst auf dem Bett war damit Schluß. Sie zeigte sich uns, nur die Schuhe behielt sie an, in dem Punkt nie eine Ausnahme, nie; es waren schlichte schwarze Pumps, die Absätze nicht zu spitz, doch gerade noch spitz genug, um sie mit ihrer Tätigkeit in Verbindung zu bringen. Sie trug diese Schuhe nur in dem Zimmer, in all den Jahren mußte sie nie die Sohlen oder Absätze erneuern, die Schuhe alterten so sachte wie sie, und ebenso sachte schritt der Riß in der Decke voran. Ihr Alter war übrigens kein Geheimnis – Diese Schuhe, konnte man von ihr hören, habe sie mit zwanzig gekauft, sie seien jetzt soundso viel Jahre alt... Und dennoch haben wir uns täuschen lassen, von ihrem Blick und dem Frischen der Stimme, von ihrem kurzen Haar. Menschen, die sich halten, hoffen ja bis zuletzt das Beste für sich, eine gewisse Blindheit immer vorausgesetzt. Unter Umständen war sie blind für die Tragik eines verlorenen Lebens in dem Zimmer mit dem Licht im Fenster; nie gab es ja einen Versuch unsererseits, ihr die Kehle zu durchschneiden oder auch nur zuzudrücken – der hätte ihr vielleicht die Augen geöffnet. So aber ist sie, trotz Tausender kleiner Tode, der ihren wie der unseren, am Leben geblieben. Wir wollten sie weder heiraten noch umbringen, nicht auf die eine und nicht auf die andere Art erlösen, das Licht im Fenster sollte einfach weiterbrennen, Woche für Woche, Jahr für Jahr, als Zeichen ihres Schicksals (in einer Zeit, in der das Schicksal doch vor allem darin besteht, daß wir uns im Falle dessen, was seit Alters her als tragisch gegolten hat, zu sagen erlauben, es sei einfach nur dumm gelaufen).

Sie war da hineingeraten, gar keine Frage, und wir mit ihr; nur zeigte sie Format bis zuletzt, während auf unse-

rer Seite Tag für Tag einer die Nerven verlor. Zermürbt
vom Warten im Treppenhaus, machte er schließlich Geräusche an ihrer Tür, ein Schaben mit den Nägeln oder
der Schuhspitze, von den Mitwartenden überhört, während ihr stets auf den Armen die Härchen zu Berge standen, wenn so ein Schaben durch die Tür drang. Sie war
unter Druck, mehr als wir, viermal pro Stunde wurde sie
heimgesucht und viermal verlassen, unser Gestammel
spielte dabei keinerlei Rolle. Nicht wenige haben von
Liebe geredet, aber geliebt haben wir höchstens die Besuche bei ihr. Wir liebten es, wenn sie uns die Hosen auszog, wie Kindern, die zu ungeschickt sind, sich selbst
auszuziehen; wir liebten es, wenn ihre Schultern uns Halt
boten, damit wir aus dem Ring der Kleidung steigen
konnten. Wir liebten den Gang in die Nische unter dem
Riß in der Decke und liebten die Wörter, die es uns leicht
machten, sie zu berühren, wir liebten es, von ihr nichts
befürchten zu müssen; das Schlimmste, was uns zustoßen
konnte, war ihre verschlossene Tür. Und nie gebrauchte
sie dabei unsere Namen, sooft wir sie auch genannt hatten, doch begrüßte sie jeden mit einem Du, das weit mehr
wog als ein Name. Du?! sagte sie, in ungläubigem Stau-
nen, von ihrem Rätselheft aufschauend, und schon ging
eine Hand zu uns: Die nahm uns das Geld ab, wenn wir es
loswerden wollten. Dann ein Kuß auf unsere Wange, bevor sie sich abwandte, wie es nach Wangenküssen Tradition ist. Nur ihr eines Auge sah uns bis zuletzt an, es gab
uns Halt in den schweren Sekunden; erst wer ihr Zimmer
verlassen hatte, lief Gefahr zu stolpern.

Jeden von uns hatte sie, irgendwann, vom Fenster aus stolpern sehen, und nie war ein Wort darüber gefallen, im Gegenteil: Bei jedem Besuch hatte sie unsere Geschicklichkeit zu rühmen gewußt. Anzunehmen ist aber: daß keiner von uns je geglänzt hat. Und von ihrer Seite, in all den Jahren, kein einziger schiefer Blick, nie auch nur der Hauch eines Vorwurfs, während wir sie verfluchten, kaum lag die Gegend um das Haus Nummer eins wieder hinter uns. Wir taumelten durch die Stadt, in den Fingerspitzen noch das Gefühl ihrer Haut, unauslöschlich wie das vom Aufziehen der Adventskalendertürchen. Und meist nach einer Woche schon die Rückkehr, das erneute Warten im Treppenhaus; sie wußte das alles, sie sah uns als Schöpfungsfehler, wir waren Vierbeiner in ihren Augen, unser aufrechter Gang konnte sie nicht täuschen. Und doch war sie auf unserer Seite, immer. Sie ließ uns ein Gesicht wahren, das wir gar nicht besaßen, darin lag ihre Größe, sie hat uns zu Menschen gestempelt. Aber daran haben wir uns mehr gewöhnt als an die paar Handgriffe zum eigenen Vorteil, und so ziehen wir auch weiter in die Gegend um das Haus Nummer eins, obwohl schon lange kein Licht mehr brennt in ihrem Fenster, uns allen voran der Einbeinige: An eine Plakatwand gelehnt, seinen Beinstumpf auf der Krücke gelagert, sieht er nach oben und raucht, damit sie ihm auch noch das zweite Bein abnehmen müssen und es ein Ende hätte mit seinem Gehumpel, das freilich nicht mühsamer ist als die sich schleppenden Schritte der anderen.

Keiner von uns war gut zu Fuß, weder der im taillierten Mantel noch die in den Trainingsanzügen, oder der mit der schlechten Haut, der immer als erster die Nerven verlor und an ihrer Tür kratzte, ja sein Ohr daran legte, von jedem beargwöhnt, der noch im Treppenhaus stand, und später, wenn er im Zimmer war, Laute bis in den Flur dringen ließ; oder auch der mit dem Heft, in welchem er während des Wartens Buch zu führen schien über die anderen, einer, der matt ihr Zimmer betrat und es noch matter verließ und doch wiederkam, Woche für Woche, um sein Verzeichnis der anderen fortzuführen, um die hundert, wenn man die Zahl der Ansichtskarten über dem Bett zugrunde legt, und folglich dieselbe Zahl von Wünschen, jeder einzelne penibel erfüllt.

Ihre Regel hieß: Es gibt keine schlechten Wünsche, es gibt nur die schlechte Erfüllung. Sie tat, was sie konnte, darin lag unser Risiko. Wenn sie uns etwas vorgemacht hat, dann auf ehrliche Weise. Sie hat gespielt, aber nie falsch gespielt. Ihr eigener Verlust dabei: zwanzig Jahre, davon achtzehn in dem Zimmer. Der Schaden wurde gerecht verteilt. Wir sind nun ohne sie, und ihr fehlen die Jahre. Tränen weint sie wohl keine um uns, sie weint allenfalls um sich, wir weinen also um dieselbe Person, das verbindet uns. Wir aber werden noch weinen, wenn ihre Kinder längst aus dem Haus sind, das wir bezahlt haben. Es sind Kinder ohne Vater, aber man kann es auch anders sehen: Sie haben viele Väter, jeder von uns könnte es gewesen sein. Im ersten Jahr war sie noch nachlässig in der Handhabung des Schutzes; und monatelang hatte keiner bemerkt, daß sie schwanger war, Resonanz gab es nur auf die größeren Brüste. Selbst als sie von der Straße verschwand, ging keinem ein Licht auf. Oder hätten wir sonst, als sie im Haus Nummer eins das Zimmer bezog, ohne Bauch, aber noch immer mit stattlichen Brüsten, nach ihren Urlaubseindrücken gefragt? Sie streifte das Kleid hoch und erzählte uns von den Kanarischen Inseln. Sie erfand ihre Eindrücke einfach, und wir hörten ihr zu, so, wie sie uns zuhörte, auch wenn wir nichts erfanden.

Und damals war auch diese Sitte entstanden, ihr Ansichtskarten zu schicken, wenn einer von uns auf Reisen ging, Karten, die sie dann, fächerförmig, mit je einer Nadel an der Wand angebracht hat, darunter eine, die bis zuletzt Rätsel aufgab – ein See mit Berg am anderen Ufer, gestochen scharf jede Schaumkrone, jeder Fels, darüber stahlblauer Himmel, und alles aufgenommen aus einem fahrenden Auto, mit im Bild der Rückspiegel; darin aber weder der See noch die Landschaft, sondern Hochhäuser: die Stadt mit der Gegend, in die es uns wöchentlich zog. Irgendeiner von uns hatte ihr diese Karte geschickt, sie hat nie ein Wort darüber verloren, sie hielt uns diese Karte nur vor Augen, wie sie uns auch alles an ihr, jedes Detail, vor Augen gehalten hat, jahrein, jahraus. Wir konnten sie betrachten, bis wir begriffen hatten, daß sie von anderem Geschlecht war. Und natürlich hoffte jeder, er könnte eins mit ihr werden, sie aber sagte: Achtet auf den Unterschied, nicht auf die Vermischung. Denn vermischen werdet ihr euch ganz von allein, mit all den anderen im Treppenhaus. Wer mich nimmt, der nimmt auch sie. Er nimmt zum Beispiel den ältesten unter euch, der nur einmal im Monat kommt, wenn er von seiner Rente, hinter dem Rücken einer ihn eisig umsorgenden Frau, genug abgezweigt hat, mich zu bezahlen. Unter seinem Anzug hält er immer ein kleines Geschenk versteckt, mal ein Konfekt, mal einen Kamm, zur Weihnachtszeit auch gern ein Glöckchen, Dinge, um sich damit eine Gnadenminute bei mir zu erkaufen, bis er endlich seinen Laut ausstößt, dem Meckern eines Zickleins ähnlich. Oder ihr vermischt euch mit dem, der sich die Nägel mit einer Zange kürzt, wenn ihm das Warten zu lang wird; das Geräusch des jäh gespaltenen Nagels dringt bis an mein Ohr. Und ich könnte noch weitere aufzählen.

Es war ihre Mahnung an uns, bevor sie sich auf den Rücken legte, Beine leicht angezogen, die Schuhe auf der Tagesdecke, und ihr Blick zu dem Riß ging, besorgter von Jahr zu Jahr: nicht weil er sich mehr und mehr in die Decke gegraben hätte, sondern mehr und mehr in ihr Gedächtnis, wie sich auch uns alles eingrub. Nie werden wir den Van-Gogh-Druck vergessen und nie die Zitronenbonbons in der Schale, nie die Blüte aus Ansichtskarten über dem Bett; und für immer verankert auch das Wissen, auf welcher ihrer Fesseln, der rechten oder linken, ein kleiner bläulicher Salamander saß oder wie die Adern in ihren Kniekehlen verliefen. Das alles wird uns bis zuletzt bewegen, wie die Finger des Puppenspielers den Kopf und die Arme der Puppe lenken. Wir waren immer ihre Geschöpfe, in dem Glauben gelassen, es sei andersherum. Dort auf den Stuhl leg deine Kleider, pflegte sie zu sagen, auch wenn es nie einen anderen Platz für die Kleider gegeben hat. Socken und Unterhemd behalte an, das bin ich gewohnt. Und wir gehorchten, während sie das Rätselheft schloß und ihre Armbanduhr abnahm, um die Zeit von uns fernzuhalten, auch wenn sie gegen uns lief. Jetzt geh zum Bett, sagte sie, aber trete nicht mit dem ganzen Fuß auf, es macht einen verblödeten Eindruck! Ohne solche klaren Worte wäre keiner von uns ans Ziel gelangt, nicht in der Spanne, die zur Verfügung stand. Gib mir deine Hand, sagte sie und umschloß die Hand auch schon mit der ihren. Denn immer waren sie kalt, unsere Hände, jeder hatte mit seiner Durchblutung zu kämpfen; in keinem von uns pulsierte das Leben, wenn man sich über sie warf oder hinter ihr kniete, aufgefordert, in ihr zu verschwinden. Es was das Gegenteil von Leben, das uns in Gang hielt, wenn sie ihrer Arbeit nachging, eine gewaltige Leere, die wir mit ihr zu füllen hofften, indem wir sie mit etwas von uns füllten, als ließe sich ein Klaffen mit Klaffendem schließen, und sie wußte um diese Hoffnung, die so hartnäckig nachwuchs wie das Graue an unserem Hals. Mich zu haben, sagte sie, wird eines Tages das letzte Bild eures Lebens sein, ohne daß ihr die Augen öffnet, und falls doch, seht ihr nur eure Zehen und einen Krankenhausflur an einem Sonntagnachmittag, wenn sich die Schwestern über den Kuchen hermachen, während euer Blick zum Vorhang geht, hinter dem es zusehends dunkler wird, obwohl es Frühsommer ist, vielleicht Juni ...

Sie sprach das nicht so aus, ihr Blick sagte es uns, während am Bettrand schon ein Papiertuch bereitlag. Dort hinein ging am Ende die kleine Tränenmenge, wie sie das Ergebnis ihrer Bemühungen nannte, und das Papier wiederum verschwand in einem Eimer unter dem Waschbecken. Gegen Abend wurde dieser Eimer von einer Alten geleert, wer ausgeharrt hatte im Treppenhaus, konnte es sehen. Einen Gruß murmelnd, schritt die Alte geradewegs zu dem Eimer und kippte seinen Inhalt in einen Plastiksack, den sie hinter sich herzog. Sie schritt von Zimmer zu Zimmer, bis der Sack voll war. Dann stellte sie ihn, gut zugeschnürt, vor die Haustür, und gegen Morgen, noch im Dunkeln, holte die Müllabfuhr alle Tränen.

Nie hatte sie übrigens ein anderes Wort als dieses gebraucht, jedes andere hätte zu einem Aufstand der Buchstaben in ihrem Mund geführt, sie hätte sich verschluckt daran. Sie bat uns sogar darum, die paar verdammten Tränen endlich zu vergießen, eine Bitte, die uns im Ohr bleiben wird, bis zu dem erwähnten Sonntag in einem Krankenhausbett. Sie hat uns zwischen ihre Beine und auf ihren Bauch weinen lassen, in ihr Haar und eine Hand, die am Abend zwei Kinder versorgte. Hab keine Angst, sagte sie jedesmal, niemand wird dir ansehen, was du getan hast. Du wirst diese Gegend verlassen und dich unter die Leute mischen, du wirst wie sie im Stehen Fleischwurst essen, während deine Beine noch zittern und dir der Kopf schwirrt; und bedenke: Es ist nicht weniger bestialisch, stehend eine Wurst zu essen, als im Liegen die Dinge zu tun, die wir getan haben. Bestialisch ist es nur, nicht zu wissen, was man tut.

Sie hat es immer gewußt, an jedem Tag, in jeder Minute. Sie erlöste uns für kurze Zeit von der Ungewißheit, ob es uns noch gab oder nicht. Jede Woche ein neuer Anlauf in dieser Hinsicht, und sie trug dafür Sorge, daß nie das Gefühl der Vergeblichkeit aufkam. Sie hat uns immer getäuscht, aber in bester Absicht. Das verlangte von ihr ein gewisses Format, eine Haltung – sie war größer als das Zimmer, das sie für ihre Tätigkeit nutzte; nur der Riß in der Decke hielt mit ihr Schritt. Natürlich hätte sie das Zimmer, die Etage oder das Haus wechseln können, ja sogar die Gegend. Aber dann wäre sie nicht mehr auf uns gestoßen, auf die, denen es ernst war mit ihr, sondern auf solche, die nur Abwechslung suchten, Leute, die nicht dafür zahlten, daß es sie gab, sondern ihr Geld dafür hinlegten, damit es sie nicht gab. Sie aber zog es vor, die Königin der Wracks zu sein.

Die meisten von uns betraten ihr Zimmer mit letzter Kraft und kamen dort noch einmal auf die Beine, und je länger wir gewartet hatten, desto gespensterhafter kamen wir herein. Unsere Augen flackerten, und was wir beisteuern konnten zu dem kurzen Tun, war meist winzig. Sie aber kümmerte sich um das Winzige, an dem wir, ohne sie, so schwer trugen. Sie legte es frei und wusch es, sie fand tröstende Worte dafür und rieb es warm, ja, schloß, gegen Aufpreis, den Mund darum, Tag für Tag.

Eine Pause nur im August, sonst dagegen kaum eine freie Minute. Dann trat sie an das Fenster mit dem Licht, das für viele von uns schon ein Ewiges war. Sie schob den Vorhang beiseite und sah auf den Parkplatz vor dem Haus, wo immer ein, zwei in Trainingsanzügen dicht vor einer Plakatwand standen, mit dem Rücken zu ihr. Sie war unten schon ganz verätzt, die Wand, und wurde trotzdem immer wieder benützt, mal von einem Zeitschriftenverlag, der die Frauen umwarb, mal von Parteien in Wahlkampfzeiten, dann traf es Manschetten und Schlipse. Natürlich hätte sie während des Leerlaufs auch vor ihrer Tür stehen können, wie die Schwarzen auf dem Flur, aber es lag ihr nichts an einem Schwatz über Heizkosten, Salben und Monatsbeschwerden, was nicht heißt, daß sie diesen Frauen aus dem Weg gegangen wäre oder umgekehrt – die Schwarzen wußten, daß sie Kinder großzog, und es verging keine Woche, ohne daß ein Tütchen mit Gewürzen vor ihrer Tür lag. Sie hatte Kontakt zu allen und blieb doch für sich, so, wie sie auch mit uns für sich blieb. Viermal pro Stunde, das war der Durchschnitt, also vierundzwanzig Mal jeden Tag, machte hundertvierundvierzig Mal pro Woche, bei fünfzig Arbeitswochen siebentausendzweihundert Male im Jahr, und in jedem einzelnen Fall noch ein Rest von Erbarmen mit dem, der da ganz auf sie setzte. Sie wußte, was sie tat, und sie wußte, wer wir waren; sie kannte sich in unserer Leere aus, besser als in ihrer. Wer aber mehr über das andere Geschlecht als über das eigene weiß, der wurde in früherer Zeit verbrannt – auch das war ihr klar, sonst hätte sie dem kaum Rechnung getragen: mit einem X in ihrem schönen falschen Namen, das wir noch immer auf der Zunge tragen.

Sie war zu sehr auf unserer Seite, um mit all dem fortfahren zu können, es hätte sie von innen her verbrannt. So aber glimmt eher ein Funke in ihr, den wir nicht auslöschen konnten, eine Erinnerung an ihr Gesicht vor der Zeit in dem Zimmer, so, wie ein Funke in uns glimmt, wenn wir an den Augenblick denken, da ihre Tür für uns aufging und ihr nur Sekunden blieben, das Haar zu richten und ein belebendes Spray in der Luft zu verteilen, ihr Rätselheft aufzuschlagen und den ersten Buchstaben in ein Kästchen zu setzen, bevor wir neben sie traten; wie alle Mütter konnte sie mühelos drei Dinge gleichzeitig tun, sie konnte aber gleichzeitig das eine wie das andere empfinden. Ihr gehe es gut, flüsterte sie noch am Tag ihrer Flucht, einem dritten Advent.

Keiner von uns, der sich nicht immer Gedanken machen wird über die letzten Minuten, die sie in ihrem Zimmer stand oder saß, in der Hand ihre Schuhe, die nie einen anderen Boden berührt hatten als den Filzboden zwischen dem Tisch mit den Bonbons und dem Bett und der Tür. Irgendwann muß sie jedenfalls die drei Kerzen gelöscht haben – keine Weihnachtszeit ohne Kranz neben dem Rätselheft –, denn aus dem offenen Fenster zog ein weißlicher Rauch, wir hatten ihn deutlich gesehen. Und kurz danach ihr Verschwinden, vermutlich im Schutz eines Regenschirms. Es schneite an dem Abend, dazu ein Wind, kleine Gestöber fegten über die Straße, deren Zustand die Stadt aus dem Auge verloren hatte, wie überhaupt die ganze Gegend und ihre Bewohner. Sie dürfte den Kopf eingezogen haben, wie auch wir nur mit eingezogenem Kopf das Haus Nummer eins verließen, um sofort in Richtung der Kaufhäuser abzubiegen, dorthin, wo alle gleich aussahen, sogar wir; und wie an jedem Abend führte ihr Weg zur Bahn. Erst im Schutz der anderen Fahrgäste hob sie den Kopf und sah sich in der Türscheibe lächeln. Nie wieder Konversation, während man in sie hineinspähte, als sei das größte Rätsel von allen, größer und schwerer als jedes in dem Heft, über das sie gebeugt war, wenn man ins Zimmer kam, ihr Geschlecht.

Der letzte, der sie gesehen haben will, war der Einbeinige. Ihr war natürlich klar, daß er zerbrechen würde ohne das Licht im Fenster, seinen Hoffnungsschimmer, und während er sich anzog, auf die Krücken gestützt, vermischte sich wohl der Geschmack seiner Tränen mit dem ihrer eigenen. Bis zum nächsten Mal, sagte sie und strich ihm noch übers aschige Haar, da holte er schon mit den Krücken zur Flucht aus, der Flucht, die wir alle ergriffen hatten danach und die sie nun selbst ergriff, damit niemand mehr vor ihr fliehe, nachdem er sie heimgesucht hatte. Denn jeder Schritt von ihr weg war immer schon der erste Schritt zu ihr hin, vor der erneuten Flucht, und so wird es bis zuletzt sein, sie hat es gewußt.

Und auch wenn uns die Füße längst nicht mehr tragen, aber das Hirn immer noch arbeitet, wird dieses Hin und Her weitergehen, am Nachmittag, auf einem Sofa, fast schon für immer zur Wand gedreht. Jeder Moment aller Besuche bei ihr zieht mit der Langsamkeit einer Schnecke an uns vorbei, und es fließen salzige Tränen, während wir ihre Hand zu spüren glauben, wo es doch nur die eigene ist, heiß vom Fieber. Soweit die Vorstufe; denn nach dem Sofa kommt das Bett, erst das im früheren Kinderzimmer, extra hoch für die Pflege, dann das im Krankenhaus. Und auch dort ist sie noch da, wenn das Licht vor unseren Augen abnimmt und es nur mehr letzte Geräusche gibt, das leise Schließen der Tür durch einen auch schon müden Sohn, seine beklommenen Schritte, die sich entfernen, worauf es gänzlich still wird und uns nichts als ein Lächeln bleibt, das von den Blicken über ihre Schulter, wenn sie uns Mut gemacht hatte, noch mehr zu verschwinden in ihr und das Sterben zu üben.

Warmer Stein

Ein Mund, der eine Ehe zerstören kann, das war mein erster Eindruck. Der zweite war ein Satz aus diesem Mund, einer von der Sorte, die einem gleich allen Schneid abkauft: Sex ist nur der Anfang einer anderen, besseren Geschichte. Und dann kam sie auch noch aus Verona, aber machte sich nichts daraus; Romeo und Julia waren ihr so egal wie die Sonne, würde ich sagen (was auch so ein Satz ist: als könnte ich jetzt noch dagegenhalten).

Es war ein wolkenschwerer Augusttag, heiß und feucht, als ich mich plötzlich in einer Galerie wiederfand, unweit der Arena und doch in einer lautlosen Gasse – plötzlich, weil mich ein Guß wie aus Kübeln auf Höhe der einladend geöffneten Tür überrascht hatte; ich mußte nur die Gasse überqueren, hätte allerdings auch in ein Schuhgeschäft flüchten können, wo ich freilich der Versuchung erlegen wäre, etwas zu kaufen, während man in einer Galerie, dachte ich, kaum Gefahr liefe, aus reiner Verlegenheit ein Objekt zu erstehen. Ich stürzte also in den kleinen Laden, wo mich die Galeristin gleich in Empfang nahm, mir ein Tuch gab, damit ich die Brille abtrocknen könnte, und ihr Anblick beschwor sogleich – trotz nasser Gläser – zwei Dinge oder Erinnerungen herauf: den Geschmack einer Olive, hervorgerufen durch das feuchte Schwarz ihrer Augen – einer Olive, an der ich fast erstickt wäre, nachdem sie mir beim Reden in die Luftröhre gerutscht war –, sowie eine Bemerkung der einzigen Lehrerin, für die ich mich hätte totschlagen lassen: Daß sie eben noch gelächelt habe, sei ohne Bedeutung.

Soweit jene ersten kritischen Sekunden, die Sekunden, von denen wir später sagen oder behaupten, sie seien entscheidend gewesen. Um dem Eindruck der Unschlüssigkeit vorzubeugen, hatte ich sofort mit dem Abtrocknen und Putzen der Brille begonnen, und noch vor einem knappen *Grazie, Signora* setzte ich die Brille auf – und sah den erwähnten Mund, obendrein blaßrosa (wie der Oleander längs der Autostrada) und hätte wohl ohne Entschuldigung den Laden verlassen, wäre der Regen jetzt nicht wie ein Vorhang gefallen, den Tag minutenschnell in Nacht verwandelnd, die Art von Nacht, auf die wir nicht gefaßt sind.

Die Fassade eines eben noch bestaunten Palazzo – mit beherrschender Pforte, das konnte man sehen, und vermutlich einem Innenhof, auf dem die Hacken klirren und ein Lamborghini herumsteht –, diese ganze, aus deutscher Brust bestaunte Fassade auf der anderen Seite der Gasse war nun verschwunden, ja, die gesamte Gasse, deren Name sowenig zur Sache tut wie der meine, schien vom Regen geschluckt, den Geboten des Straßenverkehrs, aber auch des allgemeinen Miteinanders gänzlich entzogen.

Wir waren eingeschlossen, die schöne Galeristin und ich, eingeschlossen mit einem Dutzend kleiner Skulpturen, Leibern aus Stein, ineinander verschlungen, wie ich es noch nie gesehen hatte, wobei die Wirkung letztlich darin lag, daß der Bildhauer – immer denken wir bei Skulpturen gleich an den männlichen Schöpfer – die Arbeit im Grunde vorzeitig beendet hat, nämlich bevor zwei getrennte Figuren entstanden, eine höchst effektive Form der Faulheit, wenn man böswillig ist. Die Exponate standen oder lagen auf schlichten Säulen, alle gleichsam angestarrt von einem Fotoapparat auf einem Stativ; ich tat, als würde mich nur dieser Apparat interessieren, seine Linse und seine Technik, während die Galeristin, nachdenklich oder versonnen, eine grüne Tischlampe anknipste, wie eine private, zum Nähertreten auffordernde Ampel. Aber das waren noch nicht alle Register. Plötzlich erklang – aus einer billigen Musikanlage – die vollkommene Stimme einer Sängerin, der Sängerin Bartoli, mit einer Arie, wie sie uns Deutsche vielleicht nicht von den Hockern reißt, doch dafür hinterrücks ergreift, vorgetragen in einem wie aus den ausgestellten Objekten geborenen Mezzosopran, so klar wie dunkel: einer Kraft, die gewissermaßen die Tür von innen abschloß. Es gab jetzt keinen Weg mehr zurück, und ich ergab mich der Situation wie einem italienischen Essen.

Die Galeristin – blond, aber mit sehr dunklen Augen, ich wiederhole es und füge hinzu: den undurchdringlichen Pupillen einer Wahrsagerin, doch zwischen verträumten Lidern –, diese Schöne und Beängstigende also, die ebensogut dreißig wie vierzig oder auch darüber sein konnte, stand jetzt inmitten ihrer steinernen Kunstwerke, wie ein weiteres, nur etwas größer geratenes Ausstellungsstück, ein kostbarer Solitär, ohne den verschlungenen anderen, gewissermaßen auf eigenen Beinen. Sie sagte nichts, sie schaute mich nicht einmal an, und ich folgte meinem Blick, wohin er fiel, wie schon so oft, in aller Unschuld, solang es der erste Blick war – wir sind ja nicht verantwortlich für das, was wir sehen, wohl aber für das, was wir betrachten, und ich betrachtete die Frau, die mir Schutz vor dem Regen gewährte, ihren Kopf zwischen den Ausstellungsstücken in Augenhöhe.

Jedes Stück zeigte eine mit den Mühen und Freuden des Liebens befaßte Frauengestalt, deren Gegenpart – bei genauerem Hinsehen – nicht etwa ein Mann oder männlicher Körper war, sondern der nackte, nur an wenigen Stellen zu gewissen Mulden und Rundungen bearbeitete Stein. Aber dieser Umstand hätte mich höchstens den Kopf schütteln lassen, entscheidend für meinen wie festgenagelten Blick – oder den Blick, auf den man mich festnageln konnte – war etwas anderes, nämlich eine verblüffende, ja vollständige Ähnlichkeit zwischen der immer wiederkehrenden Frauengestalt und eben jener Galeristin (wenn sie das überhaupt war), die in Anbetracht des Sturzregens so zuvorkommend auftrat mir gegenüber; und das immer noch ohne ein Wort.

Wahrscheinlich sah sie den Deutschen in mir, der ich nun einmal bin, und konnte oder mochte kein Deutsch reden oder wollte ganz allgemein nichts sagen und hatte, anstelle des Sprechens, die Musik gewählt, die Stimme der Sängerin Bartoli, die jetzt auch mich davon abhielt, mein Italienisch zu zücken, jenen dürftigen Wortschatz, der uns allenfalls über Autopannen hinweghelfen kann. Und so zeigte ich nur flüchtig auf die wiederkehrende Frauengestalt und noch flüchtiger auf sie, das Modell, mit der Folge eines sachten Nickens ihrerseits, wobei die Augen – voller Vertrauen in mich oder die eigene Kraft – für einen Moment vollständig zugingen.

Ich schob die Hände in die Taschen und sah auf ihre Wangen und eine feine, gezackte Schläfenader, auf den ruinösen Mund und ein leichtes, aber unübersehbares Beben der Lider wie auch Größer- oder Weiterwerden der Nasenlöcher, und mir wurde zweierlei klar: Das hier war keine Galerie, es glich höchstens einer Galerie, und der mir gewährte Schutz vor dem Unwetter hatte wenig oder nichts mit Nächstenliebe zu tun.

Der Regen schlug jetzt auf die Gasse, ich hörte kaum noch den Gesang, Stimme und Schütten waren wie eins; und es war kein Spaß mehr zu sagen: Es sei mitten am Tag wie in der Nacht. Ich hatte Angst, die Angst, die einen in der Fremde befällt, wenn man eine dunkle Straße zu weit geht. Vielleicht war ich zu häufig in Italien und hatte – über all die Gerichte, die ich zu kochen, und all die Weine, die ich zu unterscheiden imstande bin – vergessen, daß es ein anderes Land ist. Die Frau mit den Olivenaugen – Galeristin, Modell und Künstlerin in einer Person, wo gab es das noch? – sah mich nun wieder an und nickt mir sachte zu und schloß, nach zwei abgemessenen Schritten, mit ruhiger Bewegung, einen Vorhang vor dem Fenster zur Gasse, einen Vorhang, der nicht nur das Licht noch weiter zurücknahm, der auch das Geräusch des Regens dämpfte. Dann hörte ich ein Räuspern, den ersten Laut von ihr, und sie kam auf mich zu, wobei sie ihr Haar hinters Ohr strich – eine Geste, die mich schon bei Frauen wehrlos macht, denen ich keinerlei Ähnlichkeit mit jenen italienischen Kino-Feen aus dem Ende der Schwarzweißfilmära nachsagen könnte, mit einer heute fast ausgestorbenen tragischen Schönheit, angewiesen auf ein Abenteuer zu früher Nachmittagsstunde, bevor die Augen, schon gegen Abend, kleiner werden. Wir standen uns jetzt gegenüber, inmitten der Skulpturen auf ihren marmornen Säulen, und auf einmal kam von ihr, kaum daß die Arie zu Ende war, doch noch ein Wort. Mit großartiger Verspätung und doch für meine Ohren verfrüht, begrüßte sie mich mit einem *Buona sera*, wie es die Italiener ja schon am Nachmittag zu tun pflegen, um sich ein Stück Abend in die trägsten Stunden des Tages zu ziehen, und lenkte dann meinen Blick, allein durch ein Blähen der Nasenflügel, auf die Skulptur mit der Ziffer römisch eins, während sie noch ein Wörtchen hinzufügte, ein fast geschäftsmäßig knappes *Prego*, als hätte ich sie um diese verschwiegene Führung gebeten.

Ich rückte die Brille zurecht und ging, so nah es meine Augen und der Takt erlaubten, an das kleine Kunstwerk heran – glatt und länglich lag der Stein auf der Säule, ohne sichtbares Geschlecht, und die Frau drängte sich dagegen, als wollte sie ihn über die Kante stoßen, den Stein, sich möglicherweise aber auch nur, mit Bauch und Brust, an ihm reiben. Ich konnte nicht viel dazu sagen, nur ein leises, eher höfliches *Molto interessante*, und wechselte zum Werk römisch zwei, einem Triumph des Steins, könnte man sagen, des Steins, der mit seiner ganzen Masse über der Frau lag, mit Ausnahme des Gesichts. Ihr Mund war aufgerissen, was wohl ein Ausdruck von Schmerz sein sollte, vielleicht aber auch der Hingabe oder des Wahnsinns; ich konnte das nicht entscheiden, zumal ich eine Hand im Rücken spürte. Sie machte mir Mut, noch dichter heranzugehen, und da begriff ich, wie sicher sie sich in meiner Gegenwart fühlte. Ich war viel zuwenig Stein, als daß sie nach meiner Person oder meinem Körper verlangt hätte, sie hatte nur an diesem harten, aber nicht undurchdringlichen, seiner Farbe (oder Haut) nach mal von schwarzen, mal von weißen Adern durchzogenen oder auch dunkelgeädertem weißen Material ein Interesse. Sie liebte den Stein, diese Frau, die mir zwar Schutz vor dem Regen gab, jedoch sonst allem auslieferte; sie liebte den Stein, der immer von anderer Gestalt war, mal rund, ja weiblich, dann wieder kantig, fast spitz, aber stets in gutem Größenverhältnis stand zu der weiblichen Gestalt mit ihrem Gesicht, die, wenn sie einfach neben dem Stein lag (aus dem ja auch sie geformt war), etwa die Maße einer Katze hatte.

Noch immer die fremde Hand im Rücken (oder eine Nachwirkung dieses Gefühls), betrachtete ich nun alle Werke auf einmal, soweit das möglich war, und suchte das ansprechendste, ich könnte auch sagen, das harmloseste, ich glaube jedenfalls, es war so; denn wer kann schon über die Sekunden, in denen das eigene Mannsein auf dem Spiel stehen, sichere Auskünfte geben? Das nächste, wofür ich mich verbürge, war ein Geräusch, nämlich das Geräusch eines langsam nach unten gezogenen Reißverschlusses, wie ich es zuletzt gehört hatte, als ich noch Mittagsschlaf hielt und im Halbdunkel eines Kinderzimmers allein war, während sich unser Hausmädchen im Nebenzimmer bei angelehnter Tür auszog, weshalb auch immer; für mich war es die Stunde zwischen zwei und drei und die erste Bekanntschaft mit jenem Aufruhr, den das Wörtchen Sex zwar frech abkürzt, aber keineswegs brauchbar erklärt. Sie zog sich also aus hinter mir, und es blieb unklar, wie ein Fremder zu dieser Ehre oder diesem Vergnügen kam. Ich hatte nicht einmal genug Geld dabei, um eins ihrer Werke zu kaufen, ja sah auch gar nicht aus nach Geld, ich war einfach nur unter ihr Dach geflüchtet; es war nichts an mir dran, abgesehen von einer ansprechenden Unterlippe, die jedoch auf Italienerinnen bisher nie Eindruck gemacht hatte. Nur jenseits der Alpen – von hier aus gesehen – war ich ein Profiteur dieser Lippe, besonders in meinem Metier, der Bibliotheksarbeit, wo doch das eher Erschöpfte oder Blasse vorherrscht; in Verona aber zählten andere Dinge, Leichtigkeit, denke ich, und Eleganz, eine schöne Nase und jederzeit glänzende Schuhe.

Ich drehte mich abermals um, und da stand sie, in gerader Haltung, mit einem prächtigen Nabel, der fiel mir als erstes auf, noch vor der Farbe ihrer Beine, wie die des Steins mit den dunklen Adern; sie stand also vor mir und sagte den Satz, der mir den Schneid abkaufte: Sex ist nur der Anfang einer anderen, besseren Geschichte – verbunden mit einem weiteren Blähen der Nasenflügel, Aufforderung, mich ebenfalls auszuziehen, worauf ich sie etwas fragte, was ich sie nicht hätte fragen sollen. *Perché?*

Die Antwort war ein mattes Lächeln, ein Lächeln voller Wissen, weit entfernt von allem Sex, der ja nur auf Vergeßlichkeit setzt (sonst wäre die Menschheit längst ausgestorben). Ich gab mich geschlagen, jede weitere deutsche Frage nach Ursache und Wirkung zurückstellend, und sie führte mich zu einem freien Platz zwischen ihren Arbeiten, groß genug, um sich auf den Boden zu legen, ja, sie zeigte auf den Boden und sagte: Lieben wir uns, falls Sie diese Umgebung nicht stört… Sie gebrauchte den Ausdruck *ambiente*, der ja bei uns längst etwas anderes meint, nämlich das Besondere oder Charmante einer Umgebung, aber genau das meinte sie nicht: Sie meinte das Gewöhnliche, die kahlen Wände und den harten Boden, und beides störte mich durchaus, doch das behielt ich für mich, wie auch den Verdacht, es könnte sich bei all dem um eine sogenannte Performance handeln, dem Schlimmsten, was der Liebe zustoßen kann, für mein Gefühl.

Ich zog mich dann zügig aus, und sie schaute mir dabei in die Augen, was diesen Sachverhalt aber nur andeutet: Sie besorgte es mir förmlich mit ihrem Blick, so muß man es sagen, sie durchdrang mich bis in die Blutgefäße, und ich legte ich mich auf den Boden. Mein Widerstand war nicht gebrochen, er war einfach zerstäubt worden; schon lag sie an meiner Seite, ein Bein von Anfang an leicht angehoben, als gäbe es bei ihr eine innere Feder, die meine Hände überflüssig machte. Wie einem Uhrwerk folgend, bewegte sie sich und nahm mir, mit einem präzisen Griff, die Brille ab – was normalerweise ein Zeichen ist, daß Frauen es ernst meinen – und schob sich dann auch schon unter mich, ganz der Skulptur römisch zwei entsprechend.

Eine Weile lagen wir so da, fast ohne zu atmen, und diese Umarmungshaltung in ihrer ganzen Abwegigkeit schien mein Gewicht zu verdoppeln; ich schämte mich meines Gewichts regelrecht und rollte mich schließlich ab von ihr, nahm sie bei den Hüften und stemmte sie auf mich – und da saß sie nun und sah auf mich herunter. Die Schwerkraft machte ihr Gesicht etwas älter, besonders um die Augen herum, gleichsam ein Blick in die Zukunft. Zwar erschien sie mir immer noch als schwarzweiße Film-Fee, aber eine, die schon um Rollen kämpft, und ich schloß meine Augen, um die Spuren dieses Kampfes nicht sehen zu müssen.

Zeit verging, schwer zu sagen, wieviel, aber irgendwann kann ein Wort aus ihrem Mund, mehr gehaucht als gesprochen, *grembo* – Schoß. Dann verging eine ganze Minute, bis sie mit einmal Mal – sozusagen aus vollem Schoß – lachte und mich oder das albernste Teil von mir damit hinauswarf wie einen Zechpreller. Zugleich setzte der Gesang wieder ein, und diesmal stemmte ich mich gegen den Zauber der Stimme; ich öffnete die Augen, was man nie voreilig tun sollte nach einer Umarmung, und sah eine Fernbedienung in ihrer einen Hand, ausgerichtet auf die Musikanlage, und eine Fernbedienung in ihrer anderen, gerichtet auf den Fotoapparat; ein Foto nach dem anderen löste sie aus, das Klicken unter dem Gesang versteckt. Sie hatte mein komplettes Mißgeschick aufgenommen, während ein Sonnenstrahl durch den Vorhangspalt fiel, obwohl es immer noch regnete. Ich streckte die Hände nach ihrem Gesicht, ich wollte es streicheln, um anzudeuten, daß sie mich keineswegs kleingekriegt hatte, immer kehren wir die ärgsten Dinge ins Gegenteil, damit ein Rest unserer Würde erhalten bleibt, der Rest, der mir genügt hätte, die Galerie aufrecht und ohne ein Wort zu verlassen, sie aber warf den Kopf in den Nacken, und ich berührte ihren Hals, den zuzudrücken für mich ein leichtes gewesen wäre, hätte ich nur aus den Muskeln bestanden, die ihre Kamera immer noch aufnahm.

Und schließlich sagte sie *Danke* und schwang sich von mir herunter, *Danke bello,* schlüpfte in ihre Kleidung und zog den Vorhang zurück. Das nasse Pflaster leuchtete so heftig in der Sonne, daß ich blinzeln mußte, blinzelnd zog ich mich an, von jeder der kleinen Figuren schien ein leises Kichern zu kommen, nur von ihr kam nichts mehr, gar nichts. Einen Arm über den Augen, taumelte ich aus der falschen Galerie und ging zur echten Arena, wo ich mich zwischen die Kulissen von Aida setzte, den Fuß einer Sonnenkönigin und die Pranke eines Löwen; alles war naß, so naß wie ich, nur daß die Sonnenkönigin und der Löwe aus Kunststoff waren.

Erst eine Woche später wagte ich mich, bei Dunkelheit, zurück in die Gasse und fand dort einen leeren Laden mit dem Schild *Vendesi*. Dann verging ein Jahr, bis zum nächsten Sommer, und wieder war ich in Verona und saß in Cafés herum und blätterte Zeitungen durch; und in einer der Zeitungen, einem eher lokalen Blatt, stieß ich auf die Abbildung einer Skulptur zweier Figuren. Sie hatte einen Wettbewerb gewonnen, die kleine Steinarbeit, und sollte künftig, in großer Ausführung, einen der neueren Plätze der Vorstadt zieren, benannt nach einem Dichter, von dem ich noch nie gehört hatte, und es waren die Nase bei einer der Figuren und deren geradezu panisch geschlossene Augen, die keinen Zweifel aufkommen ließen, wer die genannte örtliche Künstlerin war und wer das ungenannte Modell. Ich riß das Blatt aus der Zeitung, und wieder ging ein Jahr dahin, bis der ersehnte Sommer kam.

Und von diesem Sommer an besuchte ich regelmäßig die Vorstadt im Norden Veronas, Richtung Busolengo und Flughafen, eine Gegend, die sonst niemand besucht, und ging über den weiten neuen Platz zwischen Supermercados und Tankstellen, wo inmitten eines Grünzirkels mein Denkmal steht, auch wenn ich es teilen muß mit einer Figur, die über mir kniet. Und einmal im Jahr, zu stiller, glühender Mittagsstunde, wenn alles ruht auf dem Platz, sogar der Sicherheitsdienst, erlaube ich mir, das umzäunte Grün zu betreten und meine Hand an den warmen Stein zu legen, den oberen wie den unteren. Denn welchem geplatzten Liebesglück wird schon ein Denkmal zuteil, eine andere, bessere Geschichte?

Fünfzig werden

Ein knappes Jahr vor dem Tag, den viele so fürchten, ist eines Abends, als ich noch einmal schwimmen ging, ein etwa vierzehn- oder fünfzehnjähriges Mädchen – wer weiß so was schon genau – aus dem dunklen Wasser meines Lieblingssees aufgetaucht und hat mich bespritzt, als seien wir Verwandte. Ich hatte das Mädchen vorher noch nie gesehen oder seine Anwesenheit nicht wahrgenommen, während sie mich – wie sie später angab – seit Tagen beobachtet haben wollte, unter anderem mit einem Hund (den ich gar nicht besitze), was es ihr wohl leichtgemacht hatte, den fremden Erwachsenen, der da so vorsichtig ins frühsommerkühle Wasser ging, wie einen Onkel oder Hausfreund wild zu attackieren.

Ich wehrte mich nicht groß, ich schrie nur, da auch sie schrie; wie aber schreit man, als Erwachsener, vor Vergnügen, was ja vermutlich zum Ausdruck gebracht werden sollte in dieser mehr oder weniger lustigen Wassersituation, in Wahrheit einem Desaster mit Seeblick. Denn während ihr Schrei etwas sehr Klares, Gelungenes oder auch Frisches hatte, habe meiner, Zeugen zufolge, etwas Tierhaftes gehabt, was das auch sein mag. Auf jeden Fall tauchte dann, nach dem angeblich tierhaften Schrei, ein zweites Mädchen, nämlich ihre beste Freundin, auf (die unvermeidliche, stets etwas plumpe Begleiterin jeder jungen Schönheit), und mit einem Mal schien es mir, bespritzt von zwei Mädchen, als sei ich in einem Film von der Sorte Sommerkomödie. Ohne ein Wort bin ich dann weitergegangen, weiter hinein in meinen See, das einzige Zuhause, das ich verteidigen würde (ich meide das Wort Heimat wie einen Fluch, ich kenne nur die Wahlheimat, entstanden aus Fügung und Willkür, sicherlich schön, sonst baute ich dort kein Haus, aber auch – eben weil die Wurzel fehlt, der Kinderglaube an die Landschaft – ein Spiegel alles Erwachsenen oder Krummen). Die Arme halb erhoben, balancierte ich auf glatten Steinen, schon bis zur Brust im Wasser, und wollte eben losschwimmen, da hüpfte mir eine der beiden, die etwas Plumpe, ins Kreuz, während die Schöne oder Anmutige noch einmal nach mir spritzte, ehe sie mich, wiederum schreiend, von vorne ansprang, zwei kräftige Beine um meine Hüften schlingend, daß mir der Atem stockte. Danach wurde es kurzfristig formell. Die Plumpe sagte, Ich bin Silke (was mich endgültig gegen sie einnahm), und stellte mir die Freundin als Kristina-Alba vor, ein Name, den wohl keiner wegstecken kann.

Kristina-Alba klammerte sich nun an mich, und ich ging, um das Gewicht der beiden zu verringern, in tieferes Wasser. Ganz vergessen hatte ich dabei, vor lauter Armen und Beinen, jedoch die Beschaffenheit des Sees: dessen Grund schon nach wenigen Metern abfällt, als trete man in eine Falltür. Alle drei gingen wir steil unter, um noch verklammerter als zuvor gleich wieder aufzutauchen – das Gesicht der Schönen war auf einmal ganz nah, und ich sah, worin seine Vollkommenheit lag. Sie lag allein darin, daß es vollkommen jung war, so schamlos jung, daß ich mich schämte. Vielleicht ist es übertrieben oder sogar ungerecht mir gegenüber, wenn ich sage, ich spürte in dem Moment zum ersten Mal das Häßliche des Alterns, nicht das äußerlich zu immer weniger Jubel Anlaß Gebende, nein, vielmehr ein Maß an Zerrüttung, das unaufhaltsam an die Oberfläche dringt und dort seinen Tribut fordert: weniger in Gestalt eines welken Halses oder an den Schienbeinen bizarr hervortretender Adern, sondern eher, wenn nicht einzig und allein, in der Tatsache eines verdorbenen Blicks (eines Tages hat man zu vieles angesehen, ohne die Verantwortung dafür übernommen zu haben, immer wieder hat man sich davongestohlen, und übriggeblieben ist dieser Blick, ein grausames Sehvermögen, unabhängig von jeder Brille).

Das heißt, ich war längst fünfzig; irgendwann zwischen dem, was man Mitte Vierzig nennt, und dem, was als Ende Vierzig häufig genannt wird, um eine allerletzte Verbindung mit den Jahrzehnten davor zu wahren, muß sich dieser Blick bei mir eingestellt haben: ein Ausdruck, der sogar bei Dunkelheit und lustig bespritztem Gesicht ein gewisses Entsetzen auslöst. Jedenfalls rief die Schöne, ich solle sie nicht so anschauen, gell?, was die beste Freundin veranlaßte, mich vorsichtshalber zu zwicken, worauf ich die beiden, ebenfalls vorsichtshalber, endlich durch eine heftige Drehung abschüttelte.

Und spätestens jetzt sollte ich sagen: Ich habe nie die

Neigung zu jungen Mädchen gehabt (oder weiß nichts von so einer Neigung); ich mache mir nichts aus ihnen und bedaure jeden, der durch sein Verlangen, für das er nichts kann, gleichsam zum öffentlichen Feind wird. Und natürlich wollte ich eine derartige Brandmarkung, noch dazu in meiner Wahlheimat, das heißt im Ausland, unter allen Umständen vermeiden, aber da hatte mich Kristina-Alba schon wieder in flacheres Wasser gelockt und angesprungen, während die Plumpe oder etwas Plumpe urplötzlich verschwunden war.

Ende des Spaßes. Ich wußte nicht, was ich tun sollte, ich wußte nur, in welchen Gefahren ich schwebte. Das Leben lehrt einen ja, daß selbst der ausgewachsene, sogenannte reife Mann stets damit rechnen muß, binnen Sekunden in das zurückverwandelt zu werden, was man einen Wichser nennt, und der wollte ich partout nicht sein. Eine Mischung aus Trotz und Beklemmung ergriff mich, was wohl auch damit zu tun hatte, daß sie auf einmal von ihrem Vater anfing – der ein Motorboot besaß, das ich seit Tagen, arglos, bestaunt hatte –, ihrem Vater, der eigentlich gar nicht so alt sei – Vierunddreißig, sagte sie und schlang wieder die Beine um meine Hüften, und ich sah auf ihren jungen Mund, der bei genauerem Hinsehen gar nicht so jung auf mich wirkte, nur eben sehr unverbraucht, wogegen ja nichts zu sagen ist; wir suchen eben das Junge, ganz und gar Unverbrauchte, wenn das Alter oder der Tod einen ersten Schatten wirft, denn es befreit uns von diesem Schatten, es zieht ihn ins Lächerliche, so wie die Eltern, als wir noch klein waren, den nächtlichen Schatten im Kinderzimmer ihr Gespenstisches nahmen. Und nun war es andersherum, die Jungen halfen mir, mein Wachsein zu ertragen, einschlafen konnte ich selbst.

Nach diesem Gedanken – des Unverbrauchten oder Blutjungen ihres Mundes und seiner Bedeutung für mich, der ich alt wurde – wollte ich sie endgültig abschütteln, aber da legte Kristina-Alba ihren Kopf in den Nacken, wodurch der Hals eine schon betörende Länge bekam, und rückte mir auch noch mit Worten zu Leibe. Man erzählt, Sie bauen hier in der Nähe ein Haus, sagte sie, ein Haus im italienischen Stil! Mich verblüfften diese Worte, nicht nur, weil sie Bildung verrieten, sondern auch Impertinenz, ganz zu schweigen von dem Gerede über meine Person, das ich wohl unterschätzt hatte (nachzutragen wäre, wo ich mich überhaupt befand: in einem Hotel, das ich normalerweise nicht betreten würde, einem Urlauberplatz, der aber nahe bei dem Haus lag, um dessen Vollendung ich kämpfte; nur noch Winzigkeiten fehlten für die unerläßliche Wohngenehmigung seitens der Kommune, ein Papier, das mein Hotelleben für immer beenden sollte, und so schrieb ich jeden Vormittag auf der Frühstücksterrasse – mit einem Ausdruck der Verzweiflung, nehme ich an, wie die Schriftsteller im Fernsehen – Petitionen und ähnliches, was dann wohl zu dem Gerede über meine Person geführt haben muß).

Ich sei nur ein Mann mit etwas Erspartem, der sich an diesem See einen Ruhesitz baute, mehr nicht… Selbst ein wenig erschrocken über die Resignation, die aus solch einem Satz sprach, glaubte ich, die Sache damit beendet zu haben, aber das Gegenteil war der Fall, wie so oft, wenn wir in Gegenwart einer Frau ein Gefühl an den Tag legen oder in diesem Fall an die Nacht, was die Sache noch verschärft hat. Denn sie sah mir jetzt in die Augen.

Und was geschah dann? (fragte die Polizei später).

Nun, ich griff um ihre Hüften; sie preßte ihren Bauch an meinen. Ich berührte ihr Haar, sie berührte mein Kinn. Ich tauchte unter ihr weg; sie tauchte mir nach. Ich schnappte nach Luft; sie schnappte mein Ding (wie ich es gegenüber dem Dolmetscher ausdrückte). Ich schlug ihr auf die Finger; sie schlug vor hinauszuschwimmen. Ich schaute auf den See; sie schaute zum Ufer (um zu sehen, ob der Vater wohl sähe, was sein Früchtchen so trieb).

Und wir sind dann tatsächlich hinausgeschwommen, das heißt, sie schoß davon, und ich versuchte, Anschluß zu halten, schwamm also keuchend hinter ihr her, als gäbe es irgendein Abkommen. Das Ziel war klar, es war ein Badefloß, durch eine lange Leine mit dem Steg verbunden, und doch schon so Teil des nächtlichen Sees, daß niemand vom Ufer aus sehen konnte, was dort im einzelnen vor sich ging. Als ich das Floß erreichte, lag sie schon mit dem Bauch auf den Planken, das Gesicht in der Armbeuge und eins ihrer Beine leicht angezogen, als schlafe sie, nackt, wie mir als nächstes auffiel: durch das Leuchten ihres ungebräunten Hinterns, und ich glaube, es war genau in dem Moment meiner Floßbesteigung (durch Hochstemmen an der Kante, wie in besten Zeiten, das nur nebenbei), als ich mich zum ersten Mal im Leben mit einem Bein im Gefängnis sah.

Die Kleine (die etwas größer als ich war) stellte sich weiterhin schlafend, das heißt, sie ignorierte mich, worauf ich meinerseits ihr Unbekleidetsein, konkret: ihren glockenartigen, für mein Gefühl geradezu abfärbend weißen Hintern als nicht gegeben zu betrachten versuchte, was eigentlich in die Psychiatrie gehört; jedenfalls würde ein normaler Mensch kaum von sich selbst behaupten, daß gerade jene Sache nicht existiert, die sich ihm am Unauslöschlichsten einprägt, aber wer auf die Fünfzig zugeht oder, besser gesagt, taumelt, ist ohnehin geistig benommen, und die Situation, in die ich geraten war (Floß, Nacht, Mädchen), darf man getrost als Grenzsituation bezeichnen, von dem gewöhnlichen Irrsinn einer Vierzehn- oder Fünfzehnjährigen gar nicht zu reden.

Ich hatte Angst, das muß ich zugeben, die Angst eines Mannes vor der eigenen Schwäche, aber auch dem, was man Lynchjustiz nennt, und so war ich erleichtert, als Kristina-Alba endlich ein Auge aufschlug und mich von unten ansah – vielleicht ist sie schon sechzehn, dachte ich einen Moment lang und wollte dann etwas sagen (Ist dir nicht kalt?), doch sie kam mir zuvor, indem sie murmelte, ihr Badeanzug sei ins Wasser gefallen, sei untergegangen, ob ich nicht danach tauchen könnte.

Natürlich war das eine Lüge, glatter als ihre Beine, und ich erwiderte, kein Badeanzug falle von allein ins Wasser, wie sich auch keiner von alleine ausziehe, was ich besser nicht gesagt hätte; denn sie drehte sich daraufhin um, wie aus Höflichkeit, doch in Wahrheit, um mich zu strafen. Ich sah sofort in ihr Gesicht, konnte aber nicht verhindern, daß mir ihre Brüste ins Auge sprangen – fest und glänzend, wie Trompeterbacken –, ebenso ihr kleines dunkles Dreieck zwischen den Beinen. Ich sah ihr also ins Gesicht (wohl wissend, was sonst an ihr dran war) und stellte mir vor, was aus dem Gesicht einmal würde; noch vor zehn Jahren hatte ich keinerlei Ahnung von dieser schäbigen Methode des Zu-Ende-Denkens, die vielleicht das sicherste Zeichen des Fünfzigwerdens ist, während ich heute jedes Jungsein in Gedanken so weit fortschreiten lassen kann, bis es seinen Lack verliert, und auch dieser Blick, den ich auf dem Floß anwandte, hatte wohl etwas Verdorbenes. Denn schon zum zweiten Mal sagte Kristina-Alba, ich solle sie nicht so anschauen, gell, worauf ich auf den Ruhe- oder Alterssitz zurückkam, den ich mir baute, der kürzeste Weg, dachte ich, um mich aus der Schußlinie ihrer Neugier zu bringen.

Ich schwärmte ein bißchen von meinem Haus, statt die Wahrheit zu sagen: daß so ein Bauen ja auch der Versuch ist, mit nichts als Steinen ein Gefühl der Verliebtheit in sich zu erzeugen; oder haben wir nicht immer ein Foto des halbfertigen Bauwerks dabei, um jedem zu zeigen, wie unverrückbar es in der Gegend steht, nackt und mein? Ein Foto von Haus und Landschaft, in diesem Fall der des Sees inmitten seiner Berge; ich besaß so ein Bild, aber davon sprach ich nicht auf dem Floß (ein Wahlheimatbild, darauf eine der geballtesten Landschaften, die ich kenne, Wasser und Fels, Hänge und Anhöhen, Olivensilber, Dunst und Licht, die Naht zwischen Nord und Süd, in manchen Stunden soviel Glück verheißend, daß man nur passen kann).

Ihr sei kalt, sagte sie plötzlich und kam etwas näher, so nahe, daß ihre nassen Beine meine nassen Beine berührten, an einer Stelle nur, aber immerhin, und ich schlug vor zurückzuschwimmen, worauf sie behauptete, nicht schwimmen zu können. Sie sah mich an bei dieser Frechheit, und ich war dicht davor, ihr eine zu kleben. Kristina-Alba bemerkte mein Zittern, ein Zittern vor Wut, und sagte, Sie zittern ja – zittern Sie meinetwegen?, und erneut kam sie näher, so nahe, daß es jetzt unmöglich war, nicht ihren ganzen Körper auch ganz zu erfassen, und ich griff zum einfachsten Mittel, das solche Situationen (wie man aus Filmen weiß) herumzureißen vermag. Ich fragte, wie alt sie sei, und sie antwortete, ohne zu zögern. Achtzehn, sagte sie.

Was nun? Als erstes verschlimmerte sich mein Zittern, nicht, weil mich eine weitere Lüge noch wütender gemacht hätte, sondern im Gegenteil: weil ich ihr glaubte; als zweites war ich dann schlagartig scharf auf sie, und als drittes sah ich mich schon wieder in Handschellen. Ich traute weder ihr noch mir, das war die eigentliche Misere – eine Misere unter Sternen, wie ich mit einem Mal sah, inmitten von glitzerndem Wasser, flankiert von Bergen, auf denen nach langer Trockenheit vereinzelt Feuer brannten, gekrümmt wie Lavaströme, die den Olivenwald aufglühen ließen.

Aha, sagte ich, worauf sie gar nichts mehr sagte. Sie

zog mich neben sich auf die Planken und übergab mir gewissermaßen ihren angeblich volljährigen Körper, und ich ließ meine linke, empfindlichere Hand darübergleiten, ohne diesen jetzt ganz von Gänsehaut überzogenen Körper auch nur ein einziges Mal als vollendeten Tatbestand zu berühren; mit einer Daumenbreite Abstand, genug wohl, um nicht vor Gericht zu kommen (falls sie doch noch ein halbes Kind war), zu wenig, um nicht die Wärme, die sie aussandte, an den Fingern zu spüren – mit dieser geringen und doch vollständigen Distanz streichelte ich sie auf eine, wenn man so will, gänzlich abstrakte Weise. Ich streichelte ihre gerundeten Schultern und die Spitzen der Brüste (klein wie die Köpfe der Gummibärchen), ihren gebräunten Bauch und das dunkel glänzende Dreieck inmitten eines hellen, ihre langen Schenkel und die fast weißen Kniekehlen und endlich, nachdem sie sich wieder umgedreht hatte, auch den glockenartigen Po, wobei ich fast übermenschliche Kräfte aufbieten mußte, um nicht die beiden Backen auseinanderzuziehen wie die Hälften eines Vorhangs; und es war genau dieser Augenblick meiner übermenschlichen, ja vielleicht sogar, von höherer Warte gesehen, unmenschlichen Anstrengung, als die Scheinwerfer der Yacht ihres Vaters schlagartig das ganze Floß in Helligkeit tauchten.

Nach einem gemeinsamen Schrei – der die Dinge keinesfalls besser machte – ließ ich mich auf der Stelle ins Wasser gleiten, und sie glitt hinterher, immer noch nackt und ohne Aussicht, diesen Zustand zu ändern; nach meiner Kenntnis des Sees lag ihr Badeanzug etwa siebzig Meter unter uns in ewiger Dunkelheit, wenn er nicht längst von Strömungen in den eigentlichen Seegraben gedrückt worden war, ins Reich des seltenen Carpione, eines Fisches, der erst ab zweihundert Meter Tiefe zu Hause ist und sich bestimmt erschrecken würde über das welke Wesen, das da herabschwebte.

Wir schwammen ein Stück nebeneinander, noch immer im Lichtkegel des Scheinwerfers, dann rief sie, keuchend, Ich kann nicht mehr (weitere Lüge), und packte meine Schultern. Sie kroch mir förmlich auf den Rücken, so, daß mich ihr kleiner Busch am Steiß kitzelte, und ich unternahm einen letzten Versuch, mich aus der Affäre zu ziehen – ich versprach ihr eine schöne Geschichte mit Widmung, eine Geschichte nur für sie, handgeschrieben, sofern sie die ganze Schuld auf sich nähme, und sie rief mir von hinten ins Ohr: Welche Schuld? Aber das war noch nicht alles; sie sagte auch noch, Bücher interessierten sie nicht, sie habe nur gehört, ich würde fürs Kino schreiben, und wenn ich ihr eine Rolle verschaffte, würde sie zur Rettung meines Rufs erklären, was ich von ihr verlangte. Sie sei nämlich, sagte sie, leider erst siebzehn, fühle sich aber wie zwanzig – und genau das habe sie ihrem lieben Herrn Vater heute zeigen wollen.

Und dieser Zusatz hatte dann, glaube ich, den Ausschlag gegeben, ihr doch noch eine zu kleben, wozu ich mich blitzschnell umdrehte und den Handrücken benutzte, kurz bevor der liebe Herr Vater in seinem rasanten Boot neben uns stoppte und erstaunlicherweise erst mich, nämlich Das alte Schwein, wie er einer am Ufer versammelten Menge zurief, aus dem Wasser zerrte und danach seine nackte Tochter, das arme Opfer.

Ich erhob keinerlei Einwände, zumal die Plumpe schon alles getan hatte, was beste Freundinnen in solchen Fällen zu tun pflegen – ich hätte sie beide angesprochen und mich dann mit der Jüngeren, Schönen davongemacht, hieß ihre Aussage, und damit nicht genug: Ich hätte der hilflosen Kristina-Alba noch im Wasser den Badeanzug heruntergerissen und sie am Ende auf dem Floß – ja was denn nun eigentlich? Und da schwiegen plötzlich alle; sie schauten mich an, einschließlich zweier Carabinieri, die der Hoteldirektor geholt hatte, und ich bestand auf einem gegenseitigen Intimtest – nach Kreuzfeld, wie ich hinzufügte. Noch im Büro des Polizeileiters wiederholte ich meine Forderung, als sei der Kreuzfeldsche Test in solchen Fällen gang und gäbe, sozusagen die europäische Norm oder ermittlungstechnischer Standard, und der Dolmetscher war gezwungen, meine Bereitschaft zum Äußersten ins italienische Protokoll aufzunehmen.

Doch zu diesem Äußersten war es dann – ich vermute, sehr, auf Wunsch des lieben Herrn Vaters – nicht gekommen, dafür zu meiner Freilassung nach einem Tag, und irgendwie, kann man sagen, war ich nach diesem Vorfall wieder etwas weniger fünfzig als vorher, eben ein Mann von neunundvierzig, mit einem letzten Faden zu allem, was wirklich jung ist, so schön und so grausam wie meine große Kleine vom Floß – deren leuchtenden Po ich doch kurz berührt hatte, als keiner hinsah, nicht mal ich.

Überleben

Warum müssen es immer deutliche Vorzeichen sein, die uns alarmieren oder zur Umkehr bewegen, die dunkle Wolke, das steigende Fieber, ein klappernder Auspuff; selten dagegen: der schiefe Blick, der uns gilt, das übertriebene Lächeln, der gewährte Vortritt, noch seltener ein abgebrochener Satz, ganz zu schweigen von losen Knöpfen oder dem winzigen Loch in der Hülle eines Schlauchboots. Und doch sind es eher die gern übersehenen Häkchen und Ungereimtheiten, die alles, was einem gerade noch gut erschien, im Laufe einer einzigen Stunde als zerrüttet bloßlegen können. Die folgende Geschichte hat sich erst vor kurzem auf dem imposantesten der oberitalienischen Seen abgespielt; ich kenne diesen See seit langem und halte es für das beste, ihn anfangs nur als groß zu bezeichnen. Und als tief.

Der See ist also groß und tief (immer wieder die Vorstellung, ihn leer zu sehen, als langgestreckte schwarze Schlucht), und sobald der Wasserspiegel in der Hitzezeit sinkt, die ersten moosigen Felsen freigibt, bin ich in Sorge, daß mein See, wenn es nicht regnet, gewissermaßen seine Kehrseite preisgeben müßte – in Sorge wie um ein geliebtes Gesicht nach zuwenig Schlaf: Wir ahnen den Schädel, der überdauern wird, und schließen die

Augen. Meinen See mit einem Gesicht zu vergleichen erscheint mir durchaus berechtigt. Nach Monaten in der Stadt (ohne Gesicht) erfüllt mich schon die Fahrt zum See, auch wenn sie sich hinzieht, und ich verfluche jeden Mitfahrer, der meine Vorfreude nicht teilt, so auch zwei Hauptpersonen dieser Geschichte: Da ist von meinen stillen Flüchen zum ersten Mal etwas hängengeblieben… Und beim ersten Blick auf den See atme ich auf, weil auch der See, in meinen Augen, atmet.

Schon die noch zaghafte Sonne im März macht diesen Atem sichtbar. Über der ganzen Wasserfläche bildet sich, geisterhaft, Dunst, eine sich ständig ändernde Landschaft aus Billiarden von Tröpfchen. So erscheint der See oft, nach Süden hin, wie ein Meer, doch immer weiß ich: Hinter dem Horizont endet das Wasser. Der See ist von einer geschlossenen Weite, die mich nie den Verstand verlieren läßt. Ich werde höchstens etwas traurig, aber das gehört ja dazu, ich mache mir nichts daraus (ganz anders als die beiden, von mir still verfluchten traurigen Berühmtheiten, um die es hier geht). Es gibt Stunden am See, ob im Juni oder September, da fürchte ich die vergehende Zeit wie ein tödlich Erkrankter, den man, in Decken gewickelt, auf die Terrasse gesetzt hat. Allein der Wechsel vom frühen Vormittag zum späten, von der ersten über den Monte-Baldo-Kamm schießenden Sonne, die nichts als Licht und Wärme bringt und die Fische ins pfauenfarbene Flachwasser lockt, während in den Oliven schon die Zikaden anheben, mitunter schmerzlich laut, und ich den Schatten suche, ein Buch in der Hand, kann mich betrüben. Zu solcher Stunde ist der See beängstigend schön, eine Diva; es hilft dann auch nichts, mit ihm vertraut zu sein. Der sich immer mehr öffnende und im Dunst scheinbar endlose, ja bei glattem Wasser schon fast phlegmatische Südteil des Sees ist für die meisten übrigens schwerer zu ertragen als der zugige, oft wolkenverhangene längliche Nordteil; mich reizt weder das eine noch das andere.

Ich liebe den Beginn der südlichen Weite, nach der allmählichen Abstufung vom Hochgebirge zu steilen Hängen und länglichen Buckeln, aber noch vor den Hügeln des Weins: wenn die Präzision der Felsen längst verschwunden ist im irritierenden Silberrauch der Oliven, doch schließlich in anderer Gestalt wieder auftaucht, nämlich in steilen Zypressen, die zu beiden Seiten des Sees sein Auseinanderdrängen flankieren, dort eine eigene Landschaft aus botanischen Fingern bilden, eine mit fließender Grenze zwischen Hartem und Weichem, zwischen Wachheit und Schlaf, eine schmale, besonders am Westufer ausgeprägte Zone des Übergangs, die von jeher für den Geist ihre Anziehung hatte, ob für Dante, den politisch bedrängten, oder Goethe, den Italiensucher, ob für D. H. Lawrence in privater Bedrängnis oder D'Annunzio in seiner Weltflucht. Eine nicht klar umrissene, geradezu schwebende Landschaft von schon gefährlicher Attraktivität, gefährlich durch eine Versammlung von Schönem, die sich im Sommer immer mehr zusammenschließt und am Ende geradezu ballt, in den Nächten des Augusts mit ihren fallenden Sternen, schneller als jeder Wunsch, und einem beunruhigend roten Mond, mit fernem Wetterleuchten, das von Nacht zu Nacht heftiger wird, und großen, seidigen Faltern, todgeweiht wie der Sommer; eine Ballung, die uns wie unter Zwang an ihr Gegenteil denken läßt: an die endgültige Abwesenheit alles Schönen, an unser eigenes Erlöschen.

Aber man kann den See auch anders betrachten – als seinen höchstpersönlichen Wasserteppich über einer tiefen Kerbe in den Kalksedimenten eines früheren Meers, Milliarden abgelagerter Skelette, die später, durch Erdfaltung, Gebirge ergaben; den Rest hat ein Gletscher besorgt. Seine Eismasse hat die Kerbe zwischen die Berge geschnitten, ein Jahrhunderte währendes Schauspiel, ohne jegliches Publikum, wie man vermuten darf, eine menschenfeindliche Geburt. Es gibt kaum einen tieferen See in Europa; auf dem stockfinsteren Grund, in der Mitte der Kerbe, ist das Wasser seit Urzeiten dasselbe, der See hat sich dort etwas von seinem tödlichen Anfang bewahrt. Und fast dreihundertfünfzig Meter darüber trieben wir in unserem Schlauchboot.

Wir waren zu dritt, ein Filmregisseur und eine Filmschauspielerin, die beiden traurigen Berühmtheiten und ich. Unser Boot war nicht groß, doch die darin eingeschlossene Luft hielt uns gut über Wasser, drei Erwachsene und einen Außenborder mit sieben PS, dazu den Tank mit zwanzig Litern. Wir überquerten den See bei Torri in Richtung Gargnano, also nicht auf dem kürzesten Weg, sondern schräg – eine Strecke von elf oder zwölf Kilometern zwischen dem Ostufer mit seinen sanft bis steil ansteigenden Olivenwäldern und den alten Zitronenterrassen unterhalb schroffer Wände auf der anderen Seite; erst etwas südlich der Windgrenze, auf der Höhe von San Vigilio oder Gardone, hat sich die Bergwelt längs des Sees gleichsam erschöpft, und ihre Ausläufer, schon mit Zypressenkämmen (aus der Ferne: eher kleine Federkiele als erhobene Finger), gehen allmählich über in die hügelige Veroneser Landschaft.

Die Sonne war mild, über dem anderen Ufer hing eine Schleppe aus Dunst; manchmal schrie eine Möwe. Leider, muß ich sagen, war es ein perfekter Tag an diesem See, der übrigens nicht immer Gardasee hieß; sein ursprünglicher Name ist ihm genommen worden, als sei etwas Unschönes vorgefallen. Für Franz von Assisi (der am See die Zitrone eingeführt hat) war er der Lacus Benacus und auch später für Dante; ja, er war es seit den Zeiten, als verdiente Legionäre Roms für ihre letzten Lebensjahre etwas Land an seinen Ufern zugeteilt bekamen, und ich will nicht verschweigen: Auch ich besitze dort etwas Land, wenig, aber in beherrschender Lage, doch weder infolge einer Zuteilung staatlicherseits noch aufgrund vorzeitigen Erbes, sondern auf ganz gewöhnliche Weise erworben, durch Drehbücher für Spielfilme; daher die zwei illustren Passagiere. Unser luftgefülltes Boot, das heißt mein erst kürzlich erworbenes Schlauchboot mit neuem Motor, hatte zu diesem Zeitpunkt schon einen jener Schönheitsfehler, die man gern übersieht, verursacht durch einen abstehenden Nagel an einem Badesteg; es hatte, seitlich am

Heck, ein kleines Loch, über dem sich mehrere Flicken befanden, von mir selbst angebracht, ich glaube, vier oder fünf, was nichts daran änderte, daß nach wie vor – als wir so dahintrieben in der Mittagsruhe, auf glattem Wasser – ein mückenhaft dünner Ton zu hören war oder, je nach Lage des Bootes, winzige Blasen am überspülten Rand der Flicken hervortraten, was aber bei der geringen Luftmenge, die aus einer von zwei großen Kammern entwich, keineswegs eine Gefahr bedeutete, sondern nur hieß, daß das Loch eben nicht völlig dicht war, also restlos aus der Welt geschafft; es war, strenggenommen, ein Loch geblieben. Und genau diese Tatsache, die mit der Bootssicherheit wenig oder gar nichts zu tun hatte, wurde für einen von uns, die Schauspielerin, unerträglich. Als habe sie die ganze Zeit über an nichts anderes gedacht, rief sie auf einmal, sie wolle nicht warten, bis der Druck in der Kammer den untersten Flicken und damit alle übrigen absprengte, wie sie das nannte, und nahm auch schon das Taschenmesser, mit dem wir eine Salami und Parmesan-Käse unter uns dreien aufgeteilt hatten, und bohrte seine Spitze – wortlos, als hätten wir das so vereinbart – unter die Kante des obersten Flickens; sie hob diesen etwas an und riß dann alle vier oder fünf darunterliegenden Flicken mit einer einzigen, und wie ich zugebe, erschreckend mühelosen Bewegung herunter.

An der Stille des Sees oder seiner Landschaft zu beiden Seiten – wir hatten wohl schon die Mitte der Strecke erreicht – änderte sich in diesem Moment nichts, es war dem See sozusagen gleichgültig, ob unser Boot auf ihm trieb oder in ihm versank (wie es uns Erdbewohnern ja auch gleichgültig ist, ob andere Erdbewohner, solange uns nichts mit ihnen verbindet als eben die Erde, an sich selbst oder der Natur Schaden nehmen, ob sie einander umbringen oder in angeschwollenen Flüssen ertrinken, das Gesicht verlieren oder ihr Hab und Gut und am Ende das Leben). Der See blieb glatt, und aus dem Loch pfiff es dünn, während die Sonne durch den Dunst brach und ich an einen Fernsehbeitrag über den See denken mußte, ausgestrahlt am Jahresanfang, um die Menschen aus dem Wintertief zu holen, ein zum Teil lobenswerter Film über die am See begangenen Sünden, der aber eine immer wiederkehrende heimliche Devise enthielt: Der See möge doch denen gehören, die dort schon vor einiger Zeit, also noch rechtzeitig, ein altes Haus erworben und liebevoll restauriert haben oder mit ihrem Geld auch heute noch ein echtes altes Haus in Besitz nehmen können, was sie dann liebevoll, wie sonst?, instand halten; der See aber möge, endlich und künftig, von denen verschont bleiben, die – gemessen an den Verhältnissen rund um den See, aber auch an seiner Geschichte und Schönheit – wenig haben und sich mit dem wenigen folglich nur in einem häßlichen Apartmenthaus ein häßliches Apartment leisten können; letztere sollten, wenn schon, ins Hotel gehen, was aber auch nicht so gern gesehen werde, da es sich um neue und darum billige, häßliche Hotels handele. Am besten, diese Leute kämen nur für einen Tag und blieben im Norden des Sees, zum Windsurfen, oder sie kämen gar nicht, was auch die Straßen entlasten würde, und schauten sich statt dessen den Film an ... Mir mißfiel diese heimliche Devise, denn zur Ungerechtigkeit der Natur bei der Verteilung der menschlichen Schönheit käme ein zweites, ebenso großes Unrecht, wenn die Menschen als Betrachter von erhabener Natur nicht mehr gleich wären, ihnen komplette Landstriche verschlossen blieben wie teure Lokale, nur weil sie sich dort, wie es Menschen mit geringeren Mitteln nun einmal tun, unschön ausbreiten. Aber wahrscheinlich hat diese halbversteckte Botschaft auch mein Mißfallen erregt, weil ich ja selbst zu jenen Nachzüglern zähle, die nicht das Privileg genießen, ein altes, wie auch immer erworbenes Haus liebevoll zu hegen, sondern bloß in der Lage sind, mit ameisenhafter Anstrengung eins im alten Stil nachzubauen, sich also mit Tricks, wenn man so will, an den See schleichen ...

Aus dem dünnen Pfeifen wurde plötzlich ein derber Ton, der letzte Klebefilm war gerissen, die Luft entwich in einem einzigen langen Schwall aus der hinteren Kammer, der Außenborder sank augenblicklich unter Wasser, und der vordere Bootsteil wäre steil nach oben gegangen, hätten wir uns nicht alle dorthin geworfen. Es waren mehr oder weniger logische Abläufe, die keines Kommentars bedurften, und so sagte ich in diesen Sekunden auch nichts, während der Filmregisseur, der sich auch Produzent nannte, die Schauspielerin, die sich nebenbei als Autorin sah, anschrie, weshalb sie das getan habe, worauf sie zurückschrie, daß es im Leben wie im

Kino sei: Einer müsse immer das Böse spielen. Und in dem Fall, schrie sie, bin ich es!

Ihre vorausgeschickte Erklärung, sie wolle nicht auf das Abplatzen oder Abgesprengtwerden all der Flicken warten – also die Katastrophe lieber gleich selbst herbeiführen und damit den Zumutungen des Lochs schlagartig ein Ende setzen –, zählte für den Regisseur offenbar gar nicht, als sei ihm dieses Argument vollkommen fremd, während es mich, trotz aller Unvernunft im Hinblick auf die Folgen, durchaus ansprach, ich gebe es zu (auch mir war, bei vorausgegangenen Fahrten, nie recht wohl gewesen mit den verschiedenen Flicken, ja mit jeder weiteren Überklebung waren die Zweifel am Wert dieses Verfahrens gewachsen, vom verheerenden ästhetischen Eindruck ganz abgesehen).

Aber nicht allein das Flickwerk, das heißt meine mangelnden Kenntnisse im Umgang mit Kleber und Gummi oder vielleicht auch nur meine Gleichgültigkeit gegenüber dem unbedeutenden Loch, war die Ursache für unsere Lage; der Vorfall hatte wohl auch mit uns dreien zu tun oder, im engeren Sinne, mit den Beziehungen in dem nunmehr halb gekenterten Boot, Beziehungen, denen es genau an der Tiefe fehlte, die unter uns lag. Noch vor einem Jahr hatte ich die zwei anderen nur dem Namen und Bild nach gekannt, ein Zustand allgemeiner gegenseitiger Wertschätzung und Unschuld, bis uns ein Rohdrehbuch, von mir verfaßt, über Nacht an einen Tisch brachte und Regisseur und Schauspielerin alsbald mit ihren Ideen kamen. Die beiden waren zu der Zeit noch eine Art Paar, das sich ein Stück Liebe bewahrt hatte, wohingegen sie jetzt, in dem Boot – oder dem, was vom Boot noch aus dem See ragte –, eindeutig als Ex-Paar auftraten, das nichts von seinem Haß aufzugeben bereit war. Der Regisseur (etwas älter als ich und dabei weniger bekannt) packte die Schauspielerin (etwas jünger als ich und dabei bekannter) an ihren hübschen weißen Armen und schrie: *Die* Nummer hatten wir auch schon!

Nach diesem Satz, der uns alles andere als weiterbrachte, sprang ich ins Wasser, um das Boot zu erleichtern, und hier muß die Jahreszeit erwähnt werden, nämlich der mittlere Frühling, der einem, wie keine andere Jahreszeit, die Pracht dieses Sees vor Augen führt, während der See als solcher, auch an seiner Oberfläche, noch keine fünfzehn Grad erreicht. Das Wasser war schön, aber kalt, Glieder und Atem dermaßen lähmend, daß wenig Aussicht bestand, das eine oder andere Ufer schwimmend zu erreichen, zumal an einem gewöhnlichen Frühlingsmontag rund um den See doch in irgendeiner Form gearbeitet wird, die Einheimischen jedenfalls keine Segelpartien unternehmen. Die weite Wasserfläche war – bis auf ein fernes, unter dem Dunstband über dem Westufer fahrendes Fährschiff, seiner panzerhaften Gestalt nach die Brennero – wie leergefegt, während wir sanken.

Die Schauspielerin schrie jetzt wieder, allerdings keine Sätze mehr, sie schrie einfach so, das aber gekonnt, was zeigte, daß sie eben von Haus aus Schauspielerin war, die sogar in Notlagen noch ansprechend schrie, sich jedoch mehr Geltung zu verschaffen hoffte, indem sie ganze Szenen aus dem Täschchen zog, die ihre Person in ein günstiges Licht rückten. Sie schrie, nahm ich an, weil ihr empfindlicher Unterleib auf einmal im Wasser hing – das Gewicht von Motor und Tank hatte das halbe Boot nach unten gezogen; der Bug ließ sich nur noch als Rettungsring nutzen, vorübergehend. Aber es waren auch Laute der Angst, die unserem stillen Dahintreiben ein Ende setzten. Ich wußte, daß die Schauspielerin bei weitem nicht so gekonnt schwamm, wie sie schrie – und die Flicken letztlich in einem dramatischen, also eitlen Akt, ohne jegliche Weitsicht, heruntergerissen hatte –, und ich wußte, daß der Regisseur zu unmittelbar am Leben hing, um mit Verstand darum kämpfen zu können; aber dachte auch, daß mir ein von uns dreien verfaßtes Drehbuch – nach meinem Rohentwurf, aber weitergeführt durch Ideen des Regisseurs, ich gebe es zu, und mit zwei, drei guten Einfällen nicht von mir, sondern der Schauspielerin, auch das gebe ich zu – gleichsam in den Schoß fallen würde, als besäße ich, über die eigene Begabung hinaus, noch die zweier weiterer Menschen. Es war nur ein kurzer Gedanke, mehr ein inneres Blitzen, während in einiger Ferne die Hauptinsel des Sees, mit ihren steilen Gewächsen und Zinnen oft an eine Fieberkurve erinnernd, hinter den sonnendurchbrochenen Schleiern auftauchte, ein Stück Land, das schwimmend zu erreichen ich mir noch zugetraut hätte, auch wenn man dort nicht ohne weiteres an Land gehen konnte, war es doch ein privates Paradies, das einst von Karl dem Großen – man weiß nicht, wie er dazu kam – der Abtei San Zeno geschenkt worden war, wonach dort Einsiedelei und Kloster entstanden, bis die Insel durch eine Heirat der Duchessa de Ferrari mit dem Fürsten Scipione Borghese aus den Klauen der römischen Kirche überging in die einer gewiß namhaften, aber doch gewöhnlichen Familie – was den eben erwähnten Urheberrechtefall als Lappalie erscheinen läßt.

Ich schwamm um meine zwei mit den Füßen im See zappelnden, sich an den Wulst der vorderen Luftkammer krallenden Freunde oder was sie waren, langsam herum und bemerkte eine plötzliche Angst in den Augen des Regisseurs, die mehr war als bloße Angst; ich hatte so etwas zuletzt als Schüler gesehen, in den Augen eines wirklichen Freundes, der innerhalb von Minuten die mythische Grenze vom Knaben zum Mann überschritt, und nun sah ich es wieder, dieses Schaudern beim Erreichen einer neuen Grenze: vom Mann zum toten Mann. Ich empfand kein Mitleid, nein, ich überlegte sogar, wie ich unbemerkt an das zweite Ventil herankäme.

Im Grunde kennen die meisten Leute, ich ganz bestimmt, das Böse in sich und werden schon dadurch etwas besser, als sie nach allgemeiner Ansicht sind – dieser Gedanke, der mir erst etwas später kam, hätte meine Skrupel sicher verringert und die Geschichte damit abgekürzt, sie nicht noch schlimmer werden lassen; zu dem Geschrei der Schauspielerin kam jetzt auch das des Regisseurs, der nicht etwa um unser gemeinsames Filmprojekt fürchtete, sondern allein um sein Leben.

Ich weiß nicht mehr genau, was er im einzelnen schrie, ich weiß nur, daß ich mich von dem Geschrei entfernte, mit großen Zügen ein Stück davonschwamm – angeblich, wie ich über die Schulter zurückrief, um Hilfe zu holen, was absolut lächerlich war, wenn man den Blick kreisen ließ, tatsächlich jedoch, um endlich Ruhe zu haben, eine Ruhe wie in meinem ersten Sommer am See, noch mit den jungen Eltern, kurz vor ihrer Scheidung, nachdem ich mich mittags, kaum daß im Zimmer die Jalousie heruntergegangen war, allein ins Wasser gewagt hatte und – eine Hand auf der Luftmatratze, die andere in meiner schwarzen, elastischen Hose, den Blicken der wenigen Gäste mit ihrem Duft nach Niveacreme, ja überhaupt der Welt, entzogen – in gleichsam himmlischer Ruhe hinaustrieb. Noch Mitte der sechziger Jahre, also vor einer Generation, hießen Fremde, die im Sommer den See besuchten, ja Badegäste, und die Eisenbahn, die sie über die Alpen brachte, fuhr so gemächlich, daß Schmetterlinge durch die Fenster ein- und ausflogen (für letzteres will ich mich nicht verbürgen – das andere kann man in alten Führern nachschlagen). Gar nicht lange danach, als in München Olympische Spiele stattfanden und mit dem Aufkommen der weißen Socken im Alltag, diesem ersten Anzeichen eines dritten Geschlechts (männlich, weiblich, sportlich) eine in meinen Augen trostlose Neuzeit begann, sprach man nur noch von Touristen, später dann von Surfern und Bikern; ich haßte diese Jahre und hasse sie noch immer und stellte mir in meinem Haß vor, in dieser Zeit Kind gewesen zu sein, den Jahren, als der Landschaft rund um den See die dauerhaftesten Schäden zugefügt worden sind, bis selbst den Italienern diese Veränderungen zum Nachteil des Ganzen auffielen; denn man darf ja nicht vergessen, daß von sämtlichen Italienern höchstens ein halbes Prozent Geschmack hat, diese paar allerdings mehr als der Rest der Welt.

Erst nach einer Weile schaute ich, mehr aus Neugier, wieder zum Boot. Das Gewicht von Motor und Tank hatte nun auch die vordere Luftkammer ein gutes Stück unter Wasser gezogen; Regisseur und Schauspielerin waren schon bis über die Rippen im See. Wer rettet wen, darum ging es jetzt wohl. Ich hatte eigentlich keine Lust, die beiden zu retten, was neben der Urheberrechtssache vor allem daran lag, daß meine eigene Rettung damit unwahrscheinlicher wurde. Aber ich wollte auch nicht als jemand dastehen, der seine Bekannten ertrinken läßt.

Die Kälte nahm mich immer mehr in die Zange, meine Kräfte ließen nach – entweder schwamm ich um mein Leben, oder ich opferte den Motor, den unter Wasser abzuschrauben mich freilich die letzte Kraft kosten würde. Das schoß mir durch den Kopf und ergab eine einfache, in dieser Gegend der Welt jedoch vollkommen ungewohnte Formel, nämlich Leben oder Sterben.

Und mit kurzen, schnellen Zügen schwamm ich wieder zum Unglücksort und ließ meiner Wut auf die Schauspielerin freien Lauf. Ich schrie ihr ins Gesicht, wieviel ein neuer Motor koste, wobei sie mir schlagartig fremd wurde; ein einziges Mal hatten wir zusammen geschlafen, in einer Art Nacht-und-Nebel-Aktion, nachdem sie in einem Hotelzimmer die ersten Sätze zu ihrem Vorteil in mein Drehbuch gedrückt hatte und ich mir dafür wortlos eine Gegenleistung abzwackte, so muß man es wohl nennen, wenn man die körperliche Liebe auf ihren Kern beschränkt, einen mit Küssen vertuschten Handel. Ohne diese Verrücktheit, schrie ich, diesen Knall, Flicken von einem Loch zu reißen, wären wir drei längst, trocken und friedlich, schon an einem Mittagstisch in Gargnano, und sie schrie zurück, daß ich versucht hätte, für die in meinem Buch nur angelegte, von ihr aber überhaupt erst mit Leben erfüllte Rolle eine andere, jüngere Schauspielerin ins Gespräch zu bringen – jetzt, da sie mit mir im Bett gewesen sei: Was alles Dreck war, wie sie noch, zitternd vor Kälte, hervorstieß: Ein einziger Hotelzimmerdreck!

Meine Bereitschaft, die beiden zu retten, erreichte dadurch ihr Minimum, auch weil der Regisseur sofort die Partei der Schauspielerin ergriff – die ich nebenbei gesagt nicht, um das am häufigsten gebrauchte Wort dieser Geschichte ein weiteres Mal zu verwenden, als schön bezeichnen möchte, sondern höchstens als flott, wobei leider keine unserer neuen deutschen Filmschauspielerinnen wirklich schön ist, ich meine, mit einer tragischen Verantwortung für ihr Gesicht. Er nannte mich Sau, der Regisseur, woraufhin ich ihn, immerhin präziser, verlogene Sau nannte: Denn nicht ich, sondern allein er habe ja den Gedanken geäußert, ob nicht eine andere, jüngere für die Rolle geeigneter sei.

Diese letzte Bemerkung war mir unter dem Druck der Ereignisse herausgerutscht, und ich hätte sie vielleicht noch zurücknehmen können, wäre nicht ihr Wahrheitsgehalt auf der Stelle bekräftigt worden, indem der Regisseur mit der flachen Hand nach mir schlug. Er traf mich am Mund, meine Lippe sprang auf, und spätestens von diesem Moment an wäre es für jeden von uns dreien sicher das beste gewesen, als einziger zu überleben oder, zweitbeste Lösung, mit den beiden anderen unterzugehen, qualvoll, doch mit Aussicht auf ein Ende der Situation (das sichtbare Platzen eines Traums, auf den ich beschämt zurückblicke, des Traums vom gemeinsamen Film, des einzigen, was in diesem Geschäft kein Geld kostet).

Doch es sollte ganz anders kommen, so anders, daß Europa, wie der Regisseur gern sagt, Europa und der europäische Film nun eben um einen solchen Film ärmer sind, ohne um eine Tragödie reicher zu sein. Die Schönheit des Sees an diesem Tag und in jener Stunde hatte schließlich doch dazu geführt, daß jemand, anstatt zu arbeiten, in sein Segelboot gestiegen war; lautlos hatte sich dies kleine Boot genähert, und als plötzlich ein Ruf übers Wasser kam, noch dazu in unserer Sprache, mit schönem Akzent, wir sollten durchhalten, nur durchhalten, da hätte mein Schrecken nicht größer sein können. Wir hatten die besten Voraussetzungen für ein starkes Ende gehabt; so aber war einfach nur alles aus.

V

2004

Junge Katzen

Kaum mehr als ein Buch hatte jede gewogen, eins von
denen, die in der Küche herumlagen, über Ernährung
und Fitneß, und jetzt wog die Braunweiße schon soviel
wie ein Bildband, der über Landhäuser in Italien, auf
dem Couchtisch seit dem Tag, als ihr alter Vater noch ein
Jahr älter geworden war und sie aufgehört hatte, ein
Kind zu sein.

Zwei Monate war das her, aber die Kleine konnte sich
noch an jede Minute erinnern, an dieses ganze Fest mit
den Leuten, die sonst nur paarweise auftauchten, an solchen Abenden aber in Scharen; und immer dieselben, als
dürften sie die Stadt nicht verlassen und würden auch
nie weniger, höchstens dünner und blasser. Sie war auf
der Treppe zum oberen Stock gesessen, wo schon getanzt wurde, kein schlechter Platz, da ging nur ab und
zu wer rauf oder runter, und sie rückte ein Stück, das
war alles. Ganz im Winkel der Treppe saß sie, barfuß,
auf dem Schoß die zwei Katzen, jede so leicht wie ein
Ratgeber, und sah auf die Wand gegenüber. Dort lief ein
Film, ohne Ton, aber das Bild riesengroß, mit dem
neuen Ding, das sich ihr Vater selbst geschenkt hatte,
voll auf die Wand geworfen, und am Ende des Abends
wußte sie etwas über sich und die Welt, das sie vorher

nicht gewußt hatte, plötzlich war da etwas zuviel in ihr, um noch ganz Kind zu sein, und immer noch viel zuwenig, um auch nur annähernd als erwachsen durchzugehen.

Bis zu diesem Abend wußte die Kleine vor allem, daß sie geliebt wurde und hübsch war oder auch andersherum, nur daß es hübsche und liebenswerte Mädchen nicht erst seit heute gab, ja, daß ihr ganzes verrücktes Jungsein nichts Neues war, traf sie einigermaßen unvorbereitet auf dem Fest ihres Vaters: der nun schon auf die Sechzig zuging. Kein Vater ihrer Freundinnen war älter, zweiundfünfzig war das Äußerste, aber Annes Vater hatte noch kein graues Haar, jedenfalls keins, das man sehen konnte, und beim Stadtmarathon machte er auch mit, während ihrer bloß beim Feiern dabei war, wenn am Ende Zigarren geraucht wurden, nicht etwa beim Tanzen. Nur bei eigenen Festen drehte er irgendwann durch, und jedesmal floh sie auf den Balkon, wenn er seine Gleitsichtbrille abnahm und kurz darauf Elvis und Bob Dylan nachmachte.

Doch auf dieser Geburtstagsparty oder Fete, wie ihre Eltern solche verräucherten Zusammenrottungen nannten, hatte er nicht gesungen, sondern sich zu ihr auf die Treppe gesetzt, während auf der Wand gegenüber scheinbar noch eine Fete lief, mit hunderttausend Leuten statt fünfzig oder wieviel in der Wohnung waren und immer nur kurz auf den Film sahen, wenn sie die Treppe hinuntergingen, die meisten mit einem schwachen Kopfschütteln, ehe der Blick zu seinem Spielzeug ging, dem kleinen Gerät, mit dem er alles, was er je auf Kassette oder DVD aufgenommen hatte, so groß an die Wand werfen konnte, daß man schon Angst bekam, und für diesen Abend hatte er einen Film über ein Festival ausgesucht, eins, das irgendwann im vorigen Jahrhundert in Amerika stattgefunden hatte, auch wenn er von nur knapp vierzig Jahren sprach: fünfunddreißig, Süße, so lange ist Woodstock jetzt her. Und wie ich sehe, interessiert dich das!

Sie aber saß nur auf der Treppe und schaute sich diese schon blassen und oft auch wackligen Bilder an, weil es besser war als alles andere auf dieser sogenannten Achtundsechziger-Fete: in dem Jahr hatte ihr Vater Abitur gemacht, wenn es damals so was überhaupt schon gab. Und süß waren höchstens die Katzen, die sie erst vor zwei Tagen im Tierheim geholt hatten, ihre Mutter und sie, für dreißig Euro, um das Heim zu unterstützen: die Braunweiße mit den dunklen Flecken, die man auch Bunte oder Glückskatze nannte, und die ganz Schwarze mit dem schmalen Kopf und den lichten Streifen zwischen Augen und Ohren, Augen, die seit gestern kaum auf waren; und für jede suchte sie immer noch den einzig möglichen Namen, so wie Elvis Elvis hieß. Sie hatte die Hände um beide gelegt und spürte ihr feines Schnurren, während sie auf die Wand mit den Bildern sah, auf all die unzähligen Leute, dicht an dicht im Gras, wie afrikanische Flüchtlinge, ein einziges riesiges Lager um eine Bretterbühne, auf der irgendwelche Typen mit langem, verschwitztem Haar wie irre herumhüpften. Warum sollte sie das interessieren, auch wenn sie hinsah; interessant war nur, was die Mädchen da so getragen hatten, Jeans wie heute und lustige T-Shirts; und viele schon bauchfrei. Und Hunde gab's auch, ja sogar Katzen – die waren natürlich alle tot inzwischen. Daran dachte sie, während ihre zwei auf der Seite lagen und sich mit den winzigen Pfoten balgten, die Schwarze aber viel weniger, sie reagierte nur auf die andere. Immer wieder hatte die Kleine sie auf die Treppe gestellt, und immer wieder war sie eingeknickt.

Gib ihnen endlich Namen, sagte ihr Vater, dann kommt die eine auch hoch – wie wär's mit Lola und Liz?

Das klang mehr vernünftig als gut, da halfen nur Gegenvorschläge: Tessa die Bunte und Carmen die Schwarze. Ihr Vater griff sich ins Haar. Tessa? Seit wann hießen Katzen Tessa – und weißt du, sagte er, eine Hand halb vorm Mund, es ist auch so: Ich hab mal eine Tessa gekannt, das lassen wir lieber – und im übrigen auch eine Carmen, also denk dir was anderes aus, Süße. Und dann zeigte er auf den Film an der Wand, da erschien gerade, groß, ein Mädchen, blond, mit runden Brillengläsern und Stirnband, die Augen zu und dabei lächelnd. Sie wiegte sich zur Musik, die Hände an den Wangen, mit Fingern voller Ringe, und er sagte: So etwa sah die aus, die Tessa … Fast in ihr Ohr machte er diese Mitteilung, und die Kleine hielt ihre Katzen fest und sah auf das Stirnband der Blonden, blau, mit Sternchen: gar nicht schlecht und gut gebunden, würde ihr sicher stehen. Aber die ist jetzt auch schon sechzig, sagte ihr Vater und griff nach der Katze, die nicht Carmen heißen durfte und stellte sie auf die schwarzen Beinchen, die eins nach dem anderen nachgaben.

Dann eben Lilli und Lou, rief die Kleine, nachdem irgendwer die Musik aufgedreht hatte, Honky Tonk Woman, das Zeug, bei dem sie wie auf Befehl alle mitsangen, ihr Glas in der Hand, Zigarette zwischen den Fingern – wie verrückt rauchten die auch beim Tanzen, da könnte man mit jedem Päckchen ein Geschwür aus dem Automaten ziehen, die würden nicht aufhören, und die Kippen drückten sie ins Olivenöl auf den Salattellern. Gimme, gimme, gimme the honky tonk blues!, kam es von oben, und ihr Vater nickte dazu, wie Dr. Pirsich, wenn sie konjugierte. Also Lilli meinetwegen, rief er zurück, aber Lou, das klingt nach Schlangenleder, deine Mutter kannte mal so einen, aus einer ihrer Gruppen, weißt, was ich mein …

Und von der Kleinen nun auch ein Nicken, aber eins von der geringsten Sorte, sie wußte schon, was er meinte. Zwei, drei Jahre war das her, da war ihre Mutter noch dauernd in Gruppen gerannt, Italienisch am Montag, Supervision oder wie das hieß jeden Mittwoch, und dann noch die Yogagruppe, das hatte wohl mit diesem Schlangentyp zu tun, aber der Name Lou war nie gefallen. Sie biß sich ein Stück Nagel weg und nahm ihrem Vater das Kätzchen ab, das weder Carmen noch Lou heißen durfte und die Augen jetzt gar nicht mehr aufbekam, sondern nur noch die Lider bewegte, als würde es träumen.

Die schläft nur, vielleicht fehlt ihr was …

Junge Katzen schlafen dauernd – nenn sie Liz und fertig! Ihr Vater warf plötzlich eine Faust in die Luft und wollte aufstehen, aber die Kleine hielt ihn am Arm; sie hatte Angst, er könnte doch noch singen, Mick Jagger war sein Vorprogramm. Bleib bitte hier, sagte sie.

Hör mal, ich hab Gäste.

Die kommen allein klar.

Und wir zwei? Er sah sie an, was gar nicht oft vorkam: daß er ihr wirklich in die Augen sah, um etwas Neues zu erfahren, und nicht nur, um einen Blick zu erhaschen.

Wir sehen uns den Film an.

Aber der läuft doch nur so, erklärte ihr Vater. Der läuft doch nicht zum Zuschauen.

Warum läuft er dann überhaupt?

Weil ich jetzt diesen Beamer hab.

Aber du hast tausend Kassetten, sagte die Kleine.

Ihr Vater machte eine Handbewegung, wie beim Autofahren, wenn einer nicht zur Seite ging, und ließ die Hand dann neben die schlafende Schwarze fallen, ja fing sogar an, ihren winzigen Kopf zu streicheln. Er blieb also sitzen, vor sich auf der Treppe sein Glas und auch gleich eine Flasche, samt Kühlmanschette.

Und wie wär's mit Tizia, schlug die Kleine vor. Die Schwarze Tizia und die andere Lilli.

Ihr Vater trank einen Schluck und gleich noch einen; er trank jeden Abend seinen Lugana und hatte für das Fest gleich ein Dutzend Kartons besorgt und auf den

Balkon gestellt. Weißwein belebe den Menschen, sagte er immer. Und eine rote Nase kriege man auch nicht davon. Was aber nicht hieß, daß er keinen Rotwein trank. Alles eine Frage der Gelegenheit, sagte er. Und natürlich der richtigen Sorte. Seine hieß Tignanello, und eine Flasche kostete mehr als die Katzen, viel mehr, sie hatte nämlich vorgehabt, ihm eine zum Geburtstag zu schenken, und der Weinhändler hatte bloß gelacht. Also Tizia lieber nicht, sagte ihr Vater und leerte das Glas. Aber Lilli, das geht. Ist noch was in der Flasche?

Die Kleine griff nach der Flasche und schenkte ihm vorsichtig nach; natürlich trank er zuviel, aber an Geburtstagen durfte sie ja auch mehr als sonst, zum Beispiel sich schminken. Und warum nicht Tizia?

Ihr Vater zeigte auf die Wand mit dem Film, er stach Löcher die verräucherte Luft. Weißt du, wer der Junge ist, der da so rumzuckt auf der Bühne? Errätst du nie.

Die Kleine sah von den Katzen auf und konzentrierte sich auf das Gesicht von dem Jungen. Es war jetzt groß im Bild, und irgendwie mochte sie es, weil es an ein gähnendes Pferd erinnerte, auch wenn es im nächsten Moment schon so aussah, als hätte der Sänger schreckliche Kopfschmerzen, die aber ebenso schnell vorbeizugehen schienen, nur die Augen hatte er noch zu, mit zitternden Lidern, wie bei der Schwarzen, die weder Carmen noch Lou noch Tizia heißen durfte.

Das ist Joe Cocker, meine Süße!

Joe Cocker?

Ja, Joe Cocker, wiederholte ihr Vater, und diesmal

klang es noch triumphaler, als sei der Joe Cocker auf den CDs, die im Auto ihrer Mutter herumflogen, ein fotografischer Irrtum, der nun endlich aufgeklärt war: Im Grunde sah er immer noch aus wie in dem Film aus dem Beamer. Aber Tizia, sagte die Kleine, würde gut passen.

Ihr Vater trank einen weiteren Schluck, während Elfi und Lutz die Treppe heraufkamen, das waren ihre Nachbarn, auch schon recht alt, nur hatte Elfi immer die spitzesten Schuhe an, und Lutz konnte mit einem Schlagbohrer umgehen, und beide besuchten sie einen Tanzkurs, und wenn einer von ihnen Geburtstag hatte, wurde nach dem Essen der Teppich weggerollt, während die Scheiben schon zitterten, wenn Zucchero mit Baila Morena loslegte, hundertmal besser als Sound of Silence.

Alles Gute, sagte Lutz und zog eine Flasche Tignanello unter der Jeansjacke hervor, und Elfi schob noch ein Päckchen nach und bückte sich dabei schon zu den Katzenhäufchen. Sie streichelte beide, aber nur die Braunweiße hob den Kopf.

Und? fragte Elfi, wie heißen sie?

Die Kleine sah auf die Wand mit dem Film, sie tat, als hätte sie nichts gehört. Auf der Bretterbühne spielte jetzt eine Band, und die Kamera schwenkte langsam auf das Publikum, das bis zum Horizont reichte, als hätte damals die ganze Welt zugehört. Dann ein Schnitt, und man sah einen Typen mit nacktem Oberkörper und Cowboyhut, er lag im Gras, auf dem Bauch ein schlafendes Baby.

Ist jetzt auch schon vierzig, sagte ihr Vater; Elfi und Lutz waren weitergegangen, und die Kleine machte das Päckchen auf, ganz sachte, damit nichts kaputtginge, aber der Inhalt konnte so schnell nicht kaputtgehen: ein roter Korkenzieher von Alessi und eine blaue Seidenblume. Mensch, rief ihr Vater, als hätte er zwei Lebewesen ausgepackt, die ihm zuwinkten, Mensch... Den Weinöffner probierte er gleich, die Blume hatte er schon im Haar, wo sie nicht so recht hielt, weil das Haar zu dünn war. Als er den Korken zog, fiel die Blume heraus und blieb auf der Schwarzen liegen, und die Kleine nahm sie rasch an sich. Warum nicht Tizia? fragte sie.

Das verstehst du nicht, sagte ihr Vater. Er roch an dem Korken und schenkte sich ein halbes Glas ein, er hielt es ins Licht, er schwenkte es sanft, fast hätte er den Wein gestreichelt. Die Kleine sah zu der Wand. Auf der Bretterbühne war inzwischen einer mit Bärtchen über der Lippe und spielte Gitarre. Er hatte Haare wie eine Faschingsperücke, die für die Wilden, und seine dunkle Nase war ziemlich breit; dafür hatte er schöne Augen, mit einem Blick, der schräg nach unten ging, auf seine Finger: Wie flinke Käfer sausten sie über die Saiten, und wenn er sie kurz beobachtet hatte, schloß er die Augen, voller Vertrauen, daß sie ihm nicht davonliefen.

Kanntest du eine Tizia? Die Kleine ließ jetzt nicht mehr locker, und ihr Vater probierte den Wein und machte dabei die Augen zu, aber ganz anders als der auf der Bühne: der trotzdem noch etwas zu sehen schien oder auch Augen in den Fingern hatte, während ihr Vater nur noch aus Zunge und Gaumen bestand, ein Wunder, daß er atmete, wie das Kätzchen, das nicht Tizia heißen durfte, noch weniger als Lou oder Carmen. Madonna, sagte er schließlich und meinte den Wein und beugte sich dann wieder zu ihr, das Glas an den Lippen. Tizia, verstehst du, das war mal so eine, damals, als ich nicht mit in den Urlaub kam, du warst noch nicht in der Schule und ...

Ich erinnere mich, unterbrach ihn die Kleine. Wir waren zwei Wochen am Achensee, wo's nur geregnet hat, und du in Amerika – war sie dabei?

Ihr Vater nahm noch einen Schluck, behielt ihn im Mund und nickte, jedenfalls sah es so aus, weil er den Kopf vor- und zurückbewegte, und die Kleine schaute wieder zur Wand, wo der mit dem wilden Haar und der Gitarre ebenfalls den Kopf bewegte, aber viel heftiger; seine Augen waren jetzt fest zu, und er stand ganz allein auf der Bühne, und all die Leute drum herum – eine Million, hatte ihr Vater behauptet – schienen ihn gar nicht zu interessieren, er spielte ganz für sich, so wie sie ganz für sich auf der Treppe saß, während oben getanzt wurde, Baila Morena, und unten gegessen, Sushi-Zeug und Salat, und ihr Vater den Tignanello trank und wahrscheinlich an diese Frau dachte, die mit ihm in Amerika war, oder er mit ihr, wo er doch hätte am Achensee sein sollen. Aber das war er nicht, sie hatten nur telefoniert, daran erinnerte sich die Kleine, Ich bin in Kalifornien, hatte ihr Vater mit einem Hall gesagt, Kalifornienfornien, da stand diese Tizia womöglich bei ihm oder lag an seiner Seite auf einem Hotelbett, und darum durfte die Schwarze jetzt nicht so heißen. Also noch ein schöner Name weniger, nur fiel ihr auch kein anderer mehr ein, und sie nahm das warme Knäuel in die Hand, aber es war nicht mehr so warm, wie es sein sollte, und fühlte sich überhaupt anders an, mehr wie die Pelzmütze ihrer Mutter, die nur wahnsinnig weich war, ein weiches Ding in der Hand, das man drücken oder in die Luft schmeißen konnte und das keinen Namen brauchte, das einfach nur Mütze hieß. Die kleine Schwarze war tot.

Ja, sie war dabei, sagte ihr Vater. Ist aber lange her. Sie hat jetzt auch schon Kinder, zwei Mädchen. Fällt dir kein anderer Name ein? Nenn sie doch Nuba. Das ist so ein Stamm von schönen Schwarzen. Aus dem Sudan.

Sie kommt aber aus dem Tierheim. Und ist kein Bimbo.

Sag nicht Bimbo. Und Nuba ist gut.

Nuba ist scheiße! Die Kleine sah zu dem Wilden, der eigentlich nur wild Gitarre spielte, sie biß sich noch ein Stück Nagel ab. Und Tizia hätte gepaßt!

Tizia kommt nicht Frage, Schluß.

Und du warst also mit der in Kalifornien ...

Ja. Als ihr am Achensee wart – weiß die Mama.

Und wart ihr da auf diesem Festival? fragte die Kleine, sitzt ihr da irgendwo, zwischen den Leuten?

Aber hallo, sagte ihr Vater – wann bist du geboren, kannst du nicht rechnen? Er streckte die Hand mit dem Glas in Richtung der Wand, als wolle er dem mit dem wilden Haar zuprosten. Das war neunundsechzig! Und weißt du überhaupt, wer da spielt...

Nein. Die Kleine zog ihr weißes Hemd aus der Hose, erst gestern gekauft, einen Tag nach den Katzen, und schob das schwarze Knäuel darunter, eine Bewegung, so flink wie die Hand am Gitarrensteg. Sie legte es sich auf den Bauch und deckte es zu.

Das ist Jimi Hendrix, sagte ihr Vater, auch längst hinüber. Und was er da am Schluß der drei Wahnsinnstage ganz allein auf der Bühne spielt, das ist die amerikanische Nationalhymne. Aber er spielt sie auf einer Fender Stratocaster in einer Rockversion: die eine Kampfansage war. Und Amerika gespalten hat bis heute – verstehst du, was ich meine, Süße?

Sophia gewidmet

Aus dem Verzeichnis der Gegengifte

Alles bestens, er hatte den Tisch mit Blick auf den Park
– auch an grauen Tagen schön, vom Dachrestaurant des
Hotels – und auf drei Tellern herangeschafft, was zu
einem Frühstück gehört, wenn man auf kein längeres
Leben aus ist, sondern sich auf das kürzere wirft, wie
auf diesen Morgen mit seinem Sohn, der eigentlich
Schule hatte, aber mit ihm unterwegs war, um die Freuden des kürzeren Lebens zu teilen und einem Test in
Biologie aus dem Weg zu gehen. Gekämmt wie selten,
saß ihm der Sohn gegenüber, ein Pflaster am Kinn,
während die Kellnerin schon den ungesunden Kaffee
aus einem silbrigen Kännchen eingoß, ehe sie die
Zuckerdose, nicht den Süßstoff, noch etwas mehr der
väterlichen Tasse zugesellte und die einzige Falte im
Tischtuch glattstrich. Es war ein Fünfsternehaus, das
ihm der Veranstalter da gegönnt hatte, eins von zweien
in bester Lage, wenn einem die Nähe zum Bahnhof
etwas bedeutet; also hatte er alles, was man in dieser
Stadt haben konnte, um bis zum Abend durchzuhal-
ten, und dazu noch sein Fleisch und Blut, das bald
als Austauschschüler sonstwo wäre. Er machte dem
Sohn gerade ein Brötchen, als ihm der Silberkopf, silbrig wie die Kaffeekanne, mit Löckchen im Nacken,

hüpfend auf einem Cordkragen, vor dem Früchtebuffet auffiel.

Seine Hände fuhren noch mit dem Belegen des Brötchens fort, doch der Verstand oder ein von zuviel Leben versautes Hirn – irgend etwas zwischen dem, was der Sohn nicht genug gelernt hatte für diesen Tag, und dem, was in keinem Schulbuch vorkommt – war schon woanders. Dort stand der Ruhmverwöhnteste seiner Kollegen, dem am Vorabend – auf der Zugfahrt hatte er's in der Zeitung gelesen – eine seiner regelmäßigen Auszeichnungen zuteil geworden war (Medaille, Plakette, Ehrennadel, er war für alles gut und hätte auch einen Lorbeerkranz angenommen). Noch vor ein paar Jahren waren sie gemeinsam auf einer Bühne gestanden, mit demselben legendären Agenten im Rücken, bis aus ihm eine Agentin geworden war, zuerst durch Heirat, dann durch Tod, wie es eben so läuft, nur daß die Biologie auch hier keine Antwort gab, höchstens die halbe, den Tod betreffend; die äußerst lebendige Seite der Sache war seine frühere Partnerin an vielen Abenden, die Frau, die jetzt die Fäden zog und bei allen Konzerten mitkassierte, nur nicht von ihm. Seit einem Jahr sang er auf eigene Rechnung.

Ist da was? fragte der Sohn.

Ja. Wir haben ein Problem.

Leise, mit einer Hand vorm Gesicht, der Hand, die das Brötchen hielt, sagte er das, dann ging sein Blick auch schon in den Park, auf entlaubte Bäume im Dunst, und in der Scheibe sah er den ruhmreichen Kollegen vom Früchtebuffet zu dem Tisch mit den fünfzig Tee-sorten wechseln (schon um das Leben für den einen oder anderen Preis, der in seiner Sammlung noch fehlte, mit grünlichem Gebräu in die Länge zu ziehen).

Was für ein Problem?

Er reichte das Brötchen über den Tisch und trank einen Schluck vom Kaffee, stark gesüßt, ohne Milch, den Blick immer noch auf dem Geschehen in der Scheibe. Der Silberkopf sah jetzt in seine Richtung, offenbar in Gedanken. Woran erkennt man Leute von hinten? Man erkennt sie am Nacken, so wie er die Löck-chen auf dem Cordkragen erkannt hatte; nun war es also passiert, und er legte sich schon ein paar Worte zurecht, aber der Exkollege brachte den Tee zum nächstbesten Tisch, wollte ihn also sowenig gesehen haben wie andersherum. Meinetwegen, dachte er. Nur: Wenn der hier wohnte, wohnte auch sie hier; Preisverleihungen waren Chefinnensache. Hieß aber: Sie hatten die letzte Nacht unter einem Dach verbracht, womöglich Wand an Wand – kein Meter zwischen ihm und ihrem seidenen Pyjama. Er hatte sich ja herausgekauft aus ihrem Laden, sie hatte ihn nicht etwa ziehen lassen, und sein gutes Geld war wohl auch in ihre Garderobe gewandert, wallendes Zeug in Schichten, das nicht einmal Vermutungen über die Verhältnisse darunter erlaubte; dazu leopardengemu-sterte Pumps, die sie mit den Frauen ihrer Umgebung auf Augenhöhe hievten, und gewisse Schicksalskorrek-turen, die er ihr noch weniger verziehen hatte als die Rechnung, die seine Person betraf; eigentlich waren sie vom selben Jahrgang, aber er allein sollte das ausbaden. Wer mit Singen an der Spitze bleiben will, muß jung sein, hatte sie verkündet, da war ihre zweite Karriere schon auf die Gleise gehoben; inzwischen rollte der Zug, und er war abgesprungen.

Ein soziales Problem, sagte er leise.

Haben wir kein Geld mehr?

Er drehte den Kopf ein Stück und sah dem Sohn für einen Moment in die Augen, die seinen so ähnlich waren in ihrer Erschrockenheit. Natürlich hatten sie noch Geld, er sang ja fast jeden Tag irgendwo, trotz seines Jahrgangs, und man steckte ihn sogar in Fünfsternehotels, von dort ging's allerdings im Taxi weiter, die Zeit der Limousinen war vorbei. Keine Angst, wollte er sagen, aber da kam Bewegung in die Geschichte. Der Silberkopf ließ seinen Tee stehen und ging geradewegs zu den Aufzügen, ja flog förmlich dorthin: um sie noch warnend abzupassen vor dem Weg zum Frühstück. Er kannte also ihr Zimmer; wenn nicht ihr Zimmer auch seins war.

Wir haben noch Geld. Und jetzt nimm dein Brötchen, wir verschwinden.

Warum?

Weil es so besser ist, sagte er und stand auch schon auf; bisher war alles noch glattgegangen, keiner hatte den anderen gesehen, jedenfalls nicht offiziell.

Aber wir wollten in aller Ruhe frühstücken, sagte der Sohn, und er war ihm echt dankbar, weil er das Wort gemütlich vermieden hatte, während er selbst, um ihn aus dem Bett zu kriegen, mit weniger Zurückhaltung oder Takt vorgegangen war. Du, wir frühstücken ganz gemütlich, hatte er ihm mindestens dreimal versprochen, und nun stopfte er sich Brötchen und Belag in die Taschen und wickelte Butterkugeln in eine Serviette und drängte den Sohn zum Aufstehen – Ich erklär's dir im Zimmer!

Aber soweit kamen sie gar nicht, oder anders gesagt: Die Erklärung gab es schon vorher. Sie fuhren ein Stück nach unten, dann stoppte der Fahrstuhl, ein paar Etagen zu früh, und drei Japaner oder Chinesen von der größeren Sorte stiegen zu, in deren Rücken aber noch wer; zwischen den dunklen Anzügen wallte es hell, und ein Hauch von nassem Haar durchdrang die Kabine; als die Tür wieder zuglitt, sah er schon zur Abendkarte des Restaurants, wo ein Rehmedaillon zur Auswahl stand, neben Wolfsbarsch in Senfsoße und zwei lokalen Gerichten, Zwiebelrostbraten und Maultauschen. Down, sagte er zu einem der Japaner oder Chinesen, als der Aufzug, trotz geschlossener Tür, nicht weiterfuhr, irgend etwas hielt ihn fest, vielleicht ein paradoxer Befehl. Die Asiaten drückten jetzt an den Knöpfen und sahen auf das Display darüber, als sei das Ganze ein Spiel, während er noch immer die Karte zu lesen vorgab, aber das ließ sich nicht durchhalten, nicht über zwölf Etagen.

Nur auf den Absätzen, wie er es einst beim Militär gelernt hatte, lange bevor er ihr begegnet war, drehte er sich schließlich um und sah ihr Profil, da sie ihrerseits zur Wand gedreht stand und die Öffnungszeiten von Fitneßraum und Schwimmbad studierte, was sie höchstens über eine Etage gerettet hätte. Und? Wie geht's? fragte er und schob, nach zwei Herzschlägen, noch ihren Namen hinterher, ja sogar dessen Abkürzung, und sie studierte noch immer die Öffnungszeiten, als hätte sie gerade das Lesen gelernt, und ihm fiel ein Ausdruck seiner Großmutter ein, die ihren Urenkel nie erlebt hatte, eins dieser Wörter, die es wert sind, erhalten zu werden, Urschel.

Sie ist eine Urschel, raunte er dem Sohn ins Ohr, während die Chinesen oder Japaner über die Software in den Schaltern des Fahrstuhls zu reden schienen. Sie waren keineswegs nervös, sie suchten schlicht den Fehler, und ihm fiel noch ein weiterer Ausdruck ein, der nicht in Vergessenheit kommen sollte, sich giften. Das taten Leute, deren Kleinlichkeit sich rächte, und er spürte förmlich das Gift, das aus ihren Poren drang. Ein schwacher Ruck ging durch die Kabine, dann ging die Fahrt nach unten weiter, und ihm fielen auch all die anderen Wörter ein, die ihm seine Wiener Großmutter, Sängerin an der Volksoper, neben den Liedern, aus denen sein Herz geformt war, wie ein Mittel gegen die Leere der Neuzeit ins Gedächtnis gedrückt hatte. Er zog den Kopf des Sohns zu sich, was gar nicht so leicht war, da der einen Kopf über seinem eigenen schwebte, und sprach sie ihm halblaut ins Ohr, ohne ihr bleiches Profil, bleich wie das Papier mit den Zeiten des Schwimmbads, aus den Augen zu lassen. Plunzen, sagte er, das war auch so ein Wort von ihr, und ich wüßte noch mehr... Dann los, sagte sein Sohn, und er fühlte sich ihm zum Weinen nah, wenn uns etwas retten kann vor dem Verkümmern, sind es die Wörter am anderen Ende der Schulweisheit. Fratz, flüsterte er, Fratz und Bummser, letzteres ist ein Furz. Und nimm auch Römmel, Zippi und Härmper auf deine Reise mit, Härmper ist das, was dein Pflaster verdeckt. Und merke dir: Feudel und Potschen, nämlich Lappen und Hausschuhe, und därisch, wenn jemand schwerhörig ist, oder ohpfirten, was verabschieden heißt. Außerdem sickieren, polken, scheren, hatschen und auf einen Rülpser hin: speiszam; sowie Krischpirdl, wiescherln, mirchteln und Urschel ...

Das hatten wir schon, kam es sanft vom Sohn, ein sanfter Riese oder Lulatsch, länger als die drei, die den Fahrstuhl wieder in Gang gebracht hatten. Lautlos fuhr die Kabine bis in die Lobby, dort stieg sie aus, kaum daß die Tür auf war. Sie durchquerte die Halle in ihren wallenden Schalen, und vor dem Eingang wartete schon der Chauffeur, den sie gleich mitgeerbt hatte. Er hielt ihr die Tür eines gewaltigen Wagens auf – A 8, Kompressor, erklärte der Sohn –, und wieder zeigte sie nur ihr Profil, mit dem beachtlich dunklen Auge inmitten des Bleichen: Das hätte er niemals bestritten, daß sie diese großartigen Augen besaß.

Okay, sagte er, versuchen wir's noch mal mit dem Frühstück. Und hinterher lernst du für Bio.

Claudius gewidmet

Der Sommer nach dem Jahrhundertsommer

Die seien abends gekommen, erzählte er, während sie unten im Ort gegessen hätten, wahrscheinlich eine Sache von Minuten und ohne Spuren zu hinterlassen, jedenfalls nicht auf den ersten Blick, die einzigen Hinweise: seine verschwundene Uhr, eine alte Reverso, und eine Waffe, die nicht da lag, wo sie hingehörte, sondern unter dem Sessel versteckt war, in dem er vormittags seine Sachen schrieb, eine noch ältere 38er, die er schon einmal, zum Spaß, auf mich gerichtet hatte.

Meine Uhr ist weg! soll er gleich morgens, noch vor dem Öffnen der Fensterläden, gerufen haben, und Dora war auf der Stelle seine Gegnerin in dieser Angelegenheit, die sie für Einbildung hielt. Erst spät am Abend, als schon fast alles zu spät war, sie sich angeschrien hatten und er verschwinden wollte, für immer, sahen sie die Spuren im oberen Holzrahmen der Außentür zur Cantina: Da hatte wer mit einer Stange die Verriegelung heruntergedrückt. Das war am Beginn des Sommers, bevor das große Unwetter kam, ein Hagelsturm, der in Minuten dem Garten und seinem Boot ein neues Gesicht gab; und bevor sein sechsundfünfzigjähriges Herz, angeblich, verrückt zu spielen begann und er mir auch sonst noch alles mögliche anvertraut hat.

Seine Uhr war also weg, nur noch der helle Streif am Handgelenk war ihm geblieben, und er hatte die Uhr geliebt, kann man sagen, sie war ein Stück von ihm, ein Stück der Überhäufung mit sich, so sehr, daß er erst damit anfing, sich überhaupt klar zu sehen; natürlich war sie schön gewesen, eine ganz und gar ästhetische, wertvolle Uhr, sein Schmerz über den Verlust war wie ein Gegenbeweis für die verbreitete Ansicht, daß die Liebe zwischen zwei Menschen der tiefste ästhetische Moment im Leben sei, aber wenn das schon mit einer Uhr funktionierte, konnte man solchen Momenten auch mit Mißtrauen begegnen. Und mit einiger Sicherheit hatte das Dora bei seinem Schrei am Morgen, Meine Uhr ist weg!, als einzige oder wahre Botschaft herausgehört.

Auf jeden Fall hatten sie jetzt beide Angst vor Einbrechern und traten nachts auf den Balkon, sobald es irgendwo knackte im Garten, er immer etwas vor ihr, wie es seine Art war, immer den Dingen ein Stück voraus zu sein, um nie in ihren Lauf zu geraten. Er horchte dann in die Dunkelheit und rieb sich das Herz, und in der Nacht, um die es hier geht, ahnte er wohl, daß seine schlimmsten Befürchtungen eingetroffen waren. Angeblich sei er ganz ruhig gewesen, als er noch allein auf dem Balkon stand, und hätte gleichsam auf sich selbst geblickt, auf den, der er war, als er noch geglaubt hatte, sein Leben nehme letztlich keinen Verlauf, sondern gehe einfach immer so weiter, und hätte sich, voller Nachsicht, eine Hand auf die Schulter gelegt, mit einem fast väterlichen Gefühl für sich in dieser Augustnacht auf dem Balkon eines Sommerhauses mit Blick auf jenen See, den er als zweite Heimat gewählt hatte, ohne daß es eine erste gab – väterlich vielleicht, weil sein Sohn so weit weg war, am anderen Ende der Welt, und er sich selbst ein Sohn sein wollte, aber auch, weil ihn den ganzen Tag über zwei Gedichte beschäftigt hatten, die einzigen, die ihm je geglückt oder gelungen waren. Eine gemeinsame Freundin hatte ihn am Morgen, bei einer Fahrt in meinem Boot, an diese alten Gedichte erinnert, und während wir um die Landzunge von San Vigilio fuhren, die beste Stelle des Sees, wo die Freundin eins der begehrten Zimmer in dem kleinen Hotel mit noch kleinerem Hafen hatte, waren ihm nach und nach Bruchstücke eingefallen. Aber erst jetzt, auf dem Balkon, tief in der Nacht, als alle anderen der Familie schliefen – nur sein Sohn nicht, weil in Neuseeland Tag war –, konnte er beide Gedichte wieder fehlerlos vor sich hinsprechen, das erste lag sechzehn Jahre zurück. Angst, mir werde das Herz nicht weiter, wenn ich Dich sähe, wäre ich blind / Angst, ich sei vielleicht jener Reiter, der zu späte durch Nacht und Wind. Furcht, Du könntest sachte sterben, sachte mir zwischen den Fingern zerrinnen / Furcht, Du könntest seltsam werden / Auf Umwegen nur Menschen Liebe gewinnen... Das waren seine Worte, dachte er, und waren es nicht, und ebenso fremd wie vertraut – vertraut wie die Träume von Landschaften, die uns Flügel verleihen – erschien ihm das zweite Gedicht, gewidmet der Kleinen und der Frau, die sie zur Welt gebracht hat, zehn Jahre vor dem Jahrhundertsom-

mer. Mädchenleis / Dein erstes Klagen, wagte nicht,
Dich anzuheben / Nur einen Kuß erbat ich dann, aus
Deiner Augen Ferne kam: Werd lang Dich überleben.
Helles Da!, Dein erstes Sagen, siehe da, die Welt im Lot
/ Und wieder bitt ich um den Kuß, Du schüttelst nur das
Häuptchen: So lustig buchstabierst Du Tod.

Etwas schreckte auf, etwas aus den Bananenblättern,
kein Rascheln, eher ein mattes Klatschen, fast menschlich in seinen Ohren, wie das Klatschen von Haut auf
Haut bei der Liebe. Nach dem Einbruch hatten sie Riegel an Türen und Fenster geschraubt und starke Lampen
mit Bewegungsmeldern in drei der Olivenbäume ge-
hängt, kleinliche Maßnahmen, dabei eher beunruhigend
als beruhigend: Was, wenn die Lampen nachts angingen
oder die Riegel den Einbrecher provozierten? Eine gewisse Beruhigung war eigentlich nur ihre Hündin, wild
aufgewachsen an einem spanischen Strand und vor der
Hinrichtung durch eine Todesspritze bewahrt, sozusagen ihr drittes Kind, heute aber, zusammen mit der Tochter, bei der Freundin in dem Hotel. Sie waren allein im
Haus, Dora und er, Mutter und Vater, Mann und Frau,
und auch Dora war das Klatschen der Bananenblätter in
den leichten Schlaf ihrer mittleren Jahre gefahren.

Ist da was? rief sie und erschien auch schon in der offenen Tür, eine Hand im Haar, und ich sehe die zwei auf
dem Balkon ihres Hauses – das für ein Sommerhaus viel
zu solide war, aber nach der Saison gleichsam in die
Leere führte, nur daß es ihn ans Fernsehen gekettet hat,
ganzjährig, um bei all dem Aufwand stets die Nase über

Wasser zu haben –, er in einer weißen Pyjamahose, sie nur mit Flipflops an den Füßen, als wollte sie Lärm machen mit den Absätzen.

Nein, sagte er, da ist nichts. Nur der furchtbare Hund.

Der furchtbare Hund war im Grunde nur ein einsamer Hund, der Nacht für Nacht, in Abständen, sein langgezogenes Heulen ausstieß, wie ein letzter Muezzin in einer geschleiften Stadt, einer, der nicht zum Gebet ruft, sondern in seinem Kummer um Hilfe, so wie dieser Hund um Hilfe rief, seit Jahren vergebens. Ist da wirklich keiner im Haus? fragte Dora jetzt flüsternd.

Nein, sagte er, da ist keiner. Höchstens ich.

Lachend habe er das noch hinzugefügt, daß höchstens er da sei, denn schließlich ging von ihm keine Gefahr aus; die Gefahr steckte allenfalls in ihm: der er in diesem Sommer erstmals sein Herz gespürt hatte, nicht das der Dichtung oder der Lieder, sondern das der Medizin und des Sports. Fast von allein strich seine Hand über die linke Brust, in Ausübung einer sinnlosen Therapie nach einem Tag mit zuviel Sonne (erst in meinem Boot, dann in seinem), einem Tag von phänomenaler Klarheit nach dem großen Auguststurm – der See von dunklem Blau, eine kostbare Scheibe, die Berge moosgrün, der Himmel ganz nackt, ein Freibrief für die Sonne: die einen bis in den Abend dieses sechsundzwanzigsten August verbrannt hat. Es ist das verdammte Boot, flüsterte Dora, es bringt dich noch um.

Sie trug, wie gesagt, nichts am Leib, nur ihre neuen Badeschuhe mit kleinem Absatz, als lasse sich der Einbrecher mit dem Klickklack vertreiben, aber es schien keinen Einbrecher zu geben, die Lichter wären sonst angegangen, nach menschlichem Ermessen; und sie gefiel ihm in ihrer nächtlichen Nacktheit – oder muß ihm gefallen haben, nach meinem Ermessen –, eine nackte Frau von zweiundfünfzig in Flipflops auf einem Balkon, der noch warm war vom Tag, leicht über die Brüstung gelehnt, das Mondlicht auf dem Rücken, keine Armlänge von ihm entfernt: die, die er offiziell liebte, unter aller Augen, nur nicht den eigenen. Die beiden schliefen in verschiedenen Räumen, seit jeher, sie waren an sich sehr verschieden, das hat sie immer etwas getrennt und dabei im großen und ganzen zusammengehalten; als er sie kennenlernte, war Dora vierundzwanzig, so wütend jung wie der Hund, mit dem sie damals herumzog. Sie hatte im Bahnhofsviertel mit drei anderen Frauen in einer Wohngemeinschaft gelebt, sich dort bis tief in die Nacht Zigaretten gedreht und stets das Papier hinreißend angeleckt (auch unter meinen Augen), dazu die Werke des alten Freud in einer Raubdruckausgabe gelesen und kräftig Bier getrunken, und wenn sie gelegentlich ein Messer nach ihm warf, zielte sie nie unterhalb der Gürtellinie. Und doch, mag er gedacht haben: Würde ihm ein launischer Gott das Angebot machen, ihre Zeit noch einmal zurückzudrehen, während die seine stehenbliebe – und ihr womöglich noch einhauchen, daß sie einen Herzmasseur in eigener Sache aufregend finden müßte –, so stieße er auf ein entschiedenes Nein.

Aber da war doch was, sagte Dora beharrlich.

Das war der Wind in den Bananen – er wollte sie beruhigen, sie sollte wieder schlafen gehen, schon damit sie morgen nicht schlecht gelaunt wäre und mit auf sein Boot käme, das nur äußerlich unter dem Hagel gelitten hatte, nicht im Inneren, wo die dreihundert PS auf Betätigung warteten; immerhin kam die Kleine jetzt manchmal mit, überhaupt machte sie mehr mit ihm, seit der Bruder am anderen Ende der Welt war, oder neigte sich ihm zu, wie er es sich immer gewünscht hatte (Und wieder bitt ich um den Kuß, Du schüttelst nur das Häuptchen). So habe sie zum Beispiel vor einigen Abenden erstmals ihre geheiligte Zahnbürste in sein oberes Bad gestellt, um das sie jahrelang einen Bogen gemacht hatte, für ihn fast ein Wunder, ja, sie forderte ihn zum gemeinsamen Zähneputzen heraus und begann, seine Toiletteartikel auf den neusten Stand zu bringen, irgend etwas Abschreckendes an ihm, glaubte er, müsse sich verflüchtigt haben in diesem Sommer, wie sich auch üble Gerüche irgendwann verflüchtigen oder der Anblick eines Gebrechens alltäglich wird; und vor einigen Abenden war sie sogar auf ihn zugegangen, als er mit Rasierschaum auf den Wangen vor dem Waschbecken stand, hatte ihm den Rasierer aus der Hand genommen, ihn geheißen, auf dem Klodeckel Platz zu nehmen, und ihn dann gründlich rasiert, erst mit dem Wuchs, dann dagegen, das hatte sie sich abgeschaut, und einen Tag später kam sie vom Einkauf mit frischen Klingen, besseren als seinen, Klingen aus der Werbung, wo alle Väter, auch die älteren, gut riechen.

Aber ich habe ein Knacken gehört, flüsterte Dora. Wie von gesplittertem Holz. Wäre nur der Hund da ...

Sie fühlte sich allein mit ihm, wie sie sich schon mit mir allein gefühlt hatte, er konnte sie nur besser von ihrer wahren Verfassung ablenken, nicht aber in dieser Nacht, in dieser Nacht war alles zuviel, die ganze Leere des Hauses, all die Betten, die zur Verfügung standen, die Zimmer, die Zeit, die Weinvorräte; natürlich hatten sie abends zusammen geschlafen, was sonst, in der Stunde vor Mitternacht, die ihnen seit Jahren nicht mehr gehört hatte, eine Freiheit, von der sie völlig überrascht wurden, wie ihre Nachbarn und Freunde zu Hause (die auch meine Nachbarn waren), Elfi und Lutz, beide Ärzte, die Kinder studierten längst, und sie hatten die ganze Wohnung für sich, konnten tun, was sie wollten, wenn sie's denn wollten, da lag das Problem – man müßte es sich vornehmen und geradezu neu erlernen, so Lutz, der Psychiater, und Elfi wollte diese Sache zunächst mit einem Tangokurs wieder in Schwung bringen, für Dora ein Witz: Bettdinge könne man nur tun oder lassen, fertig. Und sie hatten sie getan an dem Abend, weder schlechter noch besser als früher, nur mit einem kleinen Streit danach, weil keiner dem anderen sagen wollte, was ihm dabei durch den Kopf ging, als seien diese Gedanken mehr als nur Eselsbrücken, um auf den Punkt zu kommen, als seien sie, bei näherem Hinsehen, nichts als verletzend. Er ging jedenfalls davon aus, daß ihre Aufrichtigkeit ihn verletzt hätte; nur bringt die Vereinigung zwischen Menschen ja immer

Probleme mit sich (letztlich eine unlösbare Aufgabe, wollte man alle unerwünschten Effekte ausschließen, wie Argwohn, Eifersucht, Überdruß, Großsprecherei und Verrat, um nur einige zu nennen, aber einer wie ich hat leicht reden, einer, der seinem finalen anderen stur aus dem Weg geht).

Ja, sagte er, ich habe auch etwas gehört, aber kein Splittern, eher ein Knacken. Das Holz arbeitet nachts. Er hatte es tatsächlich gehört, dieses Knacken, noch vor dem Geräusch aus den Bananen, aber er hatte dem keine Bedeutung beigemessen oder das Geräusch aus dem Garten über das aus dem Hausinneren gestellt, um sich selbst zu beruhigen, und nun war das Gegenteil eingetreten: Er wurde das Gefühl nicht los, daß da irgend etwas nicht stimmte – den eigenen Herzschlag habe er plötzlich gehört, dieses unheilvollste aller Menschengeräusche. Dora versuchte, auf die Terrasse zu schauen, sie beugte sich weit nach vorn, er dachte, sie könnte über die Brüstung fallen, und hielt ihren Arm. Da liegen noch die Polster herum, sagte sie. Du hast sie wieder nicht reingebracht.

Er wollte etwas einwenden: daß es nicht regnen würde, nicht in dieser Nacht und auch nicht morgen – sie könnten also Boot fahren, in seinem weißen Boot mit den Beulen vom Hagel –, er hatte das aus dem Internet, direkt vom Satellitenfoto, über Norditalien stand ein einziges großes Hoch, das erste Wolkenfeld lag über Spanien, doch er ließ seinen Einwand fallen, er war zu müde, um Dora zu widersprechen. Nur über fremde

Geräusche und fremde Gerüche hätte er noch reden können, wie sie es seit dem Einbruch schon öfter getan hatten, nachts am Balkongeländer, unmerklich auf den Hund gekommen.

Dann schlafen wir jetzt, sagte Dora, und er nickte ihr zu und blieb stehen. Eine neue Art Müdigkeit hatte ihn angeblich in diesem Sommer befallen, eine, die der Schlaf höchstens verringern konnte, nicht aber aufheben und in Wachheit verwandeln. Sein Zustand am Morgen, sagte er, lasse sich kaum als Wachheit bezeichnen, eher als ein Sichwehren gegen die Versuchung, den Tag schon preiszugeben; aber ich fürchte, es war für ihn schon morgens zu spät, sich gegen die Tagesniederlage zu stemmen, er hätte gar nicht erst daran denken dürfen, schon wieder gegen die Nacht verloren zu haben.

Soll ich unten nachsehen? fragte er plötzlich. Willst du, daß ich runtergehe? Oder sollen wir dieses ganze Haus verkaufen? Und Dora, wie ich sie kenne: Von mir aus, ich brauche das alles nicht. Und auch nicht den Scheißsee. Ich brauche gar nichts.

So etwas sagte sie gern in solchen Momenten, vor vielen Jahren, zweiunddreißig, während der Olympischen Spiele in München, hatte sie es auch mir ins Gesicht gesagt: daß sie gar nichts brauche, gar nichts. Das war am Südende des Scheißsees, in Desenzano, wo wir für eine Nacht festsaßen, weil mein Auto am Ende war und sie daher nicht rechtzeitig in ihre wöchentliche Gesprächsgruppe kam und mich folglich haßte, und das alles in einem alten Hotel mit witzigem Namen, Splendid Mayer, gleich am Hafen; dort hatten wir ein Zimmer für diese Nacht, die letzte mit Dora, wir hatten es spätabends bezogen, ein stickiger dunkler Raum, und ich wollte sofort und mit Gewalt die Balkontür öffnen und drückte gegen den verklemmten Riegel, der sich jäh aus seiner Verkantung löste und wuchtig nach links schoß, wo meine andere Hand noch dagegenhielt, und mir den Daumennagel regelrecht spaltete, während Dora schon auf dem Eisenbett saß, nackt – sie hat ja dieses Talent, sich blitzartig auszuziehen –, und nach meinem Schrecklaut, bevor der rasende Schmerz kam, das Licht auf dem Nachttisch anmachte. Sie sah den gespaltenen Nagel, aus dem schon das Blut quoll, und fragte, warum ich nicht schreien würde, und ich schrie ihr ins Gesicht, ich würde nie schreien, auch nicht wegen dieses Schmerzes, und bat sie dann auf den Balkon, um sich den See anzuschauen, und sie sagte: Ich brauche keinen See, ich brauche gar nichts.

Und ganz sicher war damals sowenig an dieser Behauptung dran wie heute, höchstens das Gegenteil: daß sie nämlich alles brauchte, Liebe in jeder Form, die plausibelste Erklärung für das Leben, auf das sie inzwischen zurücksah, mit ihren Kindern, ihrem Hund, ihrem Mann plus Haus am See und einem Boot, das sie verfluchen konnte; und so traf ihn denn auch, als er tatsächlich, auf Zehenspitzen, Richtung Treppe ging, ein geradezu besorgter Blick: Ob ihm da unten womöglich etwas zustoßen könnte ... Dora litt ja unter seinem Leichtsinn, den er gern als Mut ausgab, ein Leichtsinn, der ihn bis nach

Mogadischu geführt hatte, mitten in den Bürgerkrieg, wo er einen verwegenen Agenturfotografen, Hansi Krauss, Tag für Tag durch die weiße Trümmerstadt chauffierte, bald ebenso verwegen, ohne davon mehr zu merken als den Fahrtwind im Haar, eine Luft, die nach Salzwasser und Kerosin roch, nach Verwesung und Brand; sie waren zu zweit im offenen Jeep, ohne jeden Begleitschutz, und manchmal seien sie auch ausgestiegen, hatte er mir erzählt, um die Milizen auf ihren Pickups oder die Toten in den zerstörten Hotels zu fotografieren – ein immer weiteres Vorwagen im blendenden Weiß der Ruinen mit den schwarzen Punkten der Geier, die überall saßen, bis er sich eine Krankheit zuzog, die seine Abreise erforderlich machte; und am nächsten Tag, nach einem Angriff der Amerikaner, wurde Krauss auf einer Tour, für die er wieder als Fahrer vorgesehen war, von den Somalis gesteinigt, während er sicher im Flugzeug saß, einem italienischen Truppentransporter, und seine und meine Dora von all dem nichts ahnte.

Gut, dann gehe ich jetzt, flüsterte er, warte hier.

Sein Flüstern schien die Lage verschärft zu haben, denn er machte einen Umweg zum Schreibtisch, wo er seine Waffe aus der Schublade nahm. Bist du verrückt? sagte Dora; sie war ihm gefolgt und stand jetzt dicht hinter ihm, er muß ihren Atem am Ohr gespürt haben. Was soll das Scheißding?

Das Scheißding war, wie gesagt, eine 38er, vor x Jahren in einem ersteigerten Koffer gefunden, samt Munition, und seitdem in seinem Besitz, illegal, aber hier im

Sommerhaus gut aufgehoben; er hatte erst ein paarmal damit geschossen, zuletzt bei der Jahrtausendwende, immer wieder beeindruckt, was das Ding anzurichten vermochte, armdicke Äste konnte man damit wegfetzen wie Styropor. Es ist nicht geladen, sagte er, was erstens eine Behauptung war und zweitens keine Antwort auf ihre Frage, und Dora ging an ihm vorbei, aufs Klo, wie sie stets aufs Klo geht, wenn es brenzlig wird; er klappte die Trommel heraus. Sechs Patronen steckten darin.

Auf Zehenspitzen trat er wieder auf den Balkon und sah über den nächtlichen See. Ein einzelnes Boot zog mit dumpfem Geräusch seine Bahn Richtung Süden – ein Riva, dachte er, obwohl die alten Rivas nachts so gut wie nie unterwegs waren, man brachte sie abends in sichere Häfen, noch besser in geschützte Hallen, und gegen Mittag tauchten sie dann vor San Vigilio auf, so wie ich heute in meinem Boot aufgetaucht war, um mit Dora und ihm, der Kleinen und dem Hund und unserer gemeinsamen Freundin, die Tochter und Tier für die Nacht bei sich hatte, den Tag zu verbringen (einem Boot aus dem Jahr, in dem mir der Riegel im Hotel Splendid Mayer den Daumen gespalten hatte – der immer noch häßlich aussieht, jetzt, da ich dies festhalte, im selben Haus, auf dem kleinen Balkon von Zimmer 228, das ich einmal im Jahr belege, Ende August, um halbe Nächte lang dort zu sitzen, mit Blick auf einen schwachroten Mond, wenn ich den Kopf etwas drehe, und meinen entstellten Daumen, wenn ich ihn senke, aber auch auf meine abgedeckte alte Olympus, wenn ich ihn hebe;

denn gleich vor dem Hotel ist der Kai, an dem man sein Boot vertäuen kann, in den windstillen Nächten Ende August kein größeres Risiko, und so sehe ich also den Mond und meinen Daumen und mein Boot und dazu noch ein Stück der Flaniermeile von Desenzano, wo nichts mehr wie damals ist, nämlich von einfachem Charme. Nur dieses Zimmer und die Pärchen vor dem Kai sind unverändert, die nuttigen Frauen und ihre zuhältrigen Männer, zu Aberhunderten ziehen sie herum, ich kenne keinen anderen Ort mit soviel ordinärer Schönheit, und natürlich sind es keine Nutten, wie es auch keine Zuhälter sind, es sind Mütter und Väter, Geliebte, Schwestern, Freundinnen oder Cousinen, Onkel und Brüder, Kindermädchen oder entfernte Verwandtschaft, die Männer telefonierend, die Frauen allesamt auf lebensgefährlichen Absätzen, Tortur für die Füße, dabei mit nacktem Bauch und freiem Rücken, der wenige Stoff am Leib wie ein Palimpsest über dem zierlichen Schriftzug der Wäsche, während die Männer, mit Sonnenbrille auf der Stirn und Löckchen im Nacken, mit offenem weißen Hemd und künstlich geflickten Hosen umhergehen. Was ist nur los mit den Italienern, denke ich, was ist nur in sie gefahren, alle scheinen sie vernarrt in den Sex, ein reines Theater, das in die Leere führt wie ein Sommerhaus, wenn der Herbst kommt; erst gegen Morgen schließe ich die Läden mit dem Riegel von damals und schlafe, bis mich die Gedanken wecken, etwas in mir, das niemals zur Ruhe kommt, sich immer mehr verwickelt und an sich selber reibt, aber keiner wird einfacher mit den Jahren, und eines Tages sind die Knoten so fest, daß man nur noch erlöst werden kann – wer darauf nicht warten will, sollte Boot fahren. Jeder andere Gedanke ruht in mir, wenn nur noch die Griffe zählen, um meine Olympus in Gang zu bringen: Plane aufhaken, den Fahnenstab einsetzen, Motorraum lüften, den Strom anstellen, die Leinen lösen, die Leinen verstauen, den Blower einschalten, damit die Gase abziehen, die Plane falten, das Sonnensegel errichten, den Motor anlassen, Benzin und Ölstand prüfen, den Vorwärtsgang einlegen und sachte den Gashebel – Backbordseite – nach vorn schieben, das mächtige Lenkrad ergreifen, den Gashebel drücken, und schon zieht das Riva, hart am Wasser wie ein Sportwagen am Asphalt, davon, hinaus aus dem Hafen, in die Weite vor Sirmione, die Thermen des Catull, im Hintergrund die Berge, der Cañon des Sees, noch im rauchigen Dunst: Gargnano mit seinen Olivenhängen – unser Ziel an dem Tag, um den es hier geht.

Mit Vergnügen und etwas Hinterlist hatte ich ihm das Lenkrad ohne jegliche Lenkhilfe überlassen, da mußte er zupacken und mit der linken Hand Gas geben, und schon schoß das Boot vorwärts, ein Brett, bei dem jede Welle ins Kreuz geht; der Komfort eines Riva besteht allein in der Schönheit, wie bei seiner gestohlenen Uhr, die nicht einmal Sekunden angezeigt hat. Und später, als wir allein auf dem Boot waren, die Frauen, das Kind und der Hund ihren Bummel machten, allein vor den Felswänden nördlich von Gargnano, wo der See jäh in die Tiefe geht, zu seinen eiszeitlichen Anfängen, erzählte er mir, beflügelt von der rauhen Fahrt, vielleicht auch erschüttert, von einem Projekt, das ihn für immer von den Ketten des Fernsehens, an die er sich selber geschmiedet hatte mit seinem Leben am See, befreien sollte, ein Projekt mit dem einfachen, aber beredten Titel Der Erlöser – die Geschichte eines namenlosen Wanderers, der aus den Steppen Afrikas, wo die großen Religionen aufeinanderprallen, nach Europa gelangt. Dort zieht er umher und wird eines Tages, am Rand einer Großstadt, zusammengeschlagen und von einer älteren Frau, einer Lehrerin, über viele Wochen gepflegt und dazu unterrichtet, bis er sie über Nacht verläßt, voller angestauter Gefühle für sie, und von da an, wie Jesus, die verschiedensten Wunder vollbringt.

Was das für Wunder seien, hatte ich ihn gefragt, während wir auf dem See langsam nach Süden trieben, und offenbar war es ihm peinlich, darüber zu reden, es paßte so gar nicht zu allem, was er bisher gemacht hatte. Zum Beispiel fallen sämtliche Fernsehgeräte in seiner Umgebung aus, sagte er schließlich, den Menschen bleibt nur noch das Wort und die Schrift. Aber das ist bloß der Anfang; der Erlöser, wie der Namenlose bald genannt wird, kann jede Waffe, auf die er den Blick richtet, unbrauchbar machen, vom schlichten Gewehr, das nicht mehr schießt, bis zum satellitengesteuerten Flugkörper, der wie ein Stein am Boden bleibt; er vermag aber auch die Hartherzigen von sich selbst zu erlösen – kein Glücklicher oder Seliger kann mehr glücklich und selig sein, wenn auch nur einer der Verdammten dieser Erde in der Nähe ist, es sei denn, er würde sein Glück mit ihm teilen. Und dabei ist mein Erlöser kein Prediger oder Weisheitsverbreiter, im Gegenteil, er schweigt zu seinen Wundern: ein stiller Spielverderber für alle Säbelraßler und Ruhmsüchtigen, einer, der mit leeren Händen die Menge gewinnt, ohne Sex, aber mit dem Eros des geraden Blicks, nur darin seinem Vorgänger Jesus verwandt, und dabei von einer Statur, an die weder Medien noch Geheimdienste heranreichen. Er ist ein Mensch von anderer Welt, jedoch mit Augen für diese Welt, Augen, die man ihm am Ende aussticht, nachdem sich die Mächtigen, lächerlich gemacht durch die Unbrauchbarkeit ihrer Waffen, zusammengetan haben, über alle Schranken hinweg, und man in Geheimsitzungen die Liquidierung des Erlösers beschlossen hat, durch eine Sonderabteilung der CIA – hier erst fingen meine Bedenken an, als es reißerisch zu werden versprach –, und dieser Schergentrupp, ebenfalls mit unbrauchbaren Waffen, erschlägt die neue Hoffnung der Welt schließlich mit bloßer Hand und nagelt den Leichnam aus Übermut an ein Kreuz und sticht ihm die Augen aus. Und all das wird im Wettlauf mit der Zeit erzählt; der einzige Mensch, dem sich der Erlöser je anvertraut hat, die Frau, die ihn gepflegt und unterrichtet und am Ende geliebt hat, schreibt um ihr Leben, damit die Geschichte nicht verlorengeht, denn die Schergen sind ihr, die allein Zeugnis ablegen kann, bereits auf den Fersen, damit beginnt das Buch oder sollte es beginnen, wenn es je geschrieben wird. Mir bleibt kaum Zeit, dies alles festzuhalten, denn sie sind hinter mir her – das sei der erste Satz, sagte er, als wir an der Villa Feltrinelli vorbeitrieben, wo die Glücklichsten der Glücklichen, von allem abgeschirmt, Urlaub machen, ein Dutzend Leute in Korbstühlen, verteilt auf einen gewaltigen Park mit Villa, den schon der Duce genossen hat. Und der letzte Satz? fragte ich etwas boshaft, womöglich aus Neid, weil die Geschichte so bestechend war. Jetzt kommen sie, mich zu holen, sagte er und ließ den Motor an und fügte mit lauter Stimme hinzu, er werde dies Buch wohl kaum schreiben, schon gar nicht unter seinem Namen, von dem kein Hauch Sozialschwachheit ausgehe, wenn überhaupt, dann unter dem einer Frau, der man die Erzählerin ohne weiteres abnähme, einer Frau mit kurzem, schönem Namen, irgend etwas auf I, das nach Zerbrechlichkeit klinge, wie etwa Todi, einer Person, die sich darüber hinwegsetzen könnte, daß man nicht alles erzählen sollte, was erzählbar ist, auch nicht, wenn man dazu imstande sei, dann vielleicht am wenigsten; außerdem hätte er keine Erklärung für all die Wunder, was die Geschichte aber ins Märchenreich rückte. Nur das Unfaßbare und doch ganz in sich Logische könne uns nämlich erlösen, rief er noch, aber das müßte erst einmal eintreten, wenn etwa seine Uhr wieder auftauchte, auf irgendeinem Flohmarkt, oder ein Schutzengel im letzten Moment aus gutem Grund die Hand nach ihm streckte! Und damit schob er den Gashebel zum ersten Mal ganz nach vorn, wie um den Lärm des alten Achtzylinders zwischen sich und mich zu bringen, wo doch, mit Dora und all dem, was mir später nicht mehr mißglückt war, schon genug zwischen uns stand.

Und abends, erschöpft von uns selbst und der Sonne, waren wir dann Gäste der gemeinsamen Freundin, in einer der berühmten Tischnischen von San Vigilio, gleich am Wasser, und hatten die besten Antipasti bekommen und den schlechtesten Fisch, aber das ganze Drumherum hatte für den Fisch entschädigt, ja sogar für einen Mückengrill mit ständigem Brandgeruch, wenn die Angelockten knisternd in Flammen aufgingen, wofür die Gastgeberin gleich die Verantwortung übernahm, eine Frau, die sich sogar für ihre Wohltaten entschuldigte, während ihr Mann, ein bekannter Intendant, zu den Leuten zählte, für die es gereicht hat, das Licht der Welt zu erblicken, um ein für allemal über die Welt zu triumphieren.

Er und Dora waren genau unter diesem Mückengrill an der Decke gesessen, von ihm, etwas leichtfertig, als Mückenkrematorium bezeichnet, und hatten den Abend dennoch genossen, besonders die Kleine war glücklich, und dann kam noch diese Idee, die Nacht im Zimmer der Freundin zu verbringen, samt ihrem Tier, und so waren die beiden allein im Haus, ich wiederhole es, und hörten unten im Ort den Muezzin-Hund, der einfach nicht sterben wollte trotz allen Kummers, als gebe es doch noch einen letzten Halt in seinem hündischen Leben.

Er heult schon wieder, sagte Dora, als sie aus dem

Bad kam. Wir müssen ihn suchen und den Leuten abkaufen.

Seit Jahren hatten sie diesen Plan, aber es war nie zu der Suche gekommen, der heulende Hund existierte tagsüber nicht, es gab ihn nur bei Nacht, so wie es all die Geräusche im Haus nur bei Nacht gab. Soll ich jetzt runtergehen? fragte er. Auch wenn dort unten nichts ist.

Nein, warte noch, flüsterte sie. Vielleicht sollten wir Licht machen. Ich lese ein bißchen, und du arbeitest, dann ist alles wie tagsüber.

Er überdachte ihren Vorschlag – arbeiten müßte er sowieso, nach einem Anruf am Vortag, seine Producerin aus Berlin mit Änderungswünschen, eine liebenswerte, nur leider immer dünner werdende junge Kettenraucherin, die gar nicht mit eigenen Wünschen kam, sondern denen des Regisseurs und der Hauptdarstellerin sowie einer Redakteurin, Frau Gödel, die für das beliebte Format (zwanzig Uhr fünfzehn bis einundzwanzig Uhr fünf) zuständig war. Und alle drei hätten sie eine Stunde lang darüber geredet, ob es in einer U-Bahn Abfallkörbe gebe oder nicht, denn dort hatte, laut seinem Buch, die Kommissarin ihre Dienstwaffe vor dem Entführer der U-Bahn versteckt, um sie im geeigneten Moment hervorzuziehen, jedoch mit einem Kaugummi am Griff – darauf war es ihm angekommen: daß sie es plötzlich mit diesem Kaugummi zu tun hätte, aber die ganze Sache mußte gestrichen werden, angeblich weil es keine Abfallkörbe in U-Bahnen gab, und dazu noch x andere Änderungen; und er hatte keins der Drehbücher mitge-

nommen in den Sommer, nur den Laptop mit den Da-
teien, also hat er die Änderungen dort gleich eingegeben
und dabei mit Berlin telefoniert, ohne Freisprechvor-
richtung, seine Tochter – für die eine Rolle in dem Buch
vorgesehen war, als kleine Tochter des Entführers, vor
der er schließlich in die Knie geht – hatte ihm den Hörer
ans Ohr gedrückt, während auch ihr Text Änderungen
erfuhr und er sein übliches Kopfweh bekam, vor Wut,
weil das Buch nicht besser wurde, im Gegenteil; denn
natürlich gab es Abfallkörbe in U-Bahnen, und das
Kaugummi an der Waffe war ein hübsches Detail, um
den Charakter der Heldin zu zeigen; erst versuchte sie,
es von dem Griff zu lösen, und dann fand sie sich damit
ab, es war unerheblich gegenüber den tatsächlichen Problemen, und die Waffe würde auch mit Kaugummi am
Griff funktionieren.

Gezittert habe er nach diesem Gespräch, erzählte er
mir auf dem Boot, gezittert vor Zorn, aber wenn jemand
wie er wirklich zittert, dann weder vor Zorn, weil er Än-
derungswünsche erfüllen muß, noch vor Angst, weil
Einbrecher im Haus sein könnten, sondern nur vor
einer ihm jäh zu Bewußtsein gekommenen Sehnsucht
nach einem anderen Leben als dem, das er führte.

Ich könnte trotzdem runtergehen, flüsterte er.

Nein, warte noch.

Dora nahm ihn am Arm, und sie traten ein Stück in
den mittleren Raum, von dem eine Steintreppe nach unten ging. Es war ruhig im Haus, nur der große Kühlschrank brummte, vielleicht etwas lauter als sonst, als

stünde die Tür zur Cantina auf. Da ist nichts, sagte er und ließ seine Hand – die Hand ohne Revolver – an Doras Rücken herabgleiten, bis er ihre Rundung spürte. Irgendwie hatte er Lust auf sie, aber er müßte ihr schon erklären, was das jetzt sollte, irgendwie, das war zuwenig, man kam auch nicht irgendwie in ein Haus mit geschlossenen Läden vor jedem Fenster, jeder Tür, man mußte die Schwachstelle kennen und sie dann lautlos überwinden. Vielleicht kam das Geräusch auch von hier oben, sagte Dora, und er löste sich von ihr und sah in die sogenannte Apsis über der Treppe, wo sie Koffer und Bettzeug verstaut hatten, aber da war nichts, ebensowenig im Bad und in seinem Zimmer oder dem mittleren Raum, in dem sie standen, oder ihrem, dem komfortableren Schlafzimmer, das sie sonst mit Hund und Tochter teilte, die aber in San Vigilio waren, bei der Freundin. Hier oben sind nur wir, sagte er, aber der größte Teil des Hauses lag damit im ungewissen, wie etwa die Cantina mit dem Kühlschrank.

Beide hörten sie jetzt das Brummen, und Dora flüsterte: Ich hatte sie zugemacht, die Tür zur Cantina, und er wollte schon sagen, er hätte sie wieder aufgemacht, um noch ein Wasser zu holen, und dann wohl aufgelassen, aber er sagte es nicht; statt dessen hielt er, wie sie, den Atem an. Sie standen auf dem kleinen gekachelten Absatz vor der Treppe, zwischen dem oberen Wohnraum mit seinen Büchern, seinen Bildern, seinen Dingen, und dem Zimmer, in dem er schlief, vor einer schmalen Wand mit drei gerahmten Karikaturen über das schwere Los der Autoren (der Verleger zu einer Unglücksfigur an der Bar: So, tell me ... are you an important poet?). Und sie hielten den Atem an, wie am Abend in dem Lokal von San Vigilio, als eine Dame mit laubfarbener Haut von geradezu raschelnder Trockenheit nach einem langen Kampf um Sommerbräune auf einen Handyanruf hin im Begriff war hinauszugehen, um keinen zu stören, jedoch auf einmal stehenblieb, mit einem lauten Ausruf auf deutsch: Sie wolle es wissen, jetzt, sofort, auf der Stelle wolle sie die Wahrheit! – die sie dann auch erfuhr, jedenfalls schrie sie einen Namen und taumelte, weinend und schreiend, zur Tür, und nichts war wie vorher in dem Lokal, das Unheil war hereingebrochen, und er hatte gleich gemeint, man müßte einen Film machen, der mit diesem Zwischenfall anfängt und dann die Leute, die an den wenigen Tischen Zeugen waren, weiter begleitet – einen Film, der erzählt, wie das Leben eines jeden dadurch eine Wendung nimmt (jemand bleibt, statt abzureisen, eine lange verheimlichte Bosheit kommt so ans Licht; ein anderer verläßt statt dessen Hals über Kopf das Hotel, verunglückt unterwegs tödlich usw.), so wie ihr Abend auch eine Wendung genommen hat, mit der Idee der Freundin, daß Tochter und Hund bei ihr im Hotel übernachten könnten, gewissermaßen als Entschädigung für die Szene, die einen Schatten auf den schönen Abend in der Fensternische über dem See geworfen hatte, einen Schatten, für den sich die Freundin gar nicht genug entschuldigen konnte, als hätte sie persönlich das Leben der laubfarbenen Dame mit einem Anruf ruiniert.

Sie hielten noch immer den Atem an, und auch Dora dachte an die Szene vom Abend. Die schreiende Frau, das war bestimmt eine Todesnachricht, flüsterte sie, obwohl man schon am Tisch, vor dem Sorbet, diese Möglichkeit als die wahrscheinlichste angesehen hatte. Oder sie wurde verlassen, entgegnete er, aber Dora schüttelte gleich den Kopf; ihr hatte der Schrei mehr zugesetzt als der Kleinen, am liebsten wäre sie auch bei der Freundin geblieben, mit der Kleinen, ihrem zweiten Kind, für das sie so sehr gekämpft hatte, obwohl sie damals nur noch wegwollte von ihm (das verbindet uns, ihn und mich), aber dann war ihr dieses Leben, für das sie beide Augen zugemacht und die Beine geöffnet hatte, geschenkt worden, und seitdem übersah sie bei keinem Paar die Zeichen einer unaussprechlichen Traurigkeit, wenn sich die Blicke der Eltern über dem Kopf ihres einzigen Kindes, das wie ein dritter, kleiner Erwachsener dasitzt, in ausgesuchter, rebellischer Kleidung, mit närrischem Schmuck im Haar oder die Augen ummalt, in den Fingerchen ein silbriges Zaubergerät, wie die zweier Komplizen treffen, die es verpaßt haben, das ganz große Ding zu drehen.

Wir hätten ihr vielleicht helfen können, sagte Dora, und er machte ein leises, auf die Vergeblichkeit einer solchen Mühe anspielendes Geräusch im Hals und horchte dann wieder nach unten, den Revolver jetzt hinter dem Rücken, überzeugt davon, daß sie nichts hätten tun können, gar nichts, denn wer weiß schon, was in heiklen Momenten getan werden muß, oder – wichtiger noch –

was man unterlassen sollte. Sein Beitrag wäre das Drehbuch dieses Abends, mit einer einzigartigen Szenerie nach der Szene beim Essen, da war man nämlich noch in den liliputanischen Hafen von San Vigilio gegangen, wo eine Sängerin mit wehendem Rock auf schmalem Steinvorsprung vor dem alten Gemäuer stand und Tangolieder in die Nacht sang, zu einem elektronischen Instrument, das sie selbst bediente, während auf der anderen Seite des Beckens, auf einer halb unter Lauben gelegenen Mole, die Gäste saßen, die dem Schrei entflohen waren, Drinks und Zigaretten in der Hand, und sich eins der Paare – die Frau hatte geweint nach dem Schrei – auf der etwas breiteren Spitze der Mole im Tango versuchte, gar nicht so übel, wie er fand, sicher zwei, die einen Kurs belegt hatten, wie ihre Nachbarn und Freunde, Elfi und Lutz, die sich aber jeweils nach dem Kurs in ihrer Wohnung, beim Wiederholen der Übungen zu den Liedern von Carlos Gardel, so heftig stritten, wie sie sich vor dem Kurs niemals gestritten hatten, im Grunde ein ganz ruhiges Paar, friedliebende Leute, die einander höchstens aus dem Weg gingen oder sich mit Schweigen in Schach hielten, wenn der Haussegen schief hing, doch der hing fast immer gerade; beide waren glücklich mit ihren erwachsenen Kindern und zufrieden in ihren Berufen, jeder mit eigener Praxis (sie die Ärztin, der er sein Herz anvertraute, das medizinische und sogar etwas darüber hinaus, und ich meinen Blutzucker), aber dann hatten sie diesen Kurs belegt, und in die Ehe kam ein künstlicher Schwung, wie bei den beiden an der Spitze der Mole, auch sie im wehenden Rock, also zwei wehende Röcke, und der der Sängerin sogar durchsichtig. Ein handwarmer Wind blies vom See in den winzigen Hafen, alle Kleidung flatterte, doch die der Sängerin besonders, immer wieder hatte er einen Streif ihrer braunen Schenkel gesehen und hätte den Rat seiner Hausärztin gebraucht, weil das Herz wieder da schlug, wo es nicht hingehörte, wie auch später, tief in der Nacht.

Sein Herz schlug fast dort, wo er vorhin noch das Geräusch der vergeblichen Mühe erzeugt hatte, als er die ersten Stufen nach unten ging, während Dora mit einer brüsken Drehung kehrtmachte: alles Weitere wäre seine Sache. Warte, sagte er und ging die zwei Stufen wieder hinauf, worauf sie ebenfalls kehrtmachte, ihre Flipflops nun in der Hand, bis beide erneut unter den Karikaturen standen, er unter der, die ihm am meisten zu denken gab (Have a drink with me, sweetheart ... I'm celebrating twenty-five years of being a promising writer!). Jahrelang hatten wir hier Ruhe, flüsterte Dora, wir gingen abends essen und ließen die Balkontür auf, und so wird es auch wieder, dieser Einbruch war Zufall, also schmeiß die Pistole weg, wirf sie in den See, wenn wir das nächste Mal aufs Boot gehen, bitte.

Das ist keine Pistole, erwiderte er, das ist ein Revolver. Und wir werden nicht aufs Boot gehen, weil der Hagel das Boot ruiniert hat, wie dieser Anruf das Leben der sonnenverbrannten Dame. Und ich glaube auch nicht, daß es wieder so sein wird wie früher.

Er war fest davon überzeugt, daß die alten Zeiten

vorbei waren, aber Dora hielt dagegen: alles werde wie vorher. Und plötzlich, erzählte er, hätten sie von früheren Sommern gesprochen, zum ersten Mal – Weißt du noch, sagte Dora, das Jahr, in dem wir das Venedig-Bild so günstig gekauft haben und im Pool noch kein einziges Mosaik lose war und Elfi und Lutz uns besucht haben ... Und wie er das angeblich gewußt hatte, weil es so ein gutes Jahr gewesen sei, ein Jahr der Fügungen und stabilen Verhältnisse, mit einem Zuwachs an Schönheit ohne größere Einbußen – das Venedig-Bild hatte nur eins Komma acht Millionen Lire gekostet, also keine tausend Euro, eine Abendstimmung in der Lagune, Tusche auf Karton, San Marco im Dunst, während im Vordergrund Leute einen Kahn bestiegen, keine Gondel, darin ein stehender Priester – unaufdringliche Mitte des Bildes –, die Menschen und die Lagune segnend. Und besonders gelungen erschien ihm das Licht auf den Wellen, ein echtes Meisterwerk das Ganze, ein Kleinod für ein Bündel Scheine, unsigniert zwar, aber wen interessierte das. Neben der Tür zur Terrasse hing dieses Bild, so, daß er es vom Eßtisch aus sehen konnte und es kein Licht von vorn bekam; darunter stand ein Lesesessel und das Tischchen für das Telefon. Und etwa von dort, von diesem niedrigen Tisch oder Tavolino, wie es in dem Möbelladen hieß, wo sie, Sommer für Sommer, all die Dinge gekauft hatten, die dem Haus etwas Altes gaben, die Geschichte, die ihnen letztlich fehlte, hörte er jetzt ein kurzes Schaben, als sei der Tisch, durch eine Unachtsamkeit, etwas verrückt worden, oder, schlimmer noch, als benützte ihn jemand zum Draufsteigen, um das Bild abzuhängen. Leg dich schon hin, flüsterte er, ich hol nur ein Wasser und mach gleich die Tür zur Cantina zu.

Mit dem Revolver?

Es überraschte ihn, daß sie es auf einmal parat hatte, das richtige Wort, und er legte ihr eine Hand in den Rücken, was selten vorkam, von ihr stets mehr beargwöhnt als alles andere. Was ist denn los, sagte sie, dann geh halt schon ... Er aber blieb stehen, wie er immer stehenblieb oder überhaupt blieb, wenn sie ihn wegschickte, oder in dem Fall: entsandte, ins Krisengebiet des Hauses, wie sie ihn auch in den oberen Garten entsandt hatte, als dort vor einigen Tagen überraschend ein Schwarzer aufgetaucht war, schon auf dem fremden Grund stand, bei der Akazie, und nicht einmal billige Uhren oder Schmuck anbot, sondern schlicht etwas zu trinken wollte, das war das Beunruhigendste, diese Bitte, die man nur aus Filmen kennt (Wasser!). Einfach nur etwas Flüssigkeit habe der hochgewachsene Schwarze gewollt, vorgetragen in einem durchaus verständlichen Italienisch, ein Mann um die dreißig in einem alten Pullover, obwohl es heiß war, in Trainingshose und Gummilatschen, ohne Absätze, und er hatte ihm fünf Euro gegeben plus eine Flasche San Pellegrino plus ein Stück Bel Paese und ihn gebeten, er möge nicht wiederkommen, auch ein Anliegen, eins, das der Schwarze vielleicht gar nicht begriffen hat; er sei vor sich hin murmelnd im prallen Mittagslicht weitergezogen, einer dieser Tage mit beglückender Wettererholung nach grauem Morgen, weitergezogen auf den nächsten Kontinent, ein Davontrotten mit schwerem Gang, ganz anders als all die beweglichen Schwarzen im Fernsehen, jetzt während der Olympischen Spiele (zweiunddreißig Jahre nach München und meinem gespaltenen Daumennagel), die man nur verfolgte, weil es draußen zu heiß war, mal im ersten Programm, mal im zweiten, und immer erschien einem das Bild versaut, vom Ruhm des Moderators, diesem Fehlstarter, den keiner zurückpfeift, der alles Versagen seiner Landsleute in die eigenen Worte hüllt und als einziger gut dasteht, auch ohne Medaillen. Kein Wort darüber, daß sie sich einfach nicht genug quälten, die Deutschen, das war seine Ansicht: Wie soll man auch im Sport etwas werden, wenn man schon den Hürden der Rechtschreibung aus dem Wege geht; erst die Pleite beim Europafußball, dann bei der Tour de France und nun bei Olympia, kein Wunder – Die Franzosen, sagte er mir, die wollten groß sein, eine große Nation, sie kämen nie auf die Idee, ihre komplizierte Rechtschreibung der Bequemlichkeit zu opfern; und die Amerikaner wollten stark sein, sie wüßten, daß man dafür Opfer bringen muß, und schinden sich wie Lance Armstrong. Die Deutschen aber, sagte er, wollten sich wohlfühlen – und hätten sogar das gefühlte Wetter erfunden – und würden fürs Wohlfühlen ganze Schreibweisen und einen kompletten Buchstaben fallenlassen und engagierten auch nur Fußballtrainer, deren Namen sie verniedlichen könnten, und koste es die Meisterschaft. Und natürlich, sagte er, hätten sie sich auch in ihrem Haus nichts als wohlfühlen wollen, ein Fehler: Spätestens als sie erneut unter den Karikaturen standen und seine schlimmsten Befürchtungen zu ihren geworden waren, sei ihm das klargeworden. Scheiße, habe Dora plötzlich mit Blick nach unten gezischt, während er ihre Hand im Haar spürte, was noch viel seltener vorkam als die seine in ihrem Rücken, und er, den Revolver schon halb erhoben: Da ist nichts.

Er wollte sie noch immer beruhigen, aber auch ihre Hand im Haar nicht aufs Spiel setzen, vielleicht wollte er sich aber auch selber beruhigen; hätten sie eine Alarmanlage, gäbe es keinerlei Zweifel, doch sie hatten sich auf keins der Systeme einigen können. Ein Klingelton, sobald jemand den Fuß ins Haus setzte, wäre nur erschreckend, für sie mehr als für jeden Einbrecher, meinte Dora, und sie hätten ja auch den Hund (nur eben nicht in dieser Nacht); bliebe nur heiseres Hundegebell von einem Tonband – sein Vorschlag –, um die Diebe einzuschüchtern, und schließlich hatten sie Kameraattrappen mit roten Blinklämpchen angebracht, dazu den orangenen Kegel eines Notsignals, als sei ihr Haus ein Schiff auf See, aber er glaubte nicht daran, daß sich diese Leute hinters Licht führen ließen, er glaubte vielmehr, daß da unten tatsächlich etwas war, das nicht sein sollte. Dann sehe ich jetzt nach, und fertig, flüsterte er.

Doras Hand fiel an ihm herunter, gleichzeitig machte er Licht in der Wandrundung, an der die Treppe entlanglief, das Licht einer bunten Lampe in einer Aushöhlung, in die eigentlich ein Engel oder eine Vase hineingehört hätte, aber von Anfang an war dort die Lampe gestanden, und an dieser ewigen Verlegenheitslösung eilte er nun vorbei, den Revolver in der linken, geübteren Hand, und sprang die letzten Stufen herunter, auf Bügel und Kleidungsstücke, die auf den Fliesen lagen, von den Garderobenhaken gerissen, neben Vorräten aus der Cantina, Packungen von Spaghetti, Tee und Kaffee, aber auch Fischkonserven und verstreuten Crissinis, und all das übersprang er mit einem Satz und rief: Bleib wo du bist! und stürzte in den Wohnraum mit dem Kamin auf der einen Seite und der Küchenecke auf der anderen und dem Telefontischchen unter dem Venedig-Bild, das er von seinem Stammplatz am Eßtisch aus sehen konnte, einem Platz, der besetzt war, besetzt von einem Burschen mit festem Nacken und kurzem Haar, vor sich eine offene Thunfischdose, während ein Mann um die vierzig, vielleicht der Vater oder Onkel, halb vor dem Telefontisch stand, in einer roten Fußballerhose mit Adidas-Streifen, darüber ein offenes Hemd – sein Bootshemd, das auf der Waschmaschine gelegen war –, ein Mann mit zuverlässigen Unterarmen, in den Händen eine Eisenstange.

Was ist da los? schrie Dora, ich komm runter!

Nein!

Er schrie nun wohl auch, obwohl er es nicht ausdrücklich erwähnt hatte, es geschah einfach, es platzte aus ihm heraus, wie der erste Schrei, wenn uns das Licht der Welt trifft, und auf dieselbe Weise muß sich der erste Schuß gelöst haben, mit einem Krachen, als würde die Decke einstürzen, und schon im nächsten Moment brüllte er Entschuldigung!, während Dora seinen Namen schrie und das Venedig-Bild jetzt ohne Glas am Nagel hing, mit einem Loch in der Kutte des Priesters, der Mann mit der Stange aber dem kurzhaarigen Burschen ein Wort zurief, das wie ein Befehl geklungen habe, vielleicht den Befehl, ein Messer zu ziehen; jedenfalls warf sich der Bursche, in der Hand die offene Thunfischdose, als wollte er diese Beute auf keinen Fall preisgeben, nach links zur Seite, und das hieß gegen den Italienlektüretisch neben dem Sofa, einen weiteren Tavolino, von dem gleich alles herunterfiel, dem Kurzhaarigen fast vor die Füße, obenauf Montaignes Tagebuch der Reise nach Italien in mattblauem Leinen mit Goldschrift. Die waren die ganze Zeit unten, schrie Dora von der Mitte der Treppe, unten, während wir oben gequatscht haben!

Auf ihre übliche verletzende Art (wie beim Anblick des gespaltenen Nagels) tat sie alles, was oben gewesen war – worüber er mit ihr endlich einmal gesprochen habe –, nachträglich ab als Gequatsche, als seine Leichtfertigkeit, die sich in ihren Augen fortgesetzt hatte in der Handhabung der Waffe. Bist du wahnsinnig, willst du uns alle umbringen? schrie sie und erschien auch schon, nackt wie sie war, nur mit den Flipflops an den Füßen, aber eine Hand über der Stelle, die in der Sprache der zwei Einbrecher – noch hielt er sie für

Italiener, Leute aus dem Süden – grembo heißt, in dem Rundbogen zwischen Flur und Wohnraum.

Geh sofort wieder rauf, rief er, als der Vater oder väterliche Kumpan des Jüngeren – der den Montaigne nun dreist als Schild benutzte – mit seiner Stange näher kam. Aber Dora rührte sich nicht, nur ihre freie Hand griff nach hinten, zur Garderobe, wo ein letzter Bügel hing, als ließe sich damit etwas ausrichten, mehr als mit dem Revolver, der ja bisher nur das Lieblingsbild zerstört hatte. Sein Bild von sich selbst als wehrhaftem Menschen sei durch den Fehlschuß gleich mit in die Brüche gegangen, und nur ein zweiter Schuß – habe er gedacht – könnte das wiedergutmachen, ein Treffer in die Schulter, um den Mann außer Gefecht zu setzen, bis die Carabinieri einträfen, der Tatbestand der Notwehr war in jedem Fall erfüllt, er hatte solche Situationen ja schon mehrfach in Büchern gehabt, und nicht einmal die strenge Frau Gödel von der Hauptprogrammredaktion hatte irgendwelche Einwände erhoben.

Sein Daumen zog den Hahn zurück, während die Hand langsam nach oben ging und eine Gleichgültigkeit in ihm aufkam wie beim Autofahren, wenn er getrunken hatte, er wurde zum Lauf der Dinge, würde ich sagen, während Dora jetzt nicht mehr schrie. Sie atmete nur noch entschlossen, ein Atmen, als billigte sie jede in Frage kommende Notwehraktion, auch die äußerste; nur der alle Erwartungen übertreffende Knall und die Möglichkeit, daß er wieder danebenschießen könnte, machten ihr angst, womöglich nur haarscharf daneben, ein Schuß in den Magen oder in die Lunge des Mannes mit der Eisenstange, sie stellte sich sein Schmerzgebrüll vor und das aus dem Mund hervorbrechende Blut, und in dem Moment stach der Mann – Veranschaulichung seiner Drohungen – die Spitze der Stange in einen der Äpfel in der Obstschale auf dem Tisch. Daraufhin habe Dora erneut geschrien, und er habe den Daumen auf den Hahn der Waffe gelegt, und da sei zum zweiten Mal etwas gänzlich Unerwartetes geschehen.

Der Jüngere mit dem kurzen Haar versuchte offenbar, das Thunfischöl von dem Montaigne zu wischen, wobei es erst recht über das Leinen verteilt wurde, und sein Gangsteronkel sagte plötzlich ein Wort, das sich angehört habe, als hätte man ihm einen Stock in den Schlund geschoben, den er herauswürgen wollte, ein Wort, von dem Dora glaubte, es täusche eine Aufrichtigkeit des Mannes vor, ja heuchle Einfühlung in die Lage der heimgesuchten Hausbesitzer. Der will nur, daß du die Waffe weglegst, sagte sie, während der Bursche mit den Fingern ein Stück aus der Thunfischdose nahm und sich in den Mund schob – und seine Bewegung, so Dora später, habe etwas angenehm Sanftes gehabt, als wollte er mit dem Fisch ein Kätzchen füttern –, und danach stellte er die offene Dose angeblich in prekärer Balance auf sein angezogenes Knie und umarmte das Knie auch noch; er war also die Ruhe selbst oder spielte, daß er die Ruhe selbst sei, da lag die Gefahr: Beide hatten sie Nerven, die Nerven, sich zu verstellen, während Dora nun mehr und mehr Kraft aufbieten mußte, um nicht auf die

Fliesen zu pinkeln, und er den Hahn der Waffe zurückzog, das ergäbe ein ruhigeres Abdrücken, und der Süditaliener – oder vielleicht auch Albaner oder Rumäne, dachte er kurz – ging in einem Bogen zu seinem Sohn oder Neffen, die Spitze der Eisenstange in Richtung der Waffe, bereit, wie es schien, bei einem weiteren Fehlschuß augenblicklich zuzustoßen, ihm in die Kehle, und dann käme Dora dran – auch daran dachte er und kämpfte mit den Tränen, seine Hand begann zu zittern –, er habe sich gehaßt in diesem Moment und hätte am liebsten noch ein Bild zerschossen, den Menato über dem Kamin, aber wenn wir weinen, sagte ich ihm, weint ja meistens ein ganz anderer aus uns, einer, den wir kaum kennen und dem wir mit Argwohn begegnen, der sich nur unserer Drüsen und Augen bedient, um sich danach wieder still zu verhalten, wie die zwei Einbrecher mit den Sachen aus der Cantina.

Was wollen Sie? fragte Dora plötzlich auf deutsch, und nicht die beiden, sondern er habe ihr geantwortet: Die wollen nur was zu essen, ein paar Kleider und Geld, aber es ist kein Geld da – das sagte er etwas leiser, in beschwörendem Ton, denn natürlich war Geld im Haus, eine kleinere Menge im Weinkühler, wie immer, und etwas mehr im oberen Stock zwischen Büchern, der Kleist-Ausgabe, wenn er es versteckt hatte, und in Wassermanns Etzel Andergast, wenn sie es gewesen war. Der Mann und der Junge schienen kein Wort zu verstehen, und Dora meinte nun, die beiden schon einmal gesehen zu haben – Sind das nicht die, die unten bei Da Carlo

Musik gemacht haben, die mit dem Mädchen, das schon nach einer Minute mit dem Becher herumging, der Abend, als das Vieh auf dem Tisch saß, letzte Woche ...

Das Vieh war eine Gottesanbeterin, die urplötzlich am Tischtuch gesessen oder gehangen hatte, mit ihrem bösen, kleinen Kopf und dem mächtigen Körper, in den sie am Ende das Männchen hineinschlingt, und Dora war aufgesprungen und fast gegen die Musikanten geprallt, einen Mann und einen Jungen und das Mädchen mit dem Becher, kaum älter als ihre Kleine, und dieses schwarzhaarige, blasse Kind hatte die Gottesanbeterin einfach mit bloßer Hand weggenommen und dafür von ihm fünf Euro bekommen: Viel zuviel, das hatte sich der Vater – wenn er es denn war – gemerkt, diese Schwäche im Umgang mit Geld, und war ihnen später vielleicht heimlich gefolgt, weil es zuwenig einbrachte, abends vor jedem Lokal irgendein italienisches Zeug zu spielen, der junge Bursche mit einer Handtrommel, an der Glöckchen hingen, der Mann mit einer Geige, die Augen geschlossen beim Spielen – während sie jetzt weit offen waren, auf eine weitere Schwäche seinerseits lauerten –, denn als das Mädchen mit dem Sammelbecher gekommen war, hatte er ihr, nach einem Streit mit Dora: was das Gefiedel und Getrommle wert gewesen sein könnte, aus Trotz noch einmal fünf Euro gegeben, aber nicht nur aus Trotz: Das Mädchen war beim Sammeln vor Scham fast versunken, sie hatte ihm leid getan, obwohl das Geld die Sache nicht besser machte, und sie hatten dann noch weitergestritten, in meiner Gegenwart, er hatte geradezu ausgerufen, wie gut es ihnen gehe da oben im Haus, wo das Geld einfach im Weinkühler herumliege, das könnte der Mann gehört haben; und in dem Fall hätte er doch Doras und auch seine Worte verstanden und würde auch alle weiteren Worte verstehen. Gehen Sie jetzt bitte, habe er deshalb in vernünftigem Ton zu dem Mann mit der Stange gesagt, der aber habe nur auf die Waffe geschaut und die Stange mit einem Mal wie einen Speer ergriffen.

An seiner Absicht, Gewalt anzuwenden, bestand damit keinerlei Zweifel mehr, er würde sich nicht mit den Lebensmittelvorräten und ein paar Kleidern begnügen, und auch der junge Bursche gab sein harmloses Knie-umarmen auf und machte eine jähe, gar nicht mehr sanfte Bewegung mit der offenen Konserve, so, daß der Thun-fischsud nun vollständig über den Montaigne lief, und erst in diesen Sekunden, als sich das mattblaue Leinen gänzlich dunkel färbte vom Öl, habe er sich, erzählte er, als ein Teil der über sein Haus hereingebrochenen Ge-walt gefühlt, berechtigt, alles Abwägen einzustellen. Und definitiv zielte er nun mit der 38er, die Schulter des Mannes erschien zwischen Kimme und Korn, keinen Daumenbreit vom Hals entfernt, den die Kugel zerfetzen würde wie den Priesterrock auf dem Venedig-Bild.

Ob er wahnsinnig sei, hatte dann Dora, nach eigener Darstellung, noch einmal geschrien, aber seine Darstel-lung, sie habe nur geatmet, nichts als geatmet (wie im Splendid Mayer, als wir ein letztes Mal, Zimmer 228, un-vergessen, ich mit dem höllischen Daumen, zusammen geschlafen hatten), seine Darstellung klang überzeugender, also schrie sie, für mein Gefühl, jetzt nicht mehr und machte damit eine weniger gute Figur, ohne die Erschütterung, die ihn und die Einbrecher vielleicht hätte anstecken können, während ihr entschlossenes Atmen den Graben noch weiter aufriß (so mußte es gewesen sein, alles andere erscheint weniger plausibel, auch wenn sich mit dieser Version eine alte Rechnung begleichen ließe, ihre Gleichgültigkeit gegenüber meinem Schmerz in dem Hotelzimmer, aber wer etwas erzählt, fügt immer nebenbei Schaden zu, wenn auch kaum aus Absicht oder gar Heimtücke, nur in Talkshows wird Erzählen zum schmutzigen Spiel; wer dagegen in aller Stille erzählt, will ja nur eins: Schaden von seiner Geschichte abwenden).

Sie hatte also nicht geschrien, nur geatmet, und er wollte ihr sagen, daß er ganz klar im Kopf sei, mit klarem Kopf die Situation jetzt bereinigen würde und notfalls zu töten bereit sei, um sich und ihr den Tod zu ersparen, das Erschlagen- oder gar Durchstochenwerden mit der Stange, aber er kam nicht mehr dazu, denn das Telefon auf dem Tavolino läutete inmitten der Scherben vom Glas des Venedig-Bilds, das schutzlos und durchlöchert am Nagel hing, ein Ton, der die Hand mit der Waffe aus ihrer vorgetäuschten Ruhe brachte, so, daß nun der Hals des Mannes hinter Kimme und Korn erschien, während die Stange in Richtung der Waffe ging und alles nur noch eine Frage der besseren Nerven war, zumal das Telefon immer noch läutete und in den ganzen, schon in seinen halbgekrümmten Zeigefinger gemündeten Ablauf gleichsam quer ein Gedanke schoß, der auch Doras Gedanke war: daß man jetzt vor allem abheben müßte.

Ich geh ran, sagte sie, ich, aber da hatte er schon zwei Schritte zur Seite gemacht – und nun statt des Halses das fremde Gesicht im Visier, einen Mund mit dunklen Zähnen, in den er hineintreffen müßte, um ganz sicherzugehen –, zwei Schritte auf das Tavolino zu, und griff mit der freien Hand nach dem schnurlosen Telefon, drückte die grüne Taste und nahm es ans Ohr. Ja, rief er, und nach zwei Herzschlägen hörte er vom anderen Ende der Welt seinen Sohn, Hab ich euch geweckt? Tut mir leid – aber die wollen morgen zum Bungee-Springen, und ich brauche dafür eure Erlaubnis, wenn ihr gleich ein Fax an die Schule schickt, wär das okay.

Wie immer fiel der Sohn mit der Tür ins Haus, noch vor jeder Begrüßung, aber wenigstens hatte er ein Bedauern ausgedrückt über die nächtliche Störung – das war ihm nicht entgangen, wie ihm auch nicht entging, daß der Albaner oder Rumäne die Spitze der Stange ein wenig senkte und dem anderen einen Blick zuwarf. Wer ist da dran? rief Dora, obwohl sie es ahnte, Ist was passiert?! Auf einmal schrie sie wieder, voller Sorge, und er stellte den Lautsprecher in dem Gerät an – Hi, sagte der Sohn in Neuseeland, auch das war neu, und Dora rief seinen Namen, zweimal, wie verrückt, er drehte das Gerät in ihre Richtung. Wie geht es dir, rief sie, alles in Ordnung?, und der Sohn kam wieder aufs Bungee-Springen und entschuldigte noch einmal den Anruf mitten in der Nacht (unfaßbar und doch ganz in sich logisch), während die beiden, der mit der Stange und der mit der Thunfischdose, auf einmal rückwärts Richtung Gästezimmer gingen, von dort waren sie offenbar gekommen, dort hatten sie das Fenster aufgehebelt und sich dann unten umgesehen, in aller Ruhe Kleider und Vorräte gesammelt und sich vor dem Rückzug sogar noch gestärkt.

Was denkst du, rief Dora, sollte er das? Sie kam ein Stück näher, sie wollte das Telefon, also die Entscheidung treffen, Ja oder Nein zum Sprung in die Tiefe; er sei dagegen gewesen, erzählte er, aber nur halben Herzens dagegen – Furcht, Du könntest seltsam werden, auf Umwegen nur Menschen Liebe gewinnen –, denn vielleicht war dieser Sprung ja auch der Weg zu den Menschen für seinen Sohn, der einzige und, viel wichtiger noch, auch der schnellste. Er wußte es nicht, ja hätte nicht einmal sagen können, wie man das schrieb, dieses Wort Bungee, er konnte nur das Telefon weiterreichen, während die zwei schon aus dem Fenster stiegen, leise, als seien sie noch gar nicht ertappt worden, und unten im Ort, irgendwo, sie würden es niemals herausfinden, der Muezzin-Hund sein furchtbares Heulen anhob und der Sohn am anderen Ende der Welt plötzlich lachte, wie er noch nie gelacht hatte, mehr erschüttert als amüsiert – Mann, sagte er, ich höre den Hund!, und Dora rief, weinend, Ja, das ist er, wie geht es dir, paß auf dich auf, ist es noch immer so kalt, hast du dir was zum Anziehen gekauft?

Alles ging nun bei ihr durcheinander, für mein Gefühl, sie hatte keinen Kopf mehr – entweder wir lieben oder wir denken, wer beides zugleich will, will in Wahrheit nichts von beidem, im Splendid Mayer Hotel am Südende des Sees, vor zweiunddreißig Jahren, hatte Dora nur gedacht, während ich nur geliebt hatte, bis zum Morgengrauen, als in München die Palästinenser zuschlugen und mein Daumen immer noch rasend weh tat –, sie brachte kein Wort mehr heraus, so ging alles durcheinander bei ihr, also müßte er allein die Entscheidung treffen, und er beugte sich über ihre Hand mit dem Hörer, als wollte er die Hand küssen, während sein ganzer Körper zu zittern begann, jetzt erst, verspätet, wie auch das Zittern, vermutlich, immer erst kam, wenn er in ihr erlöst war und Dora mit ihm, wenn sie beide noch einmal davongekommen waren, anders als Dora und ich, und er es kaum fassen konnte, nach dem freien Fall nicht zerschellt zu sein.

Wir schicken das Fax gleich ab, rief er, noch bevor Dora ein Wort sagen konnte und sie sich womöglich die Sorge um ihn, den Sohn, auch noch streitig machten. Springst du von einer Brücke? fragte er, und nach weiteren zwei Herzschlägen, einer guten Sekunde, der Spanne, die selbst kleinste Teilchen und Funkwellen benötigen, um über den Umweg des Alls auf die andere Seite der Welt zu gelangen und wieder zurück, jener Verzögerung, die ihm immer das Gefühl gab, sein Sohn sei irgendwie traurig oder entrückt dort unten, sagte der Sohn, Was ist mit euch, ist alles in Ordnung, oder ist es wieder so heiß wie im letzten Jahr?, und Dora, eine

Hand auf dem Mund, nickte nur und schüttelte gleichzeitig den Kopf, ein pantomimisches Kunststück. Er aber nahm ihr das Telefon wieder ab und ging damit, über die Scherben des Venedig-Bilds, in die Cantina, wo der Rest an Vorräten auf dem Boden lag, zwischen Schmutzwäsche und Badesachen und einer Flasche aus dem Bestand für spezielle Tage. Ja, sagte er, hier ist alles in Ordnung, kein Jahrhundertsommer. Und spring morgen schön!

Editorischer Hinweis

Der vorliegende Band DER SOMMER NACH DEM JAHRHUNDERTSOMMER versammelt sämtliche Erzählungen Bodo Kirchhoffs, geschrieben und veröffentlicht in den letzten fünfundzwanzig Jahren, dazu kommen drei bisher unveröffentlichte Texte sowie drei neue Erzählungen aus dem Jahr 2004, darunter die titelgebende Erzählung, die den Abschluß bildet. Der Autor hat alle – auch die bereits veröffentlichten – Erzählungen für diese Ausgabe durchgesehen und unter Wahrung ihres ursprünglichen Tons überarbeitet. Einige Texte haben einen neuen Titel erhalten.

Kirchhoff hat sich bei Durchsicht der Erzählungen eher auf die Originalmanuskripte als auf die vorhandenen Bücher gestützt, dabei aber auch immer wieder einen Bogen zu seiner heutigen Erzählweise geschlagen. Entstanden ist hier die vom Autor als definitiv erachtete, gültige Fassung seiner Erzählungen.

Der Band hält sich in seinem Aufbau an die Chronologie des Entstehens der Geschichten und ihres Erscheinens. Die ersten drei Teile korrespondieren so im wesentlichen mit den drei Erzählbänden, die Bodo Kirchhoff in den Jahren 1981 bis 1987 veröffentlichte. Teil IV beinhaltet drei bislang unveröffentlichte Texte aus den frühen 90er Jahren, Teil V drei neue Erzählungen, die Kirchhoff für diesen Band geschrieben hat.

Die Drucknachweise im Einzelnen:

Die im Teil I versammelten Texte entstanden im Zeitraum von 1978–1980, erschienen unter dem Titel *Die Einsamkeit der Haut* (Suhrkamp 1981). Die Erzählung *Einsamkeit der Haut* trug ursprünglich den Titel *Mittelpunkt des Universums*.

Die Erzählungen in Teil II, entstanden 1984 und 1985, wurden unter dem Titel *Dame und Schwein* (Suhrkamp 1985) veröffentlicht. Die Geschichte *Verdammte Marie* trug den Titel *Die Geldverleiherin*.

Die Erzählungen in Teil III, entstanden 1986 und 1987, wurden unter dem Titel *Ferne Frauen* (Suhrkamp 1987) veröffentlicht. Die Geschichte *Im Operncafé* trug den Titel *Der Flüsterer*.

Teil IV: Drei Erzählungen, entstanden zwischen 1992 und 1998, werden hier erstmals veröffentlicht: *Verdunklung*, *Nachruf auf eine Namenlose* und *Warmer Stein*. Die beiden Erzählungen *Fünfzig werden* und *Überleben* erschienen in dem Band *Katastrophen mit Seeblick* (Suhrkamp 1998). Die Geschichte *Überleben* trug den Titel *Das Loch*.

Die drei Erzählungen im Teil V: *Junge Katzen*, *Aus dem Verzeichnis der Gegengifte* und *Der Sommer nach dem Jahrhundertsommer* wurden eigens für diesen Band geschrieben und werden hier ebenfalls erstmals veröffentlicht.

Joachim Unseld 2005

Inhalt